Die Haftung der Wirtschaftsprüfer gegenüber Kapitalanlegern für fehlerhafte Testate

Europäische Hochschulschriften
Publications Universitaires Européennes
European University Studies

Reihe II
Rechtswissenschaft

Série II Series II
Droit
Law

Bd./Vol. 3599

PETER LANG
Frankfurt am Main · Berlin · Bern · Bruxelles · New York · Oxford · Wien

Manuel Straßer

Die Haftung der Wirtschaftsprüfer gegenüber Kapitalanlegern für fehlerhafte Testate

PETER LANG
Europäischer Verlag der Wissenschaften

Bibliografische Information Der Deutschen Bibliothek
Die Deutsche Bibliothek verzeichnet diese Publikation in der Deutschen Nationalbibliografie; detaillierte bibliografische Daten sind im Internet über <http://dnb.ddb.de> abrufbar.

Zugl.: Augsburg, Univ., Diss., 2002

D 384
ISSN 0531-7312
ISBN 3-631-50279-6

www.peterlang.de

Meiner Familie

Gefördert durch die Universität Augsburg

Vorwort

Die vorliegende Arbeit wurde im Sommersemester 2002 von der Juristischen Fakultät der Universität Augsburg als Dissertation angenommen.

Mein besonderer Dank gilt meinem Doktorvater, Herrn Professor Dr. Thomas M. J. Möllers, für seine hervorragende Betreuung während der gesamten Promotion trotz seiner vielfältigen Verpflichtungen als Dekan der Fakultät. Herrn Professor Dr. Christoph Becker danke ich für die äußerst zügige Erstellung des Zweitgutachtens.

Zu danken habe ich der Universität Augsburg für das mir gewährte Promotionsstipendium.

Bedankt seien meine Eltern für ihre Protektion und den familiären Rückhalt, die mich während meiner gesamten juristischen Ausbildung einschließlich der Promotion und darüber hinaus begleiteten und in besonderer Weise zum Erfolg dieser Arbeit beitrugen. Danke meiner Mutter für das unermüdliche Korrekturlesen.

Danken möchte ich meinen Großeltern für ihre nicht nur finanzielle Unterstützung.

Für die trotz der Belastung mit seiner eigenen Promotion jederzeit bereitwillig geleistete Hilfe danke ich meinem Zwillingsbruder Andreas, auf dessen exzellente juristische Kenntnisse ich jederzeit Zugriff nehmen konnte.

Meinem Pferd Linara danke ich für Ausgleich und Entspannung, die es mir neben dem juristischen Arbeiten bot.

Schließlich danke ich meinen Bundesbrüdern Jörg Seubert und Florian Wies für ihre logistische Unterstützung sowie Jörg nochmals für seine Hilfe bei Schwierigkeiten mit der Textverarbeitung.

Gessertshausen, im Oktober 2002 — Manuel Straßer

Inhaltsübersicht

Inhaltsverzeichnis

2. Teil: Begrenzung der Haftung

Abkürzungsverzeichnis

a.A.	andere Ansicht
a.E.	am Ende
a.F.	alte Fassung
AAB	Allgemeine Auftragsbedingungen
Abl.EG	Amtsblatt der Europäischen Gemeinschaft
Abs.	Absatz
AcP	Archiv für civilistische Praxis
AG	Aktiengesellschaft
AG	Die Aktiengesellschaft
AGB	allgemeine Geschäftsbedingungen
AGBG	AGB-Gesetz
AktG	Aktiengesetz
Anh.	Anhang
AT	Allgemeiner Teil
AuslInvestmG	Gesetz über den Vertrieb ausländischer Investmentanteile
BB	Betriebsberater
BeckBilKomm	Beckscher Bilanzkommentar
BGB	Bürgerliches Gesetzbuch
BGBl.	Bundesgesetzblatt
BGH	Bundesgerichtshof
BGHZ	Entscheidungen des Bundesgerichtshofs in Zivilsachen
BNotK	Bundesnotarkammer
BörsenG	Börsengesetz
BRAO	Bundesrechtsanwaltsordnung
BT	Besonderer Teil
BT-DR.	Bundestagsdrucksache
bzw.	beziehungsweise
c.i.c.	culpa in contrahendo
DB	Der Betrieb
ders.	derselbe
DStR	Deutsches Steuerrecht
DZWir	Deutsche Zeitschrift für Wirtschaftsrecht
EheRG	Eherechtsreformgesetz
Einf v	Einführung vor
evtl.	eventuell
EWiR	Entscheidungen zum Wirtschaftsrecht
f.	folgende
ff.	fortfolgende
Fn	Fußnote
Frankfurt a.M.	Frankfurt am Main
FS	Festschrift
GbR	Gesellschaft bürgerlichen Rechts
gem.	gemäß
GmbH	Gesellschaft mit beschränkter Haftung
HaftPflG	Haftpflichtgesetz

HaustürWG	Haustürwiderrufsgesetz
HGB	Handelsgesetzbuch
IDW	Institut der Wirtschaftsprüfer e. V.
JA	Juristische Arbeitsblätter
Jura	Juristische Ausbildung
JuS	Juristische Schulung
JZ	Juristenzeitung
KAGG	Gesetz über Kapitalanlagegesellschaften
KG	Kammergericht
KG	Kommanditgesellschaft
KWG	Kreditwesengesetz
LG	Landgericht
lit.	litera
LuftVG	Luftverkehrsgesetz
mbH	mit beschränkter Haftung
MüKo	Münchener Kommentar
NJW	Neue Juristische Wochenschrift
NJW-RR	NJW-Rechtsprechungsreport
Nr.	Nummer
NZG	Neue Zeitschrift für Gesellschaftsrecht
o.ä.	oder ähnliches
OHG	Offene Handelsgesellschaft
OLG	Oberlandesgericht
PartG	Partnerschaftsgesellschaft
PartGG	Partnerschaftsgesellschaftsgesetz
PersBefG	Personenbeförderungsgesetz
pVV	positive Vertragsverletzung
RG	Reichsgericht
RGRK	Reichsgerichtsrätekommentar
RGZ	Entscheidungen des Reichsgerichts in Zivilsachen
S.	Seite
SchuldR	Schuldrecht
sog.	sogenannt
StBerG	Steuerberatungsgesetz
Stbg	Steuerberatung
StVG	Straßenverkehrsgesetz
u.U.	unter Umständen
Überbl v	Überblick vor
VerbrKrG	Verbraucherkreditgesetz
VersR	Versicherungsrecht
vgl.	vergleiche
Vor	Vorbemerkung
Vorbem	Vorbemerkung
WM	Wertpapiermitteilungen
WPg	Die Wirtschaftsprüfung
WPK-Mitt.	Wirtschaftsprüferkammermitteilungen
WPO	Wirtschaftsprüferordnung
WuB	Wirtschafts- und Bankrecht

z.B.	zum Beispiel
ZGR	Zeitschrift für Unternehmens- und Gesellschaftsrecht
ZHR	Zeitschrift für das gesamte Handels- und Wirtschaftsrecht
ZIP	Zeitschrift für Wirtschaftsrecht
ZVersWiss	Zeitschrift für Versicherungswissenschaft
ZVglRWiss	Zeitschrift für Vergleichende Rechtswissenschaften

Literaturverzeichnis

Adolff, Johannes: Die zivilrechtliche Verantwortlichkeit deutscher Anwälte bei der Abgabe von Third Party Legal Opinions, München 1997.

Aicher, Josef / Funk, Bernd-Christian: Der Sachverständige im Wirtschaftsleben, Wien 1990.

Altenburger, Peter C. F.: Grundlagen der Dritthaftung von Sachverständigen für fahrlässig falsche Beleihungswertgutachten, WM 1994, 1597.

Aring, Achim / Assmann, Heinz-Dieter / Bergmann, Thomas / Brinkmann, Thomas: Die Anwaltsauskunft, JuS 1973, 39 ff.

Arnold, Arnd: Haftung des Wirtschaftsprüfers gegenüber Kapitalanlegern, DStR 2001, 488 ff.

Assmann, Heinz-Dieter: Grundfälle zum Vertrag mit Schutzwirkung für Dritte, JuS 1986, 885 ff.

Ballerstedt, Kurt: Zur Haftung für culpa in contrahendo bei Geschäftsabschluß durch Stellvertreter, AcP 151 (1950/51), 501 ff.

Bar, Christian von: Verkehrspflichten: Richterliche Gefahrsteuerungsgebote im deutschen Recht, 1980.

Bar, Christian von: Vertragliche Schadensersatzpflicht ohne Vertrag, JuS 1982, 637 ff.

Bar, Christian von: Vertrauenshaftung ohne Vertrauen – zur Prospekthaftung bei der PublikumsKG in der Rechtsprechung des BGH, ZGR 1983, 476 ff.

Bar, Christian von: Anmerkungen zu Martin Karollus, Funktion und Dogmatik der Haftung aus Schutzgesetzverletzung, AcP 192 (1992), 441 ff.

Baumbach, Adolf / Hueck, Alfred: GmbH-Gesetz, 17. Auflage München 2000.

Baumbach, Adolf / Hopt, Klaus J.: Handelsgesetzbuch, 30. Auflage München 2000.

Baumbach, Adolf / Lauterbach, Wolfgang / Albers, Jan / Hartmann, Peter: Zivilprozeßordnung, 59. Auflage München 2001.

Bayer, Walter: Vertraglicher Drittschutz, JuS 1996, 473 ff.

Berg, Hans: Verträge mit Drittschutzwirkung und Drittschadensliquidation, JuS 1977, 363 ff.

Berg, Hans: Zur Abgrenzung von vertraglichem Drittschutz und Drittschadensliquidation, NJW 1978, 2018 f.

Blenske, Holger: Die Haftung der Gesellschafter einer GbR mbH, NJW 2000, 3170 ff.

Borgmann, Brigitte / Haug, Karl: Anwaltshaftung, 3. Auflage München 1995.

Bosch, Ulrich: Expertenhaftung gegenüber Dritten – Überlegungen aus Sicht der Bankpraxis, ZHR 163 (1999), 274 ff.

Brandner, Hans Erich: Berufshaftung und Vertragsgestaltung der Wirtschaftsprüfer, ZIP 1984, 1186 ff.

Brandner, Hans Erich: Berufshaftung und Versicherung der Wirtschaftsprüfer, JZ 1985, 757 ff.

Breinersdorfer, Stefan: Das Haftungsverhältnis zwischen den Banken bei der Bank-zu-Bank-Auskunft im Kundeninteresse, WM 1992, 1557 ff.

Brox, Hans: Allgemeines Schuldrecht, 26. Auflage München 1999.

Brüggemeier, Gert: Vertrag – Quasi-Vertrag – Sonder-Delikt – Ansätze zu einer Neustrukturierung des zivilen Haftungsrechts, AG 1982, 268 ff.

Budde, Wolfgang: Beckscher Bilanzkommentar Handels- und Steuerrecht; §§ 238 bis 339 HGB, 4. Auflage München 1999.

Busse, Alexander: Zulässigkeit und Grenzen formularmäßiger Haftungshöchstsummenbeschränkungen im Steuerberatervertrag, DStR 1995, 660 ff.
Bydlisky, Peter: Besprechung von BGH, Urteil vom 13.11.1997, EWiR 1998, 683 f.
Caemmerer, Ernst von: Verträge zugunsten Dritter, Festschrift für Wieacker, 1978, S. 311 ff.
Canaris, Claus-Wilhelm: Ansprüche wegen positiver Vertragsverletzung und Schutzwirkung für Dritte bei nichtigen Verträgen, JZ 1965, 475 ff.
Canaris, Claus-Wilhelm: Die Vertrauenshaftung im deutschen Privatrecht, München 1971.
Canaris, Claus-Wilhelm: Schutzgesetz – Verkehrspflichten – Schutzpflichten, 2. Festschrift für Larenz, 1983, S. 27 ff.
Canaris, Claus-Wilhelm: Anmerkung zu BGH, Urteil vom 07.06.1984, NJW 1984, 2281 f.
Canaris, Claus-Wilhelm: Bankvertragsrecht, 3. Auflage München 1988.
Canaris, Claus-Wilhelm: Täterschaft und Teilnahme bei culpa in contrahendo, Festschrift für Giger, 1989, S. 91 ff.
Canaris, Claus-Wilhelm: Schutzwirkung zugunsten Dritter bei „Gegenläufigkeit" der Interessen, JZ 1995, 441 ff.
Canaris, Claus-Wilhelm: Die Haftung des Sachverständigen zwischen Schutzwirkung für Dritte und Dritthaftung aus culpa in contrahendo, JZ 1998, 603 ff.
Canaris, Claus-Wilhelm: Die Reichweite der Expertenhaftung gegenüber Dritten, ZHR 163 (1999), 206 ff.
Canaris, Claus-Wilhelm: Die Schadensersatzpflicht der Kreditinstitute für eine unrichtige Finanzierungsbestätigung als Fall der Vertrauenshaftung, Festschrift für Schimansky, 1999, 43 ff.
Canaris, Claus-Wilhelm: Die Vertrauenshaftung im Lichte der Rechtsprechung des Bundesgerichtshofs, Festschrift 50 Jahre Bundesgerichtshof, Band 1, 2000, S. 129 ff.
Canaris, Claus-Wilhelm: Die Reform des Rechts der Leistungsstörungen, JZ 2001, 499 ff.
Coing, Helmut: Haftung aus Prospektwerbung für Kapitalanlage in der neueren Rechtsprechung des Bundesgerichtshofes, WM 1980, 206 ff.
Czech, Hartmut: Haftung des Wirtschaftsprüfers gegenüber Dritten, BB 1975, 723 ff.
Dahm, Henning: Vorvertraglicher Drittschutz, JZ 1992, 1167 ff.
Damm, Reinhard: Entwicklungstendenzen der Expertenhaftung, JZ 1991, 373 ff.
Dauner-Lieb, Barbara: Ein neues Fundament für die BGB-Gesellschaft, DStR 2001, 365 ff.
Dauner-Lieb, Barbara / Heidel, Thomas / Lepa, Manfred / Ring, Gerhard: Das Neue Schuldrecht, Heidelberg 2002.
Deutsch, Erwin: Entwicklungstendenzen des Schadensrechts in Rechtsprechung und Wissenschaft, JuS 1967, 152 ff.
Dörr, Clauss: Ehewohnung, Schlüsselgewalt, Verfügungsbeschränkungen des gesetzlichen Güterstands und vermögensrechtliche Beziehungen der Ehegatten in der Entwicklung seit dem 1. EheRG, NJW 1984, 810 ff.
Ebenroth, Carsten Thomas / Daum, Thomas: Die rechtlichen Aspekte des Ratings von Emittenten und Emissionen, WM Sonderheft 1992, 2 ff.
Ebke, Werner F.: Wirtschaftsprüfer und Dritthaftung, Bielefeld 1983.
Ebke, Werner F.: Abschlußprüfer, Bestätigungsvermerk und Drittschutz, JZ 1998, 991 ff.
Ebke, Werner F.: Keine Dritthaftung des Pflichtprüfers für Fahrlässigkeit nach den Grundsätzen des Vertrages mit Schutzwirkung für Dritte, BB 1997, 1731 ff
Ebke, Werner F.: Besprechung von Michael Stahl „Zur Dritthaftung von Rechtsanwälten, Steuerberatern, Wirtschaftsprüfern und öffentlich bestellten und vereidigten Sachverständigen", JZ 1990, 688 ff.

Ebke, Werner F. / Fechtrup, Benedikt: Anmerkung zu BGH, Urteil vom 19.03.1986, JZ 1986, 1112.
Ebke, Werner F. / Gehringer, Axel: Anmerkung zu BGH, Urteil vom 26.09.2000, WPK-Mitt. 2001, 83 ff.
Ebke, Werner F./ Scheel, Hansjörg: Die Haftung des Wirtschaftsprüfers für fahrlässig verursachte Vermögensschäden Dritter, WM 1991, 389 ff.
Emmerich, Volker: Zum gegenwärtigen Stand der Lehre von der culpa in contrahendo, Jura 1987, 561 ff.
Emmerich, Volker: Haftung eines Sachverständigen für die Unrichtigkeit seines Gutachtens gegenüber Dritten, JuS 1995, 457 f.
Emmerich, Volker: Das Recht der Leistungsstörungen, 4. Auflage München 1997.
Emmerich, Volker: Besprechung von BGH, Urteil vom 02.04.1998, JuS 1998, 843 f.
Emmerich, Volker: Besprechung von BGH, Urteil vom 26.09.2000, JuS 2001, 296 ff.
Ensthaler, Jürgen: Gemeinschaftskommentar zum Handelsgesetzbuch, 6. Auflage 1999.
Erfurter Kommentar zum Arbeitsrecht: Arbeitsrecht Kommentar, 2. Auflage München 2001.
Erman, Walter: Bürgerliches Gesetzbuch, Handkommentar, 1. Band, §§ 1 – 853, 10. Auflage Münster 2000.
Erman, Walter: Bürgerliches Gesetzbuch, Handkommentar, 2. Band, §§ 854 – 2385, 10. Auflage Münster 2000.
Esser, Josef / Schmidt, Eike: Schuldrecht, Band I, Teilband 2, 7. Auflage Heidelberg 1993.
Esser, Josef / Schmidt, Eike / Köndgen, Johannes: Fälle und Lösungen nach höchstrichterlichen Entscheidungen, BGB-Schuldrecht, Karlsruhe 1971.
Esser, Karl Peter: Die zivilrechtliche Haftung des Wirtschaftsprüfers gegenüber Dritten aus dem Bestätigungsvermerk nach dem Aktiengesetz und nach dem Entwurf des Gesetzes über den Vertrieb von Anteilen an Vermögensanlagen, Dissertation Münster 1981.
Feddersen, Christoph: Die Dritthaftung des Wirtschaftsprüfers nach § 323 HGB, WM 1999, 105 ff.
Fischer, Willi: Dritthaftung für falsche freiwillige Auskünfte – Eine rechtsvergleichende Untersuchung hinsichtlich der Haftungsbegründung und -voraussetzungen anhand der deutschen und schweizerischen höchstrichterlichen Rechtsprechung, ZVglRWiss 83 (1984), 1 ff.
Fliess, Wolfgang: Die Haftung des Wirtschaftsprüfers unter Berücksichtigung internationaler Entwicklungen, in: *Baetge, Jörg:* Rechnungslegung und Prüfung, Düsseldorf 1994.
Flume, Werner: Allgemeiner Teil des Bürgerlichen Rechts, Zweiter Band, Das Rechtsgeschäft, 3. Auflage 1979.
Gelder, Alfons van: Schutzpflichten zugunsten Dritter im bargeldlosen Zahlungsverkehr? WM 1995, 1253 ff.
Gerhardt, Walter: Die Haftungsfreizeichnung innerhalb des gesetzlichen Schuldverhältnisses, JZ 1970, 535 ff.
Gernhuber, Joachim: Drittwirkungen im Schuldverhältnis kraft Leistungsnähe, Festschrift für Nikisch, 1958, S. 249 ff.
Gernhuber, Joachim: Gläubiger, Schuldner und Dritte – Eine Kritik der Lehre von den „Verträgen mit Schutzwirkung für Dritte“ und der Rechtsprechung zum „Haftungsausschluß mit Wirkung für Dritte“, JZ 1962, 553 ff.
Gottwald, Peter: Die Haftung für culpa in contrahendo, JuS 1982, 877 ff.
Gottwald, Peter: Haftung für Auskunft und Gutachten gegenüber Dritten: England, Deutschland, Schweiz, Genf 1994.
Gräfe, Jürgen: Kommentar zu BGH, Urteil vom 26.11.1986, EWiR 1987, 591 f.

Gräfe, Jürgen: Anmerkung zu BGH, Urteil vom 26.09.2000, EWiR 2001, 109 f.
Gräfe, Jürgen: Anmerkung zu OLG Frankfurt, Urteil vom 20.09.1988, EWiR 1990, 465 f.
Gräfe, Jürgen / Lenzen, Rolf / Schmeer, Andreas: Steuerberaterhaftung – Zivilrecht, Steuerrecht, Strafrecht, 3. Auflage Berlin 1998
Grossfeld, Bernhard / Hübner, Ulrich: Schadensverhütung und Versicherung, ZVersWiss 66 (1977), 393 ff.
Grote, Thomas: Die Eigenhaftung Dritter als Anwendungsfall der culpa in contrahendo, Bochum 1984.
Grunewald, Barbara: Zur Haftung von Fachleuten im Zivilrechtsverkehr, JZ 1982, 627 ff.
Grunewald, Barbara: Die Haftung des Experten für seine Expertise gegenüber Dritten, AcP 187 (1987), 285 ff.
Grunewald, Barbara: Die Haftung des Abschlußprüfers gegenüber Dritten, ZGR 1999, 583 ff.
Gutberlet, Walter: Berufshaftpflichtversicherung der Notare, BNotK Intern 2002, 4 ff.
Henssler, Martin: Die Rechtsanwalts-GmbH, JZ 1992, 697 ff.
Henssler, Martin: Anwaltsgesellschaften, NJW 1993, 2137 ff.
Henssler, Martin: Haftungsrisiken anwaltlicher Tätigkeit, JZ 1994, 178 ff.
Henze, Hartwig: Beschränkungen der Gesellschafterhaftung – Teilrechtsfähigkeit der GbR im Wandel?, BB 1999, 2260 ff.
Herrmann, Harald: Die Sachwalterhaftung vermögenssorgender Berufe, JZ 1983, 422 ff.
Heymann, Ekkehardt von: Die neuere Rechtsprechung zur Bankenhaftung bei Kapitalanlagen, NJW 1990, 1137 ff.
Heymann: Handelsgesetzbuch, Band 3, Drittes Buch §§ 238-342 a, 2. Auflage Berlin 1999.
Hirte, Heribert: Berufshaftung. Ein Beitrag zur Entwicklung eines einheitlichen Haftungsmodells für Dienstleistungen, München 1996.
Hoffmann, Hans-Joachim: Der Einfluß des Gefälligkeitsmoments auf das Haftungsmaß, AcP 167 (1967), 394 ff.
Hoffmann, Rolf: Grundfälle zum Recht der Stellvertretung, JuS 1970, 179 ff.
Hohenlohe-Oehringen, Peter Prinz zu: Die Rechtsprechung zur Auskunftshaftung, BB 1986, 894 ff.
Hohloch, Gerhard: „Vertrauenshaftung“ – Beginn einer Konkretisierung?, NJW 1979, 2369 ff.
Honsell, Heinrich: Probleme der Haftung für Auskunft und Gutachten, JuS 1976, 621 ff.
Honsell, Heinrich: Anmerkung zu BGH, Urteil vom 23.01.1985, JZ 1985, 952 ff.
Honsell, Heinrich: Die Haftung für Gutachten und Auskunft unter besonderer Berücksichtigung von Drittinteressen, Festschrift für Medicus, 1999, S. 211 ff.
Honsell, Heinrich / Harrer, Friedrich: Entwicklungstendenzen im Schadensrecht, JuS 1985, 161 ff.
Hopt, Klaus J.: Berufshaftung und Berufsrecht der Börsendienste, Anlageberater und Vermögensverwalter, Festschrift für Fischer, 1979, S. 237 ff.
Hopt, Klaus J.: Nichtvertragliche Haftung außerhalb von Schadens- und Bereicherungsrecht Zur Theorie und Dogmatik des Berufsrechts und der Berufshaftung, AcP 183 (1983), 608 ff.
Hopt, Klaus J.: Die Haftung des Wirtschaftsprüfers. Rechtsprobleme zu § 323 HGB (§ 168 AktG a.F.) und zur Prospekt- und Auskunftshaftung, Festschrift für Pleyer, 1986, S. 341 ff.
Hopt, Klaus J.: Die Haftung des Wirtschaftsprüfers – Rechtsprobleme zu § 323 HGB (§ 168 AktG a.F.) und zur Prospekt- und Auskunftshaftung – (Teil I), WPg 1986, 461 ff.

Hopt, Klaus J.: Die Haftung des Wirtschaftsprüfers – Rechtsprobleme zu § 323 HGB (§ 168 AktG a.F.) und zur Prospekt- und Auskunftshaftung – (Teil II), WPg 1986, 498 ff.
Hopt, Klaus J.: Dritthaftung für Testate, NJW 1987, 1745 f.
Hopt, Klaus J.: Funktion, Dogmatik und Reichweite der Aufklärungs-, Warn- und Beratungspflichten der Kreditinstitute, Festschrift für Gernhuber, 1993, S. 169 ff.
Horn, Norbert: Culpa in Contrahendo, JuS 1995, 377 ff.
Horst, Ulrich von der: Grundlagen und Umfang der Haftung des Steuerberaters und Möglichkeiten der Haftungsbeschränkung, DStR 1995, 2027 ff.
Hoyningen-Huene, Gerrick von: Zur Haftung des Versteigerers und Sachverständigen, NJW 1975, 962 ff.
Huber, Konrad: Verkehrspflichten zum Schutz fremden Vermögens, Festschrift für von Caemmerer, 1978, S. 359 ff.
Huber, Peter / Faust, Florian: Schuldrechtsmodernisierung, München 2002.
Hübner, Ulrich: Die Berufshaftung – Ein zumutbares Berufsrisiko?, NJW 1989, 5 ff.
Hübner, Ulrich: Vertrag mit Schutzwirkung für Dritte und Ersatz von Vermögensschäden, VersR 1991, 497 ff.
Jarras, Hans / Pierroth, Bodo: Grundgesetz für die Bundesrepublik Deutschland, 2. Auflage München 1992.
Jauernig, Othmar: Bürgerliches Gesetzbuch, 9. Auflage München 1999.
Jost, Fritz: Vertragslose Auskunfts- und Beratungshaftung, Baden-Baden 1991.
Junker, Michael: Die Vertretung im Vertrauen, München 1991.
Kiss, Henning: Die Haftung berufsmäßiger Sachkenner gegenüber Dritten, WM 1999, 117 ff.
Köhler, Helmut: Kritik der Regel „protestatio facto contraria non valet“, JZ 1981, 464 ff.
Koller, Ingo: Anmerkung zu BGH, Urteil vom 26.09.2000, WuB I G 4. – 1. 01.
Koller, Ingo / Roth, Wulf-Henning / Morck, Winfried: Handelsgesetzbuch, München 1996.
Kölner Kommentar zum Aktiengesetz: Band 4, 2. Auflage Köln, Bonn, Berlin 1991.
Köndgen, Johannes: Die Haftung von Börseninformationsdiensten: Lücke im Anlegerschutz?, JZ 1978, 389 ff.
Köndgen, Johannes: Zur Theorie der Prospekthaftung Teil I, AG 1983, 85 ff.
Köndgen, Johannes: Zur Theorie der Prospekthaftung Teil II, AG 1983, 120 ff.
Köndgen, Johannes: Selbstbindung ohne Vertrag – Zur Haftung aus geschäftsbezogenem Handeln, Tübingen 1981.
Köndgen, Johannes: Kommentar zu BGH, Urteil vom 23.01.1985, EWiR 1985, 151 f.
Kullmann, Hans Josef: Schadensersatz und Steuern, VersR 1993, 385 ff.
Lammel, Siegbert: Zur Auskunftshaftung, AcP 179 (1979), 337 ff.
Lammel, Siegbert: Zur Haftung von Wirtschaftsprüfern, NJW 1973, 700 ff.
Lang, Arno: Zur Dritthaftung der Wirtschaftsprüfer, WPg 1989, 57 ff.
Lang, Arno: Die Rechtsprechung des Bundesgerichtshofes zur Dritthaftung der Wirtschaftsprüfer und anderer Sachverständiger, WM 1988, 1001 ff.
Lang, Volker: Die Beweislastverteilung im Falle der Verletzung von Aufklärungs- und Beratungspflichten bei Wertpapierdienstleistungen, WM 2000, 450 ff.
Lange, Hermann: Schadensersatz, 2. Auflage Tübingen 1990.
Lange, Hermann: Neuere Rechtsprechung zum Schadensersatzrecht, WM Sonderbeilage 7/1990, 1 ff.
Larenz, Karl: Lehrbuch des Schuldrechts, Band II, Besonderer Teil, 1. Halbband, 13. Auflage München 1986.

Larenz, Karl / Canaris, Claus-Wilhelm: Lehrbuch des Schuldrechts, Band II, Besonderer Teil, 2. Halbband, 13. Auflage München 1993.

Larenz, Karl / Canaris, Claus-Wilhelm: Methodenlehre der Rechtswissenschaft, 3. Auflage München 1995.

Lieb, Manfred: Culpa in contrahendo und rechtsgeschäftliche Entscheidungsfreiheit, Festschrift für Medicus, 1999, S. 337 ff.

Littbarski, Sigurd: Berufshaftung – eine unerschöpfliche Quelle richterlicher Rechtsfortbildung, NJW 1984, 1667 f.

Littbarski, Sigurd: Strenge Berufshaftung des Sachverständigen – Sicherheit für den Auftraggeber?, ZIP 1996, 812 ff.

Locher, Horst: Die Haftung für Expertisen, NJW 1969, 1567 ff.

Loewenheim, Ulrich: Schadenshaftung unter Arbeitgebern wegen unrichtiger Zeugnisse – Zur Abgrenzung von vertraglicher und deliktischer Verantwortlichkeit, JZ 1980, 469 ff.

Lorenz, Werner: Einbeziehung Dritter in vertragliche Schuldverhältnisse – Grenzen zwischen vertraglicher und deliktischer Haftung, JZ 1960, 108 ff.

Lorenz, Werner: Das Problem der Haftung für primäre Vermögensschäden bei der Erteilung einer unrichtigen Auskunft, 1. Festschrift für Larenz, 1973, S. 575 ff.

Lorenz, Werner: Verkehrspflichten zum Schutze fremden Vermögens? – Eine vergleichende Betrachtung des englischen Rechts, Karlsruher Forum 1983, 48 ff.

Machunsky, Jürgen: Steuerbegünstigte Kapitalanlagen: Haftung von Wirtschaftsprüfern und Steuerberatern bei Prospekterstellung, Prospektprüfung und Anlageberatung, DB 1988, 1306 ff.

Marks, Peter: Entwicklungstendenzen beim Bestätigungsvermerk Teil I, WPg 1989, 120 ff.

Marks, Peter: Entwicklungstendenzen beim Bestätigungsvermerk Teil II, WPg 1989, 164 ff.

Martiny, Dieter: Pflichtenorientierter Drittschutz beim Vertrag mit Schutzwirkung für Dritte – Eingrenzung uferloser Haftung, JZ 1996, 19 ff.

Medicus, Dieter: Grenzen der Haftung für culpa in contrahendo, JuS 1965, 209 ff.

Medicus, Dieter: Bürgerliches Recht, 17. Auflage Köln 1996.

Mertens, Hans-Joachim: Deliktsrecht und Sonderprivatrecht – Zur Rechtsfortbildung des deliktischen Schutzes von Vermögensinteressen, AcP 187 (1987), 227 ff.

Mertens, Hans-Joachim: Berufshaftung – Haftungsprobleme alter Professionen, VersR 1974, 509 ff.

Möllers, Thomas, M. J.: Verkehrspflichten gegenüber Kindern, VersR 1996, 153 ff.

Möllers, Thomas M. J.: Zu den Voraussetzungen einer Dritthaftung des Wirtschaftsprüfers bei fahrlässiger Unkenntnis der Testatverwendung, JZ 2001, 909 ff.

Möllers, Thomas M. J. / Leisch, Franz Clemens: Neuere Gesetze und Rechtsprechung zur bank- und kapitalmarktrechtlichen Informationshaftung, JZ 2000, 1085 ff.

Müller, Hans-Peter: Grenzen und Begrenzbarkeit der vertraglichen Dritthaftung für Prüfungsergebnisse des Abschlußprüfers, Festschrift für Forster, 1992, S. 451 ff.

Müller, Ulrich: Die Haftung der Stellvertreter aus culpa in contrahendo und positiver Vertragsverletzung, NJW 1969, 2169 ff.

Münchener Kommentar zum Bürgerlichen Gesetzbuch: Band 2, Schuldrecht – Allgemeiner Teil, §§ 241 – 432, 4. Auflage 2001 und 3. Auflage 1994.

Münchener Kommentar zum Bürgerlichen Gesetzbuch: Band 3, Schuldrecht – Besonderer Teil, §§ 652 – 853, 2. Auflage München 1986.

Münchener Kommentar zum Bürgerlichen Gesetzbuch: Band 4, Sachenrecht, §§ 854 – 1296, 2. Auflage München 1986.

Münchener Kommentar zum Bürgerlichen Gesetzbuch: Band 5, Schuldrecht – Besonderer Teil III, §§ 705 – 853 BGB, 3. Auflage München 1997.

Münchener Kommentar zum Handelsgesetzbuch: Band 4, Drittes Buch, Handelsbücher §§ 238 – 342 a HGB, 4. Auflage München 2001.

Münchener Kommentar zur Zivilprozeßordnung: Band 1, §§ 1 – 354, München 1992.

Musielak, Hans-Joachim: Die „gefestigte Rechtsprechung" des Bundesgerichtshofes zum Zustandekommen eines Auskunftsvertrages mit einer Bank, WM 1999, 1593 ff.

Müssig, Peter: Falsche Auskunftserteilung und Haftung, NJW 1989, 1697 ff.

Nann, Werner: Wirtschaftsprüferhaftung – Geltendes Recht und Reformüberlegungen, Frankfurt am Main 1985.

Neflin: Die Haftung des Wirtschaftsprüfers wegen „vorsätzlicher sittenwidriger Schädigung", BB 1957, 496 f.

Neuner, Jörg: Der Schutz und die Haftung Dritter nach vertraglichen Grundsätzen, JZ 1999, 12 ff.

Nirk, Rudolf: Vertrauenshaftung Dritter bei Vertragsdurchführung? Bemerkungen zu BGHZ 70, 337, Festschrift für Hauß, 1978, S. 267 ff.

Nißl, Günter: Die Haftung des Experten für Vermögensschäden Dritter –bedingt durch unrichtige Gutachten – im deutschen, englischen und amerikanischen Recht, München 1971.

Odersky, Walter: Die Berufshaftung – Ein zumutbares Haftungsrisiko?, NJW 1989, 1 ff.

Ostler, Fritz: Anwaltspflichten und Anwaltshaftung im Prozeß, NJW 1965, 2081 ff.

Otto, Hans-Jochen / Mittag, Jochen: Die Haftung des Jahresabschlußprüfers gegenüber Kreditinstituten Teil I, WM 1996, 325 ff.

Otto, Hans-Jochen / Mittag, Jochen: Die Haftung des Jahresabschlußprüfers gegenüber Kreditinstituten Teil II, WM 1996, 377 ff.

Pack, Heinz: Haftungsausschlüsse und Haftungsbeschränkungen mit Wirkung für Dritte, Frankfurt am Main 1995.

Palandt, Otto: Bürgerliches Gesetzbuch, 60. Auflage München 2000.

Passow, Rolf: Privates Geldvermögen – Aktienanlage künftig immer wichtiger, WM 1997, 1931 f.

Peters, Frank: Zur Verjährung der Ansprüche aus culpa in contrahendo und positiver Forderungsverletzung, VersR 1979, 103 ff.

Philippsen, Gunther: Zur Dritthaftung des privat beauftragten Gutachters für fahrlässig verursachte Vermögensschäden, Karlsruhe 1998.

Picker, Eduard: Positive Forderungsverletzung und culpa in contrahendo – Zur Problematik der Haftung zwischen Vertrag und Delikt, AcP 183 (1983), 369 ff.

Picker, Eduard: Vertragliche und deliktische Schadenshaftung, JZ 1987, 1041 ff.

Picker, Eduard: Gutachterhaftung – Außervertragliche Einstandspflichten als innergesetzliche Rechtsfortbildung, Festschrift für Medicus, 1999, 397 ff.

Pleyer, Klemens / Hegel, Thomas: Die Prospekthaftung bei der Publikums-KG, ZIP 1985, 1370 ff.

Pleyer, Klemens / Hegel, Thomas: Zur Grundlage der Prospekthaftung bei der Publikums-KG in der Literatur, ZIP 1986, 681 ff.

Poll, Jens: Die Verantwortlichkeit des Abschlußprüfers nach § 323 HGB, DZWir 1995, 95 ff.

Quick, Reiner: Die Haftung des handelsrechtlichen Abschlußprüfers, BB 1992, 1675 ff.

Räcke, Günter: Haftungsbeschränkungen zugunsten und zu Lasten Dritter, Karlsruhe 1995.

Raeschke-Kessler, Hilmar: Berufshaftung bei der Anlageberatung über neue Firmenprodukte, WM 1993, 1830 ff.

Rehbinder, Manfred: Status – Kontrakt – Rolle, Wandelungen der Rechtsstruktur auf dem Weg zur offenen Gesellschaft, Festschrift für Hirsch 1968, S. 162 ff.

RGRK: Das Bürgerliche Gesetzbuch mit besonderer Berücksichtigung der Rechtsprechung des Reichsgerichts und des Bundesgerichtshofes, Band I, §§ 1 – 240, 12. Auflage Berlin 1978.

RGRK: Das Bürgerliche Gesetzbuch mit besonderer Berücksichtigung der Rechtsprechung des Reichsgerichts und des Bundesgerichtshofes, Band II, 4. Teil, §§ 631 – 811, 12. Auflage Berlin 1978.

Salje, Peter: Anmerkung zu OLG Düsseldorf, Urteil vom 19.11.1998, NZG 1999, 905 ff.

Sass, Wolfgang: Die Zurechnung von Mitverschulden des Vertragsgläubigers bei der Schadenszurechnung zu Lasten des in den Schutzbereich eines Vertrages einbezogenen Dritten nach §§ 254 Abs. 2 S. 2, 278 BGB, VersR 1988, 768 ff.

Schiemann, Gottfried: Wandlungen der Berufshaftung, Festschrift für Gernhuber, 1993, 387 ff.

Schindhelm, Malte / Grothe, Helmut: Die Dritthaftung des Steuerberaters nach Vertragsgrundsätzen, DStR 1989, 445 ff.

Schmitz, Bernhard: Die Vertragshaftung des Wirtschaftsprüfers und Steuerberaters gegenüber Dritten, DB 1989, 1909 ff.

Schneider, Hannes: Reichweite der Expertenhaftung gegenüber Dritten, ZHR 163 (1999), 246 ff.

Schneider, Uwe H.: Zur Verantwortung der Rechtswissenschaft, JZ 1987, 696 ff.

Schubert, Werner: Unredliches Verhalten Dritter bei Vertragsabschluß, AcP 168 (1968), 470 ff.

Schulze, Reiner: Grundprobleme der Dritthaftung bei Verletzung von Auskunfts- und Beratungspflichten in der neueren Rechtsprechung, JuS 1983, 81 ff.

Schüppen, Matthias: Aktuelle Fragen der Wirtschaftsprüfer-Haftung, DB 1998, 1317 ff.

Sieger, Jürgen / Gätsch, Andreas: Wirtschaftsprüfung: Schutzbereich des Prüfvertrages, BB 1998, 1408 f.

Soergel, Hans Thomas: Bürgerliches Gesetzbuch, Band 1, Allgemeiner Teil, §§ 1 – 240, 12. Auflage Berlin 1987

Soergel, Hans Thomas: Bürgerliches Gesetzbuch, Band 2/1, Schuldrecht I/1, §§ 241 – 432, 11. Auflage Berlin 1986.

Soergel, Hans Thomas: Bürgerliches Gesetzbuch, Band 4/2, Schuldrecht III/2, §§ 651a – 704, 12. Auflage Berlin 1999.

Soergel, Hans Thomas: Bürgerliches Gesetzbuch, Band 5/2, Schuldrecht IV/2, §§ 823 – 853, 12. Auflag Berlin 1998.

Sonnenschein, Jürgen: Der Vertrag mit Schutzwirkung für Dritte – und immer neue Fragen, JA 1979, 225 ff.

Späth, Wolfgang: Zur zivilrechtlichen Haftung des Steuerberaters gegenüber Dritten, DStR 1996, 400 ff.

Stahl, Michael: Zur Dritthaftung von Rechtsanwälten, Steuerberatern, Wirtschaftsprüfern und öffentlich bestellten und vereidigten Sachverständigen, Frankfurt 1989.

Staudinger, Julius von: Kommentar zum Bürgerlichen Gesetzbuch, Zweites Buch, Recht der Schuldverhältnisse, Einleitung zu § 241, §§ 241, 242, 12. Auflage Berlin 1983.

Staudinger, Julius von: Kommentar zum Bürgerlichen Gesetzbuch, Zweites Buch, Recht der Schuldverhältnisse, §§ 243 – 254, 12. Auflage Berlin 1983.

Staudinger, Julius von: Kommentar zum Bürgerlichen Gesetzbuch, Zweites Buch, Recht der Schuldverhältnisse, §§ 255 – 314, Neubearbeitung Berlin 2001

Staudinger, Julius von: Kommentar zum Bürgerlichen Gesetzbuch, Zweites Buch, Recht der Schuldverhältnisse, §§ 328 – 361, 13. Bearbeitung Berlin 1995.

Staudinger, Julius von: Kommentar zum Bürgerlichen Gesetzbuch, Zweites Buch, Recht der Schuldverhältnisse; §§ 652 – 740, 12. Auflage Berlin 1991.

Staudinger, Julius von: Kommentar zum Bürgerlichen Gesetzbuch, Zweites Buch, Recht der Schuldverhältnisse, §§ 823 – 825, 13. Bearbeitung Berlin 1999.

Staudinger, Julius von: Kommentar zum Bürgerlichen Gesetzbuch, Zweites Buch, Recht der Schuldverhältnisse, §§ 826 – 829, 13. Bearbeitung Berlin 1998.

Staudinger, Julius von: Kommentar zum Bürgerlichen Gesetzbuch, Zweites Buch, Recht der Schuldverhältnisse, §§ 833 – 853, 12. Auflage Berlin 1986.

Staudinger, Julius von: Kommentar zum Bürgerlichen Gesetzbuch, Drittes Buch, Sachenrecht, §§ 1113 – 1203, 13. Bearbeitung Berlin 1996.

Steffen, Erich: Verkehrspflichten im Spannungsfeld von Bestandsschutz und Handlungsfreiheit, VersR 1980, 409 ff.

Stoll, Hans: Vertrauensschutz bei einseitigen Leistungsversprechen, Festschrift für Flume, Band I, 1978, S. 741 ff.

Strauch, Dieter: Rechtsgrundlagen der Haftung für Rat, Auskunft und Gutachten, JuS 1992, 897 ff.

Streck, Michael: Haftungsfall Testat, Stbg 1991, 98 ff.

Stürner, Rolf: Zur Gerechtigkeit richterlicher Schadenszuweisung, VersR 1984, 297 ff.

Taupitz, Jochen: Berufsständische Satzungen als Verbotsgesetze im Sinne des § 134 BGB, JZ 1994, 221 ff.

Teichmann, Arndt: Die protestatio facto contraria, Festschrift für Michaelis 1970, 294 ff.

Thiele, Wolfgang: Gedanken zur Vorteilsanrechnung, AcP 167 (1967), 193 ff.

Thiele, Wolfgang: Zu einem Allgemeinen Teil des Deutschen Bürgerlichen Rechts, JZ 1969, 405 ff.

Thomas, Heinz / Putzo, Hans: Zivilprozeßordnung, 23. Auflage München 2001.

Thüsing, Gregor / Schneider, Stefan: Die Haftung für Rat, Auskunft, Empfehlung, JA 1996, 807 ff.

Ulmer, Peter / Brandner, Hans Erich / Hensen, Horst-Diether: AGB-Gesetz, 8. Auflage Köln 1997

Wagner, Klaus-R.: Was leisten Prospektprüfungsgutachten von Wirtschaftsprüfern und was nicht?, DStR 2001, 497 ff.

Weber, Martin: Die Haftung des Abschlußprüfers gegenüber Dritten, NZG 1999, 1 ff.

Weiland, Heiner: Bestätigungsvermerk oder Bescheinigung durch den Steuerberater bei freiwilliger oder vertraglicher Jahresabschlußprüfung, DStR 1996, 717 ff.

Werber, Manfred: Möglichkeiten einer Begrenzung der Versicherungsmaklerhaftung, VersR 1996, 917 ff.

Weth, Stephan: Zivilrechtliche Probleme des Schwarzfahrens in öffentlichen Verkehrsmitteln, JuS 1998, 795 ff.

Wieacker, Franz: Die Methode der Auslegung des Rechtsgeschäfts, JZ 1967, 385 ff.

Wiedemann, Herbert / Schmitz, Erich: Kapitalanlegerschutz bei unrichtiger oder unvollständiger Information, ZGR 1980, 129 ff.

Wiegand, Annette: Die „Sachwalterhaftung" als richterliche Rechtsfortbildung, Berlin 1991.

Wittmann, Arno: Zivilrechtliche Prospekthaftung beim Vertrieb von steuerbegünstigten Kapitalanlagen, DB 1980, 1579 ff.

Zeuner, Albrecht: Haftung für Gutachten und sachverständigen Rat, Karlsruher Forum 1988, S. 3 ff.

Ziegler, Hans Berndt: Personale Abgrenzungskriterien beim Vertrag mit Schutzwirkung zugunsten Dritter, JuS 1979, 328 ff.

Zöller, Richard: Zivilprozeßordnung, 20. Auflage Köln 1997.

Zöllner, Wolfgang: Zivilrechtswissenschaft und Zivilrecht im ausgehenden 20. Jahrhundert, AcP 188 (1988), 85 ff.

Zugehör, Horst: Berufliche „Dritthaftung" – insbesondere der Rechtsanwälte, Steuerberater, Wirtschaftsprüfer und Notare – in der deutschen Rechtsprechung, NJW 2000, 1601 ff.

IDW-Fachgutachten 3/1988: Grundsätze für die Erteilung von Bestätigungsvermerken bei Abschlußprüfungen, WPg 1989, 27 ff.

IDW-Prüfungsstandards 400: Grundsätze für die ordnungsmäßige Erteilung von Bestätigungsvermerken bei Abschlußprüfungen, WPg 1999, 641 ff.

Gutachten und Vorschläge zur Überarbeitung des Schuldrechts: Band I, Köln 1981.

Referentenentwurf zur Änderung des Aktiengesetzes („KonTraG"), ZIP 1996, 2193 ff.

Einleitung

In den letzten Jahrzehnten wuchs in den führenden Industrieländern als Folge stetig steigenden Wohlstands das Durchschnittseinkommen, was es einer immer größer werdenden Zahl von Bürgern ermöglicht, mit ihrem Geld nicht nur den täglichen Bedarf zu decken, sondern auch Vermögen zur freien Verfügung zu haben. Folge dessen ist nicht nur ein erhöhtes Konsumverhalten, sondern auch ein stark angestiegenes Sparaufkommen und ein großes, nach Anlage suchendes Kapitalvolumen[1]. Weiter angeregt durch die zunehmende Privatisierung der Altersvorsorge wird immer mehr Geld in Anlagemodelle fließen[2].

Anleger begnügen sich heute aber nicht mehr mit althergebrachten Anlageformen wie einem Sparkonto oder einer Anlage in „sicheren" Aktien. Gefragt sind neue Möglichkeiten der Anlage zu ertragsträchtigeren Bedingungen mit hohen Renditen, gleichzeitig aber hoher Sicherheit, unter anderem gegen eine inflatorische Geldentwertung, die noch interessanter werden, wenn damit steuerliche Vorteile verbunden sind. Zur Befriedigung dieses Bedürfnisses der Wohlstands- bzw. Vorsorgegesellschaft entwickelte sich eine Fülle von Angeboten außerhalb der Börse, am sog. grauen Kapitalmarkt[3], die als Kehrseite ihrer Renditeträchtigkeit nicht selten besondere Risiken für den Anleger bringen. Zum Teil besitzen sie keine allzu große Seriosität und wurden u. U. nur zur Anlegertäuschung errichtet[4]. Zudem sind diese Anlagemodelle in der Regel von großer wirtschaftlicher, steuerlicher und rechtlicher Komplexität.

Häufig werden bei solchen Anlagen, gerade weil sie außerhalb des Bekannten und Bewährten liegen, die Anleger mit Argwohn und Bedenken behaftet den Anlagemodellbetreibern gegenübertreten. Eine vorsichtige Zurückhaltung besteht auch wegen der Unerfahrenheit der Allgemeinheit in Geldangelegenheiten, die aus einer mangelnden Einschätzbarkeit typischer Risiken, der Sicherheit und Wirtschaftlichkeit einer Anlageform resultiert, und wegen der schon genannten komplexen Verfassung, die Anlagen für den Normalverbraucher nicht mehr ohne weiteres durchschaubar macht, und letztlich weil eine dem sorgenfreien Leben im Alter dienende Kapitalanlage möglichst sicher und seriös sein sollte.

Diesen Argwohn, diese Undurchschaubarkeit auszuräumen und diesem Sicherheitsbedürfnis der Kunden zu genügen, ist der Anlagemodellbetreiber bestrebt. Da ihm dies in eigener Person oft nicht gelingt – ist ihm doch allgemein nachgesagt, nur an seinem Profit aus dem Anlagegeschäft, nicht aber an der Sicherheit der Anleger interessiert zu sein – wird sich der Anlagemodellbetreiber oftmals der Hilfe eines neutralen Gewährträgers bedienen. Testate und

---

[1] *Horn*, JuS 1995, 377, 384. So betrug im Jahr 1996 das den privaten Haushalten zur Verfügung stehende Geldvermögen fast fünf Billionen DM und hat sich damit im Vergleich zu 1986 mehr als verdoppelt (*Passow*, WM 1997, 1931).

[2] Diese Entwicklung ist aus den USA und Großbritannien bekannt, wo die Altersvorsorge im wesentlichen über Aktien oder Pensionsfonds erfolgt (*Ebke*, Wirtschaftsprüfer und Dritthaftung, 1983, S. 258; *Passow*, WM 1997, 1931).

[3] Zu nennen sind insbesondere Beteiligungen an gutgehenden Unternehmen, an Immobilienfonds, an Abschreibungsgesellschaften in Form der Publikumspersonengesellschaft, der Erwerb von Optionen an ausländischen Börsen oder ausländischer Wertpapiere (*Coing*, WM 1980, 206; *Horn*, JuS 1995, 377, 384).

[4] *Möllers*, JZ 2001, 909, 910.

Bestätigungen von Fachleuten auf dem Gebiet des Wirtschaftslebens werden als Werbemittel eingesetzt.

Als Fachleute in diesem Sinne agieren vor allem Wirtschaftsprüfer, zu deren Aufgaben gem. § 2 WPO auch die Testaterstellung gehört.

Vor diesem Hintergrund ist nicht nur die Haftung von Anlageveräußerern, -beratern oder -vermittlern für Anleger bedeutsam. Ein umfassender Anlegerschutz fordert auch die Haftung der als Gewährsleute auftretenden Wirtschaftsprüfer.

I. Gegenstand der Arbeit

Gegenstand der Arbeit ist damit die Haftung der Wirtschaftsprüfer gegenüber Kapitalanlegern für fehlerhaft erstellte Testate.

Angemerkt sei sogleich, daß die hier behandelten Fragestellungen nicht spezifisch nur Wirtschaftsprüfer betreffen, sondern gleichermaßen für alle Berufe, die über gewissen Sachverstand verfügen und die wegen ihrer über das Jedermannswissen[5] hinausgehenden Sachkunde von der Allgemeinheit aufgesucht werden. So wird dieser Komplex seit langem schon als Sachverständigen- oder Expertenhaftung, als Fachleute- oder Berufshaftung diskutiert. Es geht dabei um die Haftung von Steuerberatern und Wirtschaftsprüfern für Bilanzen und Testate, die Haftung von Banken für Auskünfte gegenüber anderen Banken oder deren Kunden, die Haftung von Kunstsachverständigen für Expertisen, von Grundstücksschätzern für ihre Wertgutachten, von Anwälten für Beratungen und Gutachten, sowie von sonstigen Sachverständigen, vereidigt oder nicht, für ihre Gutachten.

Allen diesen Sachverhalten wohnt dieselbe Grundproblematik inne[6]: Im Rechtsverkehr befindet sich eine Stellungnahme eines Vertrauensträgers, sei sie durch den Experten selbst in Umlauf gebracht, sei sie durch den Mandanten des Experten entäußert, um einen Dritten zu einer Vermögensdisposition zu bewegen, die er nicht getroffen hätte, wäre ihm nicht von sachverständiger Seite Gefahrlosigkeit bescheinigt worden. Im Vertrauen auf die Expertise trifft der Dritte eine sein Vermögen berührende Entscheidung. Weil das Testat unrichtig ist, erleidet er einen Vermögensschaden, den er vom Experten ersetzt verlangt.

Letztlich ist die Haftung des Wirtschaftsprüfers gegenüber Kapitalanlegern für ihre Testate nur ein Ausschnitt aus dem komplexen Gebilde der Expertenhaftung. Deshalb sind die hier gefundenen Ergebnisse auf andere Fälle der Berufshaftung wegen besonderer Sachkunde übertragbar. Aus diesem Grunde wurden auch zu anderen Berufsgruppen ergangene Entscheidungen des Bundesgerichtshofs und der Instanzgerichte und die Haftung anderer Berufsgruppen betrachtende Aufsätze, Monographien und Dissertationen für die Ausarbeitung verwendet.

---

[5] *Lammel*, AcP 179 (1979), 337, 361.
[6] *Müssig*, NJW 1989, 1697; *Altenburger*, WM 1994, 1597.

Dem Titel der Arbeit gemäß wird nicht die Haftung der Wirtschaftsprüfer gegenüber der geprüften Gesellschaft bzw. dem Mandanten generell untersucht[7], ist doch die Dritthaftung gegenüber Anlegern die wesentlich dringlichere Fragestellung, die darüber hinaus auch von größerer praktischer Bedeutung sein dürfte. Die geprüfte Gesellschaft ist in der Regel eher dazu geneigt, auf die Geltendmachung von Ersatzansprüchen gegen ihren Wirtschaftsprüfer zu verzichten, sei es aus Rücksicht gegenüber dem Prüfer, sei es weil sie aus anderen (namentlich kreditpolitischen oder geheimhaltungs) Gründen die Angelegenheit nicht in einem öffentlichen Verfahren erörtert haben will, während andere Dritte, die in erster Linie ihre eigenen Interessen vor Augen haben, sich diese Zurückhaltung kaum auferlegen werden[8].

Bei der Untersuchung der Haftung gegenüber Kapitalanlegern kann man zwei verschiedene Gruppen von Anlegern unterscheiden:

Die potentiellen Anleger, die sich erst noch an dem Kapitalanlagemodell beteiligen wollen, benötigen das Testat des Wirtschaftsprüfers als entscheidenden Anstoß für ihre in Aussicht genommene Anlageentscheidung. Dabei ist unerheblich, ob sie schon an einem Anlagemodell beteiligt sind und weitere Anlagepakete erwerben, oder ob sie erstmals investieren.

Die zweite Gruppe bilden die Anleger, die schon an einem Anlagemodell beteiligt sind und dennoch durch ein Testat eines Wirtschaftsprüfers geschädigt werden. Eine Schädigung dieser Altanleger geschieht entweder durch ein fehlerhaftes Testat über die angeblich gute wirtschaftliche Lage des Anlagemodells, durch das sie zu einem Verbleib in ihm veranlaßt und von der Veräußerung oder Rückgabe der Anlage an den Anlagemodellbetreiber abgehalten wurden, was sie vor einer Entwertung der Anlage bewahrt hätte, oder vice versa durch ein Testat, das die wirtschaftliche Lage des Anlagemodells fälschlicherweise als ungünstig darstellt, und das den Anleger zu einem voreiligen Verkauf zu ungünstigen Bedingungen veranlaßt, zu einem niedrigeren Anteilspreis als sonst erzielbar.

Anleger können dabei sowohl Aktionäre sein als auch Anleger in anderen Kapitalanlagen, z. B. Abschreibungsgesellschaften, Immobilien- und andere Fonds oder Beteiligungsgesellschaften, um nur einige der vielen Möglichkeiten zu nennen.

II. Gang der Untersuchung

Den sich bei der Wirtschaftsprüferdritthaftung stellenden Problemen nähert sich die Arbeit in zwei Schritten.

In einem ersten Schritt sollen – ohne Anspruch auf Vollständigkeit der schon als unzählig zu bezeichnenden Ansätzen – die wichtigsten Anspruchsgrundlagen, die Rechtsprechung und Literatur zu der Problematik der Dritthaftung von Experten vertreten, dargestellt und ihre Vor- und Nachteile aufgezeigt werden. Weiter wird versucht, einen eigenen Ansatz zu entwickeln, der nach dem derzeitigen Stand der lex lata eine dogmatisch korrekte Erfassung und

[7] Vgl. dazu *Nann*, Wirtschaftsprüferhaftung – Geltendes Recht und Reformüberlegungen, 1985, S. 16 ff.
[8] *Ebke*, Wirtschaftsprüfer und Dritthaftung, 1983, S. 34.

Herleitung der Dritthaftung aus dem Gesetz leistet und die Problematiken, die mit den anderen Lösungsansätzen verbunden sind, gar nicht erst aufkommen läßt.

Der zweite Teil der Arbeit widmet sich den Fragestellungen der Eingrenzung der Dritthaftung, einem Thema, das in der Diskussion noch nicht die ihm zustehende Beachtung fand. Dabei werden neben einer Einengung des Haftungstatbestandes auch die kraft Gesetzes bzw. aufgrund gesetzlicher Wertung bestehenden Begrenzungen untersucht. Daneben sollen möglichst umfassend die dem Wirtschaftsprüfer selbst zur Verfügung stehenden Begrenzungsmöglichkeiten aufgezeigt und auf ihre Tauglichkeit hin untersucht werden. Die Eigenverantwortlichkeit des Wirtschaftsprüfers für den eigenen Schutz darf über allen Rufen nach einem regelnden Gesetzgeber nicht gänzlich vernachlässigt werden, vor allem, weil dem Gesetzgeber wie auch der Rechtsprechung in den letzten Jahren der Schutz von Anlegern und anderen Verbrauchern weitaus wichtiger zu sein schien als der Schutz der berechtigten Interessen der Experten vor einer uferlosen Ausweitung ihrer Haftung. Dem Wirtschaftsprüfer wird damit, ohne hier die Ergebnisse des zweiten Teils schon vorwegnehmen zu wollen, nichts anderes übrig bleiben, als sich im wesentlichen selbst um eine begrenzte Haftung zu bemühen.

Aus einer fehlenden Regelung im positiven Recht und auch aus der Vielgestaltigkeit der Lösungen, die Rechtsprechung und Lehre dazu vertreten, wird die große Rechtsunsicherheit auf dem Gebiet der Expertenhaftung deutlich. Sicherheit wird erst erreicht, wenn sich eine gut begründete und mit klaren Konturen versehene Anspruchsgrundlage durchgesetzt hat und die Begrenzungsmöglichkeiten der Haftung geklärt sind. Dann werden Ergebnisse wieder vorhersehbar und sowohl Wirtschaftsprüfer als auch geschädigte Anleger wissen, wann sie mit einer Haftung zu rechnen haben.

1. Teil: Haftungsbegründung – auf dem Weg zu einer geeigneten Anspruchsgrundlage

1. Kapitel: Darstellung des Problems

In den zu erörternden Situationen machen Dritte, die nicht Vertragspartner des Wirtschaftsprüfers sind, Schadensersatzansprüche geltend, um Vermögensschäden ersetzt zu bekommen, die sie wegen eines Vertrauens auf fehlerhafte Testate erlitten.

Diese Problematik wird unter dem Begriff Dritthaftung diskutiert. Es geht hierbei um Gestaltungen, denen eine Dreiecksbeziehung zugrunde liegt. Ein vertragliches Verhältnis besteht zwischen dem Wirtschaftsprüfer und seinem Mandanten, einem Betreiber von Kapitalanlagemodellen oder Kapitalgesellschaften, deren Anteile auf dem Markt angeboten werden, der ein Testat in Auftrag gibt, um damit für seine Anlage werben zu können. Eine zweite vertragliche Beziehung besteht zwischen dem Anleger als letztlich Geschädigtem und dem Mandanten des Wirtschaftsprüfers. Sie hat die Anbahnung der Kapitalanlage zum Inhalt. Im dritten Verhältnis erstellt der Wirtschaftsprüfer ein Testat, das dem Dritten vorgelegt und von ihm zur Grundlage der Anlageentscheidung gemacht wird, in fehlerhafter Art und Weise, so daß der Dritte Schaden erleidet, den er vom Wirtschaftsprüfer ersetzt verlangt.

Schwerpunkt der Betrachtung ist das dritte Verhältnis des Wirtschaftsprüfers zum Anleger, die dritte Seite des Dreiecks, die keinen Vertrag zum Inhalt hat. Diese Beziehung vereint zwei zentrale Problemstellungen des Zivilrechts: Den Drittschutz und den Vermögensschutz[9].

Die zum Drittschutz angestellten Überlegungen, gipfeln sämtlich in der Frage, worauf der Anleger, der als Dritter nicht Vertragspartner des Wirtschaftsprüfers ist, seine Ansprüche stützen, welche Anspruchsgrundlagen er sich zu nutze machen kann.

Eindeutig wäre diese Frage zu beantworten, wenn sowohl der Mandant als auch der Dritte das Testat in Auftrag gegeben hätten. Dann hätte auch der Dritte einen vertraglichen Anspruch gegen den Wirtschaftsprüfer wegen Schlechterfüllung von Prüfungsvertragspflichten und wäre genau genommen nicht Dritter[10]. Haftungsrechtliche Sonderprobleme stellen sich dabei regelmäßig nicht. Diesem einfachen und deshalb nicht näher interessierenden Fall wird im Folgenden nicht weiter nachgegangen. Er ist auch in der Praxis eher selten. Oft gab der Mandant das Testat schon vorher, quasi auf Vorrat, in Auftrag, vor er sich mit einem auf Kapitalanlage gerichteten Angebot an den Dritten wandte. Der Dritte wird dann in der Regel das bereits vorhandene Testat anerkennen und schon aus Kostengründen[11] kein eigenes mehr beim selben Wirtschaftsprüfer in Auftrag geben.

---

[9] *Damm*, JZ 1991, 373, 374.

[10] Einen solchen Fall erörtert der BGH (NJW 2001, 360 ff.), muß einen vertraglichen Anspruch jedoch wegen fehlenden Kausalzusammenhangs zwischen Pflichtverletzung und Schaden ablehnen und kommt deshalb zu weiteren Anspruchsbegründungsmöglichkeiten.

[11] *Philippsen*, Zur Dritthaftung des privat beauftragten Gutachters für fahrlässig verursachte Vermögensschäden, 1998, S. 2. Inhaltlich wird er dasselbe aussagen (*Stahl*, Zur Dritthaftung von Rechtsanwälten, Steuerberatern, Wirtschaftsprüfern und anderen öffentlich bestellten und vereidigten Sachverständigen, 1989, S. 202).

In den juristisch interessanteren und schwerer in den Griff zu bekommenden Fällen der echten Dritthaftung, scheiden Ansprüche aus einem *eigenen* Vertrag, den der Anleger persönlich mit dem Wirtschaftsprüfer schloß, ganz offensichtlich von vornherein aus, da ein solcher zwischen Wirtschaftsprüfer und Drittem nicht besteht, Schuldverhältnisse aber relativ sind und nur inter partes wirken.

Das zweite zentrale Problem ist das des Ersatzes primärer Vermögensschäden, also Schäden am Vermögen, die ohne Verletzung eines in § 823 Abs. 1 BGB genannten Rechtsguts oder Rechts verursacht wurden[12]. Solche Schäden werden im Rahmen des Anspruchssystems des BGB nicht einheitlich behandelt: Im Vertragsrecht sind Vermögensschäden ohne weiteres ersatzfähig, im Deliktsrecht dagegen, wie gezeigt wird[13], nur ausnahmsweise.

Daraus kann man kurz die Problematik zusammenfassen: Vertragsrecht ersetzt zwar Vermögensschäden, ist aber beim Schutz vertragsfremder Dritter nur schwer handhabbar. Deliktsrecht dagegen ermöglicht ohne weiteres den Schutz Dritter, ist aber beim Ersatz primärer Vermögensschäden mit Schwierigkeiten beladen.

Man könnte nun behaupten, man könne sich die Mühe der Suche nach der richtigen Anspruchsgrundlage ersparen, da es letztlich nicht auf die korrekte dogmatische Grundlegung der Dritthaftung ankomme, weil die verschiedenen Ansichten alle im Ergebnis der bejahten Haftung übereinstimmen. Dem Dritten sei letztlich egal, weshalb er den entstandenen Schaden ersetzt bekommt, für ihn zähle nur das Ergebnis.

Daß dies jedoch zu kurz greift, wird sogleich deutlich. Die Frage nach der Haftungsgrundlage ist nicht nur rein theoretisch und für die Wissenschaft interessant. Sie wird auch ganz praktisch in ihren Folgen. Denn es hängt von der Einordnung der Anspruchsgrundlage eine Vielzahl von Folgen ab: Auf der ersten Ebene richten sich hiernach die Voraussetzungen der Haftung, die je nach Art der Anspruchsgrundlage unterschiedlich eng oder weit sind. Auch auf der zweiten Ebene, der Durchsetzung des Anspruchs, ergeben sich Unterschiede: In welcher Zeit verjährt der Anspruch, welche Beweislastregeln greifen? Ebenso, und das interessiert hier besonders, richtet sich danach die Frage, auf welche Weise eine Eingrenzung der Haftung erreicht werden kann, die auch gegenüber Dritten wirkt. Dies wäre z. B. bei Annahme einer vertraglichen Anspruchsgrundlage direkt zwischen Drittem und Wirtschaftsprüfer leichter zu beantworten als bei einer Dritthaftung nach c.i.c., was sich im zweiten Teil zeigen wird.

---

[12] *von Bar*, Verkehrspflichten, 1980, S. 204.
[13] Vgl. unten Seite 8 ff.

2. Kapitel: Verschiedene Lösungsansätze

Die Zahl der in Literatur und Rechtsprechung vertretenen Lösungsansätze ist beinahe unübersehbar[14]. Sie werden nicht bis in jede Verästelung, sondern auf die Wichtigsten beschränkt dargestellt und vor allem auf ihre Tauglichkeit untersucht.

Es wird gefragt, ob und wie das Gesetz das Problem Dritthaftung lösen kann oder ob vertragliche Ansätze zur Anspruchsbegründung führen. Sollte dies nicht der Fall sein, kann evtl. eine das Gesetz und den Vertrag übergreifende Lösung, eine „dritte Spur"[15] zwischen Delikt und Vertrag zur Lösung werden. Angestrebt wird eine Anspruchsgrundlage, die möglichst alle Fälle der Dritthaftung erfaßt, so daß nicht von Fall zu Fall unterschiedliche Grundlagen mit verschiedenen Voraussetzungen anzuwenden sind, was Rechtsklarheit und Rechtssicherheit nicht förderlich ist.

A. Lösungen des Gesetzes

Nachdem auf den ersten Blick rechtsgeschäftliche Beziehungen zwischen Drittem und Mandant nicht ersichtlich sind und damit vertragliche Ansprüche auf Ersatz des Drittschadens im Grunde fernliegen oder zumindest nicht ohne größeren Begründungsaufwand erreichbar sind, ist auf die Möglichkeiten einzugehen, die das Gesetz bietet. Erreicht man damit bereits eine ausreichende Lösung, bedürfte es keines weiteren Aufwands bei der Suche nach anderen Anspruchsgrundlagen. Eine Dritthaftung wäre auf die soliden Fundamenten des Gesetzes gegründet.

Denkt man an außervertragliche, gesetzliche Haftungsgrundlagen, denkt man zwangsläufig an die Anspruchsgrundlagen der unerlaubten Handlung (§§ 823 ff. BGB). Neben dem Deliktsrecht sieht das Gesetz in § 323 HGB einen speziellen und daher vorrangig zu prüfenden Haftungstatbestand für Wirtschaftsprüfer und Wirtschaftsprüfungsgesellschaften vor, einen Sonderfall einer gesetzlich geregelten Berufshaftung[16].

I. Handelsrechtliche Lösung des § 323 Abs. 1 Satz 3 HGB

§§ 316 ff. HGB regeln die gesetzlich vorgeschriebene Prüfung des Jahresabschlusses von Kapitalgesellschaften, die zwingend durch einen Abschlußprüfer zu erfolgen hat (§ 316 Abs. 1 Satz 1 HGB). Abschlußprüfer ist gem. § 319 Abs. 1 Satz 1 HGB im Regelfall ein Wirtschaftsprüfer oder eine Wirtschaftsprüfungsgesellschaft. Im Regelungsbereich dieser Normen sieht § 323 Abs. 1 Satz 3 HGB einen Haftungstatbestand für Wirtschaftsprüfer in ihrer

---

[14] *Stahl*, Zur Dritthaftung von Rechtsanwälten, Steuerberatern, Wirtschaftsprüfern und anderen öffentlich bestellten und vereidigten Sachverständigen, 1989, S. 35, spricht von einem unbändigen Wildwuchs.

[15] *Canaris*, ZHR 163 (1999), 206, 220. *Brüggemeier*, AG 1982, 268, 269, spricht vom Niemandsland zwischen Delikt und Vertrag, von einer juristischen terra incognita.

[16] *Schiemann*, FS für Gernhuber, 1993, S. 387.

Eigenschaft als gesetzliche Jahresabschlußprüfer vor: Sie haften, wenn sie die in § 323 Abs. 1 Satz 1und 2 HGB normierten Pflichten zu unparteiischer und gewissenhafter Prüfung und zur Verschwiegenheit sowie das Verbot unbefugter Verwertung von Geschäfts- und Betriebsgeheimnissen schuldhaft verletzen. Dies gilt jedoch nur, wenn sie als gesetzliche Abschlußprüfer gem. § 318 Abs. 1 Satz 1 HGB tätig sind[17]. Für freiwillige Aufgaben, die Wirtschaftsprüfer gem. § 2 WPO[18] daneben erfüllen und bei denen sie Dritte nicht weniger gefährden, gilt die Norm, wie sich aus ihrer systematischen Stellung im Gesetz zeigt, weder direkt noch analog[19].

Unabhängig davon ist die Norm für die hier interessierende Dritthaftung nicht einschlägig. Sie bietet eine Anspruchsgrundlage nur für die geprüfte Kapitalgesellschaft und die mit ihr verbundenen Unternehmen im Sinne des § 271 Abs. 2 HGB. Schon vom Wortlaut her gilt sie nicht für andere Dritte, z. B. Kapitalanleger[20]. Als gesetzlich geregelter Sonderfall ist sie auch nicht im Wege der Analogie verallgemeinerbar[21].

II. Deliktsrechtliche Lösungen

Von der partiellen gesetzlichen Sondernorm des § 323 Abs. 1 Satz 3 HGB abgesehen, die ihrerseits nur einen begrenzten Regelungsbereich hat, innerhalb dessen sie Ansprüche gewährt, bleiben für alle Geschädigte außerhalb von Sonderrechtsbeziehungen, völlig unabhängig vom Anlaß, aus dem das Testat erteilt wurde, nur die Regelungen der unerlaubten Handlung.

Ganz unproblematisch ist der deliktsrechtliche Begründungsansatz nicht. Keine Sorgen bereitet ein eng, auf gesetzlich vorgeschriebene Abschlußprüfungen begrenzter Anwendungsbereich; das Deliktsrecht ist auf jede Schädigung durch sämtliche Arten der Wirtschaftsprüfertätigkeit anwendbar. Hindernisse wirft aber auf, daß es sich bei den eingetretenen Schäden sämtlich um primäre Vermögensschäden handelt. Weiterhin erschwerend kommt hinzu, daß diese Vermögensschäden im wesentlichen Teil der Dritthaftungsfälle, nur fahrlässig verursacht werden. Damit sind die zwei grundsätzlichen Probleme des Deliktsrechts, der fahrlässige Vermögensschutz, auch Thema der Dritthaftungsproblematik.

1. § 823 Abs. 1 BGB

§ 823 Abs. 1 BGB, als erste der drei deliktsrechtlichen Grundtatbestände oder kleinen Generalklauseln[22], hilft dem Dritten nicht. Zum Schadensersatz ist nur verpflichtet, wer vorsätz-

---

[17] Für eine Reihe weiterer gesetzlicher Pflichtprüfungen wird ausdrücklich auf § 323 HGB in den betreffenden Normen Bezug genommen (z. B. §§ 49, 144, 258 Abs. 5 Satz 1 AktG für die aktienrechtlichen Gründungs- und Sonderprüfungen).

[18] Es handelt sich hier beispielhaft um Auskünfte, Gutachten, gesetzlich nicht vorgeschriebene Testate, Prospektprüfungen oder die treuhänderische Vermögensverwaltung.

[19] MüKo/*Ebke*, § 323 HGB Rn 14.

[20] BGHZ 138, 257, 259 f.; *Baumbach/Hopt*, § 323 HGB Rn 7; *Baumbach/Hueck*, § 41 GmbHG Rn 113; Beck BilKomm/*Budde/Hense*, § 323 HGB Rn 120; Kölner Kommentar, AktG, § 323 HGB Rn 21.

[21] OLG Düsseldorf NZG 1999, 901, 903; *Ebke*, Wirtschaftsprüfer und Dritthaftung, 1983, S. 36; *Honsell*, FS für Medicus, 1999, S. 211, 230.

[22] *Larenz/Canaris*, Schuldrecht BT II, 355; Erman/*Schiemann*, Vor § 823 BGB Rn 1.

lich oder fahrlässig das Leben, den Körper, die Gesundheit, die Freiheit, das Eigentum oder ein sonstiges Recht eines anderen widerrechtlich verletzt.

Das bei der Wirtschaftsprüferhaftung alleine verletzte Vermögen, ist keines dieser Rechtsgüter und kein sonstiges Recht im Sinne des Absatz 1 6. Alternative[23], so daß der Wirtschaftsprüfer dem Dritten gegenüber praktisch nicht aus § 823 Abs. 1 BGB haftet[24]. Das deutsche Deliktsrecht entschied sich bewußt gegen eine große deliktische Generalklausel[25]. Eine dennoch erfolgende Subsumtion des Vermögens unter § 823 Abs. 1 BGB käme der Negierung dieser gesetzgeberischen Wertung gleich.

Das bedeutet aber nicht, daß Dritte nach der Konzeption des Deliktsrechts gezwungen sind, Schäden ersatzlos hinzunehmen. Der deliktsrechtliche Vermögensschutz vollzieht sich nach §§ 823 Abs. 2, 826, 824[26], 839[27] BGB[28].

2. § 823 Abs. 2 BGB

Nach § 823 Abs. 2 Satz 1 BGB ist ein Wirtschaftsprüfer schadensersatzpflichtig, wenn er bei Testaterteilung gegen ein den Schutz des Anlegers bezweckendes Gesetz verstößt. Schutzgesetze liegen vor, wenn Gesetze, auch neben dem Schutz der Allgemeinheit, gerade dazu dienen, den geschädigten Dritten in ihren Schutzbereich einzubeziehen und vor Schädigung seiner Rechtsgüter, auch des Vermögens, zu bewahren, mithin Individualschutz zu gewähren[29].

---

[23] BGHZ 41, 127; Jauernig/*Teichmann*, § 823 BGB Rn 19; Paland/*Thomas*, § 823 BGB Rn 31; Soergel/*Zeuner*, § 823 BGB Rn 47; Staudinger/*Schäfer*, § 823 BGB Rn 76; *Larenz/Canaris*, Schuldrecht BT II, S. 356; *Quick*, BB 1992, 1675, 1679; *Ebke/Scheel*, WM 1991, 389. Ausnahme könnte nur das Rahmenrecht am eingerichteten und ausgeübten Gewerbebetrieb sein, in dessen Rahmen letztlich auch das Vermögen in einer speziellen Ausprägung geschützt wird (MüKo/*Mertens*, § 823 BGB Rn 468). Doch ist dieses Recht in den hier interessierenden Fällen der Dritthaftung gegenüber Kapitalanlegern häufig nicht berührt, es fehlt an einem unmittelbar betriebsbezogenen Eingriff (*Ebke*, Wirtschaftsprüfer und Dritthaftung, 1983, S. 44 Fn 34; *Gräfe*/Lenzen/Schmeer, Steuerberaterhaftung Rn 482). Zum Nichtvorliegen einer Eigentumsverletzung wegen der Vermögensdisposition des Dritten, die mit dem Verlust von Geldmitteln verbunden ist, vgl. *Philippsen*, Zur Dritthaftung des privat beauftragten Gutachters für fahrlässig verursachte Vermögensschäden, 1998, S. 188 f.

[24] *Canaris*, ZHR 163 (1999) 206, 213 f.; *Schneider*, ZHR 163 (1999), 246, 249; *Quick*, BB 1992, 1675, 1679; *Czech*, BB 1975, 723; *Zugehör*, NJW 2000, 1601, 1602.

[25] *Larenz/Canaris*, Schuldrecht BT II, S. 354; Staudinger/*Schäfer*, § 823 BGB Rn 76.

[26] § 824 BGB hat keine Relevanz für Dritte (*Ebke*, Wirtschaftsprüfer und Dritthaftung, 1983, S. 45; *Nann*, Wirtschaftsprüferhaftung – Geltendes Recht und Reformüberlegungen 1985, S. 181; *Quick*, BB 1992, 1675, 1680).

[27] § 839 BGB scheidet wegen seiner auf den öffentlichen Dienst beschränkten Geltung von vornherein aus. Er setzte voraus, daß der Wirtschaftsprüfer in Ausübung eines ihm anvertrauten öffentlichen Amtes tätig wird. Dafür reicht allein die öffentliche Bestellung gem. § 1 Abs. 1 Satz 1 WPO nicht aus. Nötig ist vielmehr, daß er für eine juristische Person des öffentlichen oder privaten Rechts tätig wird, deren Angestellte mit hoheitlichen Funktionen betraut sind, oder er selbst als Beliehener durch oder aufgrund eines Gesetzes hoheitlich tätig wird.

[28] Palandt/*Thomas*, § 823 BGB Rn 31; MüKo/*Mertens*, § 823 BGB Rn 466; Staudinger/*Schäfer*, § 823 BGB Rn 76; *Quick*, BB 1992, 1675, 1679; *Larenz/Canaris*, Schuldrecht Band II/2, § 76 III 2 c; *Honsell*, FS für Canaris 1999, S. 211, 213; *Damm*, JZ 1991, 373, 382; *Schneider*, ZHR 163 (1999), 246, 249.

[29] Palandt/*Thomas*, § 823 BGB Rn 141.

a) Klassischer Ansatz

aa) Suche nach Schutzgesetzen
Vordringliche Frage ist, woraus Schutzgesetze folgen, die dem Schutz des Kapitalanlegers dienen. Gem. Art. 2 EGBGB können sie in jeder Art von Rechtsnorm, nicht nur in formellen Parlamentsgesetzen, gefunden werden.

In erster Linie ist dabei Rückgriff auf strafrechtliche Normen zu nehmen. Dem Schutz des Vermögens dienende Strafgesetze finden sich in §§ 263 (Betrug), 264 (Subventionsbetrug), 264a (Kapitalanlagebetrug) und 266 (Untreue) StGB. Daneben stehen handelsrechtliche Strafvorschriften über die Verletzung der Berichts- (§ 332 HGB) und Geheimhaltungspflicht (§ 333 HGB) zur Verfügung. Diese Normen dienen offenkundig den Interessen von Gesellschaftern und Gläubigern der geprüften Gesellschaft, indem sie Schädigungen dieser durch Pflichtverstöße der Prüfer verhindern[30], und sind damit Schutzgesetze[31].

bb) Kritik
Kritikpunkt an der Lösung über § 823 Abs. 2 BGB ist, daß die Verletzung von Schutzgesetzen, gerade wenn sie dem strafrechtlichen Bereich entnommen werden, nur vorsätzlich möglich (§ 15 StGB) ist. Damit ist in den meisten Fällen der Dritthaftung, in denen die Pflichtverletzung des Wirtschaftsprüfers fahrlässig geschieht, dem Anleger nicht geholfen. Für den Bereich der fahrlässigen Schädigung eines Nichtmandanten durch den Wirtschaftsprüfer finden sich keine Gesetze, die dem Schutz des Vermögens des Nichtmandanten zu dienen bestimmt sind.

Zudem trägt § 823 Abs. 2 BGB, der nur in den von den Schutzgesetzen erfaßten Fällen zu Schadensersatz führen kann, nichts zu einer generellen Lösung bei, da Schutzgesetze zwar im einen oder anderen Einzelfall einschlägig sind, aber nicht generell für alle Fälle der Schädigung von Kapitalanlegern durch Wirtschaftsprüfer[32].

---

[30] OLG Karlsruhe ZIP 1985, 409 ff.; OLG Düsseldorf NZG 1999, 901, 903; *Baumbach/Hopt*, § 323 HGB Rn 8; *Baumbach/Hueck*, § 41 GmbHG Rn 113; BeckBilKomm/*Budde/Hense*, § 323 HGB Rn 175; *Hopt*, WPg 1986, 465, 466; *Poll*, DZWir 1995, 95, 98; *Quick*, BB 1992, 1675,1679.

[31] Schutzgesetze sind nicht die ***§ 323 HGB*** (OLG Karlsruhe WM 1995, 940, 944; LG Hamburg WM 1999, 139, 143; OLG Celle, WPK-Mitt. 2000, 258, 259; BeckBilKomm/*Budde/Hense*, § 323 HGB Rn 176; *Koller/Roth/Morck*, § 323 HGB Rn 9; *Hirte*, Berufshaftung, 1996, S. 64; *Ebke*, Wirtschaftsprüfer und Dritthaftung, 1983, S. 47 ff.; *Feddersen*, WM 1999, 105, 111; *Grunewald*, ZGR 1999, 583, 590; *Poll*, DZWir 1995, 95, 98; *Quick*, BB 1992, 1675, 1679; *Hopt*, FS für Pleyer, 1986, S. 341, 352; *ders.*, WPg 1986, 465, 466; *Weber*, NZG 1999, 1, 5), ***§ 18 KWG*** (BGH NJW 1973, 321 ff.; WM 1984, 131; OLG Hamm WM 1988, 191; *Quick*, BB 1992, 1675, 1680; *Ebke/Scheel*, WM 1991, 389; *Ebke/Fechtrup*, JZ 1986, 1111, 1113; *Feddersen*, WM 1999, 105, 111. Diese Regelung ist nicht an die Wirtschaftsprüfer gerichtet, sondern nur an die Geschäftsleiter der betreffenden Kreditinstitute) und ***§§ 2, 43, 48 WPO*** (BGH WM 1966, 1148, 1150; OLG Saarbrücken BB 1978, 1434, 1436; LG Mönchengladbach NJW-RR 1991, 415, 417; BeckBilKomm/*Budde/Hense*, § 323 HGB Rn 180; *Ebke/Scheel*, WM 1991, 389; *Ebke/Fechtrup*, JZ 1986, 1111, 1113; *Quick*, BB 1992, 1675, 1679; *Feddersen*, WM 1999, 105, 111; *Grunewald*, ZGR 1999, 583, 590; *Weber*, NZG 1999, 1, 5; *Otto/Mittag*, WM 1996, 325, 332. Diese Regelungen begründen nur Standespflichten, welche allein gegenüber den Angehörigen des Berufsstands gelten und deren Berufspflichten im Allgemeinen umschreiben. Sie sind im Allgemeininteresse an einer ordnungsgemäßen Tätigkeit des Wirtschaftsprüfers erlassen. Sie wirken zwar auch zu Gunsten der auf die Tätigkeit des Wirtschaftsprüfers Vertrauenden, doch nur als Folge der Normen, nicht als ihr Zweck).

[32] *Canaris*, ZHR 163 (1999) 206, 211.

b) Verkehrspflichten zum Schutz fremden Vermögens

Zur Förderung des Ziels einer einheitlichen Haftungsgrundlage für alle Fälle einer berufsbezogenen Pflichtverletzung und zur Begründung einer Haftung auch für fahrlässiges Handeln, wird deshalb in der Literatur teilweise[33] eine Lösung darüber gesucht, berufsspezifische Pflichten der Wirtschaftsprüfer zu Schutzgesetzen auszubauen.

aa) Vorteile dieser Lösung

Dadurch wäre man von den Haftungsrestriktionen des § 823 Abs. 1 BGB befreit, die sich aus dessen Schutzbereichsbeschränkung auf bestimmte Rechtsgüter unter Ausschluß des Vermögens ergeben. Zudem ermöglichte § 823 Abs. 2 BGB eine Haftung für fahrlässige Verstöße gegen Schutzgesetze. Da es in den gegenständlichen Haftungsfällen in der Regel um Schutz vor primären Vermögensschäden aufgrund fahrlässig falsch erstellter Testate geht, wäre auf diesem Weg eine umfassende Lösung ermöglicht. Hinzu kommt, daß die Berufspflichten für alle Wirtschaftsprüfer gelten, mit der Folge eines generell für alle Fälle fehlerhaften Testierens bestehenden Schutzgesetzes. Der Ausbau von Berufspflichten zu Schutzgesetzen zum Schutz des Vermögens liegt nahe. Diese Pflichten haben vermögensschützenden Charakter und Aufgabe des Wirtschaftsprüfers ist vornehmlich die Bewahrung vor Vermögensschäden[34], ist er doch Angehöriger eines vermögenssorgenden Berufs.

Wegen der dogmatischen Verankerung dieses Ansatzes im Rahmen des Deliktsrechts kann man von einer deliktischen Berufshaftung sprechen[35].

bb) Kritik

Diese Ansicht, die nur auf den ersten Blick wegen ihrer umfassenden Geltung als einfach angesehen werden kann, hat die Literatur zu Recht überwiegend kritisiert[36].

Hauptpunkt der Kritik ist – neben den allgemeinen Schwächen des Deliktsrechts[37] – vor allem, daß durch eine Erweiterung der Deliktshaftung die gesetzliche Konzeption für den Ersatz reiner Vermögensschäden aus den Fugen zu geraten droht.

Zwar muß ein Schutzgesetz nicht dem Kanon der geschriebenen Rechtsnormen entnommen werden, sondern kann auch im Wege der Rechtsfortbildung entstehen[38]. Im Wege der Rechtsfortbildung entwickelten Verkehrspflichten Schutzgesetzcharakter zu verleihen, steht aber die deliktsrechtliche Systematik entgegen. Schutzgesetze haben ihren dogmatischen

---

[33] *Deutsch*, JuS 1967, 152, 157; *Huber*, FS für von Caemmerer, 1978, S. 377 ff.; *Mertens*, AcP 178 (1978), 227, 248 ff.; MüKo/*Mertens*, § 823 BGB Rn 175 ff.; *von Bar*, Verkehrspflichten, 1980, S. 233 ff.; *ders.*, JuS 1982, 637, 644; *Brüggemeier*, AcP 182 (1982), 385, 423; *Assmann*, JuS 1986, 885, 888.

[34] *Mertens*, AcP 178 (1978), 227 ff.; *von Bar*, Verkehrspflichten, 1980, S. 204 ff.

[35] Zur außerdeliktischen Berufshaftung vgl. unten Fn 259.

[36] *Canaris*, FS für Larenz, 1983, S. 27, 30 ff., 81 ff.; *ders.*, ZHR 163 (1999), 206, 214; Erman/*Ehmann*, § 328 BGB Rn 1; *Grunewald*, JZ 1982, 627, 631; *dies.*, AcP 187 (1987), 285, 297 f.; *Picker*, AcP 183 (1983), 365, 445 f., 496 ff.; *ders.*, JZ 1987, 1041, 1047; *Larenz*, Schuldrecht Band II/2, § 76 III 2 c, S. 406; *Damm*, JZ 1991, 373, 382; Soergel/*Zeuner*, § 823 BGB Rn 47; *Lang*, WPg 1989, 57, 59; *Hopt*, FS für Pleyer, 1986, S. 341, 363.

[37] Kurze Verjährung des § 852 BGB, Exculpation bei Haftung für Dritte nach § 831 BGB statt § 278 BGB, Beweislast, die nicht gem. § 280 Abs. 1 Satz 2 BGB (= § 282 BGB a.F. (analog)) erleichtert ist, Haftung nur für Vorsatz.

[38] *Jost*, Vertragslose Auskunfts- und Beratungshaftung, 1991, S. 186 f.; *Huber*, FS für von Caemmerer, 1978, S. 359, 381 f.; *Canaris*, FS für Larenz 1983, S. 27, 45.

Standort im Rahmen des Deliktsrechts bisher alleine bei § 823 Abs. 1 BGB, wo sie im wesentlichen zwei Funktionen dienen: Im Tatbestand stellen sie ein rechtsgutsverletzendes Unterlassen, der Erfolgsherbeiführung durch aktives Tun gleich und im Rahmen der Rechtswidrigkeit ermöglichen sie die Zurechnung nur mittelbarer Verletzungshandlungen, bei denen eine Indizierung der Rechtswidrigkeit durch die Tatbestandsmäßigkeit nicht ohne weiteres anzunehmen ist[39]. Wollte man nun Verkehrssicherungspflichten auch bei § 823 Abs. 2 BGB verankern, hätte dies zur Folge, daß der Bereich des Unterlassens und der mittelbaren Rechtsgutsverletzungen aus § 823 Abs. 1 BGB herausgenommen würde. Der Absatz 1 des § 823 BGB würde dadurch, obwohl er schon wegen seiner einleitenden Stellung im Regelungskomplex des Deliktsrechts die Zentralnorm der §§ 823 ff. BGB darstellt, ausgehöhlt und auf unmittelbare Eingriffe durch aktives Tun begrenzt[40]. Er hätte der Konzeption des Deliktsrechts entgegen nur eine beschränkte ergänzende Funktion[41].

Wie gezeigt, lehnt das deutschen Deliktsrecht eine vermögensschützende Generalklausel ab und schützt das Vermögen alleine über § 826 und § 823 Abs. 2 BGB, wenn deren eng gefasste tatbestandliche Voraussetzungen vorliegen. Versuchte man nun, diese gesetzgeberische Wertung über eine extensive Auslegung des § 823 Abs. 2 BGB zu erreichen, hat dies mit der nötigen Zurückhaltung beim Ersatz reiner Vermögensschäden nichts mehr zu tun. Im Gegenteil wäre der Weg zur großen deliktischen Generalklausel und einem generellen Vermögensschutz, der Wertung des BGB zuwider, geebnet[42]. Die Gerichte hätten es in der Hand, die Verhaltensanforderungen zu bestimmen, die unabhängig von dem verletzten Rechtsgut eine deliktische Haftung für primäre Vermögensschäden ermöglichen.

Sollte die heute noch geltende Konzeption des Deliktsrechts mit ihrem zurückhaltenden Ersatz fahrlässig verursachter primärer Vermögensschäden für zu eng und nicht mehr zeitgemäß gehalten werden, ist der Gesetzgeber zum Einschreiten aufgefordert. Es ist jedoch unstatthaft, dem Gesetzgeber vorgreifend, die Grenzen der §§ 823 ff. BGB im Rahmen der Rechtsfortbildung durch Neuschaffung von Schutzgesetzen zu verschieben[43]. Das wäre eine unzulässige Rechtsfortbildung contra legem und ein mit dem Grundsatz der Gewaltenteilung unvereinbarer Eingriff der Judikative in den Aufgabenbereich der Legislative. Der Richter geriete in die Rolle eines Schutzgesetzgebers[44], eine Rolle, die ihm mangels demokratischer Legitimation nach verfassungsrechtlichen Grundsätzen nicht zukommt.

Einer weiteren Auseinandersetzung mit diesem Lösungsansatz bedarf es nicht, da die Rechtsprechung darauf nicht reagierte; sie verließ für die Berufshaftung nicht den Bereich traditionell anerkannter Schutzgesetze[45]. Daraus wird gefolgert, sie habe dieser Konstruktion durch Nichtbefassen stillschweigend eine Absage erteilt[46].

---

[39] *Medicus*, Bürgerliches Recht Rn 642 f.; *Jost*, Vertragslose Auskunfts- und Beratungshaftung, 1991, S. 184.
[40] *Canaris*, FS für Larenz, 1983, S. 27, 78; *Philippsen*, Zur Dritthaftung des privat beauftragten Gutachters für fahrlässig verursachte Vermögensschäden, 1998, S. 194.
[41] *Adolff*, Die zivilrechtliche Verantwortlichkeit deutscher Anwälte bei der Abgabe von Third Party Legal Opinions, 1997, S. 115.
[42] *Larenz/Canaris*, Schuldrecht Band II/2, S. 406.
[43] *Grunewald*, JZ 1982, 627, 631; *Picker*, AcP 183 (1983), 369, 498 ff.; *ders.*, JZ 1987, 1041, 1047.
[44] *Picker*, AcP 183 (1983), 369, 497.
[45] *Damm*, JZ 1991, 373, 382.
[46] *von Bar*, ZGR 1983, 505; *Ebke*, Wirtschaftsprüfer und Dritthaftung, 1983, S. 54; *Hübner*, NJW 1989, 5, 9. Selbst Richter des Bundesgerichtshofs vermochten sich dieser Konstruktion nicht anzuschließen. Sie sehen darin einen wohl etwas kühnen Vorschlag (*Lang*, WPg 1989, 57, 59) und verweisen auf praktische Schwierigkei-

3. § 826 BGB

Da § 823 Abs.2 BGB nur in Sonderfällen zur Anwendung kommt, bleibt der Weg über § 826 BGB, den die Rechtsprechung in der Tat als Hauptstütze der Begründung von Schadensersatzansprüchen für die Verletzung primärer Vermögensschäden prüft[47].

Jedoch zeigen sich auch hier Probleme: Gehaftet wird nur für vorsätzliche und sittenwidrige Schädigungen, weshalb erneut kein allgemein gangbarer Weg gegeben ist. Das heißt aber nicht, man könne unter Rückgriff auf § 826 BGB nie zur Haftung kommen. Auf wenige Ausnahmefälle beschränkt, bietet er nur für das Gros der Fälle keine taugliche Lösung. Im ersten Teil der Arbeit interessiert jedoch vor allem ein Lösungsansatz für möglichst alle Fälle der Wirtschaftsprüferdritthaftung.

a) Haftungstatbestand

Sittenwidrigkeit wird durch die Nichteinhaltung beruflich vorgesehener und im Rechtsverkehr vorausgesetzter Vorsicht begründet[48] und aus dem wegen besonderer Sachkunde bestehenden Vertrauen des Wirtschaftsprüfers oder sonstigen Experten abgeleitet[49], das ihm Personen entgegenbringen, für die das Testat von großer Bedeutung ist. Handelt er mit mangelnder Professionalität und evtl. sogar übersteigertem Eigennutz und wird dadurch ein Testat unrichtig, verletzt er also das ihm durch den Rechtsverkehr entgegengebrachte Vertrauen, ist dies bereits sittenwidrig im Sinne von § 826 BGB.

Ferner muß der Wirtschaftsprüfer vorsätzlich gehandelt haben, und dies nicht nur in Bezug auf die nach obigem zu bestimmende Sittenwidrigkeit, sondern auch auf die Schadenszufügung. Bei der Wirtschaftsprüferhaftung wird jedoch nur in den seltensten Fällen dieser doppelte Vorsatz anzunehmen und fahrlässiges Handeln die Regel sein. Zumindest aber bereitet er in der Rechtswirklichkeit schwer behebbare Beweisprobleme[50].

Wegen dieser Schwierigkeiten im Bereich des subjektiven Tatbestands, arbeitet die Rechtsprechung bei der Frage der Wirtschaftsprüfer- bzw. generell der Expertenhaftung mit Verschiebungen bei den tatbestandlichen Anforderungen. So setzte sie die unüberwindbar anmutenden subjektiven Anforderungen des § 826 BGB für die Haftung des Wirtschaftsprüfers

---

ten: Man solle nicht glauben, daß Richter, die sich doch schon bei der Abstimmung von Verkehrspflichten im Schutz des kompakten Bezugsrahmens des Absatzes 1 nur mit Mühe zusammenraufen, sich noch zusammenfinden werden, wenn ihnen bewußt gemacht wird, welche rechtspolitische Verantwortung ihnen da zuwächst (*Steffen*, VersR 1980, 409). Diese Bedenken wegen Überforderung teilt *Picker*, JZ 1987, 1041, 1047, weil Gerichten schon die Arbeits- und Erkenntnismöglichkeiten für eine fallübergreifende Rechtsgestaltung fehlen.

[47] In nahezu jeder höchstrichterlichen und instanzgerichtlichen Entscheidung wird § 826 BGB zumindest angeprüft (*Zugehör*, NJW 2000, 1601, 1608; *Damm*, JZ 1991, 373, 383; *Nann*, Wirtschaftsprüferhaftung – Geltendes Recht und Reformüberlegungen, 1985, S. 182). *Ebke/Scheel*, WM 1991, 389, sprechen davon, daß § 826 BGB zum Einfallstor der Dritthaftung zu werden droht.

[48] *Schiemann*, FS für Gernhuber, 1993, S. 387, 403.

[49] Vertrauensstellung betonen BGH WM 1956, 1229; 1966, 1148, 1149; 1966, 1150 f.; NJW 1986, 180; 1987, 1758; 1991, 3282, 3283; 2001, 360, 365; Palandt/*Thomas*, § 826 BG Rn 26; Erman/*Schiemann*, § 826 BGB Rn 38; MüKo/*Mertens*, § 826 BGB Rn 24 f., 180; Staudinger/*Schäfer*, § 826 BGB Rn 46 f.

[50] Nach *Ebke*, Wirtschaftsprüfer und Dritthaftung, 1983, S. 81, lehnte es die Rspr. bisher ab, die Beweislast im Bereich der Wirtschaftsprüferhaftung zu durchbrechen.

bei Erteilung von Testaten so stark herab[51], daß man durchaus sagen kann, das Vorsatzerfordernis stelle „keine entscheidende Haftungsschwelle"[52] mehr dar. Diese Korrekturen oder – um eine Wertung vorwegzunehmen – Aufweichungen des § 826 BGB zeigen sich auf dreifache Weise: Erstens soll hinsichtlich der die Sittenwidrigkeit begründenden Pflichtverletzung grob leichtfertiges, gewissenloses Verhalten genügen[53], insofern ist das Erfordernis des Vorsatzes aufgegeben und wird grobe Fahrlässigkeit als ausreichend erachtet. Zweitens soll für Vorsatz in Bezug auf den Schaden bedingter Vorsatz genügen[54]. Und schließlich wird drittens durch Annahme eines Anscheinsbeweises immer, wenn grobe Fahrlässigkeit beim Sittenverstoß nachgewiesen ist, auf bedingten Schädigungsvorsatz geschlossen[55].

b) Kritik

Die Rechtsprechung errichtete mit ihren Modifikationen des § 826 BGB einen Tatbestand, der sich von der ursprünglichen Konzeption und der gesetzgeberischen Vorstellung, nur besonders schwerwiegende Fälle deliktischen Handelns zu erfassen[56], meilenweit entfernte. Dies zeigt sich insbesondere, wenn grobe Fahrlässigkeit für Vorsatz genügt[57]. Damit werden die Voraussetzungen des § 826 BGB mit dem Wortlaut unvereinbar überstrapaziert[58] und contra legem ausgelegt[59] als vorsätzliche Leichtfertigkeit. Zudem verlangt der Wortlaut Vorsatz sowohl bezüglich der Sittenwidrigkeit als auch bezüglich des Schadens, was die von der Rechtsprechung vertretene Differenzierung bei diesen beiden Merkmalen übersieht[60]; Schädigungsvorsatz kann den Sittenwidrigkeitsvorsatz nicht ersetzen[61]. Gegenteiliges läßt sich auch nicht daraus folgern, daß der Vorsatz auf die Sittenwidrigkeit kein Bewußtsein derselben verlangt. Der Täter muß nicht wissen, daß er sittenwidrig handelt, vielmehr genügt die

---

[51] *Ebke/Scheel*, JZ 1991, 389, 390; *Ebke*, BB 1997, 1731, 1733; *Zugehör*, NJW 2000, 1601, 1608.
[52] *Jost*, Vertragslose Auskunfts- und Beratungshaftung, 1991, S. 76.
[53] BGHZ 10, 228, 233; BGH NJW 1973, 321; 1987, 1758; 1991, 3282; WM 1979, 326; 1990, 966; 1992, 2034; OLG Karlsruhe WM 1985, 940, 942; OLG Oldenburg VersR 1981, 88. Eine Aufzählung von Beispielen dieser Gewissenlosigkeit geben z.B. *Quick*, BB 1992, 1675, 1680; BeckBilKomm/*Budde/Hense*, § 323 HGB Rn 183 und das LG Hamburg WM 1999, 139, 142.
[54] BGH WM 1975, 559, 560; NJW 1986, 180, 181; Erman/*Schiemann*, § 826 BGB Rn 14; Jauernig/*Teichmann*, § 826 BGB Rn 9; MüKo/*Mertens*,§ 826 BGB Rn 61; Palandt/*Thomas*, § 826 BGB Rn 10; Soergel/*Hönn/Dönneweg*, § 826 BGB Rn 63; Staudinger/*Schäfer*, § 826 BGB Rn 73; *Damm*, JZ 1991, 373, 383; *Zugehör*, NJW 1601, 1608.
[55] BGHZ 10, 228, 233; 62, 54, 56; BGH NJW 1962, 1766; 1970, 1737, 1738; WM 1975, 559; 1979, 326; 1986, 904; Ermann/*Schiemann*, § 826 BGB Rn 14; Jauernig/*Teichmann*, § 826 BGB Rn 9; MüKo/*Mertens*, § 826 BGB Rn 60; Palandt/*Thomas*, § 826 BGB Rn 9; Soergel/*Hönn/Dönneweg*, § 826 BGB Rn 67; Staudinger/*Schäfer*, § 826 BGB Rn 72; *Herrmann*, JZ 1983, 422, 430; *Honsell*, FS für Canaris 1999, S. 211, 215; *ders.*, JuS 1976, 621, 629; *Damm*, JZ 1991, 373, 383.
[56] Staudinger/*Schäfer*, § 826 BGB Rn 1.
[57] *Canaris*, ZHR 163 (1999) 206, 214 f.; *von Bar*, Verkehrspflichten, 1980, 21 ff.; *Ebke*, Wirtschaftsprüfer und Dritthaftung, 1983, S. 55 f.; *ders.*, BB 1997, 1731, 1733; *ders./Scheel*, WM 1991, 389, 390; *Huber*, FS für von Caemmerer, 1978, S. 359, 372; *Honsell*, JZ 1985, 952, 953; *ders.*, FS für Medicus, 1999, S. 211, 215 f.; *Grunewald*, AcP 187 (1987), 285, 307; *dies.*, NZG 1999, 583, 591; *Quick*, BB 1992, 1675, 1680.
[58] Obwohl dies scheinbar auch der BGH in der Entscheidung BGHZ 74, 281, 289 erkannte, in der er von § 826 BGB als einem allzu sehr überstrapazierten Tatbestand spricht, verfestigte sich diese Rechtsprechung im Laufe der Jahre ungeachtet dessen weiter.
[59] *Canaris*, ZHR 163 (1999), 206, 215. Eine Auslegung contra legem sprengt die Grenzen zulässiger Auslegung (*Larenz/Canaris*, Methodenlehre der Rechtswissenschaft, S. 245 ff.).
[60] *Honsell*, FS für Medicus, 1999, S. 211, 215.
[61] *Honsell*, JuS 1976, 621, 628; *ders.*, FS für Medicus, 1999, S. 211, 215.

bloße Kenntnis der die Sittenwidrigkeit begründenden Umstände[62]. Wird aber, da letztlich Rechtsblindheit nicht privilegiert werden soll[63], auf Vorsatz bezüglich des Bewußtseins der Sittenwidrigkeit verzichtet, bedeutet dies nicht, daß zugleich auf Vorsatz bezüglich der Umstände, die dieses Urteil begründen, verzichtet werden kann.

Ferner ist kein, wie für die Annahme eines prima-facie-Beweises nötig, nach der Lebenserfahrung typischer Geschehensablauf gegeben, von dem aus auf einen bestimmten Umstand, hier bedingten Schädigungsvorsatz, zu schließen ist[64]. Der leichtfertige und gewissenlose Verstoß gegen eine Berufspflicht ist als solcher kein typischer Geschehensablauf, der nach dem ersten Anschein auf Schädigungsvorsatz hinwiese, da es andernfalls dem Wirtschaftsprüfer nie möglich wäre, den Anscheinsbeweis zu erschüttern[65]. Handelt der Wirtschaftsprüfer bei der Pflichtverletzung nur grob fahrlässig, handelt er ohne Wissen und Wollen nicht vorsätzlich. Dann kann er aber nicht billigend die Schädigung von Kapitalanlegern in Kauf nehmen. Macht er sich dagegen Vorstellungen über eine mögliche Prüfpflichtverletzung bei Testaterteilung und erteilt es dennoch, handelt er bereits vorsätzlich. Vor allem aber wird der Wirtschaftsprüfer in all den Fällen, in denen er nicht mit der Weitergabe des Testats rechnen muß, kaum eine Schädigung Dritter billigend in Kauf nehmen können[66].

Letztlich[67] wird gegen eine Lösung über die Extension des § 826 BGB die negative Folge auf den Haftpflichtversicherungsschutz angeführt[68]. Bei vorsätzlicher Herbeiführung des Versicherungsfalls wird die Versicherung gem. § 152 VVG von der Leistungspflicht frei. Diese Folge ist um so ungerechter, als Vorsätzlichkeit hier nur grobe Fahrlässigkeit bedeutet und ein Entfallen des Versicherungsschutzes bei unvorsätzlichem Handeln nicht akzeptabel ist[69]. Zur Ausräumung des Widerspruchs wird § 152 VVG einschränkend ausgelegt[70]. Diese Korrektur ist aber nur nötig, weil § 826 BGB extensiv ausgelegt wurde. Deshalb muß man sich fragen, ob es nicht sinnvoller ist, die Ursache, die extensive Auslegung des § 826 BGB zu bekämpfen, als deren Folge durch Restriktion des § 152 VVG[71]. Korrekturen durch Rechtsfortbildung sollten, nicht zuletzt im Sinne der Rechtssicherheit, auf das Nötigste be-

---

[62] BGH NJW 1951, 596; WM 1962, 579; Palandt/*Thomas*, § 826 BGB Rn 11; *Ebke/Scheel*, WM 1991, 389, 390; *Honsell*, FS für Medicus, 1999, S. 211, 216.

[63] *Honsell*, FS für Medicus, 1999, S. 211, 216.

[64] *Baumbach/Lauterbach/Albers/Hartmann*, Anh § 386 ZPO Rn 16; *Thomas/Putzo*, § 286 ZPO Rn 12 f.

[65] *Philippsen*, Zur Dritthaftung des privat beauftragten Gutachters für fahrlässig verursachte Vermögensschäden, 1998, S. 192.

[66] *Grunewald*, AcP 187 (1987), 285, 307.

[67] *Honsell*, FS für Medicus, 1999, S. 211, 217 ff., trägt als weiteres Argument gegen die Ausweitung der Vorsatzhaftung auf grobe Fahrlässigkeit vor, sie sei ein in Deutschland beschrittener Sonderweg, den die Rechtsprechung in anderen Ländern des römischen Rechtskreises, namentlich Österreich, Schweiz, Italien und Frankreich, nicht gegangen sei. Überzeugend erscheint dies jedoch nicht. Im Laufe seiner rechtsvergleichenden Darstellung zeigt *Honsell* nämlich, daß sowohl der österreichische OGH (JBl 1997, 524) als auch das Schweizerische Bundesgericht (BGE 111 II 474 E 3; BGE 116 II 695 ff.; ZBJV 1992, 203 f.) eine Fahrlässigkeitshaftung ausreichen lassen. Somit ist der Weg der deutschen Rechtsprechung nicht ein sonst nirgends zu findendes Unikum, das allein deshalb schon abgelehnt werden könnte.

[68] *Baumbach/Hopt*, § 347 HGB Rn 18; *Canaris*, ZHR 163 (1999), 206, 214 f.; *Grunewald*, NZG 1999, 583, 592; *Honsell*, FS für Medicus, 1999, S. 211, 217; *Hirte*, Berufshaftung, 1996, S. 426; *Ebke*, Wirtschaftsprüfer und Dritthaftung, 1983, S. 42; *ders./Scheel*, WM 1991, 389, 390; *Gräfe*, EWiR 1990, 465, 466; *Philippsen*, Zur Dritthaftung des privat beauftragten Gutachters für fahrlässig verursachte Vermögensschäden, 1998, S. 193.

[69] *Grunewald*, NZG 1999, 583, 592.

[70] *Canaris*, ZHR 163 (1999), 206, 214 f.

[71] Dies übersieht *Grunewald*, NZG 1999, 583, 593, wenn sie dort in Konsequenz der extensiven Interpretation von § 826 BGB eine restriktive Auslegung des § 152 VVG für wünschenswert hält.

schränkt werden. Vorsätzliches Handel im Sinn des § 152 VVG sollte, dem Grundsatz der Einheit der Rechtsordnung folgend, vorsätzliches Handeln bedeuten; selbes gilt für § 826 BGB. Tatsächlich besteht in diesen Fällen nur grobe Fahrlässigkeit, die lediglich, um eine Haftung zu erhalten, bei § 826 BGB als Vorsatz verpackt wird[72], aber für § 152 VVG nicht ausreicht. Die Versicherung ist auch nicht durch die Feststellungen des Gerichts im Dritthaftungsprozeß zwischen Anleger und Wirtschaftsprüfer gebunden. Sie ist ebenso frei in der Beurteilung, ob dem Wirtschaftsprüfer Vorsatz zur Last fällt, wie ein anderes, bei Verweigerung der Versicherungsleistung angerufenes Gericht. Denn in Rechtskraft erwächst nur der Tenor des Urteils, das den Anspruch zu- oder aberkennt, nicht aber die den Tenor tragenden Entscheidungsgründe[73]. Somit gelangt man, unabhängig, ob man den Grundsatz der Einheit der Rechtsordnung, nach dem Vorsatz in jedem Rechtsgebiet gleichbedeutend ist, durchbricht und im Versicherungsrecht einen anderen Vorsatzbegriff annimmt, zu einem Ergebnis, bei dem § 152 VVG ein schwaches Argument ist.

4. Zusammenfassung

Die vorstehenden Untersuchungen zeigen, daß die Lösungen des Gesetzes für die Dritthaftung des Wirtschaftsprüfers für fahrlässig verursachte primäre Vermögensschäden, nicht uneingeschränkt tauglich sind. Sie sind mit Schwächen versehen, die im Anwendungsbereich oder den strengen tatbestandlichen Voraussetzungen wurzeln, und die nur durch dogmatisch bedenkliche Konstruktionen überwunden werden können oder die Dogmatik des Deliktsrechts sprengen. Die Tatbestände der unerlaubten Handlung führen nicht zum bei der Haftungsbegründung wünschenswerten Ziel eines möglichst einheitlichen Haftungstatbestands. Dabei wird nicht verkannt, daß das Deliktsrecht in Einzelfällen eine taugliche Lösung bietet.

---

[72] § 826 BGB wird auch als Konstruktion einer Fahrlässigkeitshaftung für primäre Vermögensschäden bezeichnet (*Hirte*, Berufshaftung, 1996, S. 426).

[73] *Baumbach/Lauterbach/Albers/Hartmann*, § 322 ZPO Rn 20; *Thomas/Putzo*, § 322 ZPO Rn 17 ff.

B. Vertragliche Lösungsansätze

Lösung könnte eine vertragliche Anspruchsgrundlage sein. Es stellt sich die 1902 vom Reichsgericht[74] aufgeworfene Frage, unter welchen Umständen ohne vorher begründetes Vertragsverhältnis für fahrlässigerweise unrichtige Auskünfte ein vertraglicher Anspruch auf Schadensersatz besteht. Das Reichsgericht sah nur zwei Jahre nach Inkrafttreten des BGB, daß die Grundregelung des Gesetzes für die Haftung nicht ausreichen und begann deshalb bei der Expertenhaftung einen Prozeß der Rechtsfortbildung[75].

Nicht eingegangen wird im Rahmen dieser Arbeit auf die ebenfalls vertraglichen Ansätze der Drittschadensliquidation[76], des Vertrags zu Gunsten Dritter (§ 328 Abs. 1 BGB)[77], des Auskunftsvertrags für den, den es angeht[78] sowie einer Rechtsscheinshaftung aufgrund ausgestellter Bescheinigungen[79] und Köndgens Lehre von der Selbstbindung ohne Vertrag[80].

---

[74] RGZ 52, 365 ff.

[75] RGZ 52, 365 ff.

[76] *Baumbach/Hopt*, § 347 HGB Rn 21. Diskutiert wird dies vor allem in den Fällen der Bank-zu-Bank-Auskunft (BGH NJW 1972, 1201). Für die Frage der Wirtschaftsprüferhaftung gegenüber Kapitalanlegern ist dieses Institut jedoch nicht geeignet, da eine zufällige Schadensverlagerung beim Dritten nicht stattfindet. Beim Dritten tritt der Schaden immer unabhängig, zusätzlich zum oder an Stelle des Schadens des Mandanten ein (*Gräfe*/Lenzen/Schmeer, Steuerberaterhaftung Rn 458), was seine Ursache auch nicht in Besonderheiten der Rechtsordnung hat, sondern auf den typischen und vorhersehbaren Gegebenheiten der Drittrichtung der Testate beruht; auf sie verlassen sich regelmäßig nur die Dritten, nicht aber auch der Mandant, der sie in Auftrag gibt.

[77] Ein solcher scheitert in der Regel daran, daß der Dritte aus dem Vertrag zwischen Wirtschaftsprüfer und Auftraggeber nicht gem. § 328 Abs. 1 BGB unmittelbar ein eigenes Recht auf die Primärleistung erlangen soll. Dies bedeutete, daß er ein eigenes Recht hätte, die Prüfung, den Jahresabschluß, das Testat o.ä. zu fordern, was ersichtlich nicht gewollt ist (LG Mönchengladbach NJW-RR 1991, 415, 416, LG Hamburg WM 1999, 139, 141; *Feddersen*, WM 1999, 105, 107; *Wiegand*, Die „Sachwalterhaftung" als richterliche Rechtsfortbildung, 1991, S. 93 ff.).

[78] Dieser wird insbesondere dann als Lösung herangezogen, wenn ein Testat für eine Vielzahl Dritter bestimmt und dies dem Testierenden bekannt ist. Die Rechtsprechung prüft ihn vor allem bei Zweifeln an einem individualisierten Vertragsschluß von Drittem und Wirtschaftsprüfer (BGH NJW 1970, 1737; 1979, 1595, 1597; WM 1974, 685; OLG Saarbrücken BB 1978, 1434; OLG Hamm NJW-RR 1987, 209; OLG Köln NJW-RR 1988, 335, 336; *von Hoyningen-Huene*, NJW 1975, 962, 964; *Herrmann*, JZ 1983, 422, 424). Er scheitert aber schon daran, daß für den Wirtschaftsprüfer, anders als bei den Bargeschäften des täglichen Lebens, die den Regelfall des Geschäfts mit dem, den es angeht bilden, nicht egal ist, wer Vertragspartner wird, so daß er bei Verhandlungen mit seinem Auftraggeber, der nicht im fremden Namen des Dritten handelt, dem Dritten gegenüber nicht verpflichtet werden will. Es kann nicht unterstellt werden, er sei freiwillig bereit, eine Haftungserklärung gegenüber jedermann abzugeben. Für einen Wirtschaftsprüfer ist die Person des Geschäftsgegners von erheblicher Relevanz, was schon die Nummer 7 der Allgemeinen Auftragsbedingungen zeigt, die die Weitergabe von Testaten o. ä. von der Zustimmung des Wirtschaftsprüfers abhängig macht. Die Annahme eines Vertrags mit dem, den es angeht über die typischen Fälle des Bargeschäfts des täglichen Lebens hinaus, ist wegen der die vertragliche Haftung überdehnenden Konsequenz nach der Lebenserfahrung eher unwahrscheinlich (BGHZ 12, 105, 109; BGH NJW 1970, 1737; 1973, 321, 323; 1979, 1595; *Quick*, BB 1992, 1675, 1683 f.; *Honsell*, FS für Medicus, 1999, S. 211, 222 f.; *ders.*, JuS 1976, 621, 627; *Damm*, JZ 1991, 373, 377; *Ebke/Scheel*, WM 1991, 389, 391; *Schindhelm/Grothe*, DStR 1989, 445, 449; *Strauch*, JuS 1992, 897, 899). *Stahl*, Zur Dritthaftung von Rechtsanwälten, Steuerberatern, Wirtschaftsprüfern und anderen öffentlich bestellten und vereidigten Sachverständigen, 1989, S. 46, überantwortet diese Rechtsfigur der Rechtsgeschichte, weil sie die Rechtsprechung immer wieder stereotyp abgelehnt habe.

[79] Diese wird in Analogie zu §§ 172, 370, 405, 409, 576, 793, 796, 807, 808, 1154, 1155, 1160 BGB, 364 Abs. 2, 365 HGB, Art. 18 Abs. 2 ScheckG, Art. 36, 83 WG in der Fassung von 1931 (heute Art. 16 WG) hergeleitet (*Stoll*, AcP 135 (1931), 89, 103 ff.). Jedoch scheidet eine Analogie aus. Normen, die wie §§ 172, 370, 793, 807, 808 BGB, § 365 HGB, Art. 16 WG den Rechtsschein der Urkunde nur auf deren Inhaber beziehen, sind zur Analogie für Testate untauglich. Aber auch die anderen, die den Rechtsschein auf den Inhalt beziehen, passen für Testate nicht. Die Bestimmungen betreffen im wesentlichen Urkunden, die für ihre Gültigkeit bestimmte

I. positive Vertragsverletzung (pVV)[81] eines Auskunftsvertrags[82] zwischen Wirtschaftsprüfer und Anleger

Die Rechtsprechung arbeitete schon 1902[83] mit der Annahme eines Auskunftsvertrags zwischen Experte und Drittem. Dieser Vertrag tritt als zweiter Vertrag eigenständig neben den (Haupt-)Vertrag von Wirtschaftsprüfer und Auftraggeber.

1. Ansatz

Ausdrücklich kommt ein Auskunftsvertrag nur selten zustande[84]. Für das Gros der Fälle bleibt ein Abschluß durch schlüssiges Verhalten[85]. Ein solcher wurde immer angenommen, wenn eine Partei kraft beruflicher Stellung und Sachkunde Auskünfte im Bewußtsein erteilt, der Auskunftsempfänger werde die Auskunft einem Dritten zugänglich machen, der auf Grundlage der Auskunft wesentliche Entscheidungen treffen will[86]. Dies gelte auch, wenn zwischen Wirtschaftsprüfer und Drittem kein unmittelbarer, sondern ein nur indirekter Kontakt bestand, weil das Testat zunächst vom Wirtschaftsprüfer an den Mandanten und erst von diesem an den Anleger weitergegeben wird. Ferner sei unerheblich, ob die Parteien über-

---

Formalien voraussetzen und für die inhaltliche Richtigkeit Gewähr bieten. Testate von Wirtschaftsprüfern jedoch geben nur Fakten wieder (*Honsell*, JuS 1976, 621, 627; *Lammel*, AcP 179 (1979), 337, 344 f.; *Stahl*, Zur Dritthaftung von Rechtsanwälten, Steuerberatern, Wirtschaftsprüfern und anderen öffentlich bestellten und vereidigten Sachverständigen, 1989, S. 55).

[80] Es handelt sich um einen quasi-vertraglichen Ansatz, der auch hinsichtlich Beweislast und Haftung für Dritte nach Vertragsrecht zu beurteilen ist (*Köndgen*, Selbstbindung ohne Vertrag, 1981, S. 362 ff.). Auslöser der Haftung ist die im geschäftsbezogenen Handeln von Fachleuten begründete Erweckung von Vertrauen des Rechtsverkehrs, Auskünfte von Fachleuten seien fehlerfrei. Das Wecken legitimer Leistungserwartungen im Rechtsverkehr soll hiernach zur Begründung einer vertragsähnlichen Haftung ausreichen (*Damm*, JZ 1991, 373, 381), ohne daß der Fachmann einen entsprechenden rechtsgeschäftlichen Willen haben müßte. Diesen hat er nur dem Mandanten gegenüber. ***Zur Kritik daran:*** *Herrmann*, JZ 1983, 422, 427 (wegen Unvereinbarkeit mit den Bestimmungen über das Zustandekommen von Verträgen und mit den systematischen Zusammenhängen des wirtschaftsrechtlichen Kontrahierungszwangs in den §§ 26 Abs. 2, 27 Abs. 1 GWB und § 1 UWG); *Brüggemeier*, AG 1982, 268, 271 ff.; *Nann*, Wirtschaftsprüferhaftung – Geltendes Recht und Reformüberlegungen, 1985, S. 167 f.; *Stahl*, Zur Dritthaftung von Rechtsanwälten, Steuerberatern, Wirtschaftsprüfern und öffentlich bestellten und vereidigten Sachverständigen, 1989, S. 63 f.

[81] Im reformierten Schuldrecht ist die pVV vom Tatbestand des § 280 Abs. 1 BGB erfaßt.

[82] Der Rechtsnatur nach ist der Wirtschaftsprüfervertrag jedenfalls ein Geschäftsbesorgungsvertrag nach § 675 Abs. 1 BGB. Im übrigen kann es sich, je nach Inhalt, um einen Werk- oder Dienstvertrag handeln. Ist ein Testat zu erteilen, ist ein Erfolg geschuldet und der Geschäftsbesorgungsvertrag hat werkvertraglichen Charakter (BGH NJW 2000, 1107; 2001, 360, 361; Baetge/*Fliess*, Rechnungslegung und Prüfung, 1994, S., 161, 166; Erman/*Hanau*, § 611 BGB Rn 38; MüKo/*Soergel*, § 631 BGB Rn 64; MüKo/*Seiler*, § 675 BGB Rn 16; Palandt/*Sprau*, Einf v § 631 BGB Rn 22, 18; Staudinger/*Wittmann*, § 675 BGB Rn 32; *Ebke/Gehringer*, WPK-Mitt. 2001, 83, 84).

[83] RGZ 52, 365, 366 f. (Leitentscheidung); RGZ 101, 297; 126, 50; 131, 239; 162, 129, 152. Der Bundesgerichtshof schloß sich an: BGHZ 7, 371; 12, 105; 74, 103, 106 f.; 100, 117 ff.; BGH WM 1964, 1163; 1965, 287; 1969, 470; 1972, 466; 1979, 530; 1988, 1828 f.; 1989, 1409; 1998, 1771; NJW 1982, 1095; 1992, 2080; 1994, 2620. Überblick über die Judikatur: *Huber*, FS für von Caemmerer, 1978, S. 359, 368.

[84] *Quick*, BB 1992, 1675, 1681; *Thüsing/Schneider*, JA 1996, 807, 808.

[85] Zur Frage, wie ein Vertragsschluß konstruiert werden kann vgl. *Philippsen*, Zur Dritthaftung des privat beauftragten Gutachters für fahrlässig verursachte Vermögensschäden, 1998, S. 126 ff.

[86] So schon RGZ 52, 365 ff. und dann in ständiger Rechtsprechung (RGZ 101, 297; 157, 288; 121, 50), die unmittelbar vom Bundesgerichtshof fortgeführt wurde (BGHZ 7, 371, 376; BGH WM 1962, 845, 847; 1969, 36; 1970, 878, 879; 1972, 466; 1979, 530; 1986, 711; NJW 1992, 2080 ff.).

haupt den Abschluß eines Vertrags beabsichtigten[87], da genüge, daß der Beklagte zum Kläger in Beziehungen trat, die, wenn sie einmal vorliegen, nach Maßgabe der bürgerlichen Rechtsordnung als vertragliche anzusehen sind[88]. Folglich sind nur objektive Kriterien maßgeblich: Nämlich daß die Auskunft für den Wirtschaftsprüfer erkennbar von erheblicher Bedeutung für den Dritten ist und dieser sie zur Grundlage wesentlicher, vor allem das Vermögen betreffender Entscheidungen machen will[89], der Auskunftgeber über eine besondere Sachkunde verfügt und deshalb besonderes Vertrauen beansprucht[90].

2. Kritik

Diese Rechtsprechung stieß jedoch durchweg auf Ablehnung[91]. Ein Auskunftsvertrag ist reine Fiktion, seine Annahme findet keine Rechtfertigung in den für das Vertragsrecht geltenden Grundsätzen.

Die Rechtsprechung übersieht, daß auch ein konkludenter Vertragsschluß ein Vertragsschluß ist, für den eine Übereinstimmung des Willens der Parteien nötig ist, die durch Angebot und Annahme zum Ausdruck kommt (§§ 145 ff. BGB). Bei der Dritthaftung der Wirtschaftsprüfer und anderen Experten ist jedoch schon das konkludente Vertragsangebot, jedenfalls aber die Annahme durch den Dritten fraglich, wenn ein Auskunftsvertrag bereits angenommen wird, wenn jeglicher unmittelbarer Kontakt zwischen Drittem und Wirtschaftsprüfer als potentielle Vertragsparteien fehlt. Ein Vertragsangebot könnte hier allenfalls in der Zusendung des Testats durch den Mandanten an den Anleger gesehen werden. Wo aber eine Annahmeerklärung des Anlegers liegen sollte, ist nicht ersichtlich. § 151 Satz 1 BGB hilft dabei nicht, da er lediglich den Zugang der Annahme entbehrlich macht, nicht aber deren Erklärung[92], und zudem berechtigt gefragt werden kann, ob, wie für § 151 Satz 1 BGB nötig, der Wirtschaftsprüfer tatsächlich auf den Zugang der Annahmeerklärung verzichtet hatte oder eine Verkehrsüblichkeit des Nichtzugangs anzunehmen ist[93].

---

[87] *Damm*, JZ 1991, 373, 376.
[88] BGHZ 7, 371, 374.
[89] *Lang*, WM 1988, 1001, 1003; *Ebke/Scheel*, WM 1991, 389, 390; *Honsell*, FS für Medicus, 1999, S. 211, 219.
[90] Vgl. zu der Vielzahl der Auslegungskriterien die Zusammenstellung und nachfolgende Besprechung bei *Wiegand*, Die „Sachwalterhaftung" als richterliche Rechtsfortbildung, 1991, S. 78 ff.
[91] *von Bar*, Verkehrspflichten, 1980, 230 ff.; *Grunewald*, JZ 1982, 627; *dies.*, AcP 187 (1987), 285, 295 f.; *dies.*, ZGR 1999, 583, 586 f.; *Ebke*, Wirtschaftsprüfer und Dritthaftung, 1983, S. 66 ff.; *Hopt*, AcP 183 (1983), 608, 617 ff.; *Feddersen*, WM 1999, 105, 106; *Ebenroth/Daum*, WM Sonderheft 1992, 2, 13; *Honsell*, FS für Medicus, 1999, S. 211, 219 ff.; *ders.*, JZ 1985, 952; *Huber*, FS für von Caemmerer, 1978, S. 359, 376; *Köndgen*, Selbstbindung ohne Vertrag, 1981, S. 354 ff.; *Lammel*, AcP 179 (1979), 332, 340 ff.; *Littbarski*, NJW 1984, 1667 ff.; *Locher*, NJW 1969, 1567 ff.; *Schulze*, JuS 1983, 81 ff.; *Stoll*, FS für Flume, Band I, 1978, S. 741, 768; *Wiedemann/Schmitz*, ZGR 1980, 129, 134; *Nißl*, Die Haftung des Experten für Vermögensschäden Dritter – bedingt durch unrichtige Gutachten – im deutschen, englischen und amerikanischen Recht, 1971, S. 120 ff.; *Canaris*, ZHR 163 (1999), 206, 213; *ders.*, FS für Schimansky, 1999, S. 43, 47 ff.; *Schneider*, ZHR 163 (1999), 246, 252; *Weber*, NZG 1999, 1, 4; *Picker*, JZ 1987, 1041, 1043 f.; *von Bar*, Verkehrspflichten, 1980, S. 203 ff.; *Nann*, Wirtschaftsprüferhaftung – Geltendes Recht und Reformüberlegungen, 1985, S. 158; *Stahl*, Zur Dritthaftung von Rechtsanwälten, Steuerberatern, Wirtschaftsprüfern und anderen öffentlich bestellten und vereidigten Sachverständigen, 1989, S. 40.
[92] Erman/*Hefermehl*, § 151 BGB Rn 1, 5, 6; Palandt/*Heinrichs*, § 151 BGB Rn 1.
[93] Vgl. dazu *Wiegand*, Die „Sachwalterhaftung" als richterliche Rechtsfortbildung, 1991, S. 59.

Aber auch in den seltenen Fällen, in denen ein unmittelbarer Kontakt zwischen Anleger und Wirtschaftsprüfer bestand, ist die Annahme eines Vertrags mit der Argumentation der Rechtsprechung nicht möglich. Hier können zwar Angebot und Annahme gesucht und gefunden werden, doch fehlt es an den subjektiven Voraussetzungen der Angebots- und Annahmewillenserklärungen. Es fehlt jeglicher Rechtsbindungswille auf Seiten des Wirtschaftsprüfers, der für Willenserklärungen konstitutiv ist. Da für die Annahme eines Vertrags das Vorliegen von Willenserklärungen unbedingt nötig ist, scheitert ein Vertragsschluß zusätzlich an diesem Kriterium. Ein Rechtsbindungswille muß zumindest durch Auslegung ermittelbar sein. Es ist aber wohl nicht anzunehmen, daß der Wirtschaftsprüfer zum Vertrag mit seinem Mandanten noch ein weiteres, ebenfalls auf Testaterteilung gerichtetes Mandat mit dem Dritten begründen wolle, zumal dieser gerade Vertragspartner und Verhandlungsgegner seines Mandanten ist. Mit einem zweiten Vertrag geht als Konsequenz nicht nur ein zweiter Gläubiger des Testats einher, der auf Erfüllung klagen könnte, sondern es folgt daraus auch ein verdoppeltes Haftungsrisiko in Form eines sekundären Schadensersatzanspruchs wegen Schlechterfüllung der Testaterteilungspflicht. Zudem wird darauf hingewiesen, daß eine Primärschuld gar nicht begründet werden kann, wenn ihre Begründung mit dem Zeitpunkt ihrer Erfüllung zeitlich zusammenfällt, da eine Erklärung, die sich auf die Begründung einer Pflicht im Zeitpunkt ihres Erlöschens richtet, perplex[94] und damit nichtig wäre. Andernfalls schaffte man ein Schuldverhältnis mit einer Lebensdauer von nur einer juristischen Sekunde[95], in dem Versprechen und haftungsauslösender Versprechensbruch uno actu zusammenfielen[96].

Es fehlt damit schon am Abschluß eines Vertrags zwischen Wirtschaftsprüfer und Drittem, in dem der Wirtschaftsprüfer dem Dritten ein Testat als Primärleistung versprach.

Für den Inhalt eines konkludenten Vertrags mit dem Dritten verbliebe, da keine Primärpflicht auf Erteilung des Testats dem Dritten gegenüber besteht, alleine die sekundärrechtliche Pflicht des Wirtschaftsprüfers, für die Richtigkeit seiner Auskunft haftungsrechtlich einzustehen[97]. Man sollte somit terminologisch besser von einem Haftungs- oder Auskunftshaftungsvertrag[98] sprechen, nicht aber von einem Auskunftsvertrag. Denn nichts anderes als die Lösung einer Haftungsfrage ist Ziel der Rechtsprechung bei der Konstruktion dieses Vertrages, der ein vertragliches Schuldverhältnis ohne primäre Leistungspflicht wäre[99]. Daß aber einziger Inhalt eines Auskunftsvertrags eine Ersatzpflicht für die Richtigkeit ist, ohne eine Primärpflicht auf Auskunft zu begründen, ist einzigartig und ungewöhnlich[100], was umso

[94] *Adolff*, Die zivilrechtliche Verantwortlichkeit deutscher Anwälte bei der Abgabe von Third Party Legal Opinions, 1997, S. 85.
[95] *Jost*, Vertragslose Auskunfts- und Beratungshaftung, 1991, S. 84.
[96] *Köndgen*, Selbstbindung ohne Vertrag, 1981, S. 355.
[97] *Honsell*, FS für Medicus, 1999, S. 211, 219; *Philippsen*, Zur Dritthaftung des privat beauftragten Gutachters für fahrlässig verursachte Vermögensschäden, 1998, S. 130 f.; *Schneider*, ZHR 163 (1999), 246, 252.
[98] *Adolff*, Die zivilrechtliche Verantwortlichkeit deutscher Anwälte bei der Abgabe von Third Party Legal Opinions, 1997, S. 86.
[99] *Canaris*, Bankvertragsrecht Rn 89; *ders.*, FS für Schimansky, 1999, S. 43, 47; *Adolff*, Die zivilrechtliche Verantwortlichkeit deutscher Anwälte bei der Abgabe von Third Party Legal Opinions, 1997, S. 86.
[100] *Honsell*, FS für Medicus, 1999, S. 211, 219; *ders.*, JuS 1976, 621 ff.; *Lorenz*, FS für Larenz, 1973, S. 575 ff.; *Strauch*, JuS 1992, 897, 898; *Köndgen*, Selbstbindung ohne Vertrag, 1981, S. 356 f., spricht von einer ganz und gar exzeptionelle(n) Figur im BGB. *Canaris*, FS für Schimansky, 1999, S. 43, 47, weist darauf hin, daß die Vertragsfreiheit einen solchen Vertrag trotz seiner Atypizität ermöglichte, jedoch ein entsprechender Wille dafür vorhanden sein müsse.

deutlicher wird, wenn man sich fragt, wie eine ausdrückliche Erklärung diesen Inhalts auszusehen hätte[101].

Auch bei Reduktion des Auskunftsvertrags auf einen bloßen (Auskunfts)Haftungsvertrag kann man von keinem Rechtsbindungswillen ausgehen. Der Wirtschaftsprüfer will für die Richtigkeit seiner Angaben gerade nicht jedem beliebigen Dritten haften, sondern nur gegenüber demjenigen, der ihn um Auskunft ersuchte. Andernfalls käme es zu einer uferlosen Ausweitung der Haftung gegenüber unbekannten Personen. Der Wirtschaftsprüfer haftete in diesen Fällen nicht, wo er will, sondern wo er soll[102], wo der jeweilige Richter ihm eine Haftung aus Billigkeitserwägungen bzw. nach der objektiven Interessenlage[103] zugedenkt. Die Rechtsprechung unterstellt den Parteien unter Aufgabe der grundsätzlichsten Erfordernisse des Vertragsrechts eine Vereinbarung, an die sie nicht dachten, und die sie, wenn sie daran gedacht hätten, nicht getroffen hätten[104]. Denn am Abschluß eines Vertrags, der außer haftungsrechtlichen Nachteilen keinerlei Vorteile bringt, kann der Wirtschaftsprüfer nicht interessiert sein. Für ihn besteht auch kein Anlaß mit seinem Handeln über das hinauszugehen, was der Mandant von ihm erwartet. Der Mandant ist aber nur daran interessiert, daß der Wirtschaftsprüfer durch das Testat beim Anleger Mißtrauen ausräumt und Vertrauen erzeugt. Daß er sich auch haftungsrechtlich bindet, wird vom Mandanten nicht erwartet.

Die Rechtsprechung läßt sich bei ihrer Auslegung vom Bedürfnis nach Haftung, vom Bedürfnis nach einem gerechten Ergebnis leiten. Dabei verkennt sie, daß es nicht Aufgabe eines Juristen ist, ein vom Willen der Parteien losgelöstes, gerechtes Ergebnis zu finden. Es ist vielmehr, sicher unter Beachtung der Grenzen der Billigkeit, das von den Parteien vorbestimmte Ergebnis zu suchen[105]. Denn die Selbstgestaltung der Rechtsverhältnisse nach dem Willen des einzelnen ist die Essenz der Privatautonomie[106].

Durch die unbesehene Übernahme der Rechtsprechung zur Begründung einer vertraglichen Haftung gegenüber beliebigen Dritten gefährdet man die Dogmatik des Vertragsrechts, die gerade auf der Relativität der Schuldverhältnisse aufbaut. Es können nur solche Personen aus Vertrag berechtigt und verpflichtet werden, die durch rechtsgeschäftliche Vereinbarung am Vertrag beteiligt wurden. Fehlt jedoch ein solcher rechtsgeschäftlicher Wille, der nicht einmal durch Auslegung ermittelt werden kann, sondern den zu unterstellen reine Fiktion ist, ist die Gewährung direkt auf Vertrag gestützter Ansprüche eine nicht haltbare Konstruktion. Beschränkt man dagegen die Annahme einer drittbezogenen Haftung aus Auskunftsvertrag auf ganz bestimmte Fallgruppen, in denen ein rechtsgeschäftlicher Bindungswille ohne die Grenzen der Auslegung zu überspannen tatsächlich angenommen werden kann, steht das Vertragsrecht nicht entgegen.

---

[101] *Adolff*, Die zivilrechtliche Verantwortlichkeit deutscher Anwälte bei der Abgabe von Third Party Legal Opinions, 1997, S. 86, der dort einen solchen Versuch unternimmt.
[102] *Medicus*, Bürgerliches Recht Rn 371; *Hopt*, AcP 183 (1983), 618; *Ebke/Fechtrup*, JZ 1986, 1111, 1115.
[103] *Ebke/Scheel*, WM 1991, 389, 391; *Schneider*, ZHR 163 (1999), 246, 252; *Schmitz*, DB 1989, 1909, 1910.
[104] *Honsell*, FS für Medicus, 1999, S. 211, 233.
[105] *Wiegand*, Die „Sachwalterhaftung" als richterliche Rechtsfortbildung, 1991, S. 74.
[106] *Flume*, BGB AT, S. 1; *Jost*, Vertragslose Auskunfts- und Beratungshaftung, 1991, S. 96.

3. Neuere Rechtsprechung

Wegen der heftigen Kritik an den zu geringen Anforderungen für die Annahme eines konkludenten Vertragsschlusses, besann sich die Rechtsprechung bei der Anwendung des Auskunftsvertrags auf die Grundlagen der Rechtsgeschäftslehre zurück.

Sie fordert nun für die Annahme eines Auskunftsvertrags grundsätzlich das Vorhandensein und die Erkennbarkeit des Willens, sich zu einer rechtsverbindlichen Auskunftserteilung zu verpflichten, auf der Gegenseite den Willen diese Verpflichtung anzunehmen[107]. Konkludente Willenserklärungen und Rechtsbindungswillen sind nur anzunehmen, wenn die Gesamtumstände unter Berücksichtigung der Verkehrsauffassung und des Verkehrsbedürfnisses den Schluß zulassen, die Auskunft sollte Gegenstand vertraglicher Rechte und Pflichte sein[108]. Die objektiven Kriterien der besonderen Sachkunde und erheblichen Bedeutung des Testats für Dritte sind dabei nur noch Indizien, die nicht unabhängig von der Würdigung der Gesamtumstände, sondern in deren Rahmen zu bewerten sind[109].

Ein Auskunftsvertrag ist demnach nur noch in wenigen Fällen möglich und kommt (allenfalls) in Betracht, wenn der Dritte um Auskunft ersuchte, wenn z.B. (auch) der Dritte ein Testat des Wirtschaftsprüfers erbat[110].

Über diese Erfordernisse hinausgehend setzt die Annahme eines Vertrags unmittelbar zwischen Drittem und Wirtschaftsprüfer eine wie auch immer geartete direkte Kontaktaufnahme zwischen Auskunft gebendem Wirtschaftsprüfer und auf die Auskunft vertrauendem Dritten voraus. Eine solche kann z.B. in der Abgabe von Erklärungen des sachkundigen Auskunftsgebers bei Vertragsverhandlungen, bei denen der Dritte anwesend ist, gesehen werden[111] oder in der direkten Übersendung des Testats an den Dritten durch den Wirtschaftsprüfer[112]. Ohne direkte Kontaktaufnahme fehlt die für das Zustandekommen eines Vertrags nötige, durch Angebot und Annahme ausgedrückte Einigung. Insbesondere reicht eine bloß mittelbare Fühlungnahme durch die Weitergabe des Testats an Dritte nicht mehr aus[113].

Man kann somit zusammenfassen: Der Ansatz, der die Lösung der Rechtsprechung vor allem der 1970er und 80er Jahre war, wurde im wesentlichen aufgegeben und auf spezielle Fälle mit erkennbarem Bindungswillen beschränkt. Noch weitergehend sollte man den Auskunftsvertrag generell auf die zugegebenermaßen wenigen Fälle beschränken, in denen ein solcher ausdrücklich zwischen Wirtschaftsprüfer und Drittem, der damit terminologisch ei-

---

[107] BGH WM 1978, 576, 577.

[108] BGH WM 1978, 576; 1986, 74; DB 1990, 2516; NJW 1992, 2080, 2082; BeckBilKomm/*Budde/Hense* § 323 HGB Rn 211; *Grunewald*, ZGR 1999, 583, 585; *Weber*, NZG 1999, 1, 4.

[109] BGH JZ 1986, 1111, 1112; NJW 1986, 180, 181; LG Mönchengladbach NJW-RR 1991, 415.

[110] LG Frankfurt a.M. BB 1997, 1682; Palandt/*Sprau*, § 675 BGB Rn 47; *Grunewald*, AcP 187 (1987), 285, 296; *Ebke*, Wirtschaftsprüfer und Dritthaftung, 1983, S. 66; *Ebke/Scheel*, JZ 1991, 389 ff.; *Damm*, JZ 1991, 373 ff.; *Lang*, WPg 1989, 57; *Schmitz*, DB 1989, 1909, 1913 f.; *Quick*, BB 1992, 1675, 1683; *Hohenlohe-Oehringen*, BB 1986, 894 f.; *Baumbach/Hopt*, § 347 HGB Rn 19; *Weber*, NZG 1999, 1, 4.

[111] BGH NJW 1995, 392; 1992, 2080, 2082; 1973, 321, 323; OLG München WM 1997, 613, 615; LG Hamburg WM 1999, 139, 141; *Otto/Mittag*, WM 1996, 325, 329; *Lang*, WM 1988, 1001, 1003; *Feddersen*, WM 1999, 105, 105; *Schmitz*, DB 1989, 1909; *Quick*, BB 1992, 1675, 1683.

[112] LG Mönchengladbach NJW-RR 1991, 415.

[113] BGH NJW 1992, 1675; *Quick*, BB 1992, 1675, 1683.

gentlich kein Dritter mehr ist, geschlossen wurde[114]. Nur ausnahmsweise sollte man mit aller gebotenen Vorsicht und Zurückhaltung weiterhin die Rechtsprechung des Bundesgerichtshofes zum konkludenten Auskunftsvertrag und der daraus resultierenden Haftung bei schuldhafter Pflichtverletzung weiterhin billigen, wenn mit den Mitteln der Auslegung und nicht nur über reine Fiktionen ein Rechtsbindungswille und auf Vertragsschluß gerichtete Willenserklärungen von Wirtschaftsprüfer und Drittem erkennbar sind. Es darf kein Vertrag angenommen werden, an dessen Inhalt der Wirtschaftsprüfer typischerweise nicht dachte. Zu beachten ist stets, daß es dem Dritten, der besonderen Wert auf eine verbindliche Stellungnahme auch ihm gegenüber legt, ohne weiteres freisteht bzw. freigestanden hätte, unmittelbar vom Wirtschaftsprüfer selbst ein Testat anzufordern[115].

Damit verbleibt eine große Zahl mit dieser Rechtsfigur nicht zu bewältigender Fälle.

II. Garantievertrag

Die Ansicht, die eine Lösung mittels Garantievertrags versucht[116], kann man als Fortentwicklung des Auskunftsvertrags bezeichnen. Es handelt sich hierbei, wie beim Auskunftsvertrag, um den Versuch einer rechtsgeschäftlichen Begründung der Dritthaftung. Die Fortentwicklung liegt im Abschied der vertraglichen Lösung vom Auskunftsvertrag, wodurch sie der Kritik folgt, die den Auskunftsvertrag inhaltlich auf einen Haftungsvertrag ohne primäre Leistungspflicht reduziert sieht[117]. Der durch die Garantieerklärung des Wirtschaftsprüfers in der Regel konkludent zustandegebrachte[118] Garantievertrag, ist typischerweise ein Vertrag, in dem alleine die Haftungsübernahme geschuldet wird[119], er ist der Prototyp des Haftungsvertrags.

1. Konstruktion

Die Anspruchsgrundlage beruht auf dem Gedanke eines besonderen Vertrauens, das ein Wirtschaftsprüfer im Rechtsverkehr einnimmt. Nach allgemeiner Verkehrsauffassung kann man sich auf seine Aussagen unbedingt verlassen und davon ausgehen, er stehe, wie jeder Sachverständige, hinter seinen Testaten und sei bei schuldhafter Pflichtverletzung bereit, dafür einzustehen. Der Wirtschaftsprüfer wisse um das ihm entgegengebrachte Vertrauen, von dem er in gewisser Weise profitiert[120].

---

[114] So auch *Canaris*, FS für Schimansky, 1999, S. 43, 48. *Bosch*, ZHR 163 (1999), 274, 276, 282 f., scheint dies ebenso zu sehen, läßt allerdings zu weitgehend dafür schon ausreichen, daß der Wirtschaftsprüfer das Testat an den Anleger adressierte oder als für ihn bestimmt kennzeichnete.

[115] LG Mönchengladbach NJW-RR 1991, 415, 416.

[116] *Grunewald*, AcP 187 (1987), 285, 299 ff. in Weiterentwicklung von JZ 1982, 627, 631; *dies.*, NZG 1999, 583, 598; *Philippsen*, Zur Dritthaftung des privat beauftragten Gutachters für fahrlässig verursachte Vermögensschäden, 1998, S. 131 ff.

[117] Vgl. oben Seite 20.

[118] Zur rechtsgeschäftlichen Konstruktion des Garantievertragsschlusses, insbesondere zu den zum Vertragsschluß nötigen Willenserklärungen sowie deren Zugang, vgl. *Philippsen*, Zur Dritthaftung des privat beauftragten Gutachters für fahrlässig verursachte Vermögensschäden, 1998, S. 154 ff.

[119] Soergel/*Mühl*, vor § 765 BGB Rn 38; Staudinger/*Schmidt*, Einl zu §§ 241 ff. Rn 346; *Picker*, JZ 1987, 1041, 1044 Fn 13; *ders.*, AcP 183 (1983), 369, 395 Fn 91.

[120] *Grunewald*, AcP 187 (1987), 285, 299.

Bei der Analyse des Verhaltens von Wirtschaftsprüfer und Drittem müsse man sich an dieser Rechtswirklichkeit orientieren. Erstellt also ein Wirtschaftsprüfer ein Testat, weiß er, daß sich der Rechtsverkehr darauf verläßt. Deshalb lasse sich aus Sicht des Anlegers als Empfänger aus dem Testat ein Verpflichtungswille des Wirtschaftsprüfers ableiten, wonach er für die Richtigkeit der testierten Tatsachen unbedingt einzustehen bereit sei. Das Inverkehrbringen könne nur so verstanden werden, daß er für die Richtigkeit unbedingt und verschuldensunabhängig[121] einstehen wolle[122].

Im Gegensatz zum Auskunftsvertrag, bei dem er für sorgfältige Auskunftserteilung einzustehen hat, haftet der Wirtschaftsprüfer auf der Grundlage der Garantieerklärung weitergehend ausdrücklich und unbedingt alleine für die Richtigkeit seiner Auskunft[123]. Die Haftung ist beim Garantievertrag nicht nur wie beim Auskunftsvertrag, bei dem primär Auskunft geschuldet wird, eine bei Schlechtleistung eintretende sekundäre Pflicht, sondern eine primäre[124], die auch als Einstands- oder Haftungsübernahmepflicht bezeichnete[125] wird.

2. Kritik

Doch auch diese Ansicht überzeugt nicht. Ihre Vertreter müssen sich entgegenhalten lassen, daß sie einerseits die Lösung über den Auskunftsvertrag als bloße Fiktion abtun, andererseits ihre Lösung auf eine Garantieerklärung stützen. Die Kritik am Auskunftsvertrag gilt nämlich in gleicher Weise und noch viel mehr für die Lösung über eine Garantie. Kann schon kein Wille des Wirtschaftsprüfers zum Abschluß eines Auskunftsvertrags angenommen werden, bei dem er nur bei Pflichtverletzung und auch nur bei Verschulden haftet, kann erst recht kein Rechtsbindungswille für eine Garantieerklärung angenommen werden. Die Folgen der Garantie reichen wesentlich weiter: Den Wirtschaftsprüfer trifft die Schadensersatzverpflichtung als Primärpflicht nicht nur bei Verschulden, sondern dem Wesen der Garantie entsprechend, über den Rahmen der allgemeinen Vertragshaftung (§ 276 BGB) hinaus unter allen Umständen[126] ohne Rücksicht auf Verschulden, falls der beabsichtigte Erfolg nicht eintritt[127]. Zwar hängt offensichtlich die Verbindlichkeit einer Auskunft gerade aus Sicht ihres Empfängers wesentlich von der Autorität des Testierenden ab. Doch muß der erhobene Wahrheitsanspruch nicht unbedingt als ein Verbindlichmachen charakterisiert werden. In ihm liegt oft eher der Ausdruck, für sich und den Inhalt des Testats soziale Achtung in Anspruch nehmen zu wollen, als für die Bewährung der aufgestellten Behauptungen haften zu müssen[128].

---

[121] MüKo/*Pecher*, vor § 765 BGB Rn 3; Palandt/*Sprau*, Einf v § 765 BGB Rn 16; Soergel/*Mühl*, vor § 765 BGB Rn 38.
[122] *Grunewald*, AcP 187 (1987), 285, 300. Dort auch zu den Einschränkungen, in denen keine Garantieübernahme vorliegen soll.
[123] Erman/*Ehmann* (9.Auflage), § 676 BGB Rn 2.
[124] Soergel/*Mühl*, vor § 765 BGB Rn 38; Staudinger/*Schmidt*, Einl zu §§ 241 ff. Rn 346; *Picker*, JZ 1987, 1041, 1044 Fn 13; *ders.*, AcP 183 (1983), 369, 395 Fn 91.
[125] *Philippsen*, Zur Dritthaftung des privat beauftragten Gutachters für fahrlässig verursachte Vermögensschäden, 1998, S. 41.
[126] BGH WM 1960, 879, 881.
[127] RGZ 73, 83/84; BGHZ 49, 167 f.; BGH NJW 1965, 148 f.; 1981, 2295.
[128] *Jost*, Vertragslose Auskunfts- und Beratungshaftung, 1991, S. 83.

3. Ein Reformversuch

Teilweise wird versucht, den Garantievertrag zu retten, indem man an seinem Wesen und Zustandekommen Manipulationen vornimmt[129].

So wird zum einen die Verschuldensunabhängigkeit der Haftung bestritten und eine verschuldensabhängige Garantie begründet. Zum anderen will man dem Vorwurf der Fiktion dadurch entgehen, daß man für die Annahme der Garantiewillenserklärung des Wirtschaftsprüfers alleine auf deren objektiven Erklärungstatbestand abstellt und die Notwendigkeit des subjektiven Tatbestands, des Erklärungsbewußtseins und Rechtsbindungswillens, als konstitutives Merkmal einer Willenserklärung bestreitet.

Überzeugen können diese Versuche jedoch nicht. Sie brechen ohne zwingenden Grund mit dem hergebrachten Grundverständnis der Garantie und der Willenserklärung.

Eine Garantie hat zur Funktion, die Rechtsstellung des Garantieempfängers zu verbessern. Hat dieser aber schon verschuldensabhängige Ansprüche auf Schadensersatz, kann seine Rechtsstellung durch einen weiteren verschuldensabhängigen Schadensersatzanspruch nicht oder zumindest nicht entscheidend verbessert werden. Evtl. kann man noch sagen, die Garantie stelle den Dritten insofern besser, als sie ihm, der ohne vertraglichen Anspruch gegen den Wirtschaftsprüfer ist, einen vertraglichen Anspruch gibt[130]. Doch weshalb dies mittels einer verschuldensabhängigen Garantie geschehen soll, leuchtet nicht ein. Wieso soll eine Garantie unterschiedlichen Inhalt haben, je nachdem ob sie im Rahmen oder außerhalb eines Vertragsverhältnisses abgegeben wird. Soll der Dritte durch die Garantie besser gestellt werden, dann am besten verschuldensunabhängig.

Die Rettung der Garantie scheitert zumindest daran, daß sie sich nicht dem Vorwurf der Fiktion entziehen kann. Daran kann auch eine Umgestaltung der Anforderungen an Willenserklärungen nichts ändern.

Mit der herrschenden Meinung[131] kann man noch vertreten, das Erklärungsbewußtsein sei kein notwendiges Merkmal einer Willenserklärung. Dem Erklärenden muß das Erklärungsrisiko angelastet werden, da er die Wahl der Erklärungshandlungen hat und damit auch das daraus resultierende Risiko am besten tragen kann und ferner das Gesetz in §§ 116, 119 ff., 130, 157 und 164 Abs. 2 BGB zeigt, daß es darauf ankommt, wie der Empfänger eine Erklärung verstehen muß und nicht, was der Erklärende wollte[132].

---

[129] *Philippsen*, Zur Dritthaftung des privat beauftragten Gutachters für fahrlässig verursachte Vermögensschäden, 1998, S. 132 ff.

[130] *Philippsen*, Zur Dritthaftung des privat beauftragten Gutachters für fahrlässig verursachte Vermögensschäden, 1998, S. 132 f.

[131] BGHZ 91, 324, 327; 109, 171, 177; Palandt/*Heinrichs*, Einf v § 116 BGB Rn 17; MüKo/*Kramer*, vor § 116 Rn 13; Soergel/*Hefermehl*, vor § 116 BGB Rn 12. **A.A.** die früher herrschende Willenstheorie, die gem. § 118 BGB analog davon ausging, das Erklärungsbewußtsein sei für eine Willenserklärung konstitutiv, da das Gesetz in den §§ 118 und 133 BGB zeige, daß der Wille des Erklärenden ausschlaggebend sei (*Canaris*, NJW 1984, 2281; *Thiele*, JZ 1969, 405, 407; *Wieacker*, JZ 1967, 385, 389).

[132] Er kann sich innerhalb der Frist des § 121 BGB durch Anfechtung analog § 119 Abs. 1 2. Alt. BGB von den ungewollten Folgen der Willenserklärung mit Schadensersatzpflicht analog § 122 BGB befreien.

Nämliches kann man nicht über den Rechtsbindungswillen sagen. Dieser ist konstitutive Voraussetzung der Willenserklärung. Ohne Rechtsbindungswillen liegt z. B. kein verbindliches Angebot vor, sondern nur eine unverbindliche Aufforderung zur Abgabe eines Angebotes (invitatio ad offerendum). Willenserklärungen sind Tatbestände, die Rechtsfolgen zeitigen, weil sie gewollt sind oder als gewollt erscheinen, nicht weil sie gewollt werden sollten[133]. Wird ohne Rechtsbindungswillen gehandelt, kommt kein Rechtsgeschäft zustande, erst recht keine Garantie, sondern wird ein Gefälligkeitsverhältnis begründet, in dessen Rahmen vertragliche Schadensersatzansprüche ausscheiden. Zudem ist beim nur gefälligkeitshalber erteilten Testat nach Wertung des § 675 Abs. 2 BGB[134] jegliche Haftung ausgeschlossen. Überraschend ist auch, daß der Vertreter der nur auf den objektiven Erklärungstatbestand abstellenden Meinung zwar den Rechtsbindungswillen als subjektive Voraussetzung einer Willenserklärung nennt[135], aber nirgends eine begründete Aussage zu finden ist, weshalb er entbehrlich sei.

Wollte man im Rahmen der Garantie nur auf die objektiven Elemente einer Willenserklärung abstellen, bekäme man im Endeffekt keine rechtsgeschäftliche, sondern allenfalls eine pseudorechtsgeschäftliche Lösung, da für ein Rechtsgeschäft der übereinstimmende Wille beider Parteien Voraussetzung ist. Auch hier verbietet sich, wie beim Auskunftsvertrag, die Annahme eines Vertrags, an den der Wirtschaftsprüfer nicht einmal dächte.

Auch das Vorliegen des objektiven Tatbestands der Willenserklärung, der ohne weiteres angenommen wird, bereitet mit der dortigen Argumentation Probleme[136]. Sollte man davon ausgehen, der Gutachter werde sich immer darauf berufen, er habe nicht den rechtsgeschäftlichen Willen gehabt, dem Dritten die Richtigkeit zu garantieren[137], fehlt schon der objektive Tatbestand einer Willenserklärung. Für einen objektiven und neutralen Betrachter fehlt deshalb von vornherein ein rechtsgeschäftlicher Wille, so daß bereits objektiv keine rechtsgeschäftliche Bindung zum Ausdruck kommt[138]. Der objektive Tatbestand erfordert nämlich gerade die nach außen erkennbare Äußerung eines Rechtsfolgewillens[139].

Somit ist der Garantievertrag eine wenig überzeugende Lösung. Als rechtsgeschäftlich verstandener Ansatz fehlt der Rechtsbindungswillen. Als pseudorechtsgeschäftlicher Ansatz ist er nicht begründbar.

Zuzugeben ist ihm, daß das Vertrauen, das ein Wirtschaftsprüfer in Anspruch nimmt, als Grundlage der Haftung heranzuziehen ist. Doch ist dies nichtrechtsgeschäftlich, überzeugender und ohne Fiktionen über eine c.i.c.-Vertrauenshaftung zu begründen[140].

---

[133] *Adolff*, Die zivilrechtliche Verantwortlichkeit deutscher Anwälte bei der Abgabe von Third Party Legal Opinions, 1997, S. 91.
[134] Vgl. dazu im zweiten Teil Seite 89 f.
[135] *Philippsen*, Zur Dritthaftung des privat beauftragten Gutachters für fahrlässig verursachte Vermögensschäden, 1998, S. 134, 144.
[136] *Canaris*, ZHR 163 (1999), 206, 213; *ders.*, FS für Schimansky, 1999, S. 43, 48.
[137] So vorgetragen von *Philippsen*, Zur Dritthaftung des privat beauftragten Gutachters für fahrlässig verursachte Vermögensschäden, 1998, S. 133.
[138] *Canaris*, ZHR 163 (1999), 206, 213.
[139] Palandt/*Heinrichs*, Einf v § 116 BGB Rn 1.
[140] *Grunewald*, NZG 1999, 583, 598 ff., geht wohl auch davon aus, daß letztlich eine Vertrauenshaftung die Grundlage für Ansprüche ist, begründet dies aber immer noch mit einer Garantieerklärung.

III. Vertrag mit Schutzwirkung für Dritte

Der Vertrag mit Schutzwirkung für Dritte[141] ist nach den Restriktionen beim Auskunftsvertrag seit 1982 der klassische Weg der Rechtsprechung[142]. Hat der Dritte keinen Anspruch aus eigenem Vertrag, sei es ein Auskunfts(haftungs)-, sei es ein Garantievertrag, kann ihm evtl. ein Anspruch aus fremdem Vertrag eingeräumt werden.

Auf den ersten Blick erscheint dies als einfachste Lösungsmöglichkeit des Streits um die richtige Anspruchsgrundlage, besteht doch ein Vertragsverhältnis zwischen dem Wirtschaftsprüfer und dessen Auftraggeber, in das der Dritte nur einbezogen werden muß[143], um die Anspruchsposition des Mandanten auf den Dritten zu erstrecken und ihm nach vertraglichen Regeln auch bei Fahrlässigkeit Vermögensschäden[144] zu ersetzen. Mit Hilfe dieser Rechtsfigur wird dem Dritten ein eigener Anspruch aus dem fremden Vertrag des Wirtschaftsprüfers mit dem Auftraggeber gewährt, da der Dritte in die vertraglichen Sorgfalts- und Obhutspflichten mit einbezogen ist[145]. Die Rechtsprechung knüpft somit am Vertrag zwischen Wirtschaftsprüfer und Mandanten an, um den Anspruch des Dritten zu begründen.

1. Voraussetzungen und ihre Modifikationen

Ein auf Schadensersatz gerichteter Sekundäranspruch[146] ist nur gegeben, wenn die Voraussetzungen[147] des Vertrags mit Schutzwirkung für Dritte, Leistungsnähe, Gläubigernähe, Erkennbarkeit der beiden ersten Anforderungen für den Schuldner und Schutzbedürftigkeit des Dritten gegeben sind.

a) Gläubigernähe

Die ältere Rechtsprechung lehnte eine Lösung über den Vertrag mit Schutzwirkung noch ab[148], da sie als Voraussetzung der Gläubigernähe eine „Wohl-und-Wehe"-Verantwortlichkeit des Vertragspartners für den Dritten forderte, die nur bei personenrechtlichem Einschlag[149] des Verhältnisses zwischen Vertragspartner und Drittem gegeben war, also hauptsächlich bei Verletzung von Angehörigen und Hausangestellten.

---

[141] Zur Entwicklung der Rechtsprechung zum Vertrag mit Schutzwirkung für Dritte vgl. *Bayer*, JuS 1996, 473 ff.

[142] BGHZ 127, 378; 138, 257; BGH NJW 1982, 2431; 1984, 355; 1987, 1758; 1989, 1059; WM 1984, 34, 35; 1985, 450, 452; 1986, 711; 1987, 257; 1993, 897; 1998, 440; ZIP 1998, 826. Er wurde von *Musielak*, Haftung für Rat, Auskunft und Gutachten, S. 32 ff. vorbereitet.

[143] *Honsell*, FS für Medicus, 1999, S. 211, 224.

[144] Anfänglich gewährte der Vertrag mit Schutzwirkung für Dritte nur Ersatz für Personen- und Sachschäden (BGHZ 49, 350, 354 f.; BGH NJW 1955, 257; 1956, 1193; 1959, 1676), was jedoch mittlerweile aufgegeben wurde (BGHZ 69, 82 ff.; BGH NJW 1975, 344).

[145] BGHZ 49, 353; Palandt/*Heinrichs*, § 328 BGB Rn 13; Erman/*Westermann*, § 328 BGB Rn 11; MüKo/*Gottwald*, § 328 BGB Rn 119; *Neuner*, JZ 1999, 126, 128.

[146] Der Anspruch ist nur ein Sekundäranspruch auf Schadensersatz, aber kein Erfüllungsanspruch wie beim echten Vertrag zu Gunsten Dritter (§ 328 BGB).

[147] Palandt/*Heinrichs*, § 328 BGB Rn 16 ff.; Jauernig/*Vollkommer*, § 328 BGB Rn 23 ff.; Erman/*Westermann*, § 328 BGB Rn 13 ff.; MüKo/*Gottwald*, § 328 BGB Rn 110 ff.; *Neuner*, JZ 1999, 126, 128.

[148] BGH WM 1962, 933; NJW 1972, 311; 1973, 321; BB 1976, 855; *Grunewald*, AcP 187 (1987), 285, 288.

[149] BGH NJW 1968, 1931; 1970, 40; 1977, 2208; Palandt/*Heinrichs*, § 328 BGB Rn 17.

Mittlerweile stellte der Bundesgerichtshof klar, daß er mit dem Wohl-und-Wehe-Erfordernis keinesfalls beabsichtigte, endgültig die Grenzen einer Einbeziehung Dritter in den Schutzbereich des Vertrags abzustecken[150]. Gläubigernähe wird nunmehr durch Auslegung des Vertrags des Wirtschaftsprüfers zum Auftraggeber ermittelt und ist immer anzunehmen, wenn der Gläubiger ein besonderes Interesse an der Einbeziehung des Dritten in den Schutzbereich des Vertrags hat. Die Parteien können also den Schutzbereich des Vertrags auf jeden Beliebigen erstrecken[151], auf jeden, für dessen Einbeziehung nach allgemeinen Auslegungsgrundsätzen ein rechtsgeschäftlicher Wille erkennbar ist, also auch auf leistungsferne, nicht fürsorgeberechtigte Personen.

Die Rechtsprechung verwendet auch hier – man könnte von der Fortsetzung der Übung beim Auskunftsvertrag sprechen – für die Ermittlung des Parteiwillens auf Einbeziehung des Dritten dieselben objektiven Kriterien, die sie bei der Frage des Zustandekommens eines konkludenten Auskunftsvertrags heranzog: Die besondere berufliche Stellung des Wirtschaftsprüfers, seine Seriosität und Professionalität sowie die erkennbare Bedeutung der Auskunft für die Vermögensdisposition des Dritten. Ein subjektives Interesse an der Einbeziehung des Dritten ist damit in der Regel anzunehmen, wenn jemand beim Wirtschaftsprüfer ein Testat in Auftrag gibt, um es gegenüber Dritten zu verwenden[152], da er daran interessiert ist, daß der Wirtschaftsprüfer auch gegenüber dem Dritten für das Testat einsteht.

b) Gegenläufige Interessen

Nachdem mit Aufgabe von Wohl-und-Wehe die erste Hürde für die Anwendung des Vertrages mit Schutzwirkung für Dritte bei der Dritthaftung von Experten genommen war, galt es das zweite sich in diesen Konstellationen stellende Problem auszuräumen. Ein Einwand wurde und wird heute noch von den Kritikern dieser Ansicht daraus gezogen, daß zwischen dem Auftraggeber des Wirtschaftsprüfers und dem Dritten in der Regel ein Interessengegensatz besteht. Beispielhaft sei der Fall genannt, daß der Mandant durch bewußt falsche Angaben gegenüber dem Wirtschaftsprüfer über die Grundlagen des Testats arglistig seine Position zu Lasten des Dritten zu verbessern versucht. Aber auch in den weniger krassen Fällen, in denen keine Täuschung seitens des Mandanten vorliegt, ist ihm, der seine Kapitalanlage an den Dritten veräußern will, an anderem gelegen als den Anlegern. Er will eine nachsichtige Bewertung seines Anlagemodells als risikolos bzw. mit geringen Risiken verbunden. Der Anleger dagegen möchte eine möglichst kritische Beleuchtung aller möglichen Fallen und Risiken der Anlage. Somit ist beinahe in jedem Fall der Begutachtung von Kapitalanlagen durch einen Wirtschaftsprüfer im Auftrag des Anlagemodellbetreibers ein Interessengegensatz gegeben. Dann ist aber nicht mehr ohne weiteres anzunehmen, der Auftraggeber habe das gleiche Interesse an der Einbeziehung des Dritten in den Wirtschaftsprüfervertrag, wie wenn der Dritte im Lager des Vertragspartners steht[153].

---

[150] BGH NJW 1984, 355. Die Entscheidung wird als Wendepunkt-Entscheidung (*Urban*, „Vertrag" mit Schutzwirkung zugunsten Dritter und Drittschadensliquidaton, S. 83) und Abschied von der Wohl-und-Wehe-Rechtsprechung bezeichnet.

[151] BGH NJW 1984, 355; JZ 1985, 951; ZIP 1998, 826 ff.

[152] BGH NJW 1987, 1758 ff.; DB 1989, 101, 102; BeckBilKomm/*Budde/Hense*, § 323 HGB Rn 194; *Quick*, BB 1992, 1675, 1683; *Ebke/Scheel*, WM 1991, 389, 392; *Schmitz*, DB 1989, 1909, 1912.

[153] *Honsell*, FS für Medicus, 1999, S. 211, 227.

Dennoch läßt die Rechtsprechung den Vertrag mit Schutzwirkung für Dritte daran heute, entgegen der noch bis in die 1970er Jahre hinein vertretenen Ansicht[154], nicht mehr scheitern[155]. Ein jeder Sachverständige könne in die Lage kommen, bei der Erstellung eines Gutachtens Sorgfaltspflichten gegenüber mehreren Personen mit unterschiedlicher Interessenrichtung zu haben. Ausschlaggebend sei vielmehr das gemeinsame Interesse an der Richtigkeit eines Testats oder Gutachtens, das nur dadurch zu einer verläßlichen Entscheidungsgrundlage wird. Dieses Interesse aber bestehe unabhängig von der Gegenläufigkeit der Interessenrichtung für jede der Parteien[156] und stützt sich auf ein Vertrauen in das fachgerechte und neutrale Verhalten eines Experten, das sich für Wirtschaftsprüfer aus § 43 Abs. 1 Satz 2 WPO ergibt.

2. Kritik

Die Anwendung des Vertrags mit Schutzwirkung für Dritte trifft in der Literatur nicht nur auf Lob. Sie wird vielmehr zunehmend kritisiert und als für eine gerechte Lösung unbrauchbar angesehen[157]. Nur wenige sind bereit, die Rechtsprechung mitzutragen[158].

Hauptkritikpunkt ist die Anwendung des Vertrags mit Schutzwirkung auch bei gegenläufiger Interessenlage. In diesen Fällen überschreitet es die Grenzen der Auslegung des Vertrags nach dem Willen der Parteien unter Berücksichtigung aller Umstände und von Treu und Glauben (§§ 133, 157, 242 BGB), ein Interesse des Mandanten an der Einbeziehung des Dritten in den Schutzbereich des Vertrags anzunehmen. Der Dritte kann in diesen Fällen getrost als Gegner des Mandanten bezeichnet werden. Mit dem objektiven Willen der Parteien hat die Annahme eines Vertrags mit Schutzwirkung nur sehr wenig zu tun. Denn bei gegenläufiger Interessenlage von Mandant und Drittem und in den Fällen, in denen der Mandant eine sorgfältige und zutreffende Auskunft des Wirtschaftsprüfers gar nicht gewollt, vielmehr sogar auf die unrichtige Wiedergabe der zu testierenden Tatsachen Wert gelegt hatte, ist die Annahme eines Interesses am Schutz des Dritten zumindest zweifelhaft bzw. sogar abwegig, da nach dem Willen seiner Parteien, zumindest nach dem Willen des Mandanten, der Wirtschaftsprüfervertrag den einzubeziehenden Dritten nicht schützen, sondern gerade die Schä-

---

[154] BGH NJW 1973, 321. Der Experte müsse, so der Bundesgerichtshof bisher, primär dem Mandanten dienen und ihn unterstützen, weshalb er nicht zugleich auch die davon abweichenden Interessen Dritter wahrnehmen könne (*Damm*, JZ 1991, 373, 379; *Gottwald*, Haftung für Auskunft und Gutachten gegenüber Dritten: England, Deutschland, Schweiz, 1994, S. 30).

[155] BGH WM 1985, 450, 452; 1991, 1554; NJW 1987, 1758, 1759; 1995, 392, 393; 1995, 1739, 1747; NJW-RR 1989, 696; JZ 1998, 624, 625; WPK-Mitt. 2001, 245 ff.; OLG München WM 1997, 613.

[156] *Lang*, WM 1988, 1001, 1006; *ders.*, WPg 1989, 57, 62.

[157] *Adolff*, Die zivilrechtliche Verantwortlichkeit deutscher Anwälte bei der Abgabe von Third Party Legal Opinions, 1997, S. 96 ff.; *Lorenz*, FS für Larenz, 1973, S. 575, 590 ff.; *Stahl*, Zur Dritthaftung von Rechtsanwälten, Steuerberatern, Wirtschaftsprüfern und öffentlich bestellten und vereidigten Sachverständigen, 1989, S. 73 ff.; *Ebke*, JZ 1998, 991, 993; *Canaris*, ZHR 163 (1999), 206, 215 ff.; *ders.*, JZ 1995, 443 f.; *ders.*, JZ 1998, 604 f.; *Grunewald*, AcP 187 (1987), 285, 288 ff.; *dies.*, ZGR 1999, 583, 587 ff.; *Quick*, BB 1992, 1675, 1682 f.; *Feddersen*, WM 1999, 105, 108; *Honsell*, FS für Medicus, 1999, S. 211, 222 ff.; *Kiss*, WM 1999, 117 ff.; *Littbarski*, NJW 1984, 1667, 1668 ff.; *Damm*, JZ 1991, 373, 377 ff.; *Picker*, FS für Medicus, 1999, S. 397, 412; *Strauch*, JuS 1992, 897, 899; *Müssig*, NJW 1989, 1697, 1699 f.; *Philippsen*, Zur Dritthaftung des privat beauftragten Gutachters für fahrlässig verursachte Vermögensschäden, 1998, S. 122 f.

[158] *Nann*, Wirtschaftsprüferhaftung – Geltendes Recht und Reformüberlegungen, 1985, S. 152 ff.; *Gräfe/Lenzen/Schmeer*, Steuerberaterhaftung Rn 434 ff.; *Lang*, WM 1988, 1001 ff.; *Hohenlohe-Oehringen*, BB 1986, 894 f.

digung des Schutzbedürftigen bezwecken soll[159]. Aufgabe von Verträgen ist in der Regel, neben der grundsätzlich verfolgten Wahrnehmung eigener Interessen, höchstens noch die Erreichung von Vorteilen für andere, deren Wohlergehen einem naheliegt. Nicht aber kann es Aufgabe eines Vertrags sein, solche zu schützen, die Gegner des Vertragspartners sind. Wollte man dies, dem Bundesgerichtshof[160] folgend, annehmen, entscheidet nur die objektive Interessenlage an der Haftung, entscheiden alleine objektive Kriterien wie Professionalität, Seriosität und Berufsbild des Wirtschaftsprüfers[161]. Wie schon beim konkludenten Auskunftsvertrag der Wirtschaftsprüfer nicht haftet, wo er will, sondern wo er soll[162], bestimmen auch hier den Parteiwillen nicht die Parteien selbst, sondern die Rechtsprechung[163]. Die Annahme von Schutzpflichten gerät damit zunehmend in den Bereich der Fiktion[164]. Somit scheint die Rechtsprechung nach Aufgabe des konkludenten Auskunftsvertrags wegen des oft erhobenen Vorwurfs der Fiktion wieder einen fingierten Parteiwillen zum Vehikel einer ständigen Ausweitung der Schadensersatzpflicht[165] zu machen, so als wäre sie nicht bereit, aus ständiger Kritik Lehren zu ziehen.

Auch die Begründung der Rechtsprechung zur Rechtfertigung des nonchalanten Hinwegsehens über die Gegenläufigkeit der Interessen, überzeugt nicht. Es kann nicht ohne weiteres ein gemeinsames Interesse an der Richtigkeit des Testats angenommen werden. Der Mandant hat gerade typischerweise kein solches Interesse[166]. Für ihn ist die Richtigkeit ohne Belang, da die Aussagen des Testats für ihn, der die testierten Tatsachen ohnehin kennt, ohne Wert sind. Ihm kommt es nur darauf an, daß der Wirtschaftsprüfer in den Augen des Anlegers glaubwürdige Aussagen trifft, die diesen zu einer positiven Anlageentscheidung veranlassen. Diese Glaubwürdigkeit resultiert aber schon alleine aus der beruflichen Stellung des sachkundigen Wirtschaftsprüfers. Der Mandant ist deshalb in der Regel nicht gezwungen, die ohnehin bestehende Glaubwürdigkeit kraft Berufs noch weiter zu verstärken, indem er durch Einbeziehung des Anlegers in den Schutzbereich des Wirtschaftsprüfervertrags eine zusätzliche Glaubwürdigkeit kraft vertraglicher Schadensersatzpflicht schafft. Somit ist, wie die ganze Annahme eines Vertrags mit Schutzwirkung für Dritte, die hehre Vorstellung eines gemeinsamen Interesses von Auftraggeber und Drittem an der Richtigkeit des Testats[167] eine Fiktion, die weder mit der sozialen noch mit der ökonomischen Realität übereinstimmt.

Zudem droht das Institut des Vertrags mit Schutzwirkung für Dritte, jegliche Konturen zu verlieren, wenn es geradezu extensivst ausgelegt wird[168], womit gerade das nicht erreicht wird, was die Rechtsprechung durch die Schaffung der Gläubiger- und Leistungsnähe als

---

[159] *Müssig*, NJW 1989, 1697, 1699 f.
[160] Vgl. oben Fn 155.
[161] *Ebke*, JZ 1998, 991, 993; *Picker*, FS für Medicus, 1999, S. 397, 404 f.; *Schmitz*, DB 1989, 1909, 1913; *Weber*, NZG 1999, 1, 3.
[162] *Medicus*, Bürgerliches Recht Rn 371; *Hopt*, AcP 183 (1983), 618; *Ebke/Fechtrup*, JZ 1986, 1111, 1115.
[163] *Honsell*, FS für Medicus, 1999, S. 211, 226; *ders.*, JZ 1985, 953.
[164] *Canaris*, ZHR 163 (1999), 206, 215; *ders.*, JZ 1998, 603; *ders.*, JZ 1995, 441, 443; *Honsell*, JZ 1985, 952; *ders.*, FS für Medicus, 1999, S. 211, 223; *Bayer*, Der Vertrag zu Gunsten Dritter, 1995, S. 192; *Grunewald*, AcP 187 (1987), 285, 290; *Picker*, FS für Medicus, 1999, S. 397, 406.
[165] *Honsell*, FS für Medicus, 1999, S. 211, 223.
[166] *Adolff*, Die zivilrechtliche Verantwortlichkeit deutscher Anwälte bei der Abgabe von Third Party Legal Opinions, 1997, S. 101.
[167] *Ebke/Scheel*, WM 1991, 389, 392.
[168] *Grunewald*, AcP 187 (1987), 285, 294; *Canaris*, ZHR 163 (1999), 206, 215; *Junker*, Die Vertretung im Vertrauen, 1991, S. 68.

Voraussetzungen des Vertrags mit Schutzwirkung für Dritte erreichen wollte: Eine Begrenzung und Greifbarmachung der erfaßten Fälle.

Den Anlegerschutz erschwert ferner, daß der Anspruch des Dritten in Beziehung zum fremden Vertrag zwischen Wirtschaftsprüfer und Mandant steht. Der Anspruch ist zwar ein eigener des Dritten, doch ein an den Hauptvertrag angelehnter[169]. Aus dieser Angelehntheit resultieren zwei gewichtige Nachteile: Erster Nachteil ist, daß der Anspruch des Dritten einen wirksamen Hauptvertrag fordert. Andernfalls hat auch der Dritte keine Ansprüche[170]. Zum andern können analog § 334 BGB[171] Einwendungen des Wirtschaftsprüfers gegen seinen Vertragspartner dem Dritten entgegengehalten werden[172]. Die zum Schutz des Dritten gedachte Konstruktion wirkt sich also nicht unerheblich zu dessen Nachteil aus.

Diese zweite Konsequenz muß von der Rechtsprechung dadurch korrigiert werden, daß § 334 BGB im Wege ergänzender Vertragsauslegung als stillschweigend abbedungen gilt[173]. Das ist jedoch in der Regel nur eine Fiktion und damit bedenklich[174]. Wieso sollte sich der Wirtschaftsprüfer darauf einlassen, daß ihm Einwendungen genommen werden, er also dem geschädigten Dritten gegenüber unbedingt haftet, sogar wenn er bei Erstellung des Testats von seinem Mandanten über die Grundlagen des Testats arglistig getäuscht wurde? An einem so weitreichenden Schutz des Dritten hat der Wirtschaftsprüfer sicher kein Interesse. Kritikwürdig an dieser Korrektur ist zudem, daß letztlich der Dritte aus dem fremden Vertrag des Mandanten mit dem Wirtschaftsprüfer eine wesentlich stärkere Position zugestanden bekäme als der Vertragspartner. Denn täuscht dieser den Wirtschaftsprüfer arglistig, stehen ihm ebenso keine Regreßansprüche gegen den von ihm Mandatierten zu, wie wenn der Wirtschaftsprüfer gegenüber seinem Mandanten sonstige Einwendungen erheben könnte. Dies führt zu dem eigentümlich anmutenden Ergebnis, daß Wirtschaftsprüfer gegenüber Nichtmandanten höhere Risiken zu tragen hätten, als gegenüber Mandanten, ohne daß es dazu auf ihren Willen ankäme, der einfach unterstellt wird.

---

[169] *Canaris*, ZHR 163 (1999), 206, 218; *Neuner*, JZ 1999, 126, 130.

[170] BeckBilKomm/*Budde/Hense*, § 323 HGB Rn 202; *Grunewald*, AcP 187 (1987), 285, 308. A.A. ist *Stahl*, Zur Dritthaftung von Rechtsanwälten, Steuerberatern, Wirtschaftsprüfern und anderen öffentlich bestellten und vereidigten Sachverständigen, 1989, S. 81 f.: Erstens sei die Nichtigkeit des Hauptvertrags ein noch nie relevant gewordener Extremfall, mit dem man nicht gegen eine sonst sachgerechte Lösung argumentieren könne. Zum anderen ist § 138 BGB der einzig relevante Nichtigkeitsgrund bei kollusivem Zusammenwirken von Wirtschaftsprüfer und Mandant zum Nachteil des Anlegers, bei dem der Dritte aber gem. § 826 BGB seinen Schaden liquidieren kann. Schließlich sei der Dritte auch bei Nichtigkeit des Vertrags ohne § 826 BGB nicht schutzlos, da einige Autoren unter Hinweis auf ein einheitliches gesetzliches Schutzpflichtverhältnis auch bei nichtigem Vertrag Drittschutz gewähren. Dem ist jedoch entgegenzuhalten, daß das Bestehen eines einheitlichen Schutzpflichtverhältnisses, was *Stahl* selbst zugibt, schon an sich sehr umstritten ist.

[171] BGHZ 127, 378, 385; BGH WM 1998, 440, 442; BeckBilKomm/*Budde/Hense*, § 323 HGB Rn 202; *Canaris*, ZHR 163 (1999), 206, 216 f. Es ist auch möglich, dies mit § 242 BGB zu begründen (Der Dritte kann keine stärkere Position haben als der, aus dessen Vertrag er seinen Anspruch herleitet.).

[172] Dies war schon bald Hauptpunkt der Kritik. BeckBilKomm/*Budde/Hense*, § 323 HGB Rn 202; *Grunewald*, AcP 187 (1987), 285, 289 f.; *Canaris*, ZHR 163 (1999), 206, 216 f.; *Honsell*, FS für Medicus 1999, S. 211, 231.

[173] BGHZ 93, 271 ff.; 127, 378, 385 f.; BGH DB 1995, 209 ff.; JZ 1998, 624, 626 (dort betont der Bundesgerichtshof ausdrücklich, daß an dieser Konstruktion trotz Kritik der Literatur festgehalten werde); BeckBil Komm/*Budde/Hense*, § 323 HGB Rn 202; Erman/*Westermann*, § 328 BGB Rn 20a und § 334 BGB Rn 3.

[174] *Canaris*, ZHR 163 (1999), 206, 217; *ders.*, JZ 1995,441, 444; *ders.*, JZ 1998, 604 f.; *Honsell*, FS für Medicus, 1999, S. 211, 231; *Schneider*, ZHR 163 (1999), 246, 253; *Weber*, NZG 1999, 1, 7; *Grunewald*, ZGR 1999, 583, 588; *Kiss*, WM 1999, 117, 118; *Zugehör*, NJW 2000, 1601, 1604; *Picker*, FS für Medicus, 1999, S. 397, 406 ff.

Die Lösung mittels Vertrags mit Schutzwirkung für Dritte erfordert an zwei Stellen erhebliche Korrekturen: Zum einen in Fällen gegenläufiger Interessen, zum anderen beim stillschweigenden Einwendungsverzicht. Dies zeigt, daß das Rechtsinstitut nicht so ohne weiteres zur Lösung der Dritthaftungsproblematik tauglich ist, wie die Rechtsprechung meint. Es handelt sich dabei eher um einen juristischen Hindernislauf, bei dem an vielen Stellen durch Fiktionen nachgeholfen werden muß[175]. Durch Korrekturen und damit einhergehende Gegenkorrekturen wurde ein Rechtsinstitut geschaffen, das außer den Namen mit der ursprünglichen Konzeption des Vertrags mit Schutzwirkung für Dritte wenig gemein hat[176]. Hinzu kommt, daß eine Lösung, die die von ihr gefundenen Ergebnisse erst durch weitere Kunstgriffe interessengerecht machen muß, kaum als geglückt angesehen werden kann.

Es drängt sich somit die Frage auf, ob man durch ein Anknüpfen am Vertrag zwischen Wirtschaftsprüfer und Mandant überhaupt den richtigen Weg wählt. Es könnte vielleicht bei einem anderen Verhältnis anzusetzen sein, bei dem zwischen Wirtschaftsprüfer und Anleger. Zwischen diesen besteht zwar, von den seltenen Fällen eines Auskunftsvertrags[177] abgesehen, kein Vertrag und soll auch keiner angebahnt werden, doch wird der Wirtschaftsprüfer im Auftrag seines Mandanten tätig, weil dieser mit dem Anleger kontrahieren will. In der Tat orientiert sich gerade an diesem Verhältnis die letzte der dargestellten Ansichten.

IV. Zusammenfassung

Zusammenfassend kann man sagen, daß rechtsgeschäftliche Lösungsansätze nicht auf dogmatisch einwandfreie Art und Weise die Dritthaftungsproblematik in den Griff bekommen. Alle trifft sie der Vorwurf der Fiktion. Denn die Aufladung einer jeden beruflich erteilten Auskunft, einer jeden beruflichen Erstellung eines Testats mit einer zumeist konkludenten, auf Haftungsübernahme gerichteten Willenserklärung erscheint zumindest fragwürdig. Prägnant kann man es formulieren wie Ebke[178]: „Fiktionen sind als Mittel zur Haftungsbegründung untauglich. Sie setzen den Geschädigten einer forensischen Lotterie aus, die es nur von der Fingierbereitschaft des angerufenen Gerichts abhängen läßt, ob der Geschädigte Ersatz zu erlangen vermag“.

---

[175] *Kiss*, WM 1999, 117.

[176] *Adolff*, Die zivilrechtliche Verantwortlichkeit deutscher Anwälte bei der Abgabe von Third Party Legal Opinions, 1997, S. 97.

[177] Vgl. zu den restriktiven Voraussetzungen, unter denen ein Auskunftsvertrag zwischen Wirtschaftsprüfer und Kapitalanleger heute richtigerweise noch angenommen werden kann, oben Seite 22 f.

[178] *Ebke*, Wirtschaftsprüfer und Dritthaftung, 1983, S. 69.

C. Der Weg zwischen Vertrag und Gesetz

Weder Vertrag noch Gesetz konnten mit einer überzeugenden Anspruchsgrundlage aufwarten. Deshalb könnte man versuchen, außerhalb dieser Dichotomie nach einer übergreifenden Lösung der Dritthaftung von Wirtschaftsprüfern und anderen Experten zu suchen, vor allem, um die Nachteile und Probleme des klassischen Repertoires[179] zu überwinden. Es ist also zu fragen, ob außerhalb von Vertrags- und Deliktsrecht, im Niemandsland zwischen Vertrag und Delikt[180] eine Anspruchsgrundlage zu finden ist.

I. Vertrauenshaftung als Haftung aus culpa in contrahendo (c.i.c.)

Eine Lösung des Dritthaftungsproblems mittels Vertrauenshaftung wird seit längerem vertreten[181] und erfreut sich bei modernen Versuchen zunehmender Beliebtheit[182].

1. Rechtslage nach der Schuldrechtsreform

Das zum 1. Januar 2002 reformierte Schuldrecht[183] änderte an der Dritthaftungsproblematik nichts. Nunmehr ist zwar die Dritthaftung aus c.i.c. positiviert (§ 311 Abs. 3 BGB), doch wurde erneut[184] darauf verzichtet, die Berufshaftung ausdrücklich in den Tatbestand einzugliedern[185]. Zum Teil wird zwar behauptet, der Gesetzgeber habe sich mit § 311 Abs. 3 BGB für die c.i.c.-Berufshaftung der Experten entschieden[186]. Mangels ausdrücklicher Klarstellung scheint diese Behauptung jedoch zu gewagt. Insbesondere kann dies nicht aus den Materialien geschlossen werden, wonach § 311 Abs. 3 Satz 2 BGB der Rechtsprechung aufzeigen solle, daß sich das Problem der Haftung von Gutachtern, Sachverständigen und anderen Sachwaltern mit Hilfe der Haftung aus c.i.c. lösen lasse[187]. Damit wird nur eine Möglichkeit zur Lösung aufgezeigt, was keine gesetzgeberische Entscheidung dafür beinhaltet. Diese hät-

---

[179] *Grunewald*, AcP 187 (1987), 285, 298.

[180] *Brüggemeier*, AG 1982, 268, 269, spricht auch von einer juristischen terra incognita.

[181] *Canaris*, Die Vertrauenshaftung, 1971, S. 539, betont, daß die Haftung für falsche Auskünfte in Anlehnung an die Regeln über die c.i.c. auf ein gesetzliches Schuldverhältnis ohne primäre Leistungspflicht gestützt werden sollte, das seinen Rechtsgrund in der Inanspruchnahme von Vertrauen findet. *Ders.*, FS für Larenz, 1983, S. 93 ff.; *ders.*, JZ 1995, 441, 444 f.; *ders.*, JZ 1998, 603, 605 f.; *ders.*, ZHR 163 (1999), 206, 220 ff.; *Emmerich*, Jura 1987, 561 ff.; *Lorenz*, FS für Larenz, 1973, S. 575, 618 f.; *Stoll*, FS für Flume, Band I, 1978, S. 741, 764; *Hopt*, FS für Gernhuber 1993, S. 169; *Damm*, JZ 1991, 373; *Nirk*, FS für Hauß, 1978, S. 267, 281 f.; *Schulz*, JuS 1983, 81 ff.; Jauernig/*Vollkommer*, § 676 BGB Rn 6, 8.

[182] BGH NJW 2001, 360 ff.; *Bosch*, ZHR 163 (1999), 274, 283; *Schneider*, ZHR 163 (1999), 246, 253 f.; *Weber*, NZG 1999, 1, 4 f.; *Neuner*, JZ 1999, 126, 135; *Adolff*, Die zivilrechtliche Verantwortlichkeit deutscher Anwälte bei der Abgabe von Third Party Legal Opinions, 1997, S. 118 ff.

[183] Gesetz zur Modernisierung des Schuldrechts (BGBl. 2001 I S. 3138 ff.).

[184] Der Vorschlag einer 5. EG-Richtlinie von 1972 (ABl.EG 1972 C Nr. 131/49) sah bereits eine unbegrenzte Haftung der Abschlußprüfer gegenüber Dritten für Vorsatz und Fahrlässigkeit vor. Aus kompetenzrechtlichen und anderen Bedenken heraus konnte sich dieser Vorschlag jedoch nicht durchsetzen (vgl. dazu MüKo/*Ebke*, § 323 HGB Rn 170 ff.).

[185] *Canaris*, JZ 2001, 499, 520.

[186] Dauner-Lieb/Heidel/Lepa/Ring/*Krebs*, Das Neue Schuldrecht, S. 144; Huber/*Faust*, Schuldrechtsmodernisierung Rn 13.

[187] BT-DR. 14/6040, S. 163.

te einer Klarstellung in § 311 Abs. 3 BGB bedurft, etwa in einem dritten Satz als weiteres Regelbeispiel für die Inanspruchnahme besonderen Vertrauens für sich im Sinne des Abs. 3 Satz 1. Aufgrund der Zurückhaltung des Gesetzgebers wurden nur die bisher schon überkommenen Voraussetzungen der Dritthaftung festgeschrieben[188]. Ob Dritthaftungsvoraussetzungen aber geschrieben oder ungeschrieben allgemeine Geltung haben, ist ohne Belang. Die viel interessantere Frage, ob diese Voraussetzungen auf die Dritthaftung der Wirtschaftsprüfer für fehlerhafte Testate übertragbar sind, bleibt durch den Gesetzgeber weiter ungeklärt. De lege ferenda wäre eine solche Regelung zur Schaffung von Klarheit nach lang und heftig geführtem Streit zu begrüßen[189].

2. Allgemeines

Die Vertrauenshaftung ist heute anerkanntes Institut des geltenden Rechts[190]. Allerdings gibt es keine allgemeine Vertrauenshaftung[191], aus der sich eine allgemeingültige Anspruchsgrundlage herausgebildet hätte. Vielmehr ist sie ein zusammenfassendes Rechtsinstitut[192], das über eine Vielzahl auf Vertrauen basierender Rechtsfiguren[193] und Normen[194] gespannt ist. Das bedeutet, daß unter behutsamem Vorgehen bestimmte Einzeltatbestände der Vertrauenshaftung herauszubilden sind[195], wobei man so weit wie möglich den Anschluß an bereits bestehende Institute der lex lata suchen sollte. Eine Lösung zwischen Vertrag und Delikt, muß nicht zwingend eine der Rechtsordnung bisher gänzlich unbekannte sein. Besser als die Annahme gesetzesübersteigender Rechtsfortbildungen ist ein Ansatz, der auf ein Rechtsinstitut des geltende Rechts zurückzuführen ist, da dann die zur Rechtsfortbildung nötige Lücke im geltenden Recht fehlt.

Ein solches Rechtsinstitut ist die von Rudolph von Ihering entwickelte, lange Zeit gewohnheitsrechtlich anerkannte[196], nun im Gesetz geregelte (§ 311 Abs. 2 BGB) c.i.c. Auch sie ist Ausprägung der Vertrauenshaftung. Grundlage der c.i.c. ist heute herrschend Vertrauen[197]. Mit dem Eintritt in Vertragsverhandlungen gewähren die Parteien des in Aussicht genomme-

[188] So die Begründung in BT-DR. 14/6040, S. 162.
[189] **A.A.** *Canaris*, JZ 2001, 499, 520, der es nicht als Aufgabe des Gesetzgebers ansieht, die Rechtsprechung durch eine ausdrückliche Regelung dogmatisch festzulegen.
[190] *Canaris*, FS für Schimansky, 1999, S. 43, 49; *ders.*, FS 50 Jahre Bundesgerichtshof, Band 1, 2000, S. 129, 131, weist dies umfassend nach.
[191] **A.A.** *Nann*, Wirtschaftsprüferhaftung – Geltendes Recht und Reformüberlegungen, 1985, S. 160.
[192] *Canaris*, FS 50 Jahre Bundesgerichtshof, Band 1, 2000, S. 193.
[193] Außerhalb des Schadensersatzrechts: Rechtsscheinhaftung, Unbeachtlichkeit von Formmängeln und anderen Mängeln wegen Rechtsmißbrauchs (*Canaris*, FS 50 Jahre Bundesgerichtshof, Band 1, 2000, S. 129, 132 ff., 154 ff.).
[194] Beispielhaft seien genannt: §§ 122, 179 Abs. 2 BGB (auch die alten §§ 307, 309 BGB), §§ 45 f. BörsenG, 20 KAGG, 12 AuslInvestmG (*Canaris*, FS für Schimansky, 1999, S. 43, 49 ff.; *ders.*, FS 50 Jahre Bundesgerichtshof, Band 1, 2000, S. 129, 171 ff.).
[195] *Canaris*, FS für Schimansky, 1999, S. 43, 59.
[196] BGH NJW 1979, 1983; Erman/*Battes*, § 276 BGB Rn 110; Palandt/*Heinrichs*, § 276 BGB Rn 65; Staudinger/*Löwisch*, Vorbem zu §§ 275-283 BGB Rn 39. Der Gesetzgeber selbst ging, wie § 11 Nr. 7 letzter Halbsatz AGBG a.F. zeigte, von der Existenz der c.i.c. selbstverständlich aus.
[197] Ausgehend von *Ballerstedt*, AcP 151 (1950/1951), 501, 507; ihm folgend: BGHZ 58, 216, 223 f.; 70, 337, 344; 71, 284, 288; 71, 386, 393; 79, 337, 341; 99, 101, 107; 116, 251, 258; BGH NJW 1964, 2009; 1966, 498, 499; 1975, 1774; 1976, 892, 893; 1980, 2464; 1981, 1035, 1036; 1981, 2050, 2051; 1983, 1607, 1608 f.; WM 1965, 1288; 1967, 121, 123; 1988, 789, 791; BB 1971, 543 f.; 1973, 1604, 1605; ZIP 1998, 1434, 1435; *Gottwald*, JuS 1982, 877, 878; *Larenz*, Schuldrecht AT § 9 I, 106; *Canaris*, FS für Schimansky, 1999, S. 43,

nen Vertrags einander Vertrauen, das aus der allgemeinen Erwartung resultiert, es mit einem redlich denkenden, sich loyal verhaltenden Vertragspartner zu tun zu haben[198]. Auch in den Fällen der Dritthaftung ist die c.i.c. auf ein Konzept von Vertrauen gerichtet. Haftungsbegründend wirkt dort die Inanspruchnahme von Vertrauen. Im Unterschied zur Parteienhaftung aus c.i.c. ist dieses Vertrauen seinem Inhalt nach sogar qualifizierter ausgeprägt, muß es doch mangels einer (ins Auge gefaßten) vertraglichen Verbindung zwischen Schädiger und Geschädigtem über das hinausgehen, was sich die potentiellen Vertragspartner schulden.

Vor diesem Hintergrund liegt es nahe, bei der Haftung von Wirtschaftsprüfern für fehlerhafte Testate auf eine Vertrauenshaftung zurückzugreifen. Die Enttäuschung von Vertrauen ist als haftungsauslösender Tatbestand anerkannt. Rechtsprechung und Literatur stellen bei ihren Lösungen, wie mehrfach gezeigt[199], immer wieder auf den Topos des Vertrauens ab, um damit (fiktive) vertragliche Ansprüche zu begründen[200].

3. Rückgriff auf das Rechtsinstitut der c.i.c.

Die c.i.c. und die darin zum Ausdruck kommende Vertrauenshaftung bietet sich an, da auf ihrer Grundlage seit 100 Jahren[201] bereits eine Dritthaftung diskutiert wird.

Um begriffliche Verwirrungen zu vermeiden, sei vorab klargestellt, daß für die Frage der Dritthaftung aus c.i.c. ein Perspektivwechsel nötig ist, um zu bestimmen, wer haftender Dritter ist. Dritter war bisher der geschädigte Anleger, der den Wirtschaftsprüfer in Anspruch nehmen wollte. Im Rahmen der c.i.c.-Dritthaftung jedoch haftet als Dritter nicht der Kapitalanleger, sondern der Wirtschaftsprüfer, der nicht Vertragspartner des Anlegers ist. Sie wird deshalb als Eigenhaftung vertragsexterner Dritter bezeichnet[202].

Eine Dritthaftung aus c.i.c. ist in zwei Fällen von Rechtsprechung und Literatur anerkannt: Im Bereich der Eigenhaftung von Vertretern bzw. Sachwaltern und im Rahmen der Prospekthaftung. Beide werden von § 311 Abs. 3 BGB erfaßt[203]. Somit liegt die Frage nahe, ob nicht eine dieser Fallgruppen oder gar beide auf die Haftung des Wirtschaftsprüfers gegenüber Anlegern übertragbar sind. Sie seien beide kurz dargestellt.

a) Sachwalterhaftung

Die Sachwalterhaftung begründet eine auf c.i.c. gestützte Eigenhaftung eines Dritten, der als

---

52; *ders.*, FS 50 Jahre Bundesgerichtshof, Band 1, 2000, S. 129, 173; Palandt/*Heinrichs*, § 276 BGB Rn 65; *Philippsen*, Zur Dritthaftung des privat beauftragten Gutachters für fahrlässig verursachte Vermögensschäden, 1998, S. 215; MüKo/*Emmerich*, Vor § 275 BGB Rn 54; Soergel/*Wiedemann*, Vor § 275 BGB Rn 115; Staudinger/*Löwisch*, Vorbem zu §§ 275-283 BGB Rn 59.

[198] *Fischer*, ZVglRWiss 83 (1984), 1, 12; *Larenz*, SchuldR AT § 8 II, 101.

[199] Vgl. Seiten 13 (§ 826 BGB), 19 (Auskunftsvertrag), 23 (Garantie), 29 (Vertrag mit Schutzwirkung).

[200] BGH JZ 1998, 624, 625 spricht von Inanspruchnahme besonderen Vertrauens, stellt aber weiterhin auf den Vertrag mit Schutzwirkung für Dritte ab.

[201] Erstmals RGZ 52, 365 vom 27. 10.1902.

[202] *Damm*, JZ 1991, 373, 379.

[203] Nach Huber/*Faust*, Schuldrechtsmodernisierung Rn 13, können unter § 311 Abs. 3 BGB ohne weiteres alle anerkannten Fallgruppen der Eigenhaftung Dritter subsumiert werden.

Verhandlungsgehilfe des Geschäftsherrn auftritt, ohne Vertreter zu sein[204], der sich selbst bei den Vertragsverhandlungen im Hintergrund hält und eigene Beziehungen zu dem Verhandlungsgegner nur mittelbar über den von ihm betreuten Verhandlungspartner insofern herstellt, als seine Erklärung dem anderen Teil zur Kenntnis gebracht wird, für ihn maßgeblich ist und ihn zum Abschluß des Vertrags bestimmt[205].

Die Zulassung dieser Dritthaftung wurde für nötig befunden, weil der im Vertrauen enttäuschte Geschäftspartner, hier der Anleger, durch eine Haftung des Geschäftsherrn, hier des Anlagemodellbetreibers, oft nicht ausreichend geschützt ist[206]. Dazu kommt, daß der Dritte wegen seiner vertragsexternen Stellung grundsätzlich nach Konzeption des Gesetzes nur deliktisch haftet, was mit obigen[207] Problemen verbunden ist. Abhilfe schafft in dieser Situation die Gewährung eines Ausfallanspruchs[208] nach vertraglichen Regeln für den durch den Dritten Geschädigten gegenüber dem Dritten persönlich.

Zunächst war bis 1971 durch die Rechtsprechung des Reichsgerichts und im Anschluß daran des Bundesgerichtshofs nur die persönliche Haftung von Dritten anerkannt, die als Vertreter des Geschäftsherrn an Vertragsverhandlungen beteiligt waren[209].

Ab der Entscheidung des Bundesgerichtshofs vom 5. April 1971[210] wurde die Vertretereigenschaft für nicht mehr erheblich gehalten; ein Bedürfnis bestand, auch andere Dritte in Anspruch zu nehmen, die in sonstiger Weise als Verhandlungsgehilfen neben dem Geschäftsherrn in irgendeiner Form den Vertragsschluß maßgeblich beeinflußten. Dazu gehören die sog. Sachwalter. Als Begründung führte der Bundesgerichtshof an, daß keine durchgreifenden Bedenken dagegen bestünden, die Grundsätze der Dritthaftung der Vertreter auf den Sachwalter einer Vertragspartei anzuwenden, da auch er das besondere Vertrauen des Vertragsgegners in Anspruch nehmen könne, was besonders einsichtig sei, wenn das Verhalten bzw. die Mitwirkung des Sachwalters für den Vertragspartner eine maßgebliche Entscheidungsgrundlage darstelle. Denn aus Sicht des Vertragspartners sei unerheblich, ob ihn das persönliche Vertrauen zu einem Stellvertreter des Geschäftsherrn oder zu dessen Sachwalter kontrahieren lasse[211].

Die Sachwalter-Eigenhaftung erfaßt zwei Fallgruppen[212]. Dies gilt trotz § 311 Abs. 3 Satz 2 BGB, der ausdrücklich nur die hier vorgestellte zweite Fallgruppe nennt[213]. Die Schuld-

---

[204] Zur Entwicklung dieser zweiten Fallgruppe vgl. *Nirk*, FS für Hauß, 1978, 267, 270 ff.
[205] BGHZ 56, 81, 85 f.
[206] *Gottwald*, JuS 1982, 877, 883.
[207] Vgl. oben Seite 8 ff.
[208] *Grote*, Die Eigenhaftung Dritter als Anwendungsfall der culpa in contrahendo, 1984, S. 2.
[209] Ausgehend von RGZ 120, 249, 252 f.; weitergeführt von RGZ 132, 76, 80; 143, 222; 159, 33, 54 f.; schließlich vom Bundesgerichtshof übernommen in BGHZ 14, 313, 318; 58, 261, 263 f.; BGH NJW 1983, 676, 677; 1983, 1607, 1608 f.
[210] BGHZ 56, 81, 85 f. Die Entscheidung wird, da sie die Sachwalter-Rechtsprechung des Bundesgerichtshofs einläutete, als Sachwalterentscheidung bezeichnet (*Nirk*, FS für Hauß, 1978, S. 267, 279).
[211] BGHZ 56, 81, 85 f.
[212] *Emmerich*, Jura 1987, 561, 565; *Gottwald*, JuS 1982, 877, 883; *Grote*, Die Eigenhaftung Dritter als Anwendungsfall der culpa in contrahendo, 1984, S. 127; Erman/*Battes*, § 276 BGB Rn 115; MüKo/*Emmerich*, Vor § 275 BGB Rn 160; Palandt/*Heinrichs*, § 276 BGB Rn 92.
[213] Auch schon vorher gab es eine ausschließlich auf das besondere persönliche Vertrauen abstellende Literaturmeinung, die wirtschaftliches Eigeninteresse nicht genügen ließ (*Ballerstedt*, AcP 151 (1950/1951), 501, 508 f., 521, 523 f.; Staudinger/*Werner*, § 276 BGB Rn 39; *Schmidt*, SchuldR AT Teil 2, S. 99 f.; *Wittmann*, DB 1980,

rechtskommission entschied sich zwar bewußt dagegen, auch die andere Fallgruppe zu normieren[214], doch hält der Wortlaut der neuen Norm („insbesondere") eine weitere Konkretisierung offen[215].

aa) Wirtschaftliches Eigeninteresse
Sachwalter der ersten Gruppe sind Dritte, die am Abschluß des Vertrags ein starkes wirtschaftliches Eigeninteresse haben und damit als Quasi-Vertragspartner wirtschaftlicher Herr bzw. eigentlicher Interessenträger des Geschäfts sind, gleichsam in eigener Sache tätig werden[216].

Bei der Wirtschaftsprüferhaftung für fehlerhafte Testate fehlt es daran in der Regel[217]. Bloß mittelbare Interessen am Geschäft, etwa das Interesse, Entgelt für sein Tätigwerden im Rahmen des Vertrags, ein Honorar oder eine Provision zu erhalten, genügen nicht[218]. Andernfalls würde die persönliche Haftung dieser Dritten ungebührlich erweitert und vor allem bei der Vertretereigenhaftung der Grundsatz, daß für Handlungen des Vertreters der Vertretene haftet, in unerträglich weitgehendem Maße aufgegeben[219].

bb) Besonderes persönliches Vertrauen
Nach ständiger Rechtsprechung des Bundesgerichtshofs[220] haften auch Dritte, die dem Geschädigten gegenüber ein besonderes persönliches Vertrauen in Anspruch nahmen, das über das normale Verhandlungsvertrauen hinausgeht, und dadurch dem Verhandlungspartner eine von sich persönlich ausgehende zusätzliche (oder auch die einzige) Gewähr für Bestand und Erfüllung des in Aussicht genommenen (zumeist riskanten) Rechtsgeschäfts boten, die für die Entscheidung des anderen Teils entscheidend war. Der andere Teil sieht im Dritten sozusagen einen Garanten der Vertragsdurchführung selbst für den Fall, daß der eigentliche Vertragspartner nicht vertrauenswürdig ist[221]. Die Schuldrechtsreform brachte in § 311 Abs. 3

1579, 1585; *Hoffmann*, JuS 1970, 179, 180 f.; *Müller*, NJW 1969, 2169, 2171 f.). Haftungsgrund der c.i.c. ist das Vertrauen, das in dieser Fallgruppe gerade nicht ausschlaggebend ist. Haftungsbegründend wirkt das Eigeninteresse.

[214] *Canaris*, JZ 2001, 499, 520.

[215] Ziel des § 311 Abs. 3 BGB ist die Wiedergabe des bisherigen Rechtszustands, um ihn weiterer Ausdifferenzierung und Fortentwicklung zugänglich zu halten (BT-DR 14/6040, S. 162), wobei keine vollständige Neuregelung geplant war, sondern nur eine Regelung dem Grunde nach (Dauner-Lieb/Heidel/Lepa/Ring/*Krebs*, Das Neue Schuldrecht, S. 122; Huber/*Faust*, Schuldrechtsmodernisierung Rn 13).

[216] BGHZ 87, 27, 32, 33; 87, 302, 304; 126, 181, 183; Erman/*Battes*, § 276 BGB Rn 115; Palandt/*Heinrichs*, § 276 BGB Rn 93.

[217] Ausnahmsweise ist ein Eigeninteresse anzunehmen, wenn der Wirtschaftsprüfer selbst am testierten Anlagemodell beteiligt ist (Wiegand, Die „Sachwalterhaftung" als richterliche Rechtsfortbildung, 1991, S. 220). Diese Fälle werden selten bleiben, da ein solches Vorgehen mit der Neutralitätspflicht des Wirtschaftsprüfers (§ 43 Abs. 1 Satz 2 WPO) unvereinbar ist. Zudem wird ein Testat eines solchen befangenen Wirtschaftsprüfers praktisch nicht gewählt, um nicht den gewünschten Werbeeffekt zu gefährden.

[218] BGHZ 56, 81, 84; 88, 67, 70; BGH WM 1984, 960, 961; 1992, 699, 700; NJW 1990, 506; 1991, 32, 33; Erman/*Battes*, § 276 BGB Rn 115; MüKo/*Emmerich*, Vor § 275 BGB Rn 168; Palandt/*Heinrichs*, § 276 BGB Rn 93; *Wiegand*, Die „Sachwalterhaftung" als richterliche Rechtsfortbildung, 1991, S. 220.

[219] BGHZ 56, 81, 84; BGH WM 1965, 1288.

[220] BGHZ 14, 313, 318; 56, 81, 83 ff.; 70, 334, 341; 74, 103, 108; 87, 27; 88, 67, 68 f.; BGH WM 1988, 1535, 1536; NJW 1985, 2584; 1974, 1505; 1989, 293; 1990, 1907, 1908; 1997, 1233; Erman/*Battes*, § 328 BGB Rn 115b; MüKo/*Emmerich*, Vor § 275 BGB Rn 172; Palandt/*Heinrichs*, § 276 BGB Rn 92; *Canaris*, FS für Giger, 1989, S. 91, 101 ff.; *Gottwald*, JuS 1982, 877, 883; *Neuner*, JZ 1999, 126, 135; *Nirk*, FS für Hauß, 1978, S. 267, 273.

[221] MüKo/*Emmerich*, Vor § 275 BGB Rn 181.

Satz 2 BGB insoweit eine ausdrückliche Festschreibung dieses Erfordernisses[222], wenn verlangt wird, daß der Dritte in besonderem Maße Vertrauen für sich in Anspruch nimmt, durch das er die Vertragsverhandlungen oder den Vertragsschluß erheblich beeinflußt.

Zur Begründung des Vertrauens wird nicht selten die besondere Sachkunde und berufliche Qualifikation des Sachwalters aufgeführt[223]. Das leuchtet ein, da Anleger als Vertragspartner des Mandanten einem mit besonderer Qualifikation versehenen Sachwalter in erhöhtem Maße besonderes Vertrauen entgegenbringen, weil er kraft Amts bzw. Berufs, kraft besonderer Fachkunde oder kraft allgemein anerkannter und hervorgehobener beruflicher oder wirtschaftlicher Stellung eine Art Garantenstellung inne hat[224].

Haftungsgrund in dieser Fallgruppe ist der vom Sachwalter geschaffene besondere Vertrauenstatbestand, der dadurch entstand, daß der Sachwalter in besonderem Maße für sich Vertrauen in Anspruch nahm[225].

Durch das wirtschaftliche Eigeninteresse und das besondere persönliche Vertrauen wird zwischen nicht vertraglich verbundenen Personen eine Sonderbeziehung geschaffen, die die für die c.i.c. nötige Sonderverbindung einer vertraglichen Beziehung zwischen Anspruchsteller und -gegner gleichstellt und es ermöglicht, nach vertraglichen Regeln zu haften[226].

b) Prospekthaftung

Während die Sachwalterhaftung nicht speziell auf Wirtschaftsprüfer zugeschnitten ist, ist mit der Prospekthaftung von der Rechtsprechung bereits eine auf c.i.c. gestützte Dritthaftung von Wirtschaftsprüfern gegenüber Anlegern bekannt[227].

Dabei handelt es sich um die neben der spezialgesetzlich (§§ 45 f. BörsenG, 20 KAGG, 12 AuslInvestmG) geregelten Prospekthaftung bestehende, richterlich entwickelte bürgerlichrechtliche Prospekthaftung[228]. Danach haften neben Initiatoren, Gestaltern und Gründern des Kapitalanlagemodells und den Personen, die hinter der Gesellschaft stehen und auf ihre Geschäfte entscheidenden Einfluß ausüben (Emissionsprospekthaftung)[229] auch solche, die aufgrund beruflicher Stellung und Fachkunde eine Garantenstellung einnehmen, wenn sie mit

---

[222] Ziel der Schuldrechtsreform war u.a. die gesetzliche Verankerung gewohnheitsrechtlich anerkannter Rechtsinstitute (Dauner-Lieb/Heidel/Lepa/Ring/*Krebs*, Das Neue Schuldrecht, S. 122).
[223] BGHZ 56, 81, 85; *Canaris*, ZHR 163 (1999), 206, 223; MüKo/*Emmerich*, Vor § 275 BGB Rn 167; Staudinger/*Löwisch*, Vorbem zu §§ 275-283 BGB Rn 98, 100.
[224] *Gottwald*, JuS 1982, 877, 883.
[225] *Ballerstedt*, AcP 151 (1950/1951), 501 ff.; BGHZ 56, 81, 84 f.; 63, 328; 79, 281; 87, 304; MüKo/*Emmerich*, Vor § 275 BGB Rn 172; *Canaris*, JZ 1965, 475, 476; *ders.*, ZHR 163 (1999), 206, 225; *Neuner*, JZ 1999, 126, 135; *Nirk*, FS für Hauß, 1978, S. 267, 273, 274.
[226] *Wiegand*, Die „Sachwalterhaftung" als richterliche Rechtsfortbildung, 1991, S. 229, 284 ff., 399.
[227] Zu anderen, überholten Einordungsversuchen in der Literatur vgl. *Pleyer/Hegel*, ZIP 1986, 681 ff.
[228] Zu den Begriffen: MüKo/*Emmerich*, Vor § 275 BGB Rn 131; Soergel/*Wiedemann*, Vor§ 275 BGB Rn 187 ff; *Möllers*, JZ 2001, 909, 912.
[229] BGHZ 71, 284, 286 ff.; 72, 382, 385; 79, 337, 340; 115, 213, 218; Palandt/*Heinrichs*, § 276 BGB Rn 24; Erman/*Battes*, § 276 BGB Rn 115c; MüKo/*Emmerich*, Vor § 275 BGB Rn 133, 134; Palandt/*Heinrichs*, § 276 BGB Rn 24.

ihrer Mitwirkung am Prospekt nach außen in Erscheinung treten[230] und dadurch einen entsprechenden Vertrauenstatbestand schaffen (Garantenprospekthaftung)[231]. Zu letzteren gehören z. B. Wirtschaftsprüfer, Rechtsanwälte und Steuerberater[232], deren Testat im Prospekt abgedruckt ist oder die werbend sonstige die Kapitalanlage betreffende Äußerungen im Prospekt abgaben.

Haftungsvoraussetzungen sind dabei nur die schuldhafte Unrichtigkeit der Prospektaussagen und deren Kausalität für die Anlageentscheidung. Das haftungsbegründende Vertrauen ist dabei nur ein typisiertes Vertrauen des Anlegers in die Richtigkeit und Vollständigkeit der Prospektangaben[233], das keiner weiteren Präzisierung oder Konturierung im Sinne des besonderen persönlichen Vertrauens der Sachwalterhaftung bedarf. Es folgt aus der allgemein anerkannten Berufs- und wirtschaftlichen Stellung des Garanten und ist kein von einem bestimmten Menschen ausgehendes persönliches Vertrauen[234], sondern eines, das alleine aufgrund der Berufsstellung entgegengebracht wird. Diese Typisierung ist nötig, da andernfalls im Bereich der Prospekthaftung, einer Haftung gegenüber einer Vielzahl von Anlegern, die notwendigerweise nicht alle den Prospektgaranten persönlich kennen können, keine auf Vertrauen gestützte Haftung möglich wäre.

4. Übertragbarkeit auf die Wirtschaftsprüferhaftung für fehlerhafte Testate

a) Prospekthaftung

aa) Grundsätzliche Übertragbarkeit

Die Regeln der Prospekthaftung werden nur in den seltenen Fällen, in denen das Testat in einem Prospekt abgedruckt ist, direkt anwendbar sein[235]. Für die anderen Fälle der Wirtschaftsprüferhaftung wegen Testiertätigkeit hilft dies nur insofern, als eine Dritthaftung aus c.i.c. in diesen Fällen anerkannt ist und man versuchen kann, aus Ähnlichkeiten der Fallgestaltungen einen übertragbaren Rechtsgrundsatz abzuleiten. Denken könnte man daran, die Erteilung eines Testats und dessen Verwendung gegenüber Kapitalanlegern gleich den Aussagen in einem Anlegern zugänglich gemachten Prospekt zu behandeln[236]. Hier wie dort fördern wirtschaftlich kundige Personen als Garanten einen Vertragsschluß zwischen ihrem Mandanten und dessen Geschäftspartner durch eine vertrauenswerbende Aussage über ein

---

[230] Die bloße Nennung des Garanten im Prospekt genügt nicht mehr (BGHZ 77, 172, 176 f.; 111, 314, 319 f.; BGH NJW 1995, 1025; *Arnold*, DStR 2001, 488, 490 f.).

[231] BGHZ 77, 172, 176; 111, 314, 319 f.; BGH NJW 1983, 865, 866; Erman/*Battes*, § 276 BGB Rn 115c; MüKo/*Emmerich*, Vor § 275 BGB Rn 133, 134; Palandt/*Heinrichs*, § 276 BGB Rn 24.

[232] BGHZ 77, 172, 176 f.; 111, 314, 319; BGH NJW 1984, 865, 866; 1995, 1025.

[233] BGHZ 71, 284, 287; 72, 382, 385, 387; 74, 106, 109; 79, 337, 341; 83, 222, 227; 115, 213, 227; 123, 106, 109; *Coing*, WM 1980, 206, 209; *Köndgen*, AG 1983, 85, 96; MüKo/*Emmerich*, Vor § 275 BGB Rn 145; Palandt/*Heinrichs*, § 276 BGB Rn 23.

[234] *Gräfe*/Lenzen/Schmeer, Steuerberaterhaftung Rn 460.

[235] So auch nicht anwendbar in BGH NJW 2001, 360, 363, obwohl dort ein Emissionsprospekt beteiligt war, in dem der Wirtschaftsprüfer aber keinerlei Erklärungen abgab.

[236] So *Canaris*, JZ 1995, 441, 445; *ders.*, JZ 1998, 603, 606. Auch *Nann*, Wirtschaftsprüferhaftung – Geltendes Recht und Reformüberlegungen, 1985, S. 160, und *Philippsen*, Zur Dritthaftung des privat beauftragten Gutachters für fahrlässig verursachte Vermögensschäden, 1998, S. 225 ff., erwägen eine Parallele zur Prospekthaftung, lehnen sie jedoch im Ergebnis ab.

Anlagemodell. Dabei ist unerheblich, ob die Vertrauenswerbung in einem Prospekt oder einem Gutachten bzw. Testat erfolgt[237].

bb) Probleme der Übertragung
Die Übertragung der Prospekthaftungsgrundsätze ist, so naheliegend sie erscheint, nicht unproblematisch.

Wie gesehen[238], genügen hierfür geringe Voraussetzungen. Speziell genügt ein nur typisiertes, generelles Vertrauen. Damit erhielte man einen Haftungstatbestand, der sehr weitgehend ist und eine allzu umfassende Haftung für die Testattätigkeit zuließe, viel weiter als dies nach den anderen behandelten Anspruchsgrundlagen der Fall wäre. Damit aber setzte sich die Bejahung einer solchen Haftung unweigerlich vielen Anfechtungen aus, die kaum zur breiten Akzeptanz der Lösung beitragen werden. Man sollte sich auf der Suche nach einem neuen und angemessenen Lösungsansatz nicht der Möglichkeit eines klar eingrenzbaren Vertrauenstatbestands begeben.

Somit ist die alleinige Übertragung der Prospekthaftungsgrundsätze unangemessen.

b) Sachwalterhaftung

aa) Grundsätzliche Übertragbarkeit
Die für die Sachwalterhaftung aufgestellten Kriterien passen für die Dritthaftung von Wirtschaftsprüfern und anderen Experten, was geradezu ins Auge springt[239] und sich ergibt, wenn man Voraussetzungen und Haftungsgrund näher untersucht[240].

Betrachtet man die Sachwalterdefinition des Bundesgerichtshofs[241], erscheint diese wie für den begutachtenden Sachverständigen bzw. testierenden Wirtschaftsprüfer gemacht. Der Wirtschaftsprüfer, der von seinem Mandanten mit der Erstellung eines Testats beauftragt wird, um es bei der Werbung für Kapitalanlagen zu verwenden, tritt als Verhandlungsgehilfe des Geschäftsherrn auf, ohne dessen Vertreter zu sein. Das Testat dient dazu, den Anlagevertrag zwischen Mandant und Anleger voranzutreiben oder zu ermöglichen[242], indem Beden-

---

[237] *Canaris*, JZ 1995, 441, 445.
[238] Vgl. oben Seite 39.
[239] *Canaris*, ZHR 163 (1999), 206, 224. Schon in JZ 1998, 603, 605 hebt er hervor, daß eine Anknüpfung an die c.i.c.-Dritthaftung unschwer möglich wäre. Nach *Jost*, Vertragslose Auskunfts- und Beratungshaftung, 1991, S. 123, liege die Nähe der Auskunftshaftung zur Sachwalterhaftung auf der Hand.
[240] Diesen Ansatz verfolgen: *Herrmann*, JZ 1983, 422, 426; *Ebke*, Wirtschaftsprüfer und Dritthaftung, 1983, S. 71; *Emmerich*, Jura 1987, 561, 562 f.; MüKo/*Emmerich*, Vor § 275 BGB Rn 160, 178; Erman/*Battes*, § 276 BGB Rn 115b; *Baumbach/Hopt*, § 347 HGB Rn 22; *Canaris*, ZHR 163 (1999), 206, 222 ff.; *ders.*, JZ 1995, 441, 444; *ders.*, JZ 1998, 603, 605 f. (in den letzten beiden genannten Aufsätzen weist *Canaris* noch darauf hin, daß er nicht eine Sachwalterhaftung weiterentwickeln wolle, sondern die Haftung von Verhandlungsgehilfen. Diese Unterscheidung gab er zu Recht in ZHR 163 (1999), 206, 222 ff. auf und zieht jetzt eine Parallele zur Sachwalterhaftung. Der Sachwalterbegriff steht richtigerweise nur als Gruppenbegriff für eine Vielzahl von Dritthaftungsfällen und gibt ein Beispiel für einen aus c.i.c. haftenden Dritten (*Canaris*, FS für Schimansky, 1999, S. 43, 61)). Allerdings beziehen sich diese Autoren nur auf die Expertenhaftung generell, nicht jedoch auf die Testathaftung mit ihren noch zu erläuternden Besonderheiten im Vergleich zu den bisher diskutierten Fällen.
[241] BGHZ 56, 81, 85 f. (vgl. oben Seite 37).
[242] *Canaris*, FS für Schimansky, 1999, S. 43, 63.

ken gegen die Integrität des Anlagemodells ausgeräumt werden. Damit liegen die Einflußnahme auf das Geschäft des Mandanten mit dem Geschädigten, das Helfen bei den Anlagevertragsverhandlungen vor, die wesentliches Merkmal der Dritthaftung von Sachwaltern sind[243].

Weitere Voraussetzung der Dritthaftung aus c.i.c. ist, daß der Sachwalter für sich besonderes Vertrauen in Anspruch nimmt (§ 311 Abs. 3 Satz 2 BGB). Zu fragen ist, ob dies auch bei der Testathaftung von Wirtschaftsprüfern gegeben ist.

(1) Anknüpfungspunkte für das Vertrauen in den Wirtschaftsprüfer
Um eine Inanspruchnahme von Vertrauen durch den Wirtschaftsprüfer beurteilen zu können, ist zunächst zu klären, woraus das in Anspruch genommene Vertrauen abgeleitet werden kann, wodurch die natürliche Person Wirtschaftsprüfer einen haftungsbegründenden Vertrauenstatbestand setzt, der so stark ist, daß sich der Anleger darauf verlassen darf, und der darüber hinaus geeignet ist, ihn in die Haftung zu nehmen.

Das Vertrauen folgt aus der besonders hervorgehobenen, allgemein anerkannten Sachkunde des Wirtschaftsprüfers[244].

Die zentrale Bedeutung dieses Anknüpfungspunktes anerkannte die Rechtsprechung bald. So nannte bereits das Reichsgericht in seiner Leitentscheidung zur Dritthaftung aus dem Jahr 1902[245] die Berufsstellung als entscheidendes Kriterium der damals noch vertragsrechtlichen Lösung. Auch in der Sachwalterentscheidung des Bundesgerichtshofs[246] heißt es, daß sich ein besonderer Vertrauenstatbestand durch außergewöhnliche Sachkunde für den Vertragsgegenstand, persönliche Zuverlässigkeit oder besondere Einflußmöglichkeit des Vertreters auf die Vertragsabwicklung begründen lasse. Ebenso zeigt ein Blick in die Entscheidung des Bundesgerichtshofs, in der er erstmals eine Vertrauenshaftung in Erwägung zog[247], die zentrale Rolle der Qualifikation eines Berufsträgers. Dort spricht das Gericht davon, daß ein Vertrauen in Anspruch genommen wurde, das der Verkehr einem Wirtschaftsprüfer als Angehörigen des qualifiziertesten buchsachverständigen Berufs entgegenbringt[248]. Darüber hinaus ist die Sachkunde zentraler Topos im Rahmen der anderen von der Rechtsprechung vertretenen Anspruchsgrundlagen[249]. Und zuletzt hat der Bundesgerichtshof in einer Entscheidung aus 2001[250] die Sachkunde der Wirtschaftsprüfer in wirtschaftlichen Fragen anerkannt und ausgeführt, die berufliche Stellung sei bedeutsam dafür, ob eine Person auch Dritten gegenüber nach vertraglichen oder quasivertraglichen Anspruchsgrundlagen einzustehen habe.

Nur von einer Person, die für die erbetene Auskunft sachkundig ist, kann der redliche Rechtsverkehr erwarten, daß sie die Sorgfalt aufbringt, die erforderlich ist, um in wirtschaft-

---

[243] *Canaris*, ZHR 163 (1999), 206, 224; *ders.*, FS für Schimansky, 1999, S. 43, 62 f.
[244] *Fischer*, ZVglRWiss 83 (1984), 1, 14; *Jost*, Vertragslose Auskunfts- und Beratungshaftung, 1991, S. 237; *Schneider*, ZHR 163 (1999), 246, 256; *Emmerich*, Das Recht der Leistungsstörungen, S. 76; MüKo/*Emmerich*, Vor § 275 BGB Rn 191.
[245] RGZ 52, 365 ff.
[246] BGHZ 56, 81, 85.
[247] BGH NJW 1973, 321 ff.
[248] BGH NJW 1973, 321, 323.
[249] Vgl. die Beispiele bei *Schneider*, ZHR 163 (1999), 246, 256 in Fn 24.
[250] BGH NJW 2001, 360, 363.

lich bedeutenden Angelegenheiten eine falsche Auskunft zu vermeiden[251] bzw., anders herum gewendet, eine richtige Auskunft zu geben.

Aus dieser besonderen Sachkunde und allgemein anerkannten hervorgehobenen Stellung beruflicher und wirtschaftlicher Art ergibt sich eine Garantenstellung kraft Berufs und daraus eine Garantenpflicht des Wirtschaftsprüfers gegenüber den auf ihn vertrauenden Dritten, die von ihm erwarten, für die Vertragsdurchführung selbst für den Fall Gewähr zu bieten, daß der eigentliche Vertragspartner nicht vertrauenswürdig ist[252].

Die Stellung, die Wirtschaftsprüfer und andere Experten aufgrund ihrer Sachkunde im Rechtsleben einnehmen, schafft folglich den Vertrauenstatbestand[253].

(2) Berechtigung der Anknüpfung

Fraglich ist, ob dieses Vertrauen der Allgemeinheit in die Berufsgruppe der Wirtschaftsprüfer überhaupt und damit als Anknüpfungspunkt der Haftungsbegründung gerechtfertigt ist. Dies kann nur aus Sicht sowohl der betroffenen, letztlich geschädigten Dritten, als auch der Wirtschaftsprüfer zu beantworten sein.

Die Berechtigung des Vertrauens in die Sachkunde ergibt sich daraus, daß diese vor allem aufgrund der Ausbildung und Prüfung der Wirtschaftsprüfer entsteht[254]. Gem. § 1 Abs. 1 Satz 1 WPO ist Voraussetzung für die Aufnahme in den Wirtschaftsprüferberuf, daß man als solcher öffentlich bestellt ist. Die öffentliche Bestellung wiederum erfordert den Nachweis der persönlichen (§ 10 WPO), aber in diesem Kontext viel wichtiger, der fachlichen Eignung, was durch ein Zulassungs- und Prüfungsverfahren geschieht (§ 1 Abs. 1 Satz 2 WPO)[255]. Betrachtet man zudem die Anforderungen an Vor- und Ausbildung für einen Zulassungsantrag (§§ 8, 9 WPO), zeigt sich ganz deutlich, daß fachliche Kompetenz infolge Studiums und praktischer Tätigkeit ein hochgehaltenes Erfordernis ist. Wichtig ist eine akademische Ausbildung, wie eine in etlichen Jahren Praxiseinsatz erworbene Erfahrung. Wegen des Bestellungserfordernisses ist die Sachkunde sogar staatlich anerkannt.

Wirtschaftsprüfer und andere Experten genießen aufgrund ihrer Wissensdistanz[256] zum Laien, der sich ihnen anvertrauen muß und allenfalls ihre Integrität, nicht jedoch Kompetenz selbst beurteilen kann, einen hohen Autoritätsstatus. Von Berufsprestige und einer professionellen Überlegenheit könnte man somit aufgrund der Angewiesenheit des Rechtsverkehrs auf ihre Dienstleistungen sprechen. Je stärker das Kompetenzgefälle, je höher die Sachkunde, je elitärer der Berufsstand aufgrund an die Qualifikation geknüpfter Zulassungsschranken, umso eher wird den Angehörigen der Berufsgruppe von der Allgemeinheit besonderes Verhalten abverlangt. Somit kann daraus ohne weiteres und legitim ein besonderes Vertrau-

---

[251] *Breinersdorfer*, WM 1992, 1557, 1560.

[252] MüKo/*Emmerich*, Vor § 275 BGB Rn 181. Auch BGH NJW 2001, 360, 363 spricht von einer Garantenstellung des Wirtschaftsprüfers.

[253] Teilweise wird auch die Siegelführung (gem. § 48 WPO für Wirtschaftsprüfer, aber auch Behörden, Gerichte, Notare und andere besonders fachkundige Berufe) als äußeres Zeichen für den Vertrauenstatbestand angesehen, weil sie dem Testat besondere Wirkung gibt (*Wiegand*, Die „Sachwalterhaftung" als richterliche Rechtsfortbildung, 1991, S. 272).

[254] *Emmerich*, Das Recht der Leistungsstörungen, S. 76; MüKo/*Emmerich*, Vor § 275 BGB Rn 191.

[255] Gem. § 15 Abs. 1 Satz 1 WPO darf die Bestellung erst nach bestandener Prüfung erfolgen.

[256] *Musielak*, VersR 1974, 509. *Lammel*, AcP 179 (1979), 337, 361, spricht von einer Beschäftigung mit einem dem Jedermannswissen entzogenen Fachgebiet.

en abgeleitet werden[257]. Denn ein Testat eines nicht sachkundigen über Sachfragen darf den Anleger in seiner Folgehandlung nicht bestimmend beeinflussen[258], da von einem beliebigen Dritten, der genauso viel bzw. besser wenig Kenntnis von den für die Anlageentscheidung maßgeblichen wirtschaftlichen Zusammenhängen hat, kann man keine verbindliche Auskunft erwarten.

Damit folgt die Berechtigung des Vertrauens in die Berufsgruppe des Wirtschaftsprüfers zum Ersten aus der Ausbildung und Sachkunde und der staatlichen Lizenzvergabe.

Zum anderen ergibt sich die Berechtigung des Vertrauens aus der neutralen Stellung des Wirtschaftsprüfers[259]. § 43 Abs. 1 Satz 2 WPO[260] verpflichtet den Wirtschaftsprüfer bei Erstellung seiner Prüfberichte und Gutachten zur Unparteilichkeit. Er ist nicht einseitig und parteiisch nur auf den Mandanten und dessen Interessen ausgerichtet. Auch deshalb kann der Rechtsverkehr bei jeder seiner Tätigkeiten Vertrauen in ihn legen.

Daß Neutralität nicht selbstverständlich ist und deshalb mit Recht zur Legitimation des Vertrauens in den Berufsstand und des am konkreten Geschäft beteiligten Wirtschaftsprüfers herangezogen werden kann, ergibt sich aus Folgendem: Nicht alle Berufsgruppen, die unter dem Stichwort Berufshaftung behandelt werden, sind neutral. Es ist zwischen sog. treuhänderisch gebundenen Berufen, zu denen neben Rechtsanwälten (§ 43a Abs. 4 BRAO; § 356 StGB) im Grundsatz auch Steuerberater gehören, und sog. Berufen öffentlichen Glaubens, bestehend aus Notaren, Wirtschaftsprüfern und öffentlich bestellten Sachverständigen, zu unterscheiden[261]. Diese Einteilung trifft genau die Wesens- und damit einhergehenden Wertungsunterschiede beider Berufskategorien, die für ein verschieden hohes Maß an Vertrauenswürdigkeit stehen. Die einen sind an ihre Mandanten und deren Interessen gebunden, während die anderen von der Loyalität zum Auftraggeber ent- und in großem Maße der Wahrheit verbunden sind[262]. Bei ersteren kann der Verhandlungspartner des Mandanten schon naturgemäß nicht davon ausgehen, daß deren Testate oder Gutachten auch seine ureigenen Belange angemessen berücksichtigen. Ein berufskonform arbeitender Rechtsanwalt

---

[257] *Adolff*, Die zivilrechtliche Verantwortlichkeit deutscher Anwälte bei der Abgabe von Third Party Legal Opinions, 1997, S. 138.

[258] *Aring/Assmann/Bergmann/Brinkmann*, JuS 1973, 39, 44.

[259] Das Vertrauen in die berufliche Stellung als alleiniges anspruchsbegründendes Merkmal nehmen die Vertreter der sog. Berufshaftung an (*Lammel*, AcP 179 (1979), 345 ff.; *Hopt*, AcP 183 (1983), 608 ff.; *ders.*, FS für Pleyer, 1986, S. 341, 359; *ders.*, FS für Fischer, 1979, S. 237 ff.; *ders.*, ZHR 141 (1977), 389 ff.; *ders.*, ZHR 143 (1979), 139 ff.; *Baumbach/Hopt*, § 347 HGB Rn 22). Ihre dogmatische Einordnung blieb jedoch stets unklar. Wird sie als berufsbezogene Vertrauenshaftung verstanden (*Lammel*, AcP 179 (1979), 345 ff.), ist sie nur eine besondere Spielart der Vertrauenshaftung, die kein Gegensatz zur c.i.c. sein, sondern als deren Ausgestaltung verstanden werden muß (*Hopt*, FS für Gernhuber, 1993, S. 169, 176). Im Unterschied zur Berufshaftung wird die berufliche Stellung hier nur als eines von vielen Kriterien zur Begründung des besonderen, haftungsauslösenden Vertrauens herangezogen, ohne alleiniger Ansatzpunkt zu sein. Letzteres wäre nicht zu rechtfertigen, da die berufliche Stellung nicht einzigstes Tatbestandselement sein kann, das die Grenzen der Haftung bestimmt. Sie kann nur eines, wenngleich das oder eines der bedeutendsten Kriterien im Rahmen eines Indizienbündels sein (*Adolff*, Die zivilrechtliche Verantwortlichkeit deutscher Anwälte bei der Abgabe von Third Party Legal Opinions, 1997, S. 132 ff.; *Thüsing/Schneider*, JA 1996, 807, 810).

[260] Parallelnorm für die gesetzlich vorgeschriebene Jahresabschlußprüfung: § 323 Abs. 1 Satz 1 HGB.

[261] Begriffe von *Hopt*, AcP 183 (1983), 666 f.; *Adolff*, Die zivilrechtliche Verantwortlichkeit deutscher Anwälte bei der Abgabe von Third Party Legal Opinions, 1997, S. 139 ff.; *Philippsen*, Zur Dritthaftung des privat beauftragten Gutachters für fahrlässig verursachte Vermögensschäden, 1998, S. 9 ff., 24 ff.

[262] *Adolff*, Die zivilrechtliche Verantwortlichkeit deutscher Anwälte bei der Abgabe von Third Party Legal Opinions, 1997, S. 140.

oder Steuerberater muß in erster Linie als Interessenvertreter des Mandanten auftreten. Deshalb bedarf es bei diesen Berufen einer genauen Darlegung von Tatsachen, die ergeben, weshalb sie nicht nur Mandaten verpflichtet sind, sondern ausnahmsweise auch Dritten und deren Interessen dienen wollen. Denn einem Interessenvertreter mißtraut man tunlich, schon gar wenn er Interessen vertritt, die den eigenen entgegengesetzt sind[263].

Ein Wirtschaftsprüfer dagegen ist kraft Gesetzes bei jeder Tätigkeit zur Neutralität verpflichtet, auf die man sich unbedingt verlassen kann. Neutralität macht Wirtschaftsprüfer gerade zu Hütern über die Korrektheit des Rechtsverkehrs[264] und legt ihnen die Aufgabe bei, wirtschaftlich erheblichen Erklärungen eine besondere Glaubwürdigkeit und Verläßlichkeit zu geben. Der Wirtschaftsprüfer und seine testierende Tätigkeit dienen in erster Linie der Transparenz des Marktgeschehens und des Rechtsverkehrs[265]. Die Verpflichtung auf die unbedingte Wahrheit macht die Vertrauensstellung des Wirtschaftsprüfers zum zweiten Ausgangspunkt des für die Haftung nötigen Vertrauenstatbestandes und schafft seine gesteigerte Vertrauenswürdigkeit, weil er dem Anleger den Eindruck vermittelt, sich auch nicht durch die vertragliche Verbindung zum Mandaten von einer unparteiischen Stellung und davon abhalten zu lassen, den unkundigen Anleger objektiv zu beraten[266]. Hierin liegt die Bedeutung, die die Neutralität neben der Sachkunde hat. Sie begründet somit vor allem die Berechtigung des Vertrauens.

Aber auch aus Sicht des Wirtschaftsprüfers ist das Vertrauen ein taugliches Kriterium. Er wird nicht überrascht davon, daß Dritte auf ihn vertrauen. Letztlich zeigt dies § 43 Abs. 2 Satz 3 WPO, aus dem sich das Selbstverständnis der Wirtschaftsprüfer als ein mit besonderer Vertrauensstellung ausgestatteter Berufsstand ableiten läßt.

Das aus der besonderen Sachkunde des Berufsstands abgeleitete Vertrauen ist somit sowohl aus Sicht des Dritten als auch aus der des Wirtschaftsprüfers berechtigt[267].

(3) Besonderes Vertrauen

Weiter wird vorausgesetzt, daß der Wirtschaftsprüfer in besonderem Maße Vertrauen gegenüber Anlegern in Anspruch nimmt (§ 311 Abs. 3 Satz 2 BGB).

Es genügt dafür nicht die einfache Sachkunde des Wirtschaftsprüfers, die er jederzeit zur Unterstützung des Mandanten haben muß. Es ist vielmehr eine besondere Sachkunde nötig. Denn durch die einfache Sachkunde wird nur das normale Verhandlungsvertrauen erweckt, daß der Vertragspartner des Anlegers einen sachkundigen Dritten einschaltete. Für die Begründung einer Eigenhaftung des Wirtschaftsprüfers ist jedoch besonderes Vertrauen nötig, das nur vorliegt, wenn dem Anleger eine zusätzliche, gerade vom Wirtschaftsprüfer ausgehende Gewähr für die Seriosität und die Erfüllung des Geschäfts oder für die Richtigkeit und Vollständigkeit der Erklärungen, die für den Willensentschluß des Anlegers bedeutsam wa-

---

[263] *Jost*, Vertragslose Auskunfts- und Beratungshaftung, 1991, S. 127.

[264] *Adolff*, Die zivilrechtliche Verantwortlichkeit deutscher Anwälte bei der Abgabe von Third Party Legal Opinions, 1997, S. 139.

[265] *Adolff*, Die zivilrechtliche Verantwortlichkeit deutscher Anwälte bei der Abgabe von Third Party Legal Opinions, 1997, S. 139 f.

[266] *Wiegand*, Die „Sachwalterhaftung" als richterliche Rechtsfortbildung, 1991, S. 246.

[267] Das haftungsrelevante Abstellen auf die besondere Ausbildung und Sachkunde trifft den Wirtschaftsprüfer sozusagen als gefährliches Kompliment (*Altenburger*, WM 1994, 1597, 1600).

ren, geboten werden oder ihm in zurechenbarer Weise der Eindruck vermittelt wird, der Wirtschaftsprüfer wolle persönlich mit seiner Sachkunde die ordnungsgemäße Abwicklung des Geschäfts selbst dann gewährleisten, wenn der Anleger dem Mandanten nicht oder nur wenig vertraut[268].

Bei den hier interessierenden Testatfällen folgt die besondere Vertrauensstellung des Wirtschaftsprüfers aus seiner Funktion im konkreten Fall, aus dem Grund seiner Heranziehung durch den Kapitalanlagemodellbetreiber[269]. Durch ein Testat der neutralen Instanz Wirtschaftsprüfer sollen beim Anleger Zweifel an der Sicherheit der Anlageform und der Vertrauenswürdigkeit des Anlagemodellbetreibers, dem Anleger gewöhnlich mit Mißtrauen begegnen, ausgeschaltet werden. Es sollen bestimmte, für die Anlageentscheidung wichtige Punkte aus der neutralen Sicht eines nicht am Geschäft Beteiligten geklärt werden, um für den Anleger glaubwürdige Ergebnisse zu erzielen. Ohne Zweifel ist dies beim Testat eines Wirtschaftsprüfers eher der Fall, als bei einer durch den Anlagemodellbetreiber selbst angefertigten Unbedenklichkeitsbescheinigung.

(4) Persönliches Vertrauen
Weitere Anforderung für die Dritthaftung eines Wirtschaftsprüfers aufgrund Testaterstellung wäre die Annahme eines Vertrauens für sich (§ 311 Abs. 3 Satz 2 BGB) oder, nach alter Diktion, eines persönlichen Vertrauens.

Problematisch dabei ist, daß der Anleger in den weitaus meisten Fällen den Wirtschaftsprüfer selbst nicht zu Gesicht bekommt, sondern nur mit seinem Testat Berührung hat, ihn u.U. nicht kennt und deshalb nicht als besonders vertrauenserweckend einstufen kann. Somit kann eigentlich nicht die Person des Wirtschaftsprüfers auf den Anleger gewirkt haben. Es fragt sich damit, ob das Vertrauen überhaupt ein persönliches sein kann, wenn der Wirtschaftsprüfer dem Anleger nicht persönlich bekannt ist.

Jedoch bedeutet das Persönliche des Vertrauens nur folgendes[270]: Es muß sich um ein auf die eigene Person bezogenes Vertrauen handeln, ohne daß eine besondere personale Intensität gefordert würde. Dies wird häufig mißverständlich dargestellt. Es geht nur darum, daß der Wirtschaftsprüfer für die eigene Person Vertrauen in Anspruch nimmt, und nicht nur für die Person des Anlagemodellbetreibers, der ihn einschaltete. Der Wirtschaftsprüfer muß zu einem selbständigen Vertrauensträger werden[271].

Daß dies die zutreffende Deutung der persönlichen Komponente des Vertrauens ist, stellt der Gesetzgeber in § 311 Abs. 3 Satz 2 BGB klar, indem er anstelle von persönlichem Vertrauen von einem Vertrauen für sich und nicht für den Mandanten spricht[272].

Damit fehlt die Persönlichkeit des Vertrauens nur, wenn der Wirtschaftsprüfer keine eigene Erklärung abgibt, sondern als Sprachrohr bzw. verlängerter Arm des Mandanten auftritt und lediglich eine Erklärung des Mandanten als dessen Bote weitergibt. Dann nimmt er nicht

[268] Formuliert in Anlehung an BGH WM 1992, 699, 700 f.; DB 1995, 319, 320.
[269] BGH NJW 2001, 360, 363; *Adolff*, Die zivilrechtliche Verantwortlichkeit deutscher Anwälte bei der Abgabe von Third Party Legal Opinions, 1997, S. 138 (Vertrauensstellung kraft Vermittlerrolle).
[270] *Canaris*, JZ 1998, 603, 606; *ders.*, FS für Schimansky, 1999, S. 43, 63; *ders.*, JZ 2001, 499, 520 f.
[271] *Canaris*, FS 50 Jahre Bundesgerichtshof, Band 1, 2000, S. 129, 184.
[272] *Canaris*, JZ 2001, 499, 520 f.

Vertrauen für sich, sondern für den Mandanten als Geschäftsherrn in Anspruch. Das ist z. B. der Fall, wenn der Wirtschaftsprüfer keinen Entscheidungsspielraum hat, wie er testiert, sondern den Inhalt des Testats vom Mandanten diktiert erhält. Da der Wirtschaftsprüfer neutraler Gutachter ist, der nicht alleine dem Mandanten zu dienen hat, gibt er mit einem Testat regelmäßig eine eigene Erklärung ab.

Auch vor der gesetzlichen Klarstellung bestand breiter Konsens, persönliches Vertrauen dennoch anzunehmen. Man verzichtete nicht auf die Persönlichkeit des Vertrauens, sondern lediglich darauf, das Persönliche aus der jeweiligen Person des im Einzelfall testierenden Wirtschaftsprüfers abzuleiten, da Vertrauen nicht auf eine persönlich-private Basis angewiesen ist[273]. Es wurde vielmehr ein Vertrauen angenommen, das sich aus der Person aller Wirtschaftsprüfer ergibt, das in der Personen- bzw. Berufsgruppe der Wirtschaftsprüfer verankert ist und sich aus deren beruflicher Stellung ableitet.

Das Vertrauen in die Person wird mangels konkret bekannten Vertrauenssubjekts und damit einer individualisierbaren Vertrauensbeziehung unter sozialtypischer Betrachtungsweise angenommen[274]. Der Wirtschaftsprüfer wird nicht als Individuum begriffen, sondern als Funktionsträger, an den sich eine Rollenerwartung richtet[275]. Es handelt sich um das Vertrauen zum sachverständigen Fachmann, um Vertrauen nicht zur Person, sondern zu deren gesellschaftlicher Rolle[276]. Unter Rolle versteht man die Summe aller Verhaltensregeln, die dem Inhaber einer bestimmten sozialen Position von der Gesellschaft aufgegeben werden[277]. Das bedeutet vom Individuum her gesehen eine normative Verallgemeinerung, durch die der Mensch nicht als Einzelwesen, sondern als einer von vielen Inhabern der gleichen Position angesprochen wird[278]. Damit tritt die Person des individuell handelnden Wirtschaftsprüfers in den Augen der vertrauenden Dritten in den Hintergrund. In den Vordergrund rückt der in die Gesellschaft eingebundene und von ihr in die Pflicht genommene Funktionsträger Wirtschaftsprüfer als Inhaber der Rolle[279]. Mit anderen Worten entscheidet ein Rollenvertrauen, das sich ohne Ansehen der Person an den Inhaber der sozialen, meist beruflichen Position heftet[280].

Diese Aussagen treffen zu. Vertrauen muß aus der Sachkunde des Wirtschaftsprüfers abgeleitet werden. Ein anderer Anknüpfungspunkt ist nicht vorhanden, da der Anleger in den meisten Fällen den Wirtschaftsprüfer nicht selbst zu Gesicht bekommt, ihn nicht kennt und deshalb nicht als besonders vertrauensvoll einstufen kann. Es bleibt zur Anknüpfung nur die berufliche Stellung, die durch die Tätigkeit ausgewiesene besondere Sachkunde und die berufliche Fähigkeit, kurz gesagt die soziale Rolle[281]. Grundlage des Vertrauens ist letztlich das Vertrauen in Wissenschaft und Expertentum, wobei sich die Haftung nicht auf das konkrete

---

[273] *Köndgen*, AG 1983, 85, 96.
[274] *Fischer*, ZVglRWiss 83 (1984), 1, 16.
[275] *Lammel*, AcP 179 (1979), 337, 359 f.; *Philippsen*, Zur Dritthaftung des privat beauftragten Gutachters für fahrlässig verursachte Vermögensschäden, 1998, S. 9.
[276] *Coing*, WM 1980, 206, 211; *Hohloch*, NJW 1979, 2369, 2372; *Lammel*, AcP 179 (1979), 337, 360 ff.
[277] *Rehbinder*, FS für Hirsch, 1968, S. 141 ff.
[278] *Rehbinder*, FS für Hirsch, 1968, S. 141, 163.
[279] *Lammel*, AcP 179 (1979), 337, 360.
[280] *Köndgen*, AG 1983, 85, 96; *ders.*, Selbstbindung ohne Vertrag, 1981, S. 201 ff.; *Fischer*, ZVglRWiss 83 (1984), 1, 17.
[281] *Larenz*, SchuldR BT II/2, § 56 VI, 432; *Lammel*, AcP 179 (1979), 337, 359 ff.; *Philippsen*, Zur Dritthaftung des privat beauftragten Gutachters für fahrlässig verursachte Vermögensschäden, 1998, S. 6 ff.

Vertrauen des Geschädigten in die qualitätvolle Wahrnehmung freiberuflicher oder vom Wissenschaftsethos getragener Pflichten stützt, sondern auf ein gleichsam normatives Vertrauen, das durch das Auftreten des Spezialisten hervorgerufen wird und das ihm ein bestimmter Verkehrskreis entgegenbringt[282].

Hiergegen wurde eingewandt – diese Einwände könnten auch die Neufassung des Gesetzes treffen –, daß durch diese Kollektivierung der Einzelperson[283] eine Vertrauenshaftung ohne Vertrauen[284] entstehe und das Vertrauen entpersonalisiert sei[285]. Gerade aber in der Abhandlung von Ballerstedt[286], auf die die c.i.c.-Haftung vertragsfremder Dritter zurückzuführen ist, werde deutlich hervorgehoben, daß ein Vertrauen auf einen Menschen nötig sei, das an der Person dessen haftet, dem vertraut wird. Man könne besonderes Vertrauen nur konkret bestimmten Personen entgegenbringen. Nur abstraktes Vertrauen in den Berufsstand genüge für die Haftung einer Einzelperson nicht[287].

Überzeugen kann dies jedoch nicht. Letztlich wird auch beim Rollenvertrauen in die Person eines anderen vertraut, in die des Rolleninhabers. Im Unterschied zum individualisierten Vertrauen wird lediglich nicht einer individuell-konkreten Person Vertrauen entgegengebracht, sondern unbestimmten Personen, die aufgrund ihres sozialtypischen Verhaltens eine Rolle spielen, der die Gesellschaft eine bestimmte Erwartungshaltung entgegenbringt[288]. Das heißt: Persönliches Vertrauen im Sinne des Vertrauens in eine Person wird ersetzt durch ein sozialtypisches, persönliches (Rollen-) Vertrauen in die Person eines jeden Rolleninhabers. Bei Wirtschaftsprüfern und anderen Experten, kann man daher von berufstypischem Vertrauen[289] sprechen. Die Persönlichkeit des Vertrauens ergibt sich somit nicht aus der jeweiligen Person des konkreten Wirtschaftsprüfers, sondern als abstrakt-generelles Vertrauen aus der persönlichen Stellung, die jeder Wirtschaftsprüfer nach der Verkehrsanschauung im Rechtsleben einnimmt[290]. Es handelt sich nicht um ein konkretes persönliches Vertrauen, sondern ein generelles, das trotzdem persönlich begründet, in der Person jedes Wirtschaftsprüfers begründet ist.

Die Richtigkeit der Annahme berufstypischen Vertrauens bestätigt sich, wenn man bedenkt, daß die Inanspruchnahme eines an die Person des Wirtschaftsprüfers geknüpften Vertrauens auch bei einem Wirtschaftsprüfer, der dem Anleger als Person bekannt ist, nicht unmittelbar aus dessen persönlicher Zuverlässigkeit, sondern aus seiner beruflichen Kompetenz folgt. Denn die persönliche Zuverlässigkeit ist selbst wieder nur Folge der letztlich entscheidenden beruflichen und fachlichen Qualität[291]. Der Schwerpunkt der Haftung liegt nicht in der Selbstdarstellung des Auskunftgebers. Nicht seine Kompetenzbehauptung macht ihn verbindlich, sondern seine Eigenschaft als Fachmann[292]. Auch der Bundesgerichtshof sah, daß

[282] *Schiemann*, FS für Gernhuber, 1993, S. 388, 391.
[283] *Lammel*, AcP 179 (1979) 337, 360.
[284] *von Bar*, ZGR 1983, 476, 488 f.
[285] *Strauch*, JuS 1992, 897, 900; *Schindhlem/Grothe*, DStR 1989, 445, 449.
[286] *Ballerstedt*, AcP 151 (1950/1951), 501, 510.
[287] *Arnold*, DStR 2001, 488, 491.
[288] *Fischer*, ZVglRWiss 83 (1984), 1, 16 f.
[289] *Herrmann*, JZ 1983, 422, 423, 425.
[290] Auch BGH NJW 2001, 360, 363 spricht von der Maßgeblichkeit des dem Wirtschaftsprüfer (generell) entgegengebrachten Vertrauens.
[291] *Jost*, Vertragslose Auskunfts- und Beratungshaftung, 1991, S. 209
[292] *Jost*, Vertragslose Auskunfts- und Beratungshaftung, 1991, S. 257.

der Name des Wirtschaftsprüfers für den Anlageinteressenten regelmäßig weniger bedeutend ist als seine berufliche Qualifikation[293].

bb) Probleme der Übertragung

Die Übertragung der Sachwalterhaftung auf die Testathaftung stößt jedoch auf Schwierigkeiten, die in den bisherigen Fällen nicht angelegt waren.

Die bislang diskutierten Expertenhaftungsfälle hatten eine andere Dimension: Es waren Sachverhalte, in denen die Expertise und ihre Aussagen allein für *ein* Geschäft und das damit in Zusammenhang stehende *eine* Objekt abgegeben wurde[294], es ging um Einzelverträge. So diente ein Gutachten zur Vorlage bei einer Bank zur Erlangung eines Darlehns bzw. einer Sicherheit für einen (Grundstücks-) Kauf[295], zur Bestätigung der Echtheit eines Kunstwerks oder des Werts eines zu veräußernden Gegenstands oder Grundstücks[296]. Ferner wurden Expertisen nur für das Geschäft mit einer oder einer kleinen Gruppe von Geschäftspartnern verwendet. Hier aber geht es um eine Vielzahl von Anlagegeschäften gegenüber einer ebenso großen Vielzahl von Anlegern. Wegen der Verwendung bei Massengeschäften, wird die Testathaftung zur Massenhaftung. Dem Testat wird massenhaft Vertrauen geschenkt.

Zweites Problem ist, daß bei den herkömmlichen Sachwalterkonstellationen der Sachwalter selbst an den Verhandlungen im Rahmen des Geschäfts des Geschäftsherrn mit beteiligt sein mußte. Hier aber ist der Wirtschaftsprüfer nicht direkt in die Verhandlungen einbezogen[297], sondern bleibt im Hintergrund, spricht nicht mit den Anlegern[298], und seine einzige Beteiligung erfolgt indirekt über sein Testat, das dem Anleger vom Anlagemodellbetreiber ausgehändigt wird. Beteiligt ist damit alleine das Testat. Ein unmittelbarer Kontakt zwischen Wirtschaftsprüfer und Anleger fehlt.

c) Kombination

Abhilfe könnte in dieser Situation, in der weder die Sachwaltergrundsätze noch die Grundsätze der Prospekthaftung für sich zur Lösung der Testathaftung taugen, eine Kombination beider Rechtsfiguren schaffen.

aa) Abhilfe durch Kombination

(1) Besonderes persönliches Vertrauen

Die Problematik der Übertragbarkeit der Prospekthaftungsgrundsätze mit ihrem nicht genügend ausdifferenzierten Vertrauenstatbestand, der ein typisiertes Vertrauen ausreichen läßt, kann man durch die Übernahme des Erfordernisses eines besonderen persönlichen Vertrauens im obigen Sinne der Sachwalterhaftung entschärfen und damit eine gewisse erste Konturierung erreichen.

---

[293] BGHZ 111, 314.

[294] *Arnold*, DStR 2001, 488, 491 Fn 29; *Möllers*, JZ 2001, 909, 912.

[295] Z. B. *Canaris*, JZ 1998, 603 ff.; *ders.*, ZHR 163 (1999), 206 ff.

[296] Z. B. *Canaris*, JZ 1995, 441 ff.

[297] *Arnold*, DStR 2001, 488, 491.

[298] *Möllers*, JZ 2001, 909, 913.

(2) Prospekthaftung
Bezüglich der fehlenden Beteiligung des Wirtschaftsprüfers am geplanten Anlagegeschäft hilft die Prospekthaftung. In ihrem Rahmen stört sich niemand daran, daß kein unmittelbarer Kontakt zwischen Wirtschaftsprüfer und Anleger besteht[299]. Dort genügt, daß der Prospekt für den Wirtschaftsprüfer eingeschaltet ist, der darin Erklärung an den Anleger abgibt[300]. Also muß auch hier genügen, daß das Testat an Stelle des Wirtschaftsprüfers einen Kontakt zum Anleger herstellt. Denn ob Aussagen des Wirtschaftsprüfers persönlich dem Anleger gegenüber getroffen werden, oder aus dem Testat entnommen werden können, kann keinen Unterschied bedeuten, da auch dann der Wirtschaftsprüfer gegenüber dem Anleger in Erscheinung tritt.

Zusätzlich ist im Rahmen der Sachwalterhaftung der hierzu ergangenen Entscheidung des Bundesgerichtshofs[301] zu entnehmen, daß unmittelbarer Kontakt zwischen Sachwalter und Drittem für die Haftung unerheblich ist. Es genügt, daß sich der Sachwalter bei den Verhandlungen im Hintergrund hielt und seine Beziehung zum Geschädigten mittelbar über den von ihm betreuten Vertragspartner zu Stande kam[302], daß der geschädigte Anleger die Aussagen des Testats auf sich beziehen darf, weil ihm das Testat zwar nicht vom Wirtschaftsprüfer, aber vom Mandanten, seinem Anlagegeschäftspartner, zugeleitet wurde. Ein nur mittelbarer Kontakt ändert nichts daran, daß der Anleger um die Existenz des Sachwalters weiß, sich auf ihn und die besondere Sachkunde verläßt und damit ihm persönlich besonderes Vertrauen entgegenbringt. Dann nimmt der Sachwalter nicht Vertrauen für den Geschäftsherrn in Anspruch, sondern für sich und seine Sachkunde. Zudem kann man mit den Worten des Bundesgerichtshofs in dieser Entscheidung[303] getrost behaupten, daß der Wirtschaftsprüfer als Beklagter weitaus wichtiger war als der Anlagemodellbetreiber, zumal von dessen Entscheidung bzw. Testat der Abschluß des beabsichtigten Rechtsgeschäfts letztlich abhing.

(3) Typisiertes Vertrauen
Die letzte Problematik, die aus der Beteiligung einer Vielzahl von Anlegern resultierende evtl. fehlende Persönlichkeit des Vertrauens, ist schließlich ebenfalls mit der für Massengeschäfte konzipierten Prospekthaftung zu erfassen.

Dort wird Vertrauen typisiert betrachtet. Man verzichtet auf ein von einem bestimmten Menschen ausgehendes Vertrauen und stellt allein auf ein Vertrauen ab, das sich aus einer kraft Berufs bestehenden Garantenstellung des Wirtschaftsprüfers und seiner besonderen Sachkunde und allgemein anerkannten beruflichen Stellung ergibt[304].

Da typisiertes (Rollen-)Vertrauen im Bereich der Prospekthaftung anerkannt ist, steht der Anerkennung desselben in vergleichbaren, ebenfalls Massenanlagegeschäfte erfassenden Testathaftungsfällen nichts entgegen. Somit kann auch hier abstraktes Vertrauen in den Berufsstand für die Haftung des einzelnen Wirtschaftsprüfers ausreichen. Es handelt sich dann um berufstypisiertes Vertrauen. Die im Bereich der Sachwalterhaftung gegebene Begrün-

---

[299] *Canaris*, JZ 1995, 441, 445; *ders.*, JZ 1998, 603, 606; *ders.*, ZHR 163 (1999), 206, 226.
[300] So wohl *Canaris*, FS 50 Jahre Bundesgerichtshof, Band 1, 2000, S. 129, 185.
[301] BGHZ 56, 81, 81 ff.
[302] BGHZ 56, 81, 86.
[303] BGHZ 56, 81, 87.
[304] BGHZ 77, 172, 175; 83, 122, 123 f.; BGH JZ 1981, 448; *Gräfe*/Lenzen/Schmeer, Steuerberaterhaftung Rn 460.

dung ist somit mit der Begründung im Rahmen der Prospekthaftung größtenteils vergleichbar. Mangelnde Persönlichkeit des Vertrauens kann damit und mit Hilfe der bei der Prospekthaftung geltenden Grundsätze kompensiert werden.

bb) Begründetheit der Kombination
Nach eben Gesagtem führt nur eine Kombination der Spezifika von Sachwalter- und Prospekthaftung zu sachgerechten Ergebnissen in den Testatfällen. Dadurch erreicht man eine Kumulation der Vorteile beider Rechtsinstitute unter gleichzeitiger Ausschaltung ihrer Nachteile. Die Sachwalterhaftung bringt mit dem Erfordernis eines besonderen persönlichen Vertrauens einen ausdifferenzierten Vertrauenstatbestand. Die Prospekthaftung ermöglicht aufgrund ihrer Typisierung die Erfassung von – sachwalteruntypisch – eine Vielzahl von Anlegern betreffenden Fällen.

Die Kombination ist nicht abwegig. Beide zu verbindende Rechtsfiguren ruhen auf dem Fundament einer c.i.c-Vertrauenshaftung, so daß ihr Haftungsgrund derselbe ist. Sie entspringen beide dem Bereich zwischen Vertrag und Delikt, so daß ihre Kombination keinen Systembruch darstellt. Letztlich ist entscheidend, daß die Prospekthaftung nur einen speziellen Anwendungsfall der Sachwalterhaftung darstellt[305]. Insoweit ist eine Einschränkung der Prospekthaftung mit Sachwalterkriterien und vice versa eine Ausdehnung der Sachwalterhaftung mittels Prospekthaftungskriterien eine systemgerechte Konkretisierung einer schon bestehenden und nicht die Schaffung einer neuen, systemfremden Rechtsfigur. Es handelt sich um die genauere Konturierung einer sowohl hinter der Sachwalter- als auch der Prospekthaftung stehenden Rechtsfigur, der Vertrauenshaftung gegenüber Dritten. Mit Schaffung des § 311 Abs. 3 BGB, in dem sowohl Sachwalter- als auch Prospekthaftung ihren Niederschlag finden[306], zeigte der Gesetzgeber, daß beide Ausprägung eines einzigen Rechtsinstituts sind.

Deshalb kann das Bedenken nicht geteilt werden, eine solche Haftung überschritte die Grenzen der c.i.c. und führe zu einer Haftung unabhängig von der Einschaltung in Vertragsverhandlungen und der zurechenbaren Inanspruchnahme von Vertrauen[307]. Denn Anknüpfungspunkt der hier vertretenen Wirtschaftsprüferhaftung ist der vom Wirtschaftsprüfer als Drittem geschaffene Vertrauenstatbestand. Da nach heute herrschender Ansicht die Inanspruchnahme von Vertrauen Haftungsgrund der c.i.c ist, fügt sich die Wirtschaftsprüferdritthaftung bruchlos in ihr System ein.

5. Kritische Würdigung

Die Vertrauenshaftung generell, aber auch die Übertragung der Sachwalter- und Prospekthaftung auf die Dritthaftung von Experten ist Kritik ausgesetzt, die im Rahmen dieser Abhandlung nicht verschwiegen werden darf[308].

---

[305] *Herrmann*, JZ 1983, 422, 425 (anonyme Sachwalterhaftung); *Hopt*, AcP 183 (1983), 608, 644; *Pleyer/ Hegel*, ZIP 1986, 681; Erman/*Battes*, § 276 BGB Rn 115c; MüKo/*Emmerich*, Vor § 275 Rn 133; Staudinger/ *Löwisch*, Vorbem zu §§ 275-283 BGB Rn 104. Auch BGHZ 83, 222, 223 deutet darauf hin, wenn davon die Rede ist, daß der Senat den Rechtsgrundsatz, daß auch der Sachwalter für Verschulden bei Vertragsverhandlungen haftet im Interesse des Kapitalanlegerschutzes auszudehnen bereit ist.
[306] Vgl. oben Seite 35.
[307] *Arnold*, DStR 2001, 488, 492.
[308] Umfassender zu hier nicht genannter Kritik vgl. *Canaris*, ZHR 163 (1999), 206, 226 ff.

a) Würdigung der Kritik an der Vertrauenshaftung

aa) Problem der „dritten Spur"[309]
Zuvorderst wird die Stellung der Vertrauenshaftung als dritte Kategorie zwischen Delikt und Vertrag angegriffen. Dies sei der Rechtsordnung unbekannt und fände im BGB keine Anhaltspunkte[310], führe ferner zu einer Vermischung von Delikt und Vertrag und fördere deshalb die Rechtssicherheit gerade nicht[311].

Überzeugend ist dieser Einwand nicht. Die c.i.c., deren Konkretisierung die Vertrauenshaftung der Experten ist, ist schon seit langem bekannt und heute gesetzlich geregelt (§ 311 Abs. 3 BGB). Sie ist seit jeher als zwischen Delikt und Vertrag stehend anerkannt[312]. Vielleicht mag diese Zwischenstellung dem Institut eine gewisse Unschärfe geben; jedoch liegt gerade darin auch ein kreatives Potential[313], das geradezu zur Bewältigung neuer Aufgaben, zur sachgerechten Erfassung bislang umstrittener Haftungsfragen prädestiniert ist. Losgelöst von den einseitigen Zwängen des Delikts- bzw. Vertragsrechts kann damit eine sachgerechte Lösung gefunden werden, die den Bedürfnissen des geschädigten Dritten auf der einen, wie der in Haftung genommenen Wirtschaftsprüfer auf der anderen Seite gerecht wird. Daß es zwischen Delikt und Vertrag keine weiteren Schuldverhältnisse geben könne, solange dadurch der Sinn der Unterscheidung der Ausgangsbereiche nicht angetastet wird, kann man heute auf dem Boden der Rechtspraxis und herrschenden Lehre nicht mehr vertreten[314].

bb) Vertrauen als ubiquitäres Moment
Weit existenzieller für die Begründetheit der Vertrauenshaftung ist die am Vertrauen als Ausgangspunkt der Haftung ansetzende Kritik. Die Vertrauenshaftung stelle, wird kritisiert[315], entscheidend auf Vertrauen ab, das gleichfalls im Delikts- wie im Vertragsrecht gegenwärtig sei. Da Vertrauen in jedem Bereich möglicher Anspruchsbegründung vorkommt, in der klassischen auf Vertrag oder Delikt aufbauenden wie in der dritten, diese Dichotomie überschreitenden, könne es nicht das bestimmende Argument nur einer dieser Haftungsformen sein.

Dieser Einwand führt nicht zur Ablehnung der Vertrauenshaftung. Zwar kommt dem Vertrauensgesichtspunkt für Vertrag und Delikt gewisse Bedeutung zu, ist dort aber nur Ergänzung in einzelnen Bereichen[316]. Bei der Vertrauenshaftung dagegen ist das Vertrauen tragen-

[309] *Canaris*, ZHR 163 (1999), 206, 220.
[310] *Grunewald*, AcP 187 (1987), 285, 298 f.; *Nann*, Wirtschaftsprüferhaftung – Geltendes Recht und Reformüberlegungen, 1985, S. 291; *Philippsen*, Zur Dritthaftung des privat beauftragten Gutachters für fahrlässig verursachte Vermögensschäden, 1998, S. 220.
[311] *Nann*, Wirtschaftsprüferhaftung – Geltendes Recht und Reformüberlegungen, 1985, S. 166. *Nann* hält eine Ausdehnung der Vertrauenshaftung auf die Haftung der Wirtschaftsprüfer als Jahresabschlußprüfer zwar für möglich, aber aus dem genannten Grund nicht für empfehlenswert.
[312] *Canaris*, ZHR 163 (1999), 206, 220 f., mit weiteren Gründen.
[313] *Horn*, JuS 1995, 377, 387.
[314] *Wiegand*, Die „Sachwalterhaftung" als richterliche Rechtsfortbildung, 1991, S. 168.
[315] *Köndgen*, Selbstbindung ohne Vertrag, 1981, S. 98; *Picker*, AcP 183 (1983), 369, 427; *ders.*, JZ 1987, 1041, 1046; *Philippsen*, Zur Dritthaftung des privat beauftragten Gutachters für fahrlässig verursachte Vermögensschäden, 1998, S. 220 f.
[316] *Canaris*, ZHR 163 (1999), 206, 221; *ders.*, FS für Schimansky, 1999, S. 43, 54; *ders.*, FS 50 Jahre Bundesgerichtshof, Band 1, 2000, S. 129, 192. Die ergänzende Rolle spielt der Vertrauensgedanke z. B. bei der ergänzenden Auslegung sowie im Rahmen des § 123 Abs. 2 BGB im Vertragsrecht und bei der Konkretisierung von Verkehrspflichten und im Straßenverkehrsunfallrecht im deliktsrechtlichen Bereich.

der und systemprägender Gesichtspunkt[317]. Wegen dieser unterschiedlich starken Bedeutung des Vertrauens kann nicht von Ubiquität gesprochen werden.

Zudem bestätigen §§ 122, 179 Abs. 2 BGB[318], daß es durchaus Fälle einer Vertrauenshaftung kraft Gesetzes gibt. Bei einer Verneinung der Akzeptanz der Vertrauenshaftung müßte somit die dogmatische Grundlage dieser Normen anders erklärt werden, eine Frage zu der sich die Kritiker in Schweigen hüllen[319].

cc) Fehlende Homogenität

Ferner wird an der Vertrauenshaftung ihr fehlendes homogenes Fallgruppenspektrum kritisiert. Von ihr seien zu viele unterschiedliche und in sich nicht zusammenhängende Fälle umfaßt, bei denen keine Gemeinsamkeit ersichtlich sei[320].

Doch auch dies überzeugt nicht[321]: Zwar ist die Vertrauenshaftung ein viele Fallgruppen überwölbendes Dach, doch eines mit einer Binnengliederung in durch große Homogenität geprägte und damit tatbestandlich stark konturierte Fallgruppen. Zudem ist eine Heterogenität aufgrund der Abstraktheit des deutschen Rechts nicht ungewöhnlich, sondern auch in anderen Rechtsbereichen anzutreffen[322].

b) Würdigung der Kritik an der Übertragung der Sachwaltergrundsätze

aa) Kritik an der Dritthaftung aus c.i.c.

Zuvorderst steht die allgemeine Kritik an der generellen Ausdehnung der c.i.c. auf Dritte[323]. Die c.i.c. sei nur entwickelt für die Haftung der Parteien des ins Auge gefaßten Vertrags. Sie soll nach ihrem ursprünglichen Sinn nicht den Kreis der Haftungsschuldner auf vertragsexterne Personen, wie Vertreter, Sachwalter oder Experten erweitern. Eine solche Ausdehnung habe nichts mehr mit ihrer ursprünglichen Konzeption zu tun, ändere ihren Sinngehalt und sei abzulehnen. Eine so verstandene c.i.c. schaffe letztlich eine vom Gesetzgeber abgelehnte allgemeine Vermögenshaftung für Fahrlässigkeit.

Diese Kritik dürfte hinfällig geworden sein. Durch gesetzliche Normierung in § 311 Abs. 3 BGB entschied sich der Gesetzgeber bewußt und zu Recht für eine Dritthaftung aus c.i.c. Denn der als Vertreter oder Sachwalter haftende Dritte nimmt in einer Weise am Rechtsverkehr teil, die der Rolle einer Vertragspartei sehr nahe kommt[324]. Er gestaltet durch sein in

---

[317] *Canaris*, FS für Larenz, 1983, S. 27, 105; *ders.*, ZHR 163 (1999), 206, 221; *ders.*, FS für Schimansky, 1999, S. 43, 55; *ders.*, FS 50 Jahre Bundesgerichtshof, Band 1, 2000, S. 129, 193.

[318] Ebenso die *alten* §§ 307 Abs. 2, 309 BGB.

[319] *Canaris*, FS für Schimansky, 1999, S. 43, 54; *ders.*, FS 50 Jahre Bundesgerichtshof, Band 1, 2000, S. 129, 193.

[320] *Köndgen*, Selbstbindung ohne Vertrag, 1981, S. 102.

[321] *Canaris*, FS 50 Jahre Bundesgerichtshof, Band 1, 2000, S. 129, 194 ff.

[322] *Canaris*, FS 50 Jahre Bundesgerichtshof, Band 1, 2000, S. 129, 194, nennt beispielhaft die Rechtsgeschäftslehre, die auch familien-, gesellschafts-, arbeits-, erb- sowie sachenrechtliche und andere Fallgestaltungen umfaßt.

[323] Vgl. dazu *Picker*, FS für Medicus, 1999, S. 397, 413 ff. Ähnlich *Kiss*, WM 1999, 117, 119 ff.; *Schindhelm/ Grothe*, DStR 1989, 445, 449. Wohl auch *Wiegand*, Die „Sachwalterhaftung“ als richterliche Rechtsforbildung, 1991, S. 50 ff.

[324] *Canaris*, FS für Giger, 1989, 91, 101 f.

Anspruch genommenes Vertrauen die Vertragsverhandlungen, den Inhalt und das Zustandekommen des Vertrags wesentlich mit und fördert die Position seines Mandanten durch vertrauensbildende Äußerungen. Somit ist das besondere persönliche Vertrauen ein Merkmal, das eine Sonderverbindung zwischen Schädiger und Geschädigten herstellt, die der vertraglichen Sonderverbindung nahekommt und rechtfertigt, daß die Dritthaftung vertraglichen, nicht deliktischen Grundsätzen folgt.

Hinzu kommt, daß die Kritik auf einem rechtsgeschäftlichen Verständnis der c.i.c. aufbaut, das den Haftungsgrund in der Vorwirkung des intendierten Vertrags sieht[325]. Damit setzt sie an einem heute überholten Punkt an[326]. Ginge man nämlich von einem vertraglichen Verständnis aus, wäre eine der unstreitig anerkannten Fallgruppen der c.i.c., das Scheitern von Vertragsverhandlungen, nicht erklärbar, da ein Vertrag gerade nicht zu Stande kam[327]. Heute wird die c.i.c. als gesetzliches Schuldverhältnis begriffen, das seine Rechtfertigung in der Inanspruchnahme und Gewährung von Vertrauen hat[328].

Noch weniger einleuchtend ist die Kritik vor dem Hintergrund, daß im Gros der Dritthaftungsfälle von Wirtschaftsprüfern das die Haftung auslösende Testat im Vorfeld von Verträgen, im Rahmen von Vertragsverhandlungen zwischen Anlegern und dem Mandanten des Wirtschaftsprüfers verwendet wird. Im Endeffekt geht es also auch hier um den Schutz künftiger Vertragspartner[329]. Nicht verlangt werden darf eine persönliche Verbindung zwischen Geschädigtem und Wirtschaftsprüfer. Es muß vielmehr genügen, daß der Wirtschaftsprüfer in einem inneren Zusammenhang zum auf den Abschluß eines Vertrags gerichteten Handeln des Geschädigten stand und auf Rechtsgüter des Geschädigten, namentlich das Vermögen, einwirken konnte[330]. Somit ist Haftungsgrund der c.i.c. ein Vertrauen, das in einem rechtsgeschäftlichen Kontakt wurzelt[331].

Nach dem Gesagten ist die haftungsauslösende Situation vertragsähnlich und eine über den deliktischen Vermögensschutz hinausgehende Haftung nach vertraglichen Maßstäben auf Grundlage des gesetzlichen, vorvertraglichen Schuldverhältnisses der c.i.c. gerechtfertigt[332].

bb) Neutralität

Gegen die Übertragbarkeit der Sachwaltergrundsätze wird eingewandt, der Experte stehe anders als der Sachwalter gerade in keiner Nähebeziehung zu seinem Auftraggeber, sondern als neutrale Person zwischen ihm und dem Dritten.

---

[325] So auch der ursprüngliche Ansatz des Reichsgerichts (RGZ 78, 239, 240; 95, 58, 60; 103, 47, 50); *Emmerich*, Jura 1987, 561.

[326] *Grote*, Die Eigenhaftung Dritter als Anwendungsfall der culpa in contrahendo, 1984, S. 9, mit Nachweisen zu diesen rechtsgeschäftlichen Ansichten in Fn 1, 2 und 3.

[327] RGZ 104, 265, 267 f.; *Emmerich*, Jura 1987, 561, 562; *Philippsen*, Zur Dritthaftung des privat beauftragten Gutachters für fahrlässig verursachte Vermögensschäden, 1998, S. 215.

[328] Vgl. oben Seite 34 f.

[329] *Weber*, NZG 1999, 1, 5. Ebenso sieht das der Bundesgerichtshof in einem Urteil vom 13.11.1997 (BGH JZ 1998, 624), zieht daraus aber überraschenderweise nicht den Schluß auf die Anwendung der Grundsätze der Dritthaftung aus c.i.c., obwohl er seine Argumentation mit Zitaten von Entscheidungen aus dem Bereich der c.i.c. untermauert (vgl. *Canaris*, JZ 1998, 603).

[330] *Nirk*, FS für Hauß, 1978, 267, 282.

[331] *Canaris*, FS für Giger, 1989, S. 91, 96; *Philippsen*, Zur Dritthaftung des privat beauftragten Gutachters für fahrlässig verursachte Vermögensschäden, 1998, S. 216.

[332] *Schulze*, JuS 1983, 81, 84.

Abgesehen davon, daß dies in der Praxis – mit Ausnahme der Wirtschaftsprüfer, die kraft Gesetzes zur Neutralität verpflichtet sind (§ 43 Abs. 1 Satz 2 WPO) – häufig nicht zutrifft, weil auch ein Sachverständiger in erster Linie die Interessen seines Auftraggebers vertritt[333], spricht die Neutralität gerade stärker für eine Vertrauenshaftung. Der Dritte vertraut auf Testate neutraler Personen noch viel mehr, als wenn er fürchten müßte, der Experte verfolge bei der Begutachtung einseitig und voreingenommen vor allem die Interessen des Auftraggebers und die seinen nur halbherzig und mit der Bereitschaft, sie im Fall des Interessenkonflikts zu Gunsten seines Geschäftsherrn zu opfern. Die Neutralität kann daher umgekehrt mit viel stärkerem Gewicht für die Begründung einer Vertrauenshaftung eingesetzt werden[334].

c) Würdigung der Kritik an der Übertragung der Prospekthaftung

aa) Unvereinbarer Werbecharakter

Zunächst wird die mangelnde Gleichsetzbarkeit von Testat und Prospekt angegriffen[335]. Der Prospekt sei durch Werbecharakter geprägt, der mit dem Neutralitätsanspruch des Wirtschaftsprüfers unvereinbar ist. Dieser wolle durch einseitige Werbung zu Gunsten des Mandanten nicht die an ihn gestellte Neutralitätserwartung entwerten.

Diese Aussage geht fehl. Werbung mit dem Testat eines Wirtschaftsprüfers ist alleine durch den Mandanten bezweckt, nicht auch durch den Wirtschaftsprüfer. Er erstellt das Testat nur in Erfüllung des Auftrags seines Mandanten, nicht aber um eigene Werbeaussagen zu treffen. Ein Testat enthält lediglich andere Aussagen über das Anlagemodell als explizite Werbung dafür. Zudem erfolgt die Werbung gerade mit der Neutralität des Wirtschaftsprüferberufs. Diese ist neben der Sachkunde das entscheidende Moment, weshalb der Anlagemodellbetreiber einen Wirtschaftsprüfer heranzieht. Deshalb kann man nicht sagen, Werbung schalte die Neutralität aus.

bb) Gedanke des Anlegerschutzes

Als weiterer Kritikpunkt wird angeführt[336], daß es mit dem hinter der Prospekthaftung stehenden rechtspolitischen Gedanken des Anlegerschutzes nicht vereinbar sei, diese Rechtsfigur auf die Haftung für andere Expertisen und Testate als Prospekte zu übertragen. Es handle sich um einen nicht verallgemeinerungsfähigen Sonderfall.

Jedoch bezweckt auch die Haftung der Wirtschaftsprüfer für ihre Testattätigkeit Schutz von Kapitalanlegern. Der rechtspolitische Gedanke ist somit derselbe und steht einer Übertragung nicht im Wege. Es ist nicht einsichtig, weshalb ein Wirtschaftsprüfer gegenüber Anlegern, die sich in der gleichen schutzwürdigen Position befinden, nicht haften soll, nur weil er Aussagen in einem Testat und nicht in einem Prospekt traf.

Zuzugeben ist die Berechtigung der Kritik bei der Expertenhaftung für Expertisen, die nichts mit Anlegerschutz zu tun haben, sondern Käufer, Banken, Kredit- oder Sicherungsgeber si-

---

[333] *Canaris*, ZHR 163 (1999), 206, 226.
[334] Wie oben (Seite 51 ff.) gesehen ist die Neutralität eine der wichtigsten Stützen des Vertrauens.
[335] *Philippsen*, Zur Dritthaftung des privat beauftragten Gutachters für fahrlässig verursachte Vermögensschäden, 1998, S. 230.
[336] *Philippsen*, Zur Dritthaftung des privat beauftragten Gutachters für fahrlässig verursachte Vermögensschäden, 1998, S. 231.

chern. Darauf ist die Prospekthaftung tatsächlich unübertragbar. Aber dafür ist eine Übertragung nicht nötig. Wie gezeigt[337], genügt in diesen Fällen die Übertragung der Grundsätze der Sachwalterhaftung ohne Kombination mit den Spezifika der Prospekthaftung, weil diese Konstellationen den typischen Sachwalterfällen mit Gutachtenerstattung für nur ein Geschäft für einen oder wenige Dritte entsprechen.

Auch in Fällen, in denen der Anleger wirtschaftlich überlegen bzw. zumindest gleichgeordnet ist, begründet der Anlegerschutzgedanke keine Übertragung. Doch ist aus einer Sonderkonstellation nicht zu schließen, ein Anspruch sei grundsätzlich auch bei Unterlegenheit der Anleger unbegründet. Vielmehr sollte dieser Aspekt im Rahmen einer auf Vertrauen gründenden Anspruchsgrundlage flexibler gehandhabt und nur überlegenen Anlegern ein Anspruch versagt werden. Wie dies geschehen kann, wird im zweiten Teil unter dem Punkt „Schutzwürdigkeit des Vertrauens“ dargestellt[338].

6. Vorteile der c.i.c.-Dritthaftung

Zusätzlich zur nicht überzeugenden Kritik überwiegen die Vorteile der Ausdehnung der c.i.c.-Dritthaftung auf die Haftung der Wirtschaftsprüfer gegenüber Kapitalanlegern.

a) Originäre Anspruchsgrundlage

Die c.i.c.-Haftung bewährt sich vor allem gegenüber einer Haftung aus Vertrag mit Schutzwirkung für Dritte. Dessen Problem ist das Durchschlagen der Einwendungen des Wirtschaftsprüfers gegen den Mandanten analog § 334 BGB auch gegenüber dem Dritten. Dies vermeidet die c.i.c., weil sie eine eigenständige, vom Hauptvertrag unabhängige, originäre Anspruchsgrundlage ist[339]. Zwischen Wirtschaftsprüfer und Anleger besteht eine unmittelbare Sonderbeziehung[340], ein gesetzliches Schuldverhältnis ohne primäre Leistungspflicht[341], das einen direkten Zugriff des Geschädigten auf den Schädiger zuläßt und das in keiner Weise aus der Rechtsposition des Mandanten abgeleitet ist[342]. Die Einwendungen des Wirtschaftsprüfers gegenüber seinem Vertragspartner sind somit als Einwendungen ex iure tertii wegen der relativen Wirkung von Schuldverhältnissen auf das entsprechende Vertragsverhältnis begrenzt.

Das Nichtdurchgreifen von Einwendungen und Einreden entspricht zwar im Ergebnis der Rechtsprechung zum Vertrag mit Schutzwirkung für Dritte. Doch muß bei der c.i.c. nicht erst mit konkludenter Abbedingung des § 334 BGB korrigiert werden. Das von der Recht-

---

337 Vgl. oben Seite 48.
338 Vgl. unten Seite 75 ff.
339 *Canaris*, ZHR 163 (1999), 206, 229; *Neuner*, JZ 1999, 126, 135; *Philippsen*, Zur Dritthaftung des privat beauftragten Gutachters für fahrlässig verursachte Vermögensschäden, 1998, S. 186; *Ebke/Gehringer* WPK-Mitt. 2001, 83, 84.
340 *Neuner*, JZ 1999, 126, 135.
341 *Canaris*, JZ 1998, 603, 605.
342 *Köndgen*, Selbstbindung ohne Vertrag, 1981, S. 365; *Nißl*, Die Haftung des Experten für Vermögensschäden Dritter – bedingt durch unrichtige Gutachten – im deutschen, englischen und amerikanischen Recht, 1971, S. 119.

sprechung gewünschte und interessengerechte Resultat ergibt sich zwangsläufig und ohne konstruktive Schwierigkeiten aus der Eigenständigkeit des Anspruchs.

b) Fiktionslosigkeit

Der Vorzug zeigt sich zweitens in den Fällen, in denen der Schutz des Dritten über den Vertrag mit Schutzwirkung für Dritte bzw. den konkludenten Auskunftsvertrag versagt. Hier kann durch einen Rückgriff auf die c.i.c. das Vertragsrecht von den vielfach herangezogenen Fiktionen befreit werden, da die c.i.c. eine vom Willen des Wirtschaftsprüfers losgelöste Anspruchsgrundlage ist.

c) Ansatzpunkt im Verhältnis Wirtschaftsprüfer – Anleger

Zudem ist der Anknüpfungspunkt für die Haftung des Experten, seine besondere Sachkunde und das damit einhergehende Vertrauen der Anleger in ihn, der Richtige. Es wird damit im Rahmen der c.i.c. richtigerweise auf die Sicht des Geschädigten abgestellt, auf sein Verhältnis zum Wirtschaftsprüfer. Aus dem Verhältnis des geschädigten Anlegers zu seinem Vertragspartner, dem Mandanten des Wirtschaftsprüfers, kann sich die Schutzwürdigkeit des Anlegers kaum sinnvoll ergeben[343]. Gerade auf dieses aber heben die anderen Ansichten bei der Haftungsbegründung ab.

Wird das dem Wirtschaftsprüfer entgegengebrachte Vertrauen durch ihn verletzt, weil er ein Testat fehlerhaft erstellt, ist eine direkte Haftung des Wirtschaftsprüfers dem Geschädigten gegenüber eher angezeigt, als die Ableitung des Anspruchs aus einem Vertrag zwischen anderen Parteien.

Die Richtigkeit dieses Ergebnisses zeigt sich vor allem in den Fällen gegensätzlicher Interessen. Bei einem Anspruch aus c.i.c. muß nicht mit der Einbeziehung eines Gegners des Mandanten in den Schutzbereich des Vertrags mit dem Wirtschaftsprüfer ein geradezu paradoxes[344] Ergebnis konstruiert werden, das der eigentlichen Interessenlage des Auftraggebers widerspricht. Der Anleger hat einen Anspruch gegen den Wirtschaftsprüfer deshalb, weil dieser ihm gegenüber entgegengebrachtes Vertrauen verletzte, das unabhängig von der Gegensätzlichkeit der Interessen der Parteien des Kapitalanlagegeschäfts in seinem Verhältnis zum Wirtschaftsprüfer besteht.

Der Ableitung der Haftung aus dem Verhältnis des Anlegers zum Mandanten bedarf es nicht, wenn sämtliche für die Haftung ausschlaggebende Anknüpfungspunkte, ihren Ursprung im Verhältnis des Wirtschaftsprüfers zum Anleger haben.

d) Gesetzliche Haftung nach Vertragsrecht

Bei der c.i.c.-Haftung handelt es sich um eine gesetzliche Haftung nach Vertragsrecht, eine

---

[343] *Schneider*, ZHR 163 (1999), 246, 254.
[344] *Canaris*, JZ 1995, 441, 445.

Anspruchsgrundlage zwar in der Nähe des Vertragsrechts, aber im Gesetz verankert[345]. Aus dieser Tatsache resultiert der entscheidende Vorteil, daß auch außerhalb des Vertragsrechts alle Vorzüge der vertraglichen Haftung gegenüber der deliktischen beim Dritt- und Vermögensschutz kombiniert sind. Damit wird der von der c.i.c. verfolgte Zweck erreicht, der in der Schließung von Haftungslücken und der Vermeidung der Schwächen des außerhalb vertraglicher Sonderbeziehungen geltenden Deliktsrechts liegt[346]. Somit ist der Zweck der c.i.c. geeignetes Argument für ihre Anwendung auf die Dritthaftung. Denn auch beim Anlegerschutz geht es darum, Haftungslücken und die Schwächen des Deliktsrechts zu vermeiden.

Zudem folgt aus der Kollektivierung des Vertrauens[347] ein weiterer Grund für die Bevorzugung der c.i.c. Wegen eines kollektivierten Haftungstatbestands müssen auch die die Haftung begründenden Institute kollektiviert werden. Das heißt, der Vertrag, sei es als Individualauskunftsvertrag oder als Vertrag mit Schutzwirkung für Dritte, als zutiefst individuelle Gestaltungsform des privatautonomen Schuldrechts, hat in den Hintergrund zu treten und der Vertrauenshaftung aus c.i.c., die auf das Vertrauen der Allgemeinheit aufbaut, zu weichen.

e) Methodenehrlichkeit

Die Anspruchsbegründung auf diesem Wege geht schonend mit bereits bestehenden Haftungsinstituten um. Sie ist ohne größere Neuerungen in der Auslegung oder Änderungen gefestigter Rechtsprechung möglich. Es müssen lediglich schon bisher anerkannte Rechtsinstitute und ihre Voraussetzungen auf neue Fälle angewandt werden. Erreicht eine Anspruchsgrundlage die gewünschten und weithin als gerecht empfundenen Ergebnisse auf einfachere Weise, ist sie – was in der Wissenschaftsphilosophie unbestritten ist – vorzuziehen, nicht zuletzt, weil sie aufgrund ihrer Einfachheit und Leichtigkeit im Erreichen der Ziele größere Leistungsfähigkeit besitzt[348]. Der Rückgriff auf auf Fiktionen beruhende andere Anspruchsgrundlagen ist unnötig, da ein anderes anerkanntes Rechtsinstitut zur Lösung taugt. Es bedarf dann keiner blutleeren Fiktion[349] eines Vertrags, wenn zwar der Schutz des Vertrauenden gewollt, aber eine rechtsgeschäftliche Bindung erkennbar nicht beabsichtigt ist. Solch fiktive Anspruchsgrundlagen können allenfalls als Hilfs- oder Scheinbegründungen[350] eingestuft werden, derer man sich nicht bedienen muß, da mit der c.i.c. eine vom Willen des Haftenden losgelöste Haftung zur Verfügung steht. Letztlich handelt es sich bei den auf Fiktionen aufbauenden und nicht mit rechtsgeschäftlichen Grundsätzen übereinstimmenden vertraglichen Ansätzen ebenso um nichts anderes als eine Vertrauenshaftung, obwohl diese von den Vertretern dieser Lösungen heftig angegriffen wird[351].

---

[345] Schon vor der Normierung sah *Horn*, JuS 1995, 377, 387, die c.i.c. als nach ihren tatbestandlichen Grundlagen unstreitig gesetzlich an. Die Vertragsähnlichkeit der c.i.c. ergibt sich nun aus der amtlichen Überschrift, die der Gesetzgeber dem § 311 BGB voranstellte.

[346] *von Bar*, JuS 1982, 637, 639 f.; Erman/*Battes*, § 276 BGB Rn 110; MüKo/*Emmerich*, Vor § 275 BGB Rn 72.

[347] Vgl. oben Seite 45 ff.

[348] *Canaris*, JZ 1998, 603, 605.

[349] *Lorenz*, FS für Larenz, 1973, S. 575, 618.

[350] *Wiedemann/Schmitz*, ZGR 1980, 129, 134. Ähnlich *Hopt*, NJW 1987, 1745, 1746, der von einer eher vordergründigen Hilfskonstruktion spricht.

[351] *Philippsen*, Zur Dritthaftung des privat beauftragten Gutachters für fahrlässig verursachte Vermögensschäden, 1998, S. 213 ff.

Betrachtet man die Kriterien, die der c.i.c. zugrunde liegen, erkennt man, daß sie dieselben sind, die auch andere Lösungsansätze verwenden. Auch hier kommt es auf die besondere Sachkunde, Seriosität und Professionalität des Experten, auf das damit einhergehende Vertrauen und darauf an, daß sich ein anderer erkennbar auf die Sachkunde verläßt, wenn er eine sein Vermögen betreffende Entscheidung trifft. Insoweit fügt sich die c.i.c. bruchlos ins bisherige System der Expertendritthaftung ein. Man kann regelrecht von der Austauschbarkeit der Haftungskriterien sprechen[352].

Tauchen aber immer wieder dieselben Begründungselemente auf, sollten sie letztlich im Kleid der Anspruchsgrundlage verwendet werden, die die Begründungselemente am besten umsetzen kann. Das ist, wie gezeigt, die c.i.c., die mit dem Vertrauen das maßgebliche Wertungskriterium unmittelbar in die richtige dogmatische Kategorie umsetzt[353]. Sie hat gegenüber dem Auskunftsvertrag bzw. dem Vertrag mit Schutzwirkung für Dritte den entscheidenden Vorteil, daß bei ihr die der Natur nach objektiven Kriterien als objektive Haftungsgesichtspunkte im Rahmen der Tatbestandsvoraussetzungen verwendet werden können und nicht, trotz ihrer objektiven Natur, zur Begründung des subjektiven Parteiwillens dienen.

Es ist damit eine Begrenzung des Vertrags mit Schutzwirkung für Dritte, des Auskunftsvertrags und der Deliktsnomen der § 826 und § 823 Abs. 2 BGB auf die eindeutig ihrem Anwendungsbereich unterfallenden Fälle möglich, ohne eine Lücke im Drittschutz der Kapitalanleger befürchten zu müssen. Es ist nicht zu bestreiten, daß alleiniger Ausschlag der teils waghalsigen Konstruktionen bei der Suche nach einer Anspruchsgrundlage nur dieser Beweggrund ist.

II. Ergebnis

Man kann somit festhalten, daß die Haftung der Wirtschaftsprüfer gegenüber Kapitalanlegern für fehlerhafte Testate und die Expertenhaftung gegenüber Dritten generell eine neue Spielart der Dritthaftung nach Grundsätzen der c.i.c. ist. Sie ist als dritte konkretisierende Fallgruppe des § 311 Abs. 3 BGB neben der bisher bestehenden Sachwalter- bzw. Vertretereigenhaftung und (Garanten-)Prospekthaftung gewisser vermögenssorgender Berufe gegenüber Kapitalanlegern anzuerkennen.

Die Testathaftung wird dabei am besten als Kombination aus den Grundelementen der Sachwalterhaftung mit den Spezifika der Prospekthaftung konstruiert, um im Gegensatz zur Sachwalterhaftung auch die generelle Geltung gegenüber einer Vielzahl von Anlegern für eine Vielzahl von anfangs nicht feststehenden Anlagegeschäften erklären zu können und auf der anderen Seite einen klarer konturierten Vertrauenstatbestand zu haben als bei alleiniger Anwendung der Prospekthaftungsgrundsätze.

---

352 *Damm*, JZ 1991, 373, 376; *Adolff*, Die zivilrechtliche Verantwortlichkeit deutscher Anwälte bei der Abgabe von Third Party Legal Opinions, 1997, S. 111; *Bosch*, ZHR 163 (1999), 274, 276; *Schneider*, ZHR 163 (1999), 246, 254.

353 *Canaris*, JZ 1998, 603, 605.

Die übrige Expertenhaftung für Gutachten und Expertisen in den bisher schon diskutierten, typischen Fallkonstellationen von Einzelverträgen – die im Rahmen dieser Arbeit nur der Vollständigkeit halber am Rande mitbehandelt wurden – dagegen läßt sich bereits mit einer alleinigen Anwendung der Grundsätze über die Sachwalterhaftung angemessen begründen. Sollte deren Expertise über ein einzelnes Geschäft und über einen begrenzten und feststehenden Personenkreis hinausreichen, ist für die generelle Expertenhaftung an die zur Wirtschaftsprüferhaftung entwickelten Grundsätze anzuknüpfen.

3. Kapitel: Stellungnahme

Hat man als oberstes Ziel der Suche nach der geeigneten Anspruchsgrundlage vor Augen, eine möglichst umfassende, für alle Fälle der Dritthaftung, vorsätzlich wie fahrlässig, passende Anspruchsgrundlage zu erhalten, sind die meisten der eingeschlagenen Lösungswege nicht gangbar. Sie unterliegen erheblichen Bedenken bezüglich Stringenz und Methodenehrlichkeit[354], was hinreichend gezeigt wurde.

Somit bleibt letztlich nur der vom Willen des Haftenden unabhängige Weg der Vertrauenshaftung aus c.i.c. Denn scheidet der rechtsgeschäftliche Wille der Beteiligten als Grundlage der Haftung aus, kann nur das objektive Recht, allerdings weder das Deliktsrecht noch sonstige gesetzliche Regelungen[355], eine Lösung bieten.

Durch Anknüpfung an die Sachkunde des Experten wird in haftungsrechtlicher Sicht ein Sonderprivatrecht für Fachleute[356] geschaffen. Diese Entwicklung ist als Spiegelbild der Schaffung immer neuen Sonderrechts für Verbraucher bzw. andere im Rechtsverkehr als unterlegen angesehene Personen[357], zu deren Gunsten immer weiter von allgemeinen Regelungen des BGB abgewichen wird[358], nur konsequent. Diese Tendenz ist in Rechtsprechung und Literatur seit langem zu beobachten, z.B. in der Schaffung besonderer Sorgfaltspflichten im Rahmen des § 276 Abs. 2 BGB[359] für die Ausfüllung der Fahrlässigkeit für Personengruppen mit besonderer Sachkunde[360], darüber hinaus in der Konstruktion besonderer Beratungs- und Aufklärungspflichten[361], letztlich in der Produzentenhaftung und ihren Eigenheiten gegenüber der normalen deliktischen Haftung[362]. Auch der Gesetzgeber legte strengere Maßstäbe an bestimmte Personengruppen, an die besondere Erwartungen gestellt werden. Zu denken ist an das im HGB geregelte Sonderrecht für Kaufleute mit seinen Abweichungen vom Zivilrecht des BGB. Die Vertrauenshaftung des Experten ist ein weiterer Baustein dieser Entwicklung.

Sie sollte von den Angehörigen der Berufsgruppen begrüßt werden, schließlich ist die Bereitschaft zur Haftung für die Richtigkeit des Expertenhandelns ein wesentliches Element dafür, weiter am Markt ernst genommen zu werden und weiter erfolgreich Dienste anzubieten.

---

[354] *Jost*, Vertragslose Auskunfts- und Beratungshaftung, 1991, S. 236.
[355] Vgl. oben Seite 7 ff.
[356] *Grunewald*, JZ 1982, 627, 630; *Damm*, JZ 1991, 373, 385.
[357] Zu denken ist an die Entwicklung eines Sonderprivatrechts für Arbeitnehmer, zu dem sich das deutsche Arbeitsrecht immer mehr auswächst (*Zöllner*, AcP 188 (1988), 85, 91), aber auch an das vom Sozial- und Schwächerenschutz geprägte Mietrecht.
[358] Vgl. z.B. die Schaffung des VerbrKrG und des HaustürWG, die nun ins BGB eingegliedert sind und durch die zu Gunsten von Verbrauchern vom allgemeinen Prinzip der Privatautonomie abgewichen wurde durch Schaffung zwingender Formvorschriften (§ 492 BGB, der alte § 4 VerbrKrG) und Widerrufsrechte (§§ 361a, 312 BGB (= § 1 HaustürWG a.F.) bzw. § 495 BGB (= § 7 VerbrKrG). Letztlich gilt dies auch für die §§ 305 ff. BGB (=AGBG a.F.), die dem Schutz des Schwächeren dienen (Palandt/*Heinrichs*, Einf v § 1 AGBG Rn 5).
[359] Entspricht dem alten § 276 Abs. 1 Satz 2 BGB.
[360] *Schiemann*, FS für Gernhuber, 1993, S. 387; Erman/*Battes*, § 276 BGB Rn 23; Palandt/*Heinrichs*, § 276 BGB Rn 22 ff.
[361] *Grunewald*, JZ 1982, 627, 630; *Poll*, WPK-Mitt. 2000, 142, 143.
[362] *Hopt*, AcP 183 (1983), 608, 709.

Nur durch hohe Qualitäts- und Sorgfaltsanforderungen bleibt das immer noch sehr große Vertrauen und Ansehen der Experten erhalten[363].

Entscheidend für die Rechtswirklichkeit ist jedoch, ob die Rechtsprechung bereit ist, diese Ansicht zu teilen. Ansonsten droht die c.i.c.-Haftung, wie viele andere Ansätze, ein weiterer Mosaikstein in der Diskussion um die Dritthaftung zu werden, der sich letztlich nicht durchzusetzen vermag.

Erster wichtiger Schritt ist die Anerkennung der Vertrauenshaftung in der obergerichtlichen Rechtsprechung.

Schon in einer Entscheidung vom 5. Dezember 1972[364] zog der Bundesgerichtshof, soweit ersichtlich erstmals, die Vertrauenshaftung als eigenständige Anspruchsgrundlage in Erwägung, als er von einer Haftungsbegründung aus der bewußten Inanspruchnahme des dem Bescheinigenden in der Öffentlichkeit zukommenden Vertrauens sprach, des Vertrauens, das der Verkehr einem Wirtschaftsprüfer als Angehörigem des qualifiziertesten buchsachverständigen Berufs entgegenbringt. Dieser Lösungsansatz wurde jedoch im zu beurteilenden Fall mangels Entscheidungserheblichkeit nicht weiter verfolgt. Er wurde aber auch nicht als untauglich abgetan, sondern ausdrücklich offen gelassen, ohne abschließend Stellung zu nehmen. Man könnte sogar sagen, das Gericht war diesem Lösungsansatz am ehesten zugeneigt[365]. Von einer Anerkennung schon damals kann man aber noch nicht sprechen.

In seinem Urteil vom 7. Juli 1998[366], in dem es um die Haftung einer Sparkasse für die Ausstellung einer unrichtigen Finanzierungsbestätigung ging, begründete der Bundesgerichtshof die Haftung der beklagten Sparkasse gegenüber einem Nichtkunden ausdrücklich mit der Rechtsfigur der Vertrauenshaftung[367]. Dieses Urteil wird als Bestätigung der Existenz der Vertrauenshaftung in der Rechtsprechung angesehen[368]. Denn der Bundesgerichtshof zieht in den Gründen der Entscheidung als maßgebliches Präjudiz seine Entscheidung vom 9. Juli 1984[369] heran, in der er die Entscheidung vom 19. Dezember 1977[370] bestätigte, die erstmals[371] die Vertrauenshaftung als eigenständige Anspruchsgrundlage anerkannte.

Ein zweiter wichtiger Schritt neben der Anerkennung einer Vertrauenshaftung ist die Entscheidung des Bundesgerichtshofs vom 11. Juli 1988[372], die allerdings zur Rechtsanwaltshaftung erging. Dort erwog das Gericht eine Übertragung der Sachwaltergrundsätze auf die Informationsdritthaftung eines Rechtsanwalts. Es lehnte sie im konkreten Fall zwar ab, weil ein Rechtsanwalt nicht ohne weiteres kraft Berufsstellung eine besondere Vertrauensperson auch für Dritte sei. In einem obiter dictum stellte es jedoch die Voraussetzungen für eine vorvertragliche Dritthaftung von Rechtsanwälten klar. Es müßten besondere Umstände gege-

[363] *Lang*, WM 1988, 1001, 1006; *ders.*, WPg 1989, 57, 62; *Poll*, WPK-Mitt. 2000, 142, 145.
[364] BGH NJW 1973, 321, 323.
[365] *Jost*, Vertragslose Auskunfts- und Beratungshaftung, 1991, S. 72 Fn 105.
[366] BGH ZIP 1998, 1434 ff.
[367] BGH ZIP 1998, 1434, 1435.
[368] *Canaris*, FS für Schimansky, 1999, S. 43 ff.
[369] BGH WM 1984, 1017, 1018.
[370] BGHZ 70, 337, 343.
[371] *Fischer*, ZVglRWiss 83 (1984), 1, 6 Fn 28
[372] BGH NJW 1989, 293, 294.

ben sein, die nahelegten, der Anwalt wolle in seiner Person besondere Gewähr für die Richtigkeit der Angaben übernehmen. Dies fügt sich in die hier gefundenen Ergebnisse ein. Die haftungsbegründende Vertrauensstellung ergibt sich für Rechtsanwälte nur dann aus dem Beruf, wenn weitere Umstände hinzutreten, die den Rechtsanwalt aus seiner interessengebundenen Stellung als Parteivertreter heraustreten lassen. Ihm fehlt regelmäßig, anders als einem Wirtschaftsprüfer bei dem die Berufsstellung ausreichende Vertrauensgrundlage ist, gerade die neutrale Stellung[373]. Damit ist diese Entscheidung Anhaltspunkt, daß der Bundesgerichtshof eine Haftung analog den Dritthaftungsgrundsätzen aus c.i.c. zuzulassen bereit ist, wenn in der Person des Haftenden die dafür nötigen Voraussetzungen vorliegen.

Bestätigen läßt sich diese Tendenz zu den Sachwaltergrundsätzen mit einer Entscheidung vom 17. Mai 1990[374]. Der Bundesgerichtshof untersuchte darin, ebenfalls für Rechtsanwälte, eine Anspruchsbegründung mittels c.i.c.-Dritthaftung.

In seiner Entscheidung vom 3. April 1990[375] bejahte der Bundesgerichtshof eine Haftung aus c.i.c. eines Unternehmensberaters, der als Sanierer eines Unternehmes tätig war, unter Vertrauensgesichtspunkten[376].

Aber auch in einer jüngeren Entscheidung zeigt der Bundesgerichtshof seine Nähe zur Sachwalterjudikatur bei der Begründung von Drittansprüchen. So schreibt er in seinem Urteil vom 13. November 1997[377], in dem es um die Haftung eines Sachverständigen für ein Wertgutachten geht: Es nimmt auch der öffentlich bestellte und vereidigte Sachverständige ein besonderes Vertrauen dessen in Anspruch, dem das von ihm gefertigte Gutachten erkennbar vorgelegt werden soll[378]. Und gleich ein zweites Mal hebt er auf das besondere Vertrauen, das dem Gutachten im Geschäftsverkehr beigemessen wird ab[379]. Zudem verweist der Senat auf die Verwandtschaft dieses Vertrauens gegenüber dem Sachverständigen mit dem Vertrauen, das man einem Sachwalter, Vertreter oder Verhandlungsgehilfen der künftigen Vertragspartei entgegenbringt. Damit hätte er eigentlich nur die richtige Schlußfolgerung ziehen und den Anspruch statt auf einen Vertrag mit Schutzwirkung für Dritte auf die c.i.c. stützen müssen.

In der mittlerweile jüngsten Entscheidung zur Haftung eines Wirtschaftsprüfers vom 26. September 2000[380] befürwortete der Bundesgerichtshof erstmals für den Bereich der Testathaftung eines Wirtschaftsprüfers eine Lösung über c.i.c. wegen des besonderen in Anspruch genommenen Vertrauens. Mit dieser Entscheidung hob er nicht mehr nur das Vertrauen als Argumentationstopos hervor, sondern zog daraus die richtige dogmatische Konsequenz. Er erachtete einen Drittanspruch gegen den Wirtschaftsprüfer aus c.i.c. für zulässig und zeigte ihn nicht mehr als bloß möglich, aber mangels Voraussetzungen nicht einschlägig auf.

---

[373] Der Rechtsanwalt ist typisches Beispiel des treuhänderisch gebundenen Berufs (Vgl. oben Seite 43).
[374] BGH NJW 1991, 32, 33.
[375] BGH NJW 1990, 1907 ff.
[376] Daraus versuchte die Literatur zu folgern, daß dies erst recht für den Beruf des Wirtschaftsprüfers gelten müsse, da diese Profession aufgrund ihres hohen Berufsstandards weitaus höheres Vertrauen in Anspruch nähme (*Timm*, WPK-Mitt., Sonderheft September 1991, 3, 14).
[377] BGH JZ 1998, 624, 625.
[378] BGH JZ 1998, 624, 625.
[379] BGH JZ 1998, 624, 625.
[380] BGH NJW 2001, 360 ff.

Beachtet man noch, daß der Bundesgerichtshof in ständiger Rechtsprechung die c.i.c. als Anspruchsgrundlage für Anleger gegenüber Wirtschaftsprüfern im Rahmen der Prospekthaftung heranzieht, scheint es als ob das Gericht die Vorzüge der c.i.c.-Vertrauenshaftung mittlerweile im gesamten Bereich der Dritthaftung anzuerkennen bereit ist.

Canaris jedenfalls sieht diese Tendenz der Rechtsprechung schon in den beiden Entscheidungen aus den Jahren 1997 und 1998 und feiert sie als einen höchst erfreulichen Schritt in die richtige Richtung[381]. Battes kommentiert bereits, daß eine Tendenz ersichtlich zu sein scheint, die Fälle der Dritthaftung von Sachverständigen über die Vertrauenshaftung aus c.i.c. abzuwickeln[382]. Die Entscheidung vom September 2000 bestätigt diese Ansicht. Es bleibt zu hoffen, daß es dadurch wahrscheinlicher wurde, daß der Bundesgerichtshof diesen Schritt weiter ging und die c.i.c. zum neuen Weg in Dritthaftungsfällen von Experten machen könnte.

Jedoch bleibt abzuwarten, ob tatsächlich eine Abkehr von der bisherigen Rechtsprechung zum Vertrag mit Schutzwirkung für Dritte und die Entwicklung einer eigenständigen Sachverständigenhaftung für Auskunft, Gutachten und Testate vorliegt[383]. Daß dies nicht gänzlich unwahrscheinlich ist, zeigt die Tatsache, daß der Bundesgerichtshof bei Fragen der Dritthaftung von Experten schon einmal bereit war, seine Position zu verändern, als er sich in der Entscheidung vom 2. November 1983[384] der Kritik der Literatur folgend von der bis dahin lange Zeit bevorzugten Lösung über den (konkludenten) Auskuftsvertrag abwandte.

Der Bundesgerichtshof diskutierte allerdings in einer die Haftung eines Wirtschaftsprüfers wegen eines Testats im Rahmen von Sonderprüfungen gem. §§ 44, 44b KWG betreffenden Entscheidung vom 26. Juni 2001[385] die Haftung erneut unter dem Gesichtspunkt des Vertrages mit Schutzwirkung für Dritte, ohne mit einem Wort auf die auf c.i.c. abstellende Entscheidung aus 2000[386] einzugehen[387]. Daraus könnte man schließen, das Gericht sei weiterhin gewillt, seine alte Rechtsprechungslinie zu fahren. Wahrscheinlicher ist aber, daß der Senat sich nur deshalb nicht damit auseinandersetzte, weil der zu entscheidende Fall ganz und gar nicht mit den bisherigen übereinstimmt, in denen jemand ein Testat oder Gutachten zum Gegenstand einer Vermögensdisposition machte[388]. Das Testat hier diente alleine als Grundlage für ein weiteres behördliches Vorgehen des Bundesaufsichtsamts für das Kreditwesen[389]. Insoweit hatte der Bundesgerichtshof keine Veranlassung, sich mit der vom Oberlandesgericht in der Berufungsinstanz vorgetragenen Lösung über den Vertrag mit Schutzwirkung abweichenden neueren Rechtsprechung auseinanderzusetzen. Dennoch wäre wünschenswert gewesen, daß sich ein und derselbe Senat auch in diesen Fällen der Expertenhaftung eines Rückgriffs auf die c.i.c besonnen hätte. Damit wäre kein anderes Ergebnis erzielt worden, da das Testat im Rahmen der erfolgten Sonderprüfungen nach §§ 44, 44b KWG nur

---

[381] *Canaris*,ZHR 163 (1999), 206, 228; *ders.*, FS für Schimansky, 1999, S. 43, 48 spricht von einem Meilenstein.
[382] Erman/*Battes*, § 276 BGB Rn 115b.
[383] *Ebke/Gehringer*, WPK-Mitt. 2001, 83, 85.
[384] BGH NJW 1984, 355.
[385] BGH WPK-Mitt. 2001, 245 ff.
[386] BGH NJW 2001, 360 ff.
[387] Beide Entscheidungen sind vom 10. Senat getroffen.
[388] Von einem Versehen und Übersehen der früheren anderweitigen Rechtsprechung kann man um so weniger ausgehen, als derselbe 10. Senat in beiden Fällen die Entscheidung traf.
[389] BGH WPK-Mitt. 2001, 245, 247.

für das Bundesaufsichtsamt zur Vorbereitung seiner Entscheidung und nicht zur Vorlage gegenüber Dritten bestimmt war. Ein Dritter hätte sich auf ein solches Testat nicht verlassen dürfen. Zu dieser Einschränkung durch das Erfordernis der Adressierung des Testats an Dritte wird im zweiten Kapitel genauer Stellung bezogen[390].

Die alleinige Lösung der Dritthaftung von Experten mittels c.i.c.-Vertrauenshaftung wäre eine wünschenswerte Entwicklung. Der Bundesgerichtshof sollte sich den bereits geschilderten Vorzügen dieser Haftung nicht verschließen und nach jahrelanger Diskussion der richtigen Anspruchsbegründung bereit sein, seine fiktionsbeladenen Begründungen aufzugeben und sich der c.i.c. als angemessenerem, fiktionslosen Lösungsweg zuzuwenden. Das bedürfte wegen der gezeigten[391] Austauschbarkeit der die Haftung begründenden Kriterien keines großartigen Umdenkens, das es aus praktischer Sicht nahelegen könnte, die bisherige Lösung beizubehalten. Bequemlichkeitserwägungen und der immerwährende Rückgriff auf bereits vormals verwendete Begründungsstränge sollten nicht davon abhalten, der dogmatisch richtigeren Lösung zum Durchbruch zu verhelfen.

Der Bundesgerichtshof kann auf eine 1972[392] erwogene, 1988[393] und 1998[394] fortgesetzte eigene Rechtsprechung und auf sein jüngstes Urteil vom 26. September 2000[395] zurückgreifen und unter deren Zitat eine neue Rechtsprechungslinie beginnen.

---

[390] Der Bundesgerichtshof hätte in WPK-Mitt. 2001, 245, 247 die geeignete Möglichkeit gehabt, sich mit der Richtungsbedürftigkeit eines Testats auseinanderzusetzen und anhand dieses Kriteriums eine Wirtschaftsprüferhaftung gegenüber Dritten zu verneinen, da das Testat nicht an Dritte adressiert war. Diese Gelegenheit ließ er ungenutzt.
[391] Vgl. oben Seite 35.
[392] BGH NJW 1973, 321 ff.
[393] BGH NJW 1989, 293 ff.
[394] BGH ZIP 1998, 1434 ff.
[395] BGH NJW 2000, 360 ff.

2. Teil: Begrenzung der Haftung

1. Kapitel: Notwendigkeit einer begrenzten Dritthaftung

A. Notwendige Grenzen der Haftung

Über der Konzentration der Überlegungen auf die juristische Begründung der Dritthaftung darf man nicht vergessen, daß mit der Haftung neben ihrer ausgleichenden Wirkung auf Seiten des Geschädigten immer auch eine Belastung des Schädigers einhergeht.

Die Gefahr für Wirtschaftsprüfer, durch geschädigte Anleger wegen fehlerhafter Testate in Anspruch genommen zu werden, ist aufgrund einer immer mehr eine Haftung betonenden, zunehmend verbraucherschutzorientierten[396] Rechtsprechung und Literatur nicht gering einzuschätzen. In der größten Zahl der Fälle des Anlegerschutzes geht es um den Schutz von Kleinanlegern, um den sog. kleinen Mann, für dessen Interessen Rechtsprechung und Wissenschaft eine gesteigerte Sensibilität entwickelten. Verbraucherinteressen wurden in den letzten Jahren zu einem wichtigen Argumentationstopos.

Weiter haftungsverschärfend kommt eine Entmystifizierung bestimmter, bisher unantastbarer Berufsgruppen hinzu, zu denen neben Ärzten und Rechtsanwälten auch Wirtschaftsprüfer gehören. Heute schreckt die Zugehörigkeit zu einer Berufsgruppe niemanden mehr davon ab, einen Haftpflichtprozeß anzustrengen. Hand in Hand mit dem diesen Berufsgruppen entgegengebrachten Vertrauen geht eine gesteigerte Erwartung an die Richtigkeit der Berufsausübung. Dazu trug auch die zunehmende Aufklärung der Verbraucher über ihre Rechte bei und nicht zuletzt ein gesteigerter Prozeßführungswillen der Bevölkerung, bedingt durch die Verbreitung von Rechtsschutzversicherungen.

Die Inanspruchnahme bei Berufspflichtverletzungen beschleunigte wesentlich auch die Existenz einer Berufshaftpflichtversicherung der Wirtschaftsprüfer[397]. Oft werden sie von Anlegern als Versicherer gegen Verluste aus Geschäften mit den Betreibern der geprüften Kapitalanlagemodelle angesehen[398]. Es bildete sich, so könnte man sagen, eine Vollkaskomentalität und ein Anspruchsdenken heraus, Einstellungen, die immer dann nach einem Anspruch und Verpflichteten rufen, wenn ein Schaden eintrat[399].

Die haftungsfreudige Entwicklung ist der Grund, warum man den Berufsstand der Wirtschaftsprüfer als mit markanten Haftungsrisiken belasteten Berufsstand bezeichnet[400].

Diese ohnehin schon erdrückenden Risiken wachsen sich im Bereich der Dritthaftung zu bis-

---

[396] *Ebke*, Wirtschaftsprüfer und Dritthaftung, 1983, S. 369 a.E.

[397] *Ebke*, Wirtschaftsprüfer und Dritthaftung, 1983, S. 251. *Zöllner*, AcP 188 (1988), 85, 96, sieht darin ein abzulehnendes, aber dennoch zunehmendes Phänomen der deutschen Privatrechtsentwicklung.

[398] *Nann*, Wirtschaftsprüferhaftung – Geltendes Recht und Reformüberlegungen, 1985, S. 350.

[399] *Späth*, DStR 1996, 400. *Zöllner*, AcP 188 (1988), 85, 95, beklagt eine Entwicklung des Bürgerlichen Rechts, die darauf hinausläuft, jedem, der einen Schaden erleidet, dafür auch einen Gläubiger zu finden. So auch *Sturner*, VersR 1984, 297 ff.; *Schneider*, JZ 1987, 696, 698.

[400] *Brandner*, ZIP 1984, 1186.

her ungeahnten Größenordnungen aus, bis zu einer Bedrohung der beruflichen, aber auch der privaten wirtschaftlichen Existenz des Wirtschaftsprüfers. Von einer auch privaten Existenzbedrohung kann man sprechen, weil die Haftung nicht nur auf das Kanzleivermögen des Wirtschaftsprüfers beschränkt ist, sondern für Schadensersatzverbindlichkeiten das Privatvermögen mithaftet.

Die über das normale Maß hinausgehende Ausuferung der Dritthaftung hat ihren Grund in der Anzahl der möglicherweise durch ein einziges Testat Geschädigten. Diese beschränken sich nicht mehr nur auf den einen oder die kleine Gemeinschaft der das Testat in Auftrag gebenden Mandanten, sondern umfassen auch Nichtvertragspartner, deren Zahl je nach Zweck des Testats ins Unermeßliche geht. In der Natur von in Testaten enthaltenen Informationen liegt es nun einmal, daß sie beliebig oft weitergegeben werden können und dabei keiner Abnutzung unterliegen, obwohl auch Informationen veralten und dadurch an Wert und Richtigkeit verlieren[401]. Ebenso aber wie sich die Zahl der Schadensersatzgläubiger erhöht, erhöhen sich auch die Ersatzsummen, die im Vergleich zur Mandantenhaftung um ein Vielfaches erweitert werden.

Dieser haftungsmultiplizierenden Streuwirkung[402] sieht sich der Testierende ohne die Möglichkeit gegenüber, sich jedesmal von jedem Weitergabeempfänger für die Inanspruchnahme der im Testat verkörperten Leistung entlohnen zu lassen, um mit dem dadurch erhaltenen Geld Haftungsrisiken aufzufangen.

Unter Beachtung der wirtschaftlichen und existenziellen Wirkungen der Haftung sollte man jedoch nicht so weit gehen, sie gänzlich abzulehnen. Vielmehr sollte man versuchen, auf geeigneten Wegen eine Begrenzung der Dritthaftung herbeizuführen. Denn wirtschaftlich tragbar ist eine Haftung nur dann, wenn ihr Umfang kalkulierbar ist[403].

Solchermaßen Kriterien für eine Begrenzung der Haftung herauszuarbeiten, um die geforderte Kalkulierbarkeit zu erhalten, ist Sinn der weiteren Bemühungen.

Mit der Begrenzung beschäftigten sich die die Dritthaftung bearbeitenden Autoren, die eine Ausuferung der Haftung sehr wohl erkennen und beklagen, bisher kaum bis gar nicht. Erst in jüngerer Zeit finden sich vereinzelt, wenngleich nie umfassend, Ansätze, die sich diesem Problem widmen[404].

Will man wirtschaftliche Konsequenzen der Haftung nicht außer Acht lassen, kommt man an diesen Fragen nicht vorbei. Die sog. ökonomische Analyse des Rechts[405] lehrt, bei einer Entscheidung deren wirtschaftliche Folgen zu beachten. Eine verantwortungsbewußte Diskussion der Haftung der Wirtschaftsprüfer, insbesondere der Dritthaftung, darf die makro-juristi-

---

[401] *Jost*, Vertragslose Auskunfts- und Beratungshaftung, 1991, S. 219 f.
[402] *Adolff*, Die zivilrechtliche Verantwortlichkeit deutscher Anwälte bei der Abgabe von Third Party Legal Opinions, 1997, S. 167.
[403] MüKo/*Gottwald*, § 328 BGB Rn 117; Soergel/*Hadding*, § 328 BGB Anh. Rn 17; *Strauch*, JuS 1982, 823, 827, fordern als Grundlage eines jeden Haftungsrechts die Kalkulierbarkeit des Schadensrisikos.
[404] *Ebke*, JZ 1998, 991, 995 ff.; *Canaris*, ZHR 163 (1999), 206, 229 ff.; *Grunewald*, ZGR 1999, 583, 596 ff.; *Schneider*, ZHR 163 (1999), 246 ff.; *Möllers*, JZ 2001, 909, 913.
[405] Law-and-economics-Lehre: *Adams*, Ökonomische Analyse des Zivilprozesses, 75 ff.; *ders.*, Jura 1984, 337, 343.

schen und makro-ökonomischen Zusammenhänge und Folgen einer immer weitergehenden und ausufernden Haftung nicht aus den Augen verlieren[406]. Denn ein Zuviel an Haftung beeinträchtigt die Aktivität und Kreativität der Menschen und so den Fortschritt im Interesse der Menschheit[407]; eine übermäßige Haftung hat lähmende Wirkung[408].

Letztlich ist Anliegen der Begrenzung auch die Schaffung von Rechtssicherheit für die in Anspruch genommenen Wirtschaftsprüfer, die viel weiter haftbar gemacht werden können, als das im außervertraglichen Bereich auf das Deliktsrecht begrenzte Gesetz dies eigentlich vorsieht.

Bei dem aus Sicht der Wirtschaftsprüfer verständlichen Wunsch nach Begrenzung muß man sich aber immer auch von der Frage leiten lassen, wie die verständlichen Sicherungsinteressen des Wirtschaftsprüfers mit den ebenso verständlichen Interessen des Anlegers an einem Schadensausgleich in Einklang gebracht werden können. Das Ergebnis einer Haftung muß letztendlich gerecht sein, muß die Interessen aller Beteiligten angemessen berücksichtigen und darf niemanden auf Kosten des anderen benachteiligen. Wie eine uferlose Haftung als einseitig abzulehnen ist, träfe eine übermäßige Begrenzbarkeit derselbe Vorwurf der Einseitigkeit, diesmal mit umgekehrtem Vorzeichen zu Lasten des vorher übermäßig Begünstigten.

---

[406] *Ebke*, Wirtschaftsprüfer und Dritthaftung, 1983, S. 283; *ders.*, JZ 1990, 688, 689.

[407] *Hübner*, NJW 1989, 5, 11.

[408] *Picker*, FS für Medicus, 1999, S. 397, 447. Ähnlich *Koller*, WuB I G 4. – 1.01., der davon spricht, daß hohe Haftungsrisiken auch im Wege stehen können. Ebenso *Assmann*, FS für Lange, 1992, S. 345, 349, der die Gefahr des Erstickens des Informationsmarktes durch unüberschaubare Haftungsrisiken betont.

B. Versicherbarkeit / Pflichtversicherung

I. Ausgangspunkt

Der Notwendigkeit einer Haftungsbegrenzung könnte Folgendes entgegenstehen: Für Wirtschaftsprüfer besteht gem. § 54 Abs. 1 Satz 1 WPO in Verbindung mit § 1 der auf Grundlage des § 54 Abs. 2 WPO ergangenen Verordnung über die Berufshaftpflichtversicherung der Wirtschaftsprüfer und vereidigten Buchprüfer[409] Haftpflichtversicherungszwang während der aktiven Berufstätigkeit. Deshalb sei eine Begrenzung nicht nötig, weil der Wirtschaftsprüfer nicht selbst betroffen sei, habe doch die Versicherung für alle Schäden aufzukommen. Mithin sei durch den Abschluß einer Versicherung eine Haftungsbegrenzung insoweit erreicht, als ein Dritter an der Regulierung des Schadens beteiligt ist, der die Einstandsverpflichtung des Wirtschaftsprüfers übernehme.

II. Verfehltheit

Dieses Argument ist jedoch nur vordergründig richtig und verkennt insbesondere die Grenzen der Versicherbarkeit, so deren Beschränkung auf eine bestimmte Deckungssumme und Jahreshöchstleistungen[410], sowie die fehlende Lückenlosigkeit des Haftpflichtversicherungsschutzes[411]. Dadurch besteht die Gefahr, daß im Einzelfall Schäden nicht gänzlich abgedeckt werden können[412].

Zur Behebung dieses Hindernisses wird vorgeschlagen, Haftpflichtversicherungen abzuschließen, die alle möglichen Risiken abdecken[413], oder einen über das bisherige Maß hinausgehenden, erweiterten Versicherungsschutz durch Gespräche der Wirtschaftsprüfer und ihrer Verbände mit dem HUK-Verband zu suchen[414].

Die Untauglichkeit dieser Vorschläge ergibt sich jedoch schon aus der Unerschwinglichkeit einer auf alle Eventualitäten ausgedehnte Versicherung, da mit zunehmendem Leistungsumfang unbestritten auch die Höhe der Prämien steigt[415]. Die Höhe der Versicherungsprämien als ernst zu nehmendes Problem wird zwar geleugnet, da erhöhte Deckungssummen ohne weiteres zu einem erschwinglichen Preis erhältlich seien[416]. Dabei wird Gewichtiges übersehen: Auch wenn man sich eine Versicherung leisten kann und damit für den Regelfall genü-

---

[409] BGBl. 1967 I S. 1212-1213.
[410] *Littbarski*, ZIP 1996, 812, 815.
[411] Vgl. zu den ungedeckten Bereichen Baetge/*Fliess*, Rechnungslegung und Prüfung, 1994, S. 161, 193 f.; *Littbarski*, ZIP 1996, 812, 815.
[412] *Müller*, FS für Forster, 1992, S. 451, 469.
[413] *Hopt*, WPg 1986, 498, 506, empfiehlt dringend eine Mindestversicherung von 10 – 15 Mio. und mehr.
[414] *Littbarski*, ZIP 1996, 812, 816, sieht darin grundsätzlich eine Möglichkeit mit reellen Erfolgsaussichten, wie das Beispiel der Architektenversicherung zeige, wo es gelungen sei, „Besondere Bedingungen und Risikobeschreibungen für die Berufshaftpflichtversicherung der Architekten, Bauingenieure und beratenden Ingenieure" zu schaffen, die den besonderen Risiken der Architektentätigkeit Rechnung tragen.
[415] *Hübner*, NJW 1989, 5, 11 sieht in der Finanzierbarkeit zu Recht ein Problem; ebenso *Henssler*, JZ 1994, 178, 186.
[416] *Hopt*, WPg 1986, 498, 506 Fn 153.

gend geschützt ist, ist das nur eine Momentaufnahme. Mit Ausweitung einer mit der Versicherbarkeit begründeten Haftung steigt die Zahl der Haftungsfälle und damit der Inanspruchnahme von Versicherungsgesellschaften, die den ihnen entstehenden Mehrausgaben mit Prämienerhöhungen begegnen werden. Dadurch wird Versicherungsschutz – eben noch als erschwinglich bezeichnet – zu einem unerschwinglichen Faktor. Insbesondere kleinere und mittlere Wirtschaftsprüfer haben deshalb Schwierigkeiten, da die Versicherungen entweder sehr teuer werden, sich ganz aus dem Wirtschaftsprüfergeschäft zurückziehen oder nur noch bereit sind, großen und größeren Wirtschaftsprüfungsgesellschaften Versicherungsschutz zu bieten, wie dies von der Entwicklung in den USA berichtet wird[417]. Ab einem gewissen Umfang ist Versicherungsschutz somit entweder nicht mehr erhältlich oder nicht mehr finanzierbar[418], was sowohl die Funktionsfähigkeit der Berufshaftpflichtversicherung[419] als auch die freie Berufsausübung der Wirtschaftsprüfer bedroht.

Fragwürdig ist vor allem das Ergebnis, das eine erhöhte Inanspruchnahme der Versicherung neben den oben genannten negativen Konsequenzen zur Folge hätte. Es wird im Endeffekt das Schadensrisiko auf die Allgemeinheit abgewälzt und nicht nur auf die Solidargemeinschaft der Versicherten, was noch einsichtig und sinnvoll wäre[420]. Über die schon erwähnten Prämienerhöhungen werden Wirtschaftsprüfer mit zusätzlichen Kosten belastet, daher ihrerseits nach Möglichkeiten der Deckung dieses Aufwands suchen und dabei bei den zu Prüfenden fündig werden. Die zu prüfenden Unternehmen o. ä. wiederum werden ihrerseits die Mehrkosten auf die Verbraucher abwälzen. Letztlich ist belastet, wer geschützt werden sollte[421].

Die Rechtfertigung der unbegrenzten Haftung geht von der Prämisse aus, der Wirtschaftsprüfer bliebe bei Bestehen einer Versicherung im Schadensfalle völlig unbehelligt. Das trifft jedoch nicht zu, weil bei Eintritt des Versicherungsfalles die Versicherung den Wirtschaftsprüfer in einen höheren Risikotarif eingliedern und infolgedessen die Prämien erhöhen wird[422]. Somit ist der Wirtschaftsprüfer zumindest mittelbar betroffen. Zudem erfolgt die Gewährung von Versicherungsschutz oft nur unter Berücksichtigung von Selbstbehalten[423], für die der Wirtschaftsprüfer selbst aufzukommen hat.

Logische Konsequenz einer die Unbegrenztheit der Haftung allein mit der Tatsache des Versicherungsschutzes begründenden Ansicht müßte andererseits sein, nicht oder nicht ausreichend versicherten Wirtschaftsprüfern einen Bonus bzw. eine Erleichterung zu gewähren.

---

[417] *Ebke*, Wirtschaftsprüfer und Dritthaftung, 1983, S. 287. MüKo/*Ebke* befürchtet, daß eine Verschärfung der Dritthaftung mit ihren Auswirkungen auf die Versicherbarkeit der Risiken zu einer unerwünschten Konzentration auf dem Markt der Prüfungsleistungen führen könne. Daß auch deutsche Versicherungsunternehmen die Problematik sehen, zeigt *Gutberlet*, BNotK Intern 2002, 4 ff., der als Vorstandsmitglied der Allianz Versicherungs-AG für die Berufshaftpflicht der Notare feststellt, daß die versicherungstechnischen Verluste ein Ausmaß erreicht haben, das mittelfristig die Versicherbarkeit des Notarrisikos insgesamt in Frage stellen könnte.

[418] *Hübner*, NJW 1989, 5, 11.

[419] *Ebke/Scheel*, WM 1991, 389, 398.

[420] *Grossfeld/Hübner*, ZVersWiss, 1977, 393, 405; *Ebke*, Wirtschaftsprüfer und Dritthaftung, 1983, S. 278; *Ebke/Fechtrup*, JZ 1986, 1112, 1113; *Schindhelm/Grothe*, DStR 1989, 445, 447 bei Fn 28; *Ebke*, Wirtschaftsprüfer und Dritthaftung, 1983, S. 278; *Philippsen*, Zur Dritthaftung des privat beauftragten Gutachters für fahrlässig verursachte Vermögensschäden, 1998, S. 30.

[421] *Zöllner*, AcP 188 (1988), 85, 96, bezeichnet die Überbürdung auf das Kollektiv als privatrechtsfremd.

[422] Diesen Aspekt betont *Philippsen*, Zur Dritthaftung des privat beauftragten Gutachters für fahrlässig verursachte Vermögensschäden, 1998, S. 27 ff.

[423] *Littbarski*, ZIP 1996, 812, 815.

Wenn ein voll Versicherter voll haftet, müßte ein beschränkt Versicherter nur eingeschränkt haften. Dies berücksichtigt die Gegenansicht aber nicht[424].

Zudem verkehrt die Gegenansicht die Abhängigkeitsverhältnisse von Haftung und Versicherung[425], wenn sie einen haftpflichtversicherten Wirtschaftsprüfer immer unbegrenzt haften läßt. Nicht mehr die Einstandspflicht der Versicherung wäre akzessorisch zur zivilrechtlichen Haftpflicht, sondern die Haftung wäre abhängig von der Versicherung.

C. Ergebnis

Auch wenn die Existenz einer Versicherung keine unbegrenzte Haftung rechtfertigt, darf man die Entlastung des Wirtschaftsprüfers durch eine Versicherung nicht übersehen. Im Rahmen des bestehenden Versicherungsschutzes bietet sie eine Begrenzung der persönlichen Haftung und Schutz für die Existenz.

Angesichts des nur beschränkt versicherbaren Risikos und der negativen Folgen einer übermäßigen Inanspruchnahme von Versicherungen, ist der Blick auf effektive Möglichkeiten der Haftungsbegrenzung zu richten. Die Verhinderung einer Schadensersatzpflicht hat Vorrang vor der Verteilung der Haftungsrisiken auf die Allgemeinheit.

---

[424] *Hennsler*, JZ 1994, 178, 188.
[425] *Hübner*, NJW 1989, 5, 11.

2. Kapitel: Begrenzungsmöglichkeiten

Das zweite Kapitel untersucht verschiedene Möglichkeiten der Begrenzung: Zunächst wird eine Begrenzung aus dem Tatbestand der c.i.c.-Dritthaftung erörtert, anschließend der Frage nachgegangen, ob das Gesetz eine eingeschränkte Haftung ermöglicht. Sollte dies nicht ausreichend sein, wird weiter gefragt, ob der Wirtschaftsprüfer eigenverantwortlich privatautonome Begrenzungen versuchen kann, bevor Eingrenzungen in personeller und zeitlicher Hinsicht unternommen werden und abschließend eine evtl. Subsidiarität einer Dritt- gegenüber der Mandantenhaftung hinterfragt wird.

A. Begrenzung aus dem Tatbestand

Ein erster Begrenzungsversuch erfolgt aus dem Haftungstatbestand. Das im ersten Teil dargestellte Erfordernis der Inanspruchnahme besonderen persönlichen Vertrauens gewährleistet bereits, daß nicht jeder Wirtschaftsprüfer, der in irgendeiner Weise an den Verhandlungen der Parteien des Anlagegeschäftes beteiligt war, sich der Gefahr einer Eigenhaftung aussetzt. Es ermöglicht die Abgrenzung des vom Wirtschaftsprüfer selbst erzeugten und ihm anrechenbaren vom zwar auch durch den Wirtschaftsprüfer geschaffenen, aber dem Vertragspartner zurechenbaren, Vertrauen[426]. Insoweit kommt auch ihm eine haftungsbegrenzende Funktion zu, die es gerechtfertigt hätte, die genaue Ausgestaltung des Vertrauenstatbestandes erst hier zu beleuchten[427]. Schon aus diesem Grunde werden die folgenden Ausführungen ausdrücklich im Zusammenhang mit den oben dargestellten Grundvoraussetzungen einer Dritthaftung des Wirtschaftsprüfers verstanden und als weitere Voraussetzungen konkretisierend neben sie gesetzt, um einen noch zisilierteren Haftungstatbestand zu erhalten.

Damit wird auch der Forderung nachgekommen, den Ausnahmecharakter der aus c.i.c abgeleiteten Haftung für primäre Vermögensschäden im nichtvertraglichen Bereich zu erhalten[428] und die Anwendung der c.i.c. als Anspruchsgrundlage vom genauen Dartun ihrer Voraussetzungen abhängig zu machen[429]. Je höher die Anforderungen auf tatbestandlicher Ebene sind, desto höher ist die Darlegungslast des Geschädigten, der seine Ansprüche gegen den Wirtschaftsprüfer durchzusetzen sucht, und desto eher werden Ansprüche von Anlegern als unbegründet abgewiesen.

Dem Tatbestand eine begrenzende Funktion zumessen zu wollen, ist durchaus keine neuartige Erwägung. So wird, vor allem im Bereich der Haftungsbegründung, immer wieder angemerkt, die vielfach als zu eng und zu restriktiv für den Anlegerschutz erachteten Voraussetzungen einer deliktischen Haftung seien vom Gesetzgeber wohlüberlegt mit haftungsbegrenzender Funktion geschaffen[430].

---

426 *Fischer*, ZVglRWiss 83 (1984), 1, 12.

427 Wegen des größeren Zusammenhangs zu den Fragen der Haftungsbegründung, insbesondere der Übertragbarkeit der Sachwalterhaftung auf die Fälle der Wirtschaftsprüferdritthaftung, lag ein anderes Vorgehen nahe.

428 *Wiegand*, Die „Sachwalterhaftung" als richterliche Rechtsfortbildung, 1991, S. 190.

429 *Möllers*, JZ 2001, 909, 917.

430 *Picker*, AcP 183 (1983), 369, 476 ff., 506; *ders.*, JZ 1987, 1041, 1053; *Honsell*, JZ 1985, 952, 953; *ders.*, FS für Medicus, 1999, S. 211, 213; *Honsell/Harrer*, JuS 1985, 161 ff.

I. Gewährung von Vertrauen

Auf Seiten des Wirtschaftsprüfers wurde bereits verlangt, daß er Vertrauen für sich in Anspruch nimmt. Das kann aber für eine auf Vertrauen gestützte Haftungsbegründung nicht genug sein, da damit einseitig nur die Person des Wirtschaftsprüfers, das mit ihm und seiner Tätigkeit verbundene persönliche und besondere Vertrauen betrachtet wird.

Die haftungsbegründende Sonderbeziehung hat mit dem Anleger aber auch eine zweite Seite. Als Gegenstück zur Inanspruchnahme des Vertrauens durch den Wirtschaftsprüfer muß das vom Wirtschaftsprüfer in Anspruch genommene Vertrauen durch den Anleger gewährt worden sein, indem er sich bei seiner Anlageentscheidung auf die Fachkunde des Wirtschaftsprüfers verließ. Diese einschränkende zweite Voraussetzung ist notwendig, da die bloße Inanspruchnahme von Vertrauen seitens des Experten nicht hinreichend genug sicherstellt, daß tatsächlich vertraut wurde, also die Inanspruchnahme von Vertrauen Erfolg hatte. Dafür genügt schon das objektive Vorliegen, da das vom Wirtschaftsprüfer ausgehende Vertrauen nach der hier vertretenen Konzeption abstrakt-generell aus der Berufsstellung und den daran gerichteten Erwartungen für jeden Angehörigen des Wirtschaftsprüferberufes abgeleitet wird[431]. Eine weitere Einschränkung kann daher nur über die Seite des Anlegers erfolgen, indem man fragt, ob er subjektiv tatsächlich im Einzelfall vertraute. Fehlendes subjektives Vertrauen seitens des Anlegers fungiert damit als Haftungsausschluß.

1. Haftungsbegründende Kausalität

Das Erfordernis des Gewährens von Vertrauen bedeutet nichts anderes, als daß das Vertrauen des Anlegers auf das Testat kausal für die das Vermögen berührende Entscheidung war[432]. Dieser Kausalzusammenhang zwischen Testat und Anlageentscheidung soll als haftungsbegründende Kausalität bezeichnet werden[433].

2. Manifestation nach außen

Es steht damit allein fest, daß sich die Vertrauensgewähr irgendwie nach außen manifestiert

[431] Vgl. oben Seite 41 ff.

[432] *Pleyer/Hegel*, ZIP 1985, 1370, 1372; *Schneider*, ZHR 163 (1999), 246, 264. **A. A.** *Wiegand*, Die „Sachwalterhaftung" als richterliche Rechtsfortbildung, 1991, S. 261, die sich gegen die Einordnung als Kausalitätsfrage wehrt, weil ein derartiges Verständnis des Vertrauenserweises nicht dem Charakter eines Schuldverhältnisses kraft Vertrauens zwischen Wirtschaftsprüfer und Anleger gerecht werde. Der Ansiedelung des Vertrauenserweises bei der Kausalität käme es gleich, die Annahme eines Vertragsangebots als Kausalitätserfordernis eines vertraglichen Schadensersatzanspruchs zu verstehen. Dies zeige auch die Funktion des Erfordernises Vertrauenserweis. Es soll zum einen, dem Fachmann durch eine Rückmeldung über die Wirkung des Testats ermöglichen, Schaden zu verhindern oder gering zu halten, zum anderen aber auch Mißbrauch auf Seiten des Geschädigten vermeiden, indem ihm die Möglichkeit beschnitten wird, erstmals im Prozeß den überraschten Wirtschaftsprüfer mit dem Vorwurf zu konfrontieren, er habe durch das Testat Vertrauen erweckt, wodurch man einen erheblichen Schaden erlitten habe. Überzeugend sind beide Einwände jedoch nicht. Es besteht weder ein Erfordernis nach einer Rückmeldung noch wird der Wirtschaftsprüfer von einem Drittanspruch überrascht, was in anderem Zusammenhang bei der Frage nach der Intensität der Vertrauensgewährung noch ausgeführt wird.

[433] Zu unterscheiden davon ist die erst zur Haftungsausfüllung, also ins Schadensrecht gehörende haftungsausfüllende Kausalität zwischen Pflichtverletzung und eingetretenem Schaden (Palandt/*Heinrichs*, Vorbem v § 249 BGB Rn 54 f.).

haben muß. Fraglich sind die Anforderungen daran, insbesondere ob für die Gewährung von Vertrauen genügt, daß sich der Anleger auf die Richtigkeit des Testats verläßt und gestützt darauf seine Anlage vornimmt, oder ob man verlangen muß, daß er die Vertrauensgewähr durch zusätzliche äußere Zeichen erkennbar macht.

a) Erkennbarkeit durch zusätzliche äußere Zeichen

Vereinzelt wird eine Erkennbarkeit anhand äußerer Zeichen gefordert[434]. Es sei nicht ersichtlich, wieso man davon absehen sollte, vom Anleger die Deutlichmachung seiner Vertrauensgewähr zu verlangen. Andernfalls erführe der Wirtschaftsprüfer erst im Prozeß, daß sich ein anderer als sein Vertragspartner auf das Testat verlassen und es zur Grundlage einer Vermögensentscheidung gemacht habe. Dadurch würde der Wirtschaftsprüfer von der Wirkung seines Testats auf Dritte überrascht, was es zu verhindern gelte, indem der Wirtschaftsprüfer aufgrund einer Mitteilung die Möglichkeit erhält, erneut sein Testat zu überprüfen und damit Schaden abzuwenden.

b) Manifestation durch Anlageentscheidung

Es muß im Gegensatz dazu jedoch ausreichen, daß der Anleger sein Vertrauen auf das Testat durch die beabsichtigte Anlageentscheidung manifestiert, auch wenn sich dies einmal erst im Prozeß gegen den Wirtschaftsprüfer ergeben sollte.

Zum einen wären schon Inhalt und Funktionieren einer Rückmeldung des Anlegers gegenüber dem Wirtschaftsprüfer nicht genau zu bestimmen. Es wird von der Gegenmeinung z. B. verlangt, der Dritte müsse telefonisch, fernschriftlich oder brieflich die Absicht mitteilen, ein Rechtsgeschäft unter Zugrundelegung der Expertise abzuschließen[435]. Man könnte darüberhinausgehend auch ein Nachfragen des Anlegers beim Wirtschaftsprüfer verlangen. Fordert man jedoch dieses, könnte der Anleger gleich selbst einen Auskunftsvertrag mit dem Wirtschaftsprüfer abschließen, wodurch das Testat für den Mandanten völlig entwertet und sinnlos würde.

Zum zweiten leuchtet auch der Zweck dieser Mitteilung an den Wirtschaftsprüfer nicht ein. Er liegt darin, ihm noch einmal die Möglichkeit der Prüfung des Testats zu geben[436], was aber nicht nötig ist, da der Wirtschaftsprüfer bereits bei Erstellung des Testats alle nötige Sorgfalt hätte beachten und Fehler vermeiden müssen. Er mußte ferner damit rechnen, daß das Testat zur Grundlage vermögensbeeinträchtigender Entscheidungen gemacht wird, da er andernfalls Dritten gegenüber schon gar nicht haftet. Zudem wird unten noch gezeigt, daß zur Sicherung des Wirtschaftsprüfers zumindest dessen Rechnen mit einer Drittverwendung des Testats zu verlangen ist[437]. Besteht ein solches Erfordernis aber schon, ist eine weitere Voraussetzung, die genau dies noch einmal bewirken möchte, nicht nötig. Kein Grund ist insbesondere ersichtlich, die Person des vertrauenden Dritten namentlich zu kennen, da

---

[434] Ersichtlich nur *Wiegand*, Die „Sachwalterhaftung" als richterliche Rechtsfortbildung, 1991, S. 261 ff.
[435] *Wiegand*, Die „Sachwalterhaftung" als richterliche Rechtsfortbildung, 1991, S. 265.
[436] *Wiegand*, Die „Sachwalterhaftung" als richterliche Rechtsfortbildung, 1991, S. 264.
[437] Vgl. unten Seite 83 ff.

Sorgfaltsanforderungen und Berufspflichten davon nicht abhängen. Der Name wäre aber die einzige Mitteilung, die eine gesonderte Anzeige neben der ohnehin nötigen generellen Drittverwendungskenntnis noch bringen könnte.

3. Kenntnisnahme vom Inhalt des Testats

Man könnte nun daran denken, nur solchen Personen, die das Testat tatsächlich zu Gesicht bekamen und Kenntnis von seinem Inhalt nahmen, eine Vertrauensgewährung zu gestatten, da nur sie im Vertrauen auf das Testat Vermögensdispositionen treffen.

Der Bundesgerichtshof gestand einer sich auf ein Wertgutachten eines Bausachverständigen verlassenden Bürgin einen Schadensersatzanspruch zu, obwohl sie von dessen Inhalt keine Kenntnis hatte, weil man sich bei Expertenhandeln darauf verlassen könne, daß es ordnungsgemäß erfolgt sei und ein Gutachten nur nach Prüfung der maßgeblichen Tatsachen erstattet werde[438]. Eine Kenntnisnahme vom Inhalt hält der Bundesgerichtshof auch im Rahmen der Prospekthaftung für entbehrlich[439]. Dabei sei vielmehr ausschlaggebend, daß Expertenberichte oder -testate die Einschätzung eines Wertpapieres in Fachkreisen mitbestimmen und damit eine Anlagestimmung erzeugen, die der Erwerber für sich in Anspruch nehmen kann.

Diese Grundsätze kann man auf die Fälle der Anleger-Testathaftung übertragen. Auch hier hat der Wirtschaftsprüfer die Anlagestimmung durch sein Testat beeinflußt. Enthält es positive Aussagen über die testierte Anlageform und räumt mögliche Bedenken der Anleger über die testierte Anlageform aus, kann es sie zu einer Anlageentscheidung verleiten, genauso wie es im umgekehrten Fall Mißtrauen gegen die Anlage hervorruft oder bestätigt und damit eine Anlageentscheidung zu verhindern geeignet ist[440]. Hinzu kommt, daß für ein Vertrauen auf die Richtigkeit von Expertenhandeln, und nur das ist geschützt, unerheblich sein muß, ob der Anleger auch den Inhalt des Testats kannte.

Auch ein Vergleich eines Testats mit einem Grundbuch oder Erbschein spricht für die Unerheblichkeit der Kenntnis des Inhalts. Beim gutgläubigen Erwerb eines Grundstückes aufgrund des Grundbuchs bzw. beim Erwerb vom Erbschaftsbesitzer mittels Erbscheins genügt das bloße Eingetragensein des Bucheigentümers bzw. die Existenz eines Erbscheins, ohne daß es auf die Kenntnisnahme des Erwerbers vom Inhalt der Rechtsscheinträger ankäme[441]. Schädlich ist dort nur die positive Kenntnis der dem Rechtsschein widersprechenden tatsächlichen Rechtslage (§§ 892 Abs. 1 Satz 1 letzter Halbsatz, 2366 letzter Halbsatz BGB). Grundbucheintrag und Erbschein schützen ein Vertrauen auf ihre Richtigkeit (§§ 891, 2365 BGB). Obwohl Testate von Wirtschaftsprüfern keinen guten Glauben im Sinne von Grund-

---

[438] BGH JZ 1998, 624, 627.
[439] BGH NJW 1982, 2827; 1998, 3345, 3347; OLG Düsseldorf WM 1984, 586, 596; OLG Frankfurt a.M. WM 1994, 291, 298; 1996, 1216, 1219. Ebenso schon RGZ 80, 196, 204.
[440] Wenn man dagegen einwenden möchte, daß im Bereich der zivilrechtlichen Prospekthaftung die Anlagestimmung regelmäßig keine Rolle spiele (so *Möllers/Leisch*, WM 2001, 1648, 1659 Fn 124), kann man entgegenhalten, daß dies eben nur reglemäßig der Fall ist, wenn es um Anlageformen geht, die wie Kommanditanteile und Bauherrenmodelle keinem geregelten Kapitalmarkt entstammen. Zumindest, wenn der Wirtschaftsprüfer andere als solche Anlageformen testiert, muß es aber auch hier eine relevante Anlagestimmung geben.
[441] Erman/*Hagen/Lorenz*, § 892 BGB Rn 1; Erman/*Schlüter*, § 2366 BGB Rn 5; Palandt/*Edenhofer*, § 2366 BGB Rn 2.

buch oder Erbschein haben, lösen sie doch wie Grundbuch und Erbschein ein Vertrauen in ihre Richtigkeit aus. Wegen dieser vertrauensweckenden Funktion können sie den mit öffentlichen Glauben versehenen Rechtsscheinträgern gleichgesetzt und die Ergebnisse von dort auch hier fruchtbar gemacht werden. Das bedeutet, daß auch hier die Kenntnisnahme vom Inhalt des Testates unerheblich ist, solange der Anleger nur dessen Unrichtigkeit nicht positiv kennt.

Der Verzicht auf die Kenntnisnahme des Inhalts des Testats bedeutet allerdings keinen Verzicht auf die Kenntnis von der Existenz des Testats selbst[442]. Um das Vorhandensein eines Testats muß der Anleger wissen, da andernfalls schon jeglicher Ansatzpunkt für ein Vermögensdispositionen leitendes Vertrauen fehlte.

Es genügt demnach, daß der geschädigte Anleger Kenntnis von der Existenz eines die Anlage betreffenden Testats hatte, ohne Kenntnis von dessen Inhalt haben zu müssen.

4. Prima-facie-Beweis

Die haftungsbegründende Kausalität wird regelmäßig kein Problem darstellen. Schon ein Anscheinsbeweis spricht für eine Vertrauensgewährung, wenn der Anleger die Entscheidung für die vom Wirtschaftsprüfer testierte Anlageform traf[443]. Bei ungünstiger Auskunft des Wirtschaftsprüfers ist nach der Lebenserfahrung davon auszugehen, daß der Plan einer Kapitalanlage zumindest dann aufgegeben worden wäre, wenn der Anleger eine besonders sichere oder gewinnbringende Anlage gesucht hatte. Der Anleger investierte in der Regel nur deshalb, weil er infolge des Testats auf die Sicherheit der Anlage vertraute. Dabei ist insbesondere von Bedeutung, daß ihm selbst die nötigen Kenntnisse und das nötige Verständnis für die Beurteilung der Gefährlichkeit und Risikobelastung einer Anlage fehlen. Weiterhin ist wichtig, daß der Anleger ein für ihn wichtiges und nicht selten vom Umfang her erhebliches Geschäft tätigt. Gerade weil eigene Sachkunde fehlt, weil die Vermögensdisposition als wichtig empfunden wird und weitreichend ist, ist die Existenz und Verläßlichkeit einer dritten, neutralen Instanz ausschlaggebend. Weil die Lebenserfahrung also für eine Vermögensdisposition infolge des Vertrauens auf das Testat des Wirtschaftsprüfers spricht, muß der beklagte Experte zur Entkräftung des Anscheinsbeweises die ernstliche Möglichkeit eines davon abweichenden Geschehensablaufs darlegen.

II. Schutzwürdigkeit des Vertrauens

Die zweite ergänzende tatbestandliche Grenze folgt aus den Anforderungen an das dem Wirtschaftsprüfer gewährte Vertrauen des Dritten.

---

[442] Das ist wohl auch das, auf was *Bydlinsky*, EWiR 1998, 683, 684, zu Recht hätte abstellen müssen, wenn er die Rechtsprechung des Bundesgerichtshofs im Bürgenfall kritisiert.

[443] Für den Jahresabschlußprüfer: *Ebke*, Wirtschaftsprüfer und Dritthaftung, 1983, S. 86, 87; *Nann*, Wirtschaftsprüferhaftung – Geltendes Recht und Reformüberlegungen, 1985, S. 295. Ebenso für eine Darlehensgewährung infolge eines Gutachtens: *Harries*, FS für Zweigert, S. 451, 459; *Gräfe*/Lenzen/Schmeer, Steuerberaterhaftung Rn 630.

1. Erwägung

Da das Vertrauen den Haftungsgrund der c.i.c. bildet, ist es naheliegender Ansatzpunkt für eine weitere Konturierung des Tatbestands.

Auf Seiten des Wirtschaftsprüfers wurde es bereits als in Anspruch zu nehmendes besonderes und persönliches Vertrauen qualifiziert. Dadurch wird allerdings wiederum einseitig nur die Person des Wirtschaftsprüfers betrachtet. Ein Anleger wird sich in jedem Fall, in dem er Ersatz seines Vermögensschadens begehrt, auf Vertrauen berufen, das er dem Wirtschaftsprüfer gewährt habe. Will man nun eine weitere Begrenzung erreichen, muß man beim Anleger ansetzen und dessen gewährtes Vertrauen näher konkretisieren.

Allein der Umstand, daß sich eine Person bei einer Entschließung über ihr Vermögen auf die Richtigkeit einer von einem anderen in einem Testat erhaltene Information verläßt, kann auch bei besonderer Sachkunde und generellem Vertrauen auf die Richtigkeit der Testate von Wirtschaftsprüfern nicht allein Grundlage für eine zivilrechtliche Haftung sein. Blindes Vertrauen des Anlegers darf ihn nicht zur Ersatzberechtigung für seine Schäden führen. Geschützt sein kann nicht jedes vom Anleger gewährte und bei ihm enttäuschte Vertrauen, sondern nur das rechtlich anerkannte Vertrauen, das sog. Vertrauendürfen[444], das im weiteren als schutzwürdiges Vertrauens bezeichnet wird.

2. Ermittlung der Schutzwürdigkeit

Bei der Ermittlung der Schutzwürdigkeit des Vertrauens setzt man am besten bei den das Vertrauen des Anlegers begründenden Tatsachen an. Diese sind zum einen die besondere Aus- und Weiterbildung, zum anderen die Neutralität des Wirtschaftsprüfers.

a) Sachkunde

Die besondere, auf Aus- und Weiterbildung sowie Berufserfahrung beruhende Sachkunde des Wirtschaftsprüfers, sein Fachwissen und die spezielle Vertrautheit mit für die Anlageentscheidung wichtigen wirtschaftlichen Zusammenhängen, genauso wie seine Kenntnis von den besonderen Verhältnissen seines Mandanten, des Kapitalanlagemodellbetreibers, stattet ihn mit einem Sonderwissen aus, das über das generelle Jedermannswissen des gewöhnlichen Rechtsverkehrs hinausgeht. Es ist also der Wissens- und Informationsvorsprung vor dem normalen Anleger, der den Wirtschaftsprüfer auszeichnet. Er ist der Grund sowohl für die Einschaltung des Wirtschaftsprüfers durch den Mandanten als auch für das durch die Einschaltung beabsichtigte Vertrauen der Anlegerkreise. Er ist der Grund, weshalb der Anleger auf eine genauere eigene Information und eigene Nachprüfung der für die Anlageentscheidung nötigen Tatsachen verzichtet und seine grundsätzlich zu erwartende Selbstverantwortung[445] bei Vermögensdispositionen wegen der Existenz eines testierenden Wirtschaftsprüfers opfert. Ist schon ein Fachmann vorhanden, der – so vertraut der Anleger – die Um-

---

[444] *Herrmann*, JZ 1983, 422, 426.

[445] *Adolff*, Die zivilrechtliche Verantwortlichkeit deutscher Anwälte bei der Abgabe von Third Party Legal Opinions, 1997, S. 82; *Schneider*, ZHR 163 (1999), 246, 259.

stände richtig einzuordnen und die Risiken aufzudecken weiß, ist eigenes Nachforschen obsolet.

Schutzwürdigkeit besteht also nur in diesem Regelfall des Wissens- und Informationsvorsprungs, wenn die Eigenverantwortlichkeit, die man sonst vom Anleger erwarten kann, von diesem zu recht aufgegeben wurde.

Nicht schutzwürdig ist ein Vertrauen dagegen, wenn es die Eigenverantwortlichkeit des Anlegers nicht aufzuheben vermag[446]. Das ist der Fall, wenn kein Informations- bzw. Wissensgefälle zwischen Wirtschaftsprüfer und Anleger besteht, wenn sie beide auf der gleichen Stufe stehen, wenn Beruf und Spezialwissen den Wirtschaftsprüfer nicht über den Geschädigten hinausheben und damit keine Ungleichheiten zwischen ihnen bestehen, die die Aufgabe der vom Anleger zu erwartenden Selbstverantwortung rechtfertigen könnten.

b) Neutralität

Als weiteren Ausgangspunkt der Schutzwürdigkeit des Vertrauens ist an dessen zweite Stütze, die Neutralität des Wirtschaftsprüfers, zu denken.

Dadurch wird ein evtl. bestehendes oder auch nur aus Sicht des Anlegers angenommenes Wissens-, Informations- oder Erfahrungsdefizit auf Seiten des Anlegers, diesmal gegenüber dem Anlagegeschäftspartner, ausgeglichen. Der Anleger, der sich durch das Anlagegeschäft nicht übervorteilt fühlen soll, bekommt durch einen Wirtschaftsprüfer, der von Berufs wegen zur Neutralität verpflichtet ist (§ 43 Abs. 1 Satz 2 WPO), einen Helfer und Garanten für die Zuverlässigkeit des Geschäftspartners zur Seite gestellt. Daraus folgend kann in den Fällen, in denen der Anleger dem Anlagemodellbetreiber nicht unterlegen ist, sondern auf gleicher Stufe mit ihm steht oder gar überlegen ist, keine Schutzwürdigkeit angenommen werden.

c) Schlußfolgerung

In diesen Fallgruppen ist die Schutzwürdigkeit mit demselben Argumentationstopos abzulehnen: Mit dem fehlenden Wissensvorsprung des Anlagemodellbetreibers oder Wirtschaftsprüfers gegenüber dem Anleger oder, aus Anlegersicht, mit dem fehlenden Informationsdefizit bzw. -gefälle. Maßgeblich für den Schutz des Anlegers ist also zwar auch das Vorhandensein von Sachkunde beim Wirtschaftsprüfer, aber daneben ganz entscheidend das Fehlen von Sachkunde beim Anleger[447].

In diesen beiden Fällen ist kein Grund ersichtlich, weshalb der Anleger durch einen Wirtschaftsprüfer geschützt werden sollte. Das Testat ist hier ein eigentlich überflüssiges Beiwerk für eine Person, die für sich und ihre Geschäfte selbst sorgen kann und aufgrund der grundsätzlich bestehenden Selbstverantwortung sorgen muß. Solchen Anlegern Schutz durch einen gegen den Wirtschaftsprüfer gerichteten Schadensersatzanspruch zu gewähren, ist

[446] *Adolff*, Die zivilrechtliche Verantwortlichkeit deutscher Anwälte bei der Abgabe von Third Party Legal Opinions, 1997, S. 82.
[447] *Ebke/Scheel*, WM 1991, 389, 398.

überflüssig. Es bedeutete für sie nur eine weitere, nicht zu rechtfertigende Besserstellung und würde sie zur Nachlässigkeit in eigenen Angelegenheiten verleiten. Die Eigenverantwortlichkeit als Kehrseite der Privatautonomie würde ohne Not aufgegeben. Erledigte jemand im Falle eines fehlenden Testats seine Vermögensdispositionen selbst und ohne fremde Hilfe und hätte solchermaßen das Risiko einer Fehlinvestition selbst zu tragen, weil er auf die Einschaltung eines Experten auf eigene Kosten verzichtete, soll er nicht besser stehen, nur weil tatsächlich ein Wirtschaftsprüfer eingeschaltet wurde.

Der Gedanke des Anlegerschutzes, der hinter der Dritthaftung steht, ist dann nicht einschlägig, weil die Anleger keines Schutzes bedürfen. Die Schutzwürdigkeit ist also Ausprägung des bei der Notwendigkeit der Haftungsbegrenzung erörterten Prinzips der Abwägung der berechtigten Sicherungsinteressen des Wirtschaftsprüfers mit dem Interesse des Anlegers am Ausgleich des ihm zugefügten Schadens.

3. Beweislast

Ob Schutzwürdigkeit anzunehmen oder eher mit ihrem Fehlen die Haftung abzulehnen ist, ist in der Praxis oft ein Beweisproblem. Die Beweislast trifft dabei den Wirtschaftsprüfer, für den die fehlende Schutzwürdigkeit eine günstige, die Haftung ausschließende Tatsache ist[448]. Insoweit kann das die Haftung einschränkende Tatbestandsmerkmal der Schutzwürdigkeit nicht der Vorwurf der Anlegerbenachteiligung treffen, da der Wirtschaftsprüfer das Risiko des non liquet trägt.

4. Einzelfälle

Die, die Schutzwürdigkeit ausschließende, Gleichstufigkeit kann verschiedene Ursachen haben. Im folgenden sollen zur Verdeutlichung beispielhaft denkbare Fälle eines fehlenden Wissens- oder Informationsgefälles aufgezeigt werden.

a) Institutionelle Anleger

So wird die Schutzwürdigkeit des Anlegervertrauens verneint, wenn der Anleger ein sog. institutioneller Anleger ist[449], z. B. eine Bank, eine Fondsgesellschaft oder ein anderer, berufsmäßig oder zum Gelderwerb Geldanlagen Betreibender.

Institutionelle Anleger sind nämlich sowohl dem Mandanten des Wirtschaftsprüfers, der das Testat in Auftrag gegeben hat, als auch dem Wirtschaftsprüfer selbst strukturell und wirtschaftlich, wenn nicht überlegen, dann doch zumindest ebenbürtig. Sie verfügen über größere Macht am Markt als private Einzelpersonen und haben selbst genügend Möglichkeiten

---

448 Nach den allgemeinen Regeln der Beweislast hat jeder die für ihn günstigen Tatsachen zu beweisen (BGHZ 3, 343, 346; *Baumbach/Lauterbach/Albers/Hartmann*, Anh § 286 ZPO Rn 10; *Thomas/Putzo*, Vorbem. § 284 ZPO Rn 23).

449 *Ebke/Scheel*, WM 1991, 389, 398; *Philippsen*, Zur Dritthaftung des privat beauftragten Gutachters für fahrlässig verursachte Vermögensschäden, 1998, S. 231.

zum eigenen Schutz gegen Fehlleistungen von Wirtschaftsprüfern[450], sei es durch Einsatz eigenen spezialisierten Personals, das dem Wirtschaftsprüfer in Sachkunde nicht nachsteht, oder durch Einschaltung eigener Gutachter.

Schutzwürdig sind also nur Privatanleger, die den Verbraucherbegriff des § 13 BGB erfüllen. Es handelt sich bei der auf c.i.c. gestützten Dritthaftung von Wirtschaftsprüfern gegenüber Kapitalanlegern damit um Verbraucherschutzrecht im weitesten Sinne.

b) Eigene Fachkunde des Anlegers

Darüberhinaus wird diskutiert, die Schutzwürdigkeit eines Anlegers zu verneinen, der selbst über hinreichendes eigenes Wissen oder hinreichenden eigenen Sachverstand für Anlagegeschäfte verfügt[451], weil er entweder mit Geldanlagen, die für ihn keine außergewöhnlichen Geschäfte, sondern tägliche Routine sind, vertraut ist, oder weil er selbst eine der Ausbildung eines Wirtschaftsprüfers identische oder gleichwertige Ausbildung genoß oder selbst wirtschaftliche Zusammenhängen zu deuten versteht. Dann fehlt das nötige Kompetenzgefälle zwischen ihm, seinem Anlagegeschäftspartner und dessen Wirtschaftsprüfer.

Nicht zu übersehen sind jedoch die Probleme dieser Fallgruppe: Wann hat der Anleger hinreichende eigene Kenntnisse und Erfahrungen?
Es ist denkbar, daß ein Anleger selbst Wirtschaftsprüfer und damit in wirtschaftlichen Angelegenheiten versiert ist, für ganz bestimmte Details eines Anlagegeschäftes aber dennoch unerfahren und damit dem testierenden Kollegen unterlegen ist[452]. Dies gilt umso mehr, wenn der Anleger nicht die Ausbildung als Wirtschaftsprüfer hat, sondern nur in anderer Weise als versiert gilt, z. B. weil er bei einer Bank arbeitet, weil er Steuerberater oder Jurist[453] ist.

Während man beim Aufeinandertreffen zweier Wirtschaftsprüfer eine vergleichbare Ausbildung noch am ehesten annehmen könnte[454], ist es in den anderen Fällen schwieriger. Es gibt kein Maß dafür, wann eine Gleichartigkeit des Wissens und der Erfahrung vorliegt und wann nicht[455].

Zu recht wird jedoch gesagt, daß diese Schwierigkeiten allein nicht geeignet sind, die Ausnahme gänzlich zu versagen, weil sonst auch in Fällen einer evidenten Gleichheit des Wissens eine Haftung nicht verneint werden könnte[456].

---

[450] *Ebke/Scheel*, WM 1991, 389, 398.
[451] BGH WM 1978, 1092, 1093; OLG Oldenburg WM 1987, 169, 170; *Schmitz*, DB 1989, 1909, 1914; *Wiegand*, Die „Sachwalterhaftung" als richterliche Rechtsfortbildung, 1991, S. 269 ff.
[452] *Wiegand*, Die „Sachwalterhaftung" als richterliche Rechtsfortbildung, 1991, S. 270 f.
[453] So im Fall des OLG Oldenburg WM 1987, 169, 170.
[454] Nicht zu übersehen ist, daß es auch im Berufsstand der Wirtschaftsprüfer, wie auch in allen anderen Berufen, immer ganz besonders leistungsfähige Vertreter gibt, die als Kapazitäten unter den übrigen herausragen und einen besonders guten Ruf besitzen, auch wenn diese zugegebenermaßen wenige sind. Auf der anderen Seite aber ist die Zahl der durchschnittlich versierten Berufsausübenden weitaus größer. Deshalb kann man in der Regel bei einem Aufeinandertreffen zweier Wirtschaftsprüfer, durchaus von deren Gleichordnung ausgehen.
[455] *Wiegand*, Die „Sachwalterhaftung" als richterliche Rechtsfortbildung, 1991, S. 271.
[456] *Wiegand*, Die „Sachwalterhaftung" als richterliche Rechtsfortbildung, 1991, S. 271.

Bei Anlegern, die nachweislich[457] aufgrund gleichen Wissens und gleicher Erfahrung kein Wissensdefizit aufweisen, entfällt die Schutzwürdigkeit.

c) Anleger mit eigenem Wirtschaftsprüfer

An der Schutzwürdigkeit fehlt es ferner, wenn der Anleger zwar nicht selbst sachkundig ist, aber seinerseits einen Wirtschaftsprüfer oder eine vergleichbar fachkundige Peson einschaltete. Ein Kompetenzgefälle zwischen Anleger auf der einen und Anlageveräußerer mit dem Wirtschaftsprüfer auf der anderen Seite fehlt. Der Anleger ist in diesen Fällen nicht so unbedingt auf die Informationen durch den Wirtschaftsprüfer angewiesen, da er sich diese selbst besorgen kann.

Die Haftung des Wirtschaftsprüfers könnte hier aber nicht nur wegen fehlender Schutzwürdigkeit des Anlegers scheitern, sondern schon am mangelnden Vertrauen als grundsätzlicherem Punkt des Tatbestandes[458]. Wenn der Dritte einen eigenen Wirtschaftsprüfer einschaltet, zeigt er damit zugleich, daß er nicht nur dem Anlagemodellbetreiber mißtraut, sondern auch dem von diesem mandatierten Wirtschaftsprüfer kein Vertrauen gewährt, dessen Schutzwürdigkeit verneint werden könnte. Allerdings ist dieser Schluß keineswegs zwingend[459]. Beide Ansichten unterscheiden sich aber auch nur in der Begründung, nicht jedoch im Ergebnis.

d) Unternehmer

Als nicht schutzwürdig betrachtet man auch die, die zur Geldanlage ein Unternehmen kaufen oder sich zwecks eigener unternehmerischer Betätigung an einem Unternehmen beteiligen[460]. Hier ist die Verhandlungsposition zwischen Anleger und Anlageveräußerer strukturell ausgewogen, da der Anleger neben anlegerischen Zielen auch unternehmerisch geprägte verfolgt, die ihn wegen der damit zusammenhängenden Kenntnis wirtschaftlicher Zusammenhänge weniger schutzwürdig erscheinen lassen. Ein Wissensdefizit ist somit zu verneinen.

Damit sind nur die zugegeben seltenen Fälle erfaßt, in denen sich der Anleger an einer Gesellschaft, die ein Unternehmen betreibt, nicht nur zum Zwecke der Geldanlage beteiligt, sondern darüber hinaus eine unternehmerische Tätigkeit in dieser Gesellschaft übernimmt und anstrebt[461].

---

[457] Letztlich handelt es sich um ein Beweislastproblem, das nach obigem den Wirtschaftsprüfer trifft.

[458] OLG Oldenburg, WM 1987, 169, 170.

[459] So bezweifelt z. B. *Wiegand*, Die „Sachwalterhaftung" als richterliche Rechtsfortbildung, 1991, S. 268 f., das Entfallen des Vertrauens. Sie will vielmehr allenfalls in Ausnahmefällen, die Kausalität des Vertrauens auf das Testat für das Anlagegeschäft entfallen lassen, weil allein auf den anderen Fachmann vertraut wurde und die Vertrauensbeziehung zu ihm in den Vordergrund trat. Zur Frage der Enthaftung wegen fehlender Schutzwürdigkeit nimmt sie nicht Stellung.

[460] OLG Hamm BB 1994, 1467; *Philippsen*, Zur Dritthaftung des privat beauftragten Gutachters für fahrlässig verursachte Vermögensschäden, 1998, S. 231 f.

[461] *Philippsen*, Zur Dritthaftung des privat beauftragten Gutachters für fahrlässig verursachte Vermögensschäden, 1998, S. 232 Fn 1451.

e) Spekulative Geschäfte

Ferner soll legitimes Vertrauen bei Geschäften mit spekulativem Charakter fehlen[462]. Begründet wird dies nicht mit einem Wissensdefizit, sondern damit, daß die Auskunftsperson insbesondere bei hoch spekulativen Geschäften wegen deren außergewöhlicher Risikobelastung die vermögenswirksame Bedeutung ihrer Mitteilung nicht, wie nötig, in einer Weise erkennen kann, die ihr eine Einschätzung des involvierten Haftungsrisikos ermöglicht. Zudem stellt sich die Frage, ob man nicht denjenigen Anlegern, die den Abschluß spekulativer Geschäfte ins Auge fassen, eine größere Selbstverantwortung zumuten und von ihnen verlangen kann, mit dem involvierten Wirtschaftsprüfer direkt einen Vertrag abzuschliessen[463], um Ansprüche gegen ihn geltend machen zu können.

Dieser Ausnahme, die allenfalls gelten könnte, wenn tatsächlich ein solch hohes Risiko besteht, ist die Wirksamkeit zu versagen. Der Wirtschaftsprüfer, der wegen der Prüfung des Anlagemodells dessen besondere Spekulationsfreudigkeit kennt, übernimmt durch sein Testat kein höheres Risiko als bei jedem anderen Testat für ein weniger spekulatives Modell. Wenn er im Testat auf den spekulativen Charakter der Anlageform hinweist, kann sich ein Anleger, der sein Geld verlieren sollte, nicht an den Wirtschaftsprüfer halten, nur weil das Geschäft spekulativ war. Dessen war er sich bei der Anlageentscheidung aufgrund des Hinweises im Testat bewußt. Ist das Testat dagegen aus vom Wirtschaftsprüfer zu vertretenden Gründen fehlerhaft, ist kein Grund ersichtlich, ihn nur wegen einer Risikoneigung der Anlageform von der Haftung zu befreien.

f) Durch Mandanten verfälschtes Testat

Ein weiterer, nur selten behandelter Fall, in dem man die Schutzwürdigkeit des Anlegervertrauens verneinen könnte, ist das nach Erstellung vom Mandanten verfälschte und in verfälschtem Zustand dem Dritten vorgelegte Testat.

Philippsen nähert sich der Frage des verfälschten Testats, allerdings vor dem Hintergrund einer rechtsgeschäftlichen Haftung nach Garantiegrundsätzen[464]. Die von ihm gewählte Lösung über § 120 BGB ist jedoch für eine auf c.i.c. gestützte Vertrauenshaftung, die ohne Rücksicht auf rechtsgeschäftliche Willenserklärungen des Wirtschaftsprüfers begründet wird, nicht hilfreich.

Sucht man eine Lösung mittels Vertrauen, kann man fragen, ob das vom Anleger dem Testat entgegengebrachte Vertrauen überhaupt schutzwürdig ist.

Ist die Fälschung für den Anleger ohne weiteres ersichtlich, ist die Verneinung der Schutzwürdigkeit eine Selbstverständlichkeit. In diesen Fällen kann schon kein Vertrauen des Anlegers in die Arbeit des Wirtschaftsprüfers wegen seiner beruflichen Stellung und Sachkunde

---

[462] *Lorenz*, FS für Larenz, 1973, S. 575, 619; *ders.*, Karlsruher Forum 1983, S. 48, 50 Fn 16; *Littbarski*, NJW 1984, 1667, 1670.

[463] *Littbarski*, NJW 1984, 1667, 1670.

[464] *Philippsen*, Zur Dritthaftung des privat beauftragten Gutachters für fahrlässig verursachte Vermögensschäden, 1998, S. 162 ff.

entstehen, weil der Anleger weiß, das Testat in der ihm vorgelegten Form ist nicht dem Wirtschaftsprüfer, sondern dem Mandanten zuzurechnen.

Aber auch sonst ist Schutzwürdigkeit zu verneinen. Die Verfälschung eines von einem Wirtschaftsprüfer stammenden Testats muß gleich behandelt werden, wie ein Testat, das überhaupt nicht von einem Wirtschaftsprüfer stammt, sondern gänzlich vom Mandanten erstellt, also nicht nur ver-, sondern gefälscht wurde. Ge- und verfälschte Testate dürfen keine vertrauensbegründende Wirkung haben. Insoweit kann man eine Parallele zur Frage der Wirkungen eines gefälschten Grundbucheintrags oder einer gefälschten öffentlich beglaubigten Abtretungserklärung im Rahmen des Hypotheken- bzw. Grundschuldrechts ziehen. Grundbucheintrag und öffentlich beglaubigte Abtretungserklärung sind wegen ihres öffentlichen Glaubens Rechtsscheinträger und schützen ein Vertrauen auf ihre Richtigkeit (§§ 891 f., 1155 BGB). Testate von Wirtschaftsprüfern besitzen zwar keinen guten Glauben im Sinne von Grundbuch oder öffentlich beglaubigter Abtretungserklärung im Fall des § 1155 BGB, doch lösen auch sie ein Richtigkeitsvertrauen aus, das ihre Gleichsetzung mit mit öffentlichem Glauben versehenen Rechtsscheinträgern erlaubt[465]. Bei letzteren ist öffentlicher Glaube ausgeschlossen, wenn sie gefälscht sind[466]; sie lösen keinen guten Glauben aus. Das muß auch für Testate gelten, die kein schutzwürdiges Vertrauen auslösen dürfen. Dieses kann nicht von der Qualität der Fälschung abhängen, weil sonst bei täuschend echten Fälschungen gutgläubiger Erwerb bzw. Vertrauen möglich wäre, während dies bei schlechter gelungenen Imitaten nicht der Fall ist. Eine solche Differenzierung führte zu zufälligen Ergebnissen und Beweisproblemen, die es Gerichten abverlangten, über die Qualität einer Fälschung zu befinden und nicht über das Vorliegens von Fälschung oder Original.

Dagegen einzuwenden, der Anleger könne oft nicht unterscheiden, ob eine Fälschung vorliege, weshalb zum Schutz des Rechtsverkehrs der bloße Anschein einer echten Urkunde ausreiche[467], ist wenig überzeugend. Dies ließe außer Acht, daß auch die Haftung des Wirtschaftsprüfers Grenzen haben muß. Zu weit ginge es, ihn für vom Mandanten verfälschte Testate haften zu lassen, die er selbst unter Beachtung der Berufsstandards erstellte. Der Wirtschaftsprüfer wäre dann nicht nur für eigenes Fehlverhalten, sondern auch für Fehlverhalten seines Mandanten verantwortlich.

Der auf Expertenhandeln vertrauende Dritte ist zwar generell schutzbedürftig, jedoch nicht um jeden Preis. Ihn bei Verfälschung von Testaten auf Ansprüche gegen den Mandanten zu beschränken, ist sicher nicht unbillig. Zu weit ginge es aber, den Wirtschaftsprüfer auf Regreß gegen den Mandanten zu verweisen, wenn der Dritte ihn in Anspruch nahm. Dadurch würde das Insolvenzrisiko des Mandanten auf den Wirtschaftsprüfer überwälzt, ein Vorgehen, das nicht sachgerecht wäre, zumal wenn es um Ansprüche des Anlegers gegen seinen Geschäftspartner, wegen dessen rechtswidrigen Verhaltens geht. Auf die Beziehung des Mandanten zum Anleger hat der Wirtschaftsprüfer keinen Einfluß. Es war freier Wille des Anlegers, sich den Mandanten als Geschäftspartner zu erwählen. Deshalb soll er auch dessen Insolvenzrisiko tragen.

---

[465] Vgl. oben Seite 74 f.

[466] Erman/*Wenzel*, § 1155 BGB Rn 3; Palandt/*Bassenge*, § 1155 BGB Rn 4; Staudinger/*Wolfsteiner*, § 1155 BGB Rn 13. Nur für gefälschte Grundbucheintragungen zustimmend MüKo/*Eickmann*, § 1155 BGB Rn 12.

[467] So für § 1155 BGB MüKo/*Eickmann*, § 1155 BGB Rn 12.

Letztlich spricht also eine Abwägung der betroffenen Interessen von Anleger und Wirtschaftsprüfer für die Verneinung der Schutzwürdigkeit des Vertrauens.

III. Kenntnis bzw. Erkennbarkeit der Drittverwendung

Als weitere haftungseingrenzende Tatbestandsvoraussetzung ist seitens des Wirtschaftsprüfers ein Bewußtsein der Drittverwendung[468] zu verlangen. Es wird auch als Vorhersehbarkeit einer schadensträchtigen Vertrauensdisposition [469] bzw. als erkennbare Relevanz des Testats für den Dritten bezeichnet[470]. Gemeint ist damit immer dasselbe: Dem Wirtschaftsprüfer mußte bei Testaterteilung bewußt sein oder hätte nach den Umständen bewußt sein müssen, daß das Testat zur Herbeiführung einer Vermögensdisposition eines Dritten verwandt wird, für dessen Entschluß es von maßgeblicher Bedeutung sein soll. Auch der Bundesgerichtshof fordert in seiner neuesten Entscheidung zur Wirtschaftsprüferdritthaftung Kenntnis oder Erkennbarkeit der Drittverwendung[471].

1. Inhalt

a) Alleinige Erkennbarkeit

Unbestritten ist eine Haftung des Wirtschaftsprüfers nur bei positiver Drittverwendungskenntnis. Umstritten ist, ob die bloße Erkennbarkeit ausreichen kann.

aa) Erfordernis der Kenntnis
Teilweise wird eine Haftung nur bei positiver Kenntnis des Wirtschaftsprüfers von der Drittverwendung des Testats für berechtigt erachtet[472], da für das Eintreten in die Sonderverbindung der Vertragsverhandlungen willentliches Verhalten erforderlich sei und nur Nichtzurkenntnisnahme trotz Erkennbarkeit nicht ausreiche. Dies gelte insbesondere, wenn der Wirtschaftsprüfer dem Mandanten die Drittverwendung verboten habe[473].

bb) Differenzierende Betrachtung
Teilweise wird diese Frage differenziert betrachtet[474]: Im Grundsatz genüge ein bloßes Kennenmüssen nicht. Ausnahmsweise sei Erkennbarkeit ausreichend, wenn der Wirtschaftsprüfer eine Schlüsselposition zur Sicherung in einem Kapitalanlagemodell einnimmt und ein spezielles, auf die Bedürfnisse einer bestimmten Personengruppe ausgerichtetes Testat erstellt, das er in bestimmten zeitlichen Abständen, z. B. halbjährlich, erneut erstellen muß. Dann sei ihm eine Haftung zumutbar, weil er den Kreis der potentiellen, auch künftigen Anspruchsteller ohne Schwierigkeiten erkennen könne.

---

468 *Gräfe*/Lenzen/Schmeer, Steuerberaterhaftung Rn 528.
469 *Schneider*, ZHR 163 (1999), 246, 254.
470 *Ebke/Scheel*, WM 1991, 389, 393.
471 BGH NJW 2001, 360, 363 und erster Leitsatz.
472 *Arnold*, DStR 2001, 488, 492; *Koller*, WuB I G. 4.-1.01.
473 Zu den Auswirkungen solcher Verbote vgl. unten Seite 168 ff.
474 *Möllers*, JZ 2001, 909, 915.

cc) Stellungnahme
Genügen muß dagegen stets die bloße Erkennbarkeit der Drittverwendung. Dies hat auch zu gelten, wenn der Wirtschaftsprüfer eine Drittverwendung verbot und das Testat dennoch weitergegeben wird. Denn hätte er nicht mit einer Drittverwendung gerechnet, hätte er diese Verbote kaum beigefügt. Darüber hinaus muß er wohl damit rechnen, daß sich der Mandant über sein Verbot hinwegsetzen könnte.

Das Erfordernis der Kenntnis bzw. Erkennbarkeit kann eine Dritthaftung nur ausscheiden lassen, wenn der Wirtschaftsprüfer mit einer Dritthaftung überhaupt nicht rechnen mußte, da er nur dann schutzwürdig und vor einer Haftung zu bewahren ist. Rechnet er dagegen damit, ist er weniger schutzwürdig, weil er sich durch andere Maßnahmen, auf die im folgenden einzugehen sein wird, vor einer zu weitgehenden Haftung bewahren kann, indem er, über das Verbot der Weitergabe dem Mandanten gegenüber hinaus, weitere Vorsorge trifft. Eine Einschränkung ist deshalb nicht erforderlich.

b) Generelle Drittverwendungskenntnis

Drittverwendungskenntnis setzt nicht voraus, daß ein konkreter Dritter zur Weitergabe des Testats ins Auge gefaßt wurde[475]. Sie kann eine generelle sein. Wichtig ist nur, daß der Wirtschaftsprüfer überhaupt mit einer Drittberührung rechnet und das Testat für (irgend)einen Anleger bestimmt ist[476]. Die konkrete Person des geschützten Dritten wird ihm dabei gleichgültig sein, da der Verzicht auf die persönliche Kenntnis das Haftungsrisiko nicht erhöht. Ein Wirtschaftsprüfer muß auch einem Unbekannten gegenüber gewissenhaft arbeiten, da seine Pflichten nicht von einer konkreten Person abhängen.

Diese Aussage bedarf aber einer Einschränkung. Sie gilt nur, wenn der tatsächliche Anspruchsteller zu dem Kreis gehört, den das Testat schützen soll[477], und die Anzahl von Personen, für die das Testat errichtet wurde, gleich bleibt. Wurde es für nur einen Anleger in Auftrag gegeben und errichtet, ist sicherlich unerheblich, wer dieser eine Anleger ist, da sich die Haftungsrisiken nicht vermehren, wenn sich an Stelle des einen ein anderer darauf verläßt. Treten dagegen neben den einen Anleger zusätzlich noch ein oder mehrere andere, die sich auch darauf verlassen, droht eine bis ins Uferlose mögliche Ausdehnung der Haftung. Anderes gilt nur, wenn das Testat von vornherein nicht nur für eine oder eine genau bestimmte Anzahl von Personen errichtet wurde, sondern für eine zahlenmäßig unbestimmte Gruppe, etwa alle Anleger, die sich an dem zu prüfenden Anlagemodell beteiligen wollen.

2. Notwendigkeit

Das Erfordernis der Kenntnis bzw. Erkennbarkeit ist kein Spezifikum der c.i.c.-Dritthaftung. Auch die übrigen vertretenen Anspruchsgrundlagen fordern ein Wissenselement.

---

[475] BGH NJW 1984, 355; 1987, 1758, 1760; JZ 1985, 951, 952; 1998, 624, 626 f.; *Hopt*, FS für Pleyer, 1986, S. 341, 359; *ders.*, WPg 1986, 498, 500 f.; *Canaris*, ZHR 163 (1999), 206, 235; *Honsell*, FS für Medicus, 1999, S. 211, 226; *Schneider*, ZHR 163 (1999), 246, 258.
[476] BGH JZ 1998, 624, 627.
[477] Zu deren Bestimmung vgl. genauer unten Seite 165 ff.

Beim Vertrag mit Schutzwirkung für Dritte fungiert die Erkennbarkeit als dritte Grundvoraussetzung für die Einbeziehung des Dritten. Auch der Auskunftsvertrag kommt nicht ohne Erkennbarkeit aus[478], da der Wirtschaftsprüfer die für einen Vertrag mit dem Dritten notwendige Willenserklärung nur dann in Richtung auf diesen abgeben kann, wenn ihm erkennbar ist, daß der Empfänger der im Testat erhaltenen Auskunft sie zur Grundlage seiner Disposition macht. Schließlich benötigt der auf Schädigung gerichtete Vorsatz in § 826 BGB[479] ein Kenntniselement, damit die Richtung der Auswirkung des Schadens und dessen Art vorausgesehen und zumindest gebilligt werden kann.

Im Haftungstatbestand der c.i.c. ergibt sich die Notwendigkeit des Kenntniselementes zwar nicht aus einer rechtsgeschäftlichen Ableitung der Dritthaftung aus einer Auslegung des Willens des haftenden Wirtschaftsprüfers, da Haftungsgrundlage ein willensunabhängiges Vertrauen ist. Haftungsbegründende Bedeutung kommt der Kenntnis im Rahmen der c.i.c. aber zu, weil man ohne Kenntnis oder Erkennbarkeit der Drittverwendung nicht sagen kann, der Wirtschaftsprüfer habe auf die Willensentschließung des Anlegers in einer ihm zurechenbaren Weise eingewirkt[480] und dessen Vertrauen in Anspruch genommen[481]. Dennoch beim Dritten eingetretene Schäden lägen außerhalb des Schutzzwecks des Testats.

Nötig wird dieses Merkmal zudem unter dem Stichwort Risikokalkulierbarkeit zur Eingrenzung der bereits aufgezeigten Gefahr unübersehbarer Haftungsrisiken[482]. Ein Wirtschaftsprüfer, dem nicht offenbar wird, daß auch Dritte auf die im Testat getroffenen Aussagen vertrauen und er somit nicht nur Mandanten, sondern auch Dritte schädigen kann, muß damit nicht rechnen. Als Haftungsschuldner muß er seine Belastung aber übersehen können, bevor er einen eine Haftungsgefahr begründenden Kontakt aufnimmt, weil er nur dann das durch die Drittbetroffenheit erweiterte Haftungsrisiko kalkulieren und ab- bzw. versichern kann. Seine Vorsorge durch die noch zu behandelnden privatautonomen Gestaltungsmöglichkeiten[483] setzt Kenntnis eines Dritten voraus, mit dem man Absprachen treffen kann.

Ein weiterer denkbarer Begründungsansatz läßt sich aus der teilweise betonten Vergleichbarkeit der Informationshaftung mit der Haftung eines Herstellers für fehlerhafte Produkte herleiten[484]. Die Information, wenn auch mangels Körperlichkeit keine Sache (§ 90 BGB), sondern Gedankeninhalt, ähnelt einem gefährlichen, aber in seiner Gefährlichkeit nicht erkennbaren Gegenstand, welcher in den Geschäftsbereich des Abnehmers eingeht und dort Unheil anrichtet. Die Haftpflicht des Wirtschaftsprüfers kann deshalb im Inverkehrbringen von für Dritte gefährlichen Informationen verankert werden. Dadurch wird für ihn eine Gefahrabwehr- bzw. Gefahrbeherrschungspflicht begründet, die von der Information ausgehenden Gefahren für den Rechtsverkehr möglichst gering zu halten und zu vermeiden, daß Dritte geschädigt werden. Solch drittbezogene Pflichten können aber immer nur entstehen, wenn der Wirtschaftsprüfer mit dem Betroffensein Dritter zumindest rechnet.

---

[478] BGH WM 1962, 1110, 1111; 1965, 287; 1972, 826 f.; NJW 1996, 2734, 2736.
[479] MüKo/*Mertens*, § 826 BGB Rn 178; Staudinger/*Oechsler*, § 826 BGB Rn 199.
[480] BGH NJW 2001, 360, 364.
[481] *Canaris*, JZ 1995, 441, 446.
[482] BGH NJW 1996, 2734, 2736.
[483] Vgl. unten Seite 123 ff.
[484] *Jost*, Vertragslose Auskunfts- und Beratungshaftung, 1991, S. 217; *Adolff*, Die zivilrechtliche Verantwortlichkeit deutscher Anwälte bei der Abgabe von Third Party Legal Opinions, 1997, S. 125.

3. Eigenständige subjektive Haftungsvoraussetzung

Das Erfordernis von Kenntnis bzw. Erkennbarkeit der Drittverwendung bildet eine eigene, zusätzliche Voraussetzung des (subjektiven) Tatbestands der Dritthaftung[485]. Sie ist zwar, genau wie das Verschulden, eine subjektive Haftungsvoraussetzung, aber nicht, wie gelegentlich vertreten[486], nur ein im Rahmen des Verschuldens zu prüfendes Erfordernis. Das Verschulden und insbesondere die Erkennbarkeit im Rahmen der Fahrlässigkeit, die mit der Erkennbarkeit der Drittverwendung nicht identisch ist und deren Verwechslung wohl Auslöser der gegenteiligen Ansicht ist, bezieht sich nur auf die Fehlerhaftigkeit der Testaterstellung, mithin auf die Pflichtverletzung des Wirtschaftsprüfers. Sie ist unabhängig von der Frage der Dritt- bzw. Mandantenhaftung. Die hier behandelte Erkennbarkeit dagegen dient zur Eingrenzung der Dritthaftungsfälle durch eine zusätzliche Konturierung des Haftungstatbestandes und ist damit ein Spezifikum der Dritthaftung, von dem abhängt, ob der Wirtschaftsprüfer durch sein fehlerhaft erstelltes Testat in ihm zurechenbarer Art und Weise auf die Vermögensdisposition des Dritten eingewirkte[487], ob ihm die schädigende Handlung des Dritten zugerechnet werden kann. Zugerechnet werden kann aber nur eine Disposition, mit der er zumindest rechnen mußte.

In der Regel stellt das Erfordernis der Kenntnis oder Erkennbarkeit der Drittverwendung kein unüberwindbares Hindernis dar. Oftmals wird der Mandant bei Erteilung des Prüfauftrages dem Wirtschaftsprüfer den Anlaß mitteilen, zu dem er das Testat benötigt. Auch ohne Mitteilung dürfte, wenn der Mandant mehrere Exemplare des Testats beim Wirtschaftsprüfer anfordert, die Drittverwendung offen zu Tage liegen, da ihm regelmäßig ein Exemplar genügen wird. Wenn diese Tatsache allein zwar noch keine positive Kenntnis einer Drittverwendung begründet, dann doch deren Erkennbarkeit, die genügend Anlaß zu Nachforschungen hätte geben müssen[488].

Zutreffend wird gesehen, daß die Vorhersehbarkeit der Drittverwendung des Testats und dessen Einsatz zu einer vermögensgefährdenden Disposition allein nicht zur Begründung einer Dritthaftung ausreichen kann, da damit eine Haftung nicht weit genug von ihren ruinösen Folgen entfernt wird[489]. Doch ist dies hier nicht zu befürchten, da die Kenntnis bzw. Erkennbarkeit nur ergänzend neben den anderen schon genannten Haftungsvoraussetzungen eine tatbestandlich möglichst eingeengte Haftung schaffen soll und noch durch andere, im folgenden zu behandelnde Grenzen ergänzt wird.

---

485 So auch *Wiegand*, Die „Sachwalterhaftung“ als richterliche Rechtsfortbildung, 1991, S. 266 f.

486 *Möllers*, JZ 2001, 909, 914, der eine Haftung, für die Erkennbarkeit der Drittverwendung ausreicht, als zu weit und unnötigerweise in den Bereich der Fahrlässigkeit ausgedehnt kritisiert.

487 So versteht auch BGH NJW 2001, 360, 364 das Erfordernis der Drittverwendungskenntnis.

488 Anders sieht dies auch nicht *Müller*, FS für Forster, 1992, S. 451, 462, der die Auslieferung einer Mehrzahl von Prüfberichten nicht für eine (rechtsgeschäftliche) Erklärung der Haftungsübernahme gegenüber Dritten ausreichen läßt. Zur Frage der Erkennbarkeit der Drittverwendung und deren Notwendigkeit für die Annahme einer Haftung sagt er aber nichts.

489 *Ekkenga*, WM-Sonderbeilage 3/1996, 1, 15; *Grunewald*, ZGR 1999, 583, 597 f.; *Schneider*, ZHR 163 (1999), 246, 254 f.

IV. Zusammenfassung

1. Haftungstatbestand

Zusammenfassend seien die Anspruchsvoraussetzungen der c.i.c.-Wirtschaftsprüferhaftung für fehlerhafte Testate gegenüber Kapitalanlegern im Überblick dargestellt.

a) Objektiver Tatbestand

Der objektive Tatbestand der c.i.c. fordert grundsätzlich ein vorvertragliches Schuldverhältnis, das im Rahmen der Dritthaftung zwar zwischen Wirtschaftsprüfer und Anleger nicht vorliegt, aber durch ein Vertrauensverhältnis ersetzt wird, das als Sonderbeziehung an Stelle eines Vertrags tritt. Dieses erfordert neben der Inanspruchnahme besonderen persönlichen Vertrauens durch den Wirtschaftsprüfer die Gewährung des Vertrauens durch den Anleger bei seiner Vermögensdisposition. Das gewährte Vertrauen muß zudem schutzwürdig sein, was anhand obiger Kriterien zu ermitteln ist. Die bei c.i.c. erforderliche Pflichtverletzung des Wirtschaftsprüfers liegt in der Enttäuschung des Vertrauens durch Erstellung eines unrichtigen Testats.

b) Subjektiver Tatbestand

Da das deutsche Schadensersatzrecht vom Grundsatz der Verschuldenshaftung ausgeht und eine verschuldensunabhängige Gefährdungshaftung nur in gesetzlich geregelten Ausnahmefällen vorsieht[490], erfordert die Wirtschaftsprüferhaftung ein vorsätzliches oder fahrlässiges (§ 276 Abs. 1 Satz 1 BGB) Verhalten, das zur Unrichtigkeit führt.

Bezüglich der Beweislast bietet § 280 Abs. 1 Satz 2 BGB[491] dem Anleger, dem die für den Verschuldensbeweis nötige Sachkunde fehlt und der den Geschäftsbereich des Wirtschaftsprüfers kaum durchschaut, eine Erleichterung durch Beweislastumkehr.

Zweites subjektives Haftungskriterium ist die Kenntnis bzw. Erkennbarkeit der Verwendung des Testats gegenüber Anlegern durch den Wirtschaftsprüfer.

2. Weiterer Begrenzungsbedarf

Der Haftungstatbestand erreicht eine gewisse Konturierung der Haftung und verhindert so den immer wieder erhobenen Vorwurf der Voraussetzungslosigkeit, die Quelle einer nach Belieben manipulierbaren Haftung sei[492]. Hält sich die Rechtsprechung, wenn ein Anspruch eines Anlegers gegen einen Wirtschaftsprüfer wegen dessen fehlerhaften Testats geltend ge-

---

490 Palandt/*Heinrichs*, § 276 BGB Rn 3, 135 f.; *Musielak*, VersR 1974, 509, 519; *Jost*, Vertragslose Auskunfts- und Beratungshaftung, 1991, S. 271.

491 Entspricht inhaltlich § 283 BGB a.F.

492 *van Gelder*, WM 1995, 1253, 1255; *Philippsen*, Zur Dritthaftung des privat beauftragten Gutachters für fahrlässig verursachte Vermögensschäden, 1998, S. 220.

macht wird, an die dargestellten Tatbestandsvoraussetzungen, ist die Anspruchsgewährung alles andere als manipulierbar. Der klare Tatbestand rückt die Vorhersehbarkeit der Dritthaftung ein Stück näher, ohne jedoch eng genug zu sein.

B. Gesetzliche Begrenzungen

Eine angemessene Begrenzung der Dritthaftung des Wirtschaftsprüfers könnte bereits dem Gesetz oder, wenn es keine Regelungen enthält, aus Analogie zu gesetzlichen Vorschriften entnommen werden oder ließe sich aus Wertungen des Gesetzes ableiten. Zu denken ist dabei insbesondere an eine Beschränkung der Haftung auf grobes Verschulden, an summenmäßige Haftungsbeschränkungen auf einen bestimmten Betrag, aber auch an ein mitwirkendes Verschulden des geschädigten Anlegers bei der Entstehung des Schadens, an Verjährung und schließlich an die Möglichkeiten, die das Gesellschaftsrecht für eine Beschränkung bietet.

I. Wertung aus § 675 Abs. 2 und §§ 823 ff. BGB

1. Haftungsausschluß

Man könnte sich mit Teilen des Schrifttums[493] auf den Standpunkt stellen, der Gesetzgeber wollte für vertragslos geschädigte Dritte Ansprüche nur nach den gesetzlichen, insbesondere deliktischen Regeln vorsehen. Das bedeutete für den Wirtschaftsprüfer eine nicht ganz unerhebliche Haftungsentlastung, da er dann nur bei Vorsatz für die bei den Anlegern verursachten Vermögensschäden einzustehen hätte.

Begründet wird dies im wesentlichen mit zwei Grundsätzen, die dem BGB zugrunde liegen sollen[494]: Erstens wird wegen § 675 Abs. 2 BGB[495] eine Haftung für Rat oder Auskunft ohne auf Auskunft gerichteten Vertrag, Delikt oder sonstige gesetzliche Bestimmung verneint. Zweitens wird Deliktsschutz für fahrlässig verursachte primäre Vermögensschäden, aus den Wertungen der §§ 823 ff. BGB gefolgert, verneint.

a) Wertung des § 675 Abs. 2 BGB

Der aus § 675 Abs. 2 BGB abgeleitete Grundsatz beruht darauf, daß ein Auskunftgeber sich in der Regel nicht so weit binden wolle, daß er für die Richtigkeit der von ihm erteilten Auskunft haftungsrechtlich auch einzustehen habe, und der Auskunftsempfänger auf der anderen Seite eigenverantwortlich entscheiden müsse, ob er die Auskunft zur Grundlage seiner Entscheidung macht. Befolgt er die Auskunft, handelt er auf eigene Gefahr[496] und besorgt ausschließlich eine originär eigene Angelegenheit[497], so daß § 675 Abs. 2 BGB letztlich Ausfluß der Privatautonomie und Selbstverantwortung ist.

---

493 So im Grundsatz *Ebke*, Wirtschaftsprüfer und Dritthaftung. Wohl auch *ders.*, JZ 1990, 688, 689, wenn er dort nach Sinn und Unsinn der ständigen Haftungsausweitung fragt. Ebenso skeptisch für die Wirtschaftsprüferhaftung *Ebke/Scheel*, WM 1991, 389, 398. Wohl auch für eine Haftung nur in krassen Fällen *Honsell*, FS für Medicus, 1999, S. 211, 233. Ebenso für eine Haftung nur nach Deliktsrecht *Kiss*, WM 1999, 117 ff., 124.

494 *Honsell*, FS für Medicus 1999, S. 211, 212 ff.

495 Entspricht mit geringfügiger Änderung dem alten § 676 BGB, den durch das Überweisungsgesetz vom 21.07.1999 (BGBl. I S. 1642) mit Wirkung ab dem 14.08.1999 § 675 Abs. 2 BGB ablöste.

496 Motive II, 554; Protokolle II, 380, 664-665; *Schneider*, ZHR 163 (1999), 246, 249, 259.

497 Palandt/*Sprau*, § 675 BGB Rn 27.

Dem Wortlaut nach umfaßt die Norm zwar nur Rat und Empfehlung, aber Testate, Gutachten, Bescheinigungen und Zeugnisse als besondere Erscheinungsformen der Auskunft, als besonders sachkundige Auskünfte, werden diesen rechtlich gleichgestellt[498].

Läßt man diese gesetzliche Wertung unbeachtet, fördert man die Ausuferung der Haftung[499]. Nimmt man den Grundsatz dagegen ernst, scheidet im Gros der Fälle der Wirtschaftsprüferhaftung eine Ersatzpflicht aus. Ein auf Auskunft gerichteter Vertrag wurde nicht ausdrücklich geschlossen und sollte auch konkludent richtigerweise nur seltenst zur Anwendung gelangen. Die Deliktshaftung versagt ebenfalls, will man keine dogmatisch bedenkliche Aufweichung der §§ 826 und 823 Abs. 2 BGB hinnehmen.

b) Wertung der §§ 823 ff. BGB

Der zweite gesetzlich implizierte Grundsatz, der Ausschluß der deliktischen Fahrlässigkeitshaftung für primäre Vermögensschäden, folgt aus dem bewußten Verzicht des Gesetzgebers auf eine große deliktische Generalklausel mit einer Haftung für alle schuldhaft verursachten Schäden, und seine Hinwendung zum nummerus clausus der durch § 823 Abs. 1 BGB geschützten Rechtsgüter, ferner auch aus den wenigen speziell geregelten Fällen der §§ 823 Abs. 2, 824, 826, 839 BGB, in denen primäre Vermögensschäden zwar ersetzt werden, aber – wie gezeigt[500] – nur unter verschärften Tatbestandsvoraussetzungen auf objektiver und subjektiver Seite. Dieser Ausschluß der deliktischen Haftung für fahrlässig verursachte primäre Vermögensschäden wird ebenfalls nicht nur als ärgerlicher Zufall aus der Anwendung des Gesetzes betrachtet, sondern als vom Gesetzgeber bewußt getroffene Schutzlücke, die als wohlüberlegte Barriere[501] gegen eine allzu weite Haftung fungiert und die Zahl der potentiellen Haftungsgläubiger beschränken möchte[502].

Diese Grundsätze würden ausgehöhlt und das gesetzliche Regel-Ausnahme-Verhältnis[503] auf den Kopf gestellt, was zu einer gefährlichen Erosion der Grundstrukturen des Schuldrechts mit unübersehbaren Haftungsrisiken führte[504]. Einer derartigen Ausweitung des Haftungssystems des BGB fehle es an einer überzeugenden Begründung.

2. Kritik

Überzeugen und eine Haftung ausschließen können diese Einwände nicht.

---

[498] *Baumbach/Hopt*, § 347 HGB Rn 12; RGRK/*Steffen*, § 676 BGB Rn 2; Soergel/*Häuser/Welter*, § 676 BGB Rn 3; *Philippsen*, Zur Dritthaftung des privat beauftragten Gutachters für fahrlässig verursachte Vermögensschäden, 1998, S. 3, 35 f. Im Testat kann man eine Auskunft über das geprüfte Unternehmen sehen (*Nann*, Wirtschaftsprüferhaftung – Geltendes Recht und Reformüberlegungen, 1985, S. 152).
[499] *Honsell*, FS für Medicus, 1999, S. 211, 213.
[500] Vgl. oben Seite 8 ff.
[501] *Honsell*, FS für Medicus, 1999, S. 211, 213; *ders.*, JZ 1985, 952, 953; *ders./Harrer*, JuS 1985, 161 ff.
[502] *Picker*, AcP 183 (1983), 369, 476 ff., 506; *ders.*, JZ 1987, 1041, 1053.
[503] Grundsätzlich keine Haftung, außer entsprechende Anspruchsgrundlage, die bei Vorsatz aus dem Deliktsrecht und sonst nur bei vertraglicher Vereinbarung folgt.
[504] *Honsell*, FS für Medicus, 1999, S. 211, 213, 223.

a) Widersprüchlichkeit

Es fällt auf, daß die Vertreter der Beschränkung nicht selten mit anderen Mitteln in Umgehung des strengen Tatbestandes eine Haftung begründen und dadurch selbst unglaubwürdig werden. Konsequent wäre die Anwendung des deliktischen Rechtsschutzes mit seiner unangenehmen Enge hinzunehmen und zu akzeptieren, daß in Härtefällen kein Ersatz gewährt werden kann, wenn die Tatbestandsvoraussetzungen der §§ 823 Abs. 2 und 826 BGB nicht erfüllt sind. Ansonsten könnte die Ansicht mit denselben Argumenten widerlegt werden, die sie zur Widerlegung der vertraglichen und vertragsähnlichen Anspruchsgrundlagen heranzieht: Sie ist contra legem und reine Fiktion.

Es ist zwar nicht unmöglich, eine Haftung auch nur mit dem Gesetz zu bekommen, jedoch ist zumindest fraglich, ob die strengen Haftungsvoraussetzungen des Deliktsrechts für eine interessengerechte Lösung taugen. Wenn selbst die Vertreter der engen, rein gesetzlichen Haftung die in Frage kommenden Anspruchsgrundlagen extensiv auslegen, zeigt sich die Korrekturbedürftigkeit. Dogmatisch schonend für die Struktur der deliktischen Haftung ist eine Korrektur aber nur auf andere Weise möglich.

b) Überholte Verhältnisse

Abgesehen von den oben zitierten Autoren besteht heute breiter Konsens in der Annahme, daß eine über das Deliktsrecht hinausgehende Haftung unumgänglich[505], daß, auf welcher Grundlage auch immer, im Ergebnis eine Haftung zu bejahen ist[506].

Auch wenn der BGB-Gesetzgeber eine Haftung bewußt ausgeschlossen haben sollte, ist diese restriktive Entscheidung mit den heutigen Anschauungen nicht mehr in Einklang zu bringen[507]. Die vor über hundert Jahren getroffene Konzeption des BGB hat sich zu weit von der Realität des Rechtslebens entfernt[508]. Oft fordern schon die Billigkeit und der Gedanke einer Schädigungsprävention durch eine verschärfte Haftung die Ermöglichung derselben[509]. Daneben zwingt die seit dem Inkrafttreten des BGB geänderte Situation auf dem Markt der Dienstleistungen und Beratungen[510], eine etwa bestehende gegenläufige Wertung zu durchbrechen. Zeichnete sich diese damals durch im wesentlichen auf die Vertragsparteien bezogene Beziehungen aus, hat in neuerer Zeit zunehmend eine Mehrgliedrigkeit der Verhältnisse Einzug gehalten, die in der immer größer werdenden Komplexität der Sachverhalte, in der fortschreitenden Spezialisierung und der damit einhergehenden zunehmenden Arbeitsteilung

---

[505] Erman/*Ehmann*, § 328 BGB Rn 1, § 675 BGB Rn 134; *Grunewald*, ZGR 1999, 583, 596; *Hübner*, NJW 1989, 5, 9; *Lammel*, AcP 179 (1979), 337, 347; *Larenz*, Schuldrecht BT II/1, § 56 VI, S. 425; *Lorenz*, FS für Larenz, 1973, S. 575, 618; *Musielak*, WM 1999, 1593, 1594; *Schulze*, JuS 1983, 81, 82.

[506] Dies zeigen schon die immer neuen Versuche, eine Haftung des Wirtschaftsprüfers und anderer Experten zu begründen. Es ist also weniger die Haftung, die bezweifelt wird, als vielmehr die Berechtigung der Begründung der Haftung über vertragliche, vorvertragliche bzw. vertragsähnliche Konstruktionen.

[507] Es sei an dieser Stelle angemerkt, daß eine Wertung des Gesetzgebers nicht von vornherein eine Rechtsfortbildung ausschließt (*Neuner*, JZ 1999, 126, 127). Dies gerade dann nicht, wenn ein Bedürfnis dafür besteht, diese Wertung aufzugeben.

[508] Erman/*Ehmann* (9. Auflage), § 676 BGB Rn 1. Es wird noch weitergehend bezweifelt, ob die vom Gesetzgeber getroffene Entscheidung überhaupt je zutreffend war (*Lorenz*, FS für Larenz, 1973, S. 575).

[509] *Picker*, FS für Medicus, 1999, S. 397, 428; *Zugehör*, NJW 2000, 1601, 1602.

[510] *Picker*, FS für Medicus, 1999, S. 397, 429; *ders.*, JZ 1987, 1041, 1043.

ihren Grund findet. Der ursprüngliche Vertragspartner ist mangels eigener Sachkunde meist nicht in der Lage, die vom Kunden gewünschten Auskünfte selbst zu erteilen. Deshalb bedient er sich des Wirtschaftsprüfers als Experten und wird durch Abschluß eines entsprechenden Vertrages sein Mandant. Der im Endeffekt geschädigte Dritte dagegen wird nicht Partei dieses Vertrags, ist aber Hauptbetroffener der Expertenleistungen. Wenn das Gesetz dann den Ersatz von Vermögensschäden außerhalb vertraglicher Beziehungen nur begrenzt zuläßt, besteht die befremdliche Folge, daß der Dritte in zunehmendem Maße der Schädigung durch Nichtvertragspartner ausgeliefert ist, von ihnen aber nur schwer oder gar nicht Ersatz verlangen kann. Zum Schaden führende Pflichtverletzungen blieben in weiten Teilen sanktionslos.

Aus diesem Grund kann nicht erwartet werden, generell auf die Gewährung von Drittansprüchen zu verzichten, solange nicht der Gesetzgeber die Expertenhaftung umfassend regelt[511]. Vielmehr sind die Versuche einer Haftung außerhalb des Deliktsrechts und ausdrücklich und unmittelbar von den Parteien begründeter Rechtsbeziehungen verständlich. Dies gilt insbesondere, da sich zeitgemäße Lösungen in der Dichotomie von Delikt und Vertrag nicht finden lassen[512].

c) Begrenzte Bedeutung des § 675 Abs. 2 BGB

§ 675 Abs. 2 BGB wurde für die entgeltliche oder berufliche Auskunftserteilung im Rahmen eines Geschäftsbetriebes praktisch bedeutungslos[513]. Seine haftungsausschließende Wirkung gilt nur für gefälligkeitshalber und unentgeltlich erteilte Auskünfte, die im täglichen Leben immer wieder ausgeteilt und oft nicht gefordert werden[514].

In den hier interessierenden Fällen des Wirtschaftsprüfertestats ist von beidem auszugehen. Das Testat des Wirtschaftsprüfers ist materiell berufsbezogen. Es wird in der Eigenschaft als Wirtschaftsprüfer erteilt und gehört gem. § 2 Abs. 1 WPO auch außerhalb der gesetzlich vorgeschriebenen Prüfungen zu den Kernaufgaben der Wirtschaftsprüfer. Weil die Auskunft eng mit dem Beruf und der zu seiner Ausübung nötigen Ausbildung zusammenhängt, besitzt sie eine höhere Verbindlichkeit. Somit kann das Vertrauen in die berufliche Stellung des Wirtschaftsprüfers nur ein Vertrauen in ein berufskonformes Verhalten rechtfertigen, nicht aber das Vertrauen, daß sich der Wirtschaftsprüfer auch außerhalb seiner Berufsausübung berufsgerecht verhält, wenn er z. B. gefälligkeitshalber Auskünfte erteilt.

Ferner liegt Entgeltlichkeit auch bei der Testatserteilung in den Fällen der Dritthaftung vor. Der Wirtschaftsprüfer erstellt das Testat im Auftrag des Mandanten nur gegen Entgelt. Daß dieses nicht vom letztlich geschädigten Dritten an den Wirtschaftsprüfer fließt, kann hieran nichts ändern. Wird als Gegenleistung für einen Arbeitserfolg eine Vergütung geschuldet, ist

---

511 *Zugehör*, NJW 2000, 1601, 1609.

512 *Ebenroth/Daum*, WM Sonderheft 1992, 2, 21.

513 *Baumbach/Hopt*, § 347 HGB Rn 8; *Hopt*, FS für Gernhuber, 1993, S. 169; *Lammel*, AcP 179 (1979), 337, 345 ff.

514 So auch MüKo/*Seiler*, § 676 BGB Rn 2, der in dieser Norm aufgrund ihres römischrechtlichen Ursprungs im mandatum tua gratia (vgl. dazu *Lammel*, AcP 179 (1979), 337, 345 f.) einen gesetzlich geregelten Fall einer Gefälligkeitshandlung sieht. Erman/*Ehmann*, § 675 BGB Rn 134, der von sog. Gefälligkeitsempfehlungen spricht. Auch Staudinger/*Wittmann*, § 676 BGB Rn 4, 5, 8; RGRK/*Steffen*, § 676 BGB Rn 10.

nicht erforderlich, daß sie vom Leistungsempfänger selbst erbracht wird. Dies folgt schon aus § 267 BGB, wonach bei Nichtbestehen einer höchstpersönlichen Leistungspflicht auch Dritte die Leistung erbringen können. Höchstpersönlichkeit kann bei reinen Zahlungspflichten indes nur selten angenommen werden, da es für den Gläubiger indifferent ist, wer ihn bezahlt, solange er nur die geschuldete Vergütung erhält. Ein Interesse des Gläubigers besteht in der Regel nur am Leistungserfolg, nicht jedoch an der Person des Leistenden[515]. Wenn schon dann, wenn nicht der Mandant, sondern ein anderer die Vergütung entrichtet, von Entgeltlichkeit gesprochen werden kann, muß dies erst recht gelten, wenn wie hier gerade der Mandant den Wirtschaftsprüfer entlohnt. Hinzu kommt folgendes: Weiß der Wirtschaftsprüfer oder muß er zumindest damit rechnen, daß sein Mandant das Testat auch Dritten zugänglich macht[516], kann er sich darauf bei der Testaterteilung einstellen und z. B. ein erhöhtes, an seinem höheren Haftungsrisiko orientiertes Entgelt verlangen, womit auch sein Dritthaftungsrisiko abgegolten ist[517]. Ihn gegenüber Dritten aber mit § 675 Abs. 2 BGB auch in den Fällen, in denen er vom Mandanten für das Testat entlohnt wird, durch Versagung eines Anspruchs zu schützen, verkürzt den Drittschutz in zu großem Maße.

In allzu großer Generalität davon zu sprechen, daß in der Regel für Rat und Auskunft nicht gehaftet werde, ist vor diesem Hintergrund nicht nur mißverständlich[518], sondern sogar falsch. § 675 Abs. 2 BGB, dem vereinzelt[519] lediglich noch die Funktion eines kommentatorischen Sammelpunkts von Berufspflichten zu Aufklärung und Beratung zugewiesen wird, kann somit nicht mit Erfolg einer Haftung des Wirtschaftsprüfers gegenüber Kapitalanlegern entgegengehalten werden. Über die richtig verstandene Wertung des § 675 Abs. 2 BGB werden nur solche Auskünfte ausgeschlossen, die nicht im Rahmen eines Geschäftsbetriebes professionell und berufsbezogen, sondern unentgeltlich und gefälligkeitshalber erteilt wurden[520].

d) Keine Wertung aus §§ 823 ff. BGB

Daß die §§ 823 ff. BGB keine abschließende Regelung für alle Fälle darstellen, in denen eine vertragliche Haftung nicht eingreift, zeigt sich schon an der Entwicklung des allgemeinen Schuldrechts. Gerade zum Schließen von Lücken, die aus der Unvollkommenheit des Deliktsrechts folgen, wurden die Rechtsfiguren der pVV, des Vertrags mit Schutzwirkung für Dritte und der c.i.c. entwickelt. Zudem ist der Regelungskomplex des Deliktsrechts durch die

[515] Palandt/*Heinrichs*, § 267 BGB Rn 1.

[516] Dies ist, wie oben Seite 97 ff. gezeigt, gerade unabdingbare Voraussetzung, ohne die der Wirtschaftsprüfer Dritten gegenüber nicht haftet.

[517] *Philippsen*, Zur Dritthaftung des privat beauftragten Gutachters für fahrlässig verursachte Vermögensschäden, 1998, S. 152.

[518] MüKo/*Seiler*, § 676 BGB Rn 2 Fn 8.

[519] *Hopt*, FS für Fischer, 1979, S. 237, 252. Dies geht jedoch zu weit, da § 675 Abs. 2 BGB durchaus einen Anwendungsbereich hat. Dieser liegt in der Abgrenzung der rein gefälligkeitshalber erteilten Auskünfte des täglichen, gesellschaftlichen Verkehrs von den professionell oder gegen Entgelt erteilten. Gerade, aber auch nur, bei der ersteren Gruppe besteht ein legitimes Interesse an der Annahme eines Haftungsausschlusses. Für sie paßt noch die ursprüngliche Intention des Gesetzgebers, den Auskunftgeber zu entlasten. Gerade bei unentgeltlicher Auskunft muß jeder wissen, daß sich der Auskunftgeber nicht ohne Gegenleistung einem evtl. bis zur Existenzbedrohung gehenden Haftungsrisiko aussetzen will.

[520] So z. B. im eindeutig privaten Umfeld im Rahmen eines Festaktes zur Teileinweihung eines Klinikums (BGH NJW 1991, 352).

Zulassung von Anspruchsgrundlagen aus dem vertraglichen und quasivertraglichen Bereich auch nicht ausgehebelt. Es handelt sich hierbei vielmehr um eine Frage der Anspruchskonkurrenz. Durchaus nicht unüblich ist, daß neben deliktischen Ansprüchen auch andere, insbesondere vertragliche bestehen. Schadensersatz kann dann zwar auch nur einmal verlangt, aber auf mehrere Grundlagen gestützt werden. Es besteht für den Geschädigten die Möglichkeit, die günstigste Anspruchsgrundlage zu wählen, sei es aus Gründen der Beweislast, der Verjährung o. ä.

II. Wertung des § 323 Abs. 1 Satz 3 HGB

Ein Haftungsausschluß könnte aus einem Umkehrschluß zu § 323 Abs. 1 Satz 3 HGB gefolgert werden. Es geht dabei um die Frage, ob neben § 323 Abs. 1 Satz 3 HGB andere Anspruchsgrundlagen anwendbar sind. Dabei ist zwischen gesetzlich vorgeschriebenen Jahresabschlußprüfungen gem. §§ 316 ff. HGB und freiwilligen Testaten zu trennen, da § 323 HGB nur die Haftung des gesetzlichen Abschlußprüfers regelt. Sollte daraus ein Haftungsausschluß folgen, ist in einem zweiten Schritt die Übertragbarkeit auch auf die freiwillige Prüfung zu untersuchen.

1. Ausschluß einer Haftung des gesetzlichen Abschlußprüfers aus Umkehrschluß zu § 323 Abs. 1 Satz 3 HGB

a) Ausschluß der Haftung

Aus der Beschränkung der Haftung des Abschlußprüfers nur gegenüber der geprüften Gesellschaft und den mit ihr verbundenen Unternehmen, leiten die überwiegende Literatur[521] und Teile der Rechtsprechung[522] ab, daß eine Dritthaftung des Abschlußprüfers neben dem gesetzlichen Haftungstatbestand des § 323 Abs. 1 Satz 3 HGB nur über das Deliktsrecht unter den Voraussetzungen der §§ 823 Abs. 2, 826, 831 BGB in Frage komme und eine ver-

---

[521] *Bosch*, ZHR 163 (1999), 274, 281; *Ebke*, WPK-Mitt. 1997, 108; *ders.*, BB 1997, 1731, 1733; *Ebke/Scheel*, WM 1991, 389, 395; *Ebke/Fechtrup*, JZ 1986, 1112; *Poll*, DZWiR 1995, 95, 98; *ders.*, WPK-Mitt. 2000, 142, 145; *Lang*, WPg 1989, 57, 58; *Feddersen*, WM 1999, 105, 113 ff.; *Quick*, BB 1992, 1675, 1676; *Brandner*, ZIP 1984, 1189; *Schlechtriem*, BB 1984, 1177, 1182; *Schmitz*, DB 1989, 1909, 1914; *Baumbach/Hopt*, § 323 HGB Rn 7, 8; *Baumbach/Hueck*, § 41 Rn 113; Erman/*Westermann*, § 328 BGB Rn 20a; MüKo/*Gottwald* (3. Auflage), § 328 BGB Rn 116; BeckBilKomm/*Budde/Hense*, § 323 HGB Rn 171; Heyman/*Herrmann*, § 323 HGB Rn 7; *Koller/Roth/Morck*, § 323 HGB Rn 9; Baetge/*Fliess*, Rechnungslegung und Prüfung, 1994, S. 161, 176; *Glade*, Rechnungslegung und Prüfung nach dem Bilanzrichtliniengesetz, § 323 HGB Rn 13; *Gottwald*, Haftung für Auskunft und Gutachten gegenüber Dritten: England, Deutschland, Schweiz, 1994, S. 34 f.; *Müller*, FS für Forster, 1992, S. 451, 459; *Hopt*, FS für Pleyer, 1986, S. 341, 353; *von Bar*, AcP 1992, 441, 444 Fn 10; *Honsell*, FS für Medicus, 1999, S. 211, 230; *Streck*, Haftungsfall Testat, Stbg 1991, 98, 101; *Philippsen*, Zur Dritthaftung des privat beauftragten Gutachters für fahrlässig verursachte Vermögensschäden, 1998, S. 147 f. Im Grundsatz auch Kölner Kommentar/*Claussen*, AktG, § 323 HGB Rn 22, der in bestimmten Ausnahmefällen eine weitergehende Haftung zulassen will.

[522] OLG Saarbrücken, BB 1978, 1434, 1435; OLG Karlsruhe WM 1985, 940, 944 und WPK-Mitt. 1999, 231, 233; OLG Düsseldorf WM 1996, 342, 346 und NZG 1999, 901, 903; OLG Celle WPK-Mitt. 2000, 258, 261; LG Hamburg WM 1999, 139, 141 f.; LG Frankfurt a.M. WM 1997, 236, 237; LG Mönchengladbach NJW-RR 1991, 415, 416. Im Grundsatz auch BGH ZIP 1998, 826.

tragliche oder quasivertragliche Dritthaftung nach den bereits dargestellten Haftungsinstituten abzulehnen sei[523].

aa) Wortlaut

Diese Ansicht stützt sich auf den Wortlaut des § 323 Abs. 1 Satz 3 HGB, der eine Haftung nur gegenüber verbundenen Unternehmen vorsieht, die eigentlich auch prüfungsvertragsfremde Dritte sind. Nur weil der Wortlaut sie erwähnt, wird ihnen ausdrücklich ein Schadensersatzanspruch zuerkannt. Wenn der Gesetzgeber damit bestimmte Dritte aus der Masse der übrigen heraushebt, gleichzeitig aber davon absieht, weitere Dritte ebenfalls zu Ansprüchen zu berechtigen, folgt daraus im Umkehrschluß der Ausschluß im Wortlaut nicht erwähnter Dritter. Denn die Erwähnung des verbundenen Unternehmens in § 323 HGB wäre überflüssig, wollte man eine vertragliche Haftung gegenüber allen, die auf das Testat und seine Richtigkeit vertrauen, ohnehin zulassen[524]. Einem Teil der Norm würde der Anwendungsbereich entzogen[525].

bb) Wille des Gesetzgebers

Daneben kann man auf den Willen des Gesetzgebers rekurrieren, der sich in der historischen Entwicklung des § 323 HGB zeigt. Im Rahmen der Beratungen des Gesetzes zur Kontrolle und Transparenz im Unternehmensbereich (KonTraG)[526] kam der Gesetzgeber zur Überzeugung, eine Klarstellung im Wortlaut des § 323 Abs. 1 HGB, wie sie der Bundesrat empfahl[527], sei derzeit nicht erforderlich[528], da bereits der bisherige Wortlaut nur der geprüften Kapitalgesellschaft oder einem verbundenen Unternehmen einen Schadensersatzanspruch gewähre, aber gleichzeitig den Anspruch eines Dritten schon vom Wortlaut her verbiete, was auch durch die Rechtsprechung (zuletzt LG Frankfurt WM 1997, 236 ff.) bestätigt sei[529]. Dadurch wird ohne ausdrückliche Klarstellung die Ablehnung der Dritthaftung außerhalb § 323 Abs. 1 Satz 3 HGB deutlich[530].

cc) Ausgewogene Haftungsverteilung

Andernfalls würde das Haftungsrisiko des gesetzlichen Abschlußprüfers erweitert, was dem Ziel einer begrenzten Haftung für fahrlässiges Handeln, das § 323 Abs. 2 HGB zum Ausdruck bringt, zuwider liefe. § 323 HGB soll das mit der gesetzlich vorgeschriebenen Jahresabschlußprüfung verbundene Haftungsrisiko kalkulierbar machen, um letzlich Versicherbarkeit zu gewährleisten[531]. Gleichfalls sollen die kraft Gesetzes anspruchsberechtigte Kapitalgesellschaft und das verbundene Unternehmen, davor bewahrt werden, ihre ohnehin höhen-

---

[523] Zur Begründung der Anwendbarkeit der §§ 823 ff. BGB neben § 323 HGB vgl. *Ebke*, Wirtschaftsprüfer und Dritthaftung, 1983, S. 37 ff.; *Nann*, Wirtschaftsprüferhaftung – geltendes Recht und Reformüberlegungen, 1985, S. 139 ff.

[524] LG Hamburg WM 1999, 139, 141.

[525] *Feddersen*, WM 1999, 105, 113.

[526] Vom 27.04.1998 (BGBl. 1998 I S. 786), in Kraft getreten am 01.05.1998 (Art. 14 KonTraG).

[527] BT-DR. 13/9712, S. 32, 35. Darin hat der Bundesrat empfohlen, § 323 Abs 1 HGB folgenden Satz anzufügen: Anderen als den in Satz 3 Genannten haften der Abschlußprüfer, seine Gehilfen und die bei der Prüfung mitwirkenden gesetzlichen Vertreter einer Prüfungsgesellschaft für eine fahrlässige Verletzung ihrer Pflichten nicht.

[528] So der Rechtsausschuß des Bundestages BT-DR. 13/10038, S. 22, 25.

[529] BT-DR. 13/10038, S. 22, 25.

[530] BR-DR. 872/1/97, S. 9; BR-DR 872/97, S. 7 f.; MüKo/*Ebke*, § 323 HGB Rn 129.

[531] *Emmerich*, JuS 1998, 843.

begrenzten (§323 Abs. 2 HGB) Ansprüche mit Dritten teilen zu müssen[532]. Die ausgewogene Haftungsverteilung zwischen Kapitalgesellschaft, Drittem und Wirtschaftsprüfer, die §§ 323 HGB, 823 Abs. 2, 826, 831 BGB aufstellen, soll nicht durch Zulassung weiterer Ansprüche auf den Kopf gestellt werden[533].

b) Kein Ausschluß der Haftung

Diese Ansicht ist nicht unbestritten. Andere Autoren[534] und vereinzelt die Rechtsprechung[535] vertreten, § 323 Abs. 1 Satz 3 HGB stehe der Geltendmachung von Drittschäden bei der gesetzlichen Abschlußprüfung nicht entgegen.

aa) Exclusivität nur im Rahmen des Anwendungsbereichs
§ 323 HGB könne nur im Rahmen seines Anwendungsbereiches Exclusivität entfalten. Wenn sich der Anwendungsbereich aber nicht auf Ansprüche Dritter, etwa aus Vertrag oder c.i.c. bezieht[536], kann keine Ausschlußfunktion dafür bestehen. Was nämlich nicht geregelt ist, kann nicht abschließend geregelt sein[537]. Die Privatautonomie der Parteien erlaube ihnen, über § 323 HGB hinaus vertragliche Ansprüche zu begründen. Andere Grenzen als die für alle Verträge geltenden, insbesondere §§ 134, 138 BGB, folgen auch nicht aus § 323 HGB.

bb) Kein Schluß aus § 323 Abs. 1 Satz 3 2. Alternative HGB
§ 323 Abs. 1 Satz 3 2. Alt. HGB enthalte keine Regelung über die Haftung gegenüber Dritten, sondern wolle lediglich die Haftung des Abschlußprüfers im Rahmen des Konzernverhältnisses regeln[538]. Das verbundene Unternehmen sei kein prüfungsvertragsfremder Dritter. Gem. § 318 Abs. 1 Satz 1 HGB erwählt im Konzernverhältnis stets die Mutter den Prüfer, so daß dem Abschluß des Prüfungsvertrags durch die Tochter insofern nur noch formelle Bedeutung zukommt. Die Mutter ist somit Vertragspartner und nicht Dritter, weshalb ihr bei Schädigung nicht ein Anspruch versagt werden kann, nur weil formal ein ohne eigene Entscheidungskompetenz lediglich exekutiv handelndes Organ, das Management der Tochtergesellschaft, handelte. Im umgekehrten Fall der Schädigung der Tochter liegt über die Wertminderung der Beteiligung immer zumindest mittelbar ein Schaden der prüfungsauftraggebenden Mutter vor. Auch für diesen Fall ist die Regelung des § 323 Abs 1 Satz 3 2. Alt. HGB geschaffen; die Tochter soll trotz fehlender unmittelbarer Vertragsbeziehungen einen unmittelbaren Anspruch erhalten, da die Mutter ohnehin nach gesellschaftsrechtlichen

---

[532] BeckBilKomm/*Budde/Hense*, § 323 HGB Rn 171.
[533] *Ebke*, BB 1997, 1731, 1732; *ders.*, JZ 1998, 991, 992.
[534] Palandt/*Heinrichs*, § 328 BGB Rn 34; *Otto/Mittag*, WM 1996, 325, 331; *Ekkenga*, WM-Sonderbeilage 3/1996, 1, 8 ff.; *Schüppen*, DB 1998, 1317, 1319; *Grunewald*, ZGR 1999, 583, 595 f.; *Hopt*, WPg 1986, 465, 466; *ders.*, FS für Pleyer, 1986, 341, 353; *Stahl*, Zur Dritthaftung von Rechtsanwälten, Steuerberatern, Wirtschaftsprüfern und öffentlich bestellten und vereidigten Sachverständigen, 1989, S. 198 f.; *Land*, Wirtschaftsprüferhaftung gegenüber Dritten in Deutschland, England und Frankreich, 1996, S. 81, 202; *Weber*, NZG 1999, 1, 2; *Sieger/Gätsch*, BB 1998, 1408; *Ensthaler*, § 323 HGB Rn 6, *Nann*, Wirtschaftsprüferhaftung – Geltendes Recht und Reformüberlegungen, 1985, S. 136 ff.
[535] OLG Stuttgart WPK-Mitt. 1995, 222; OLG Hamm BB 1996, 2295; LG Mönchengladbach NJW-RR 1991, 415; LG Passau BB 1998, 2052, 2053.
[536] *Otto/Mittag*, WM 1996, 325, 331; Kölner Kommentar/*Claussen*, AktG, § 323 HGB Rn 3; *Hopt*, FS für Pleyer, 1986, 341, 355.
[537] *Otto/Mittag*, WM 1996, 325, 331.
[538] *Otto/Mittag*, WM 1996, 325, 331.

Grundsätzen die Ersatzleistung meist an die Tochter weiterleiten müßte. Somit ist, egal ob verbundenes Unternehmen im Sinne des § 323 Abs. 1 Satz 3 Mutter oder Tochter des Prüfungsauftraggebers ist, die Haftung nie eine Dritthaftung, sondern vielmehr eine die Besonderheiten des Konzerns berücksichtigende Haftung gegenüber dem Prüfungsauftraggeber[539].

c) Stellungnahme

Der lange höchstrichterlich nicht entschiedene Streit fand durch ein Bundesgerichtshofsurteil[540] eine Entscheidung. Das Gericht vertritt nun die Ansicht, § 323 HGB sei für die gesetzliche Abschlußprüfung[541] grundsätzlich abschließend, lasse aber ausnahmsweise eine Haftung nach Grundsätzen des Vertrags mit Schutzwirkung für Dritte zu.

Dem Bundesgerichtshof ist insoweit zuzustimmen, als § 323 HGB im Grundsatz eine Sperrwirkung gegenüber Ansprüchen Dritter zu entnehmen ist, dies aber in bestimmten, wenigen sei hinzugefügt, Ausnahmefällen nicht der Fall ist, nämlich wenn ein echter Parteiwille zur Haftung gegenüber Dritten erkennbar ist.

Zu beachten ist einerseits der eindeutige Wortlaut der Norm und der im Gesetzgebungsverfahren gegen eine Dritthaftung geäußerte Wille des Gesetzgebers[542]. Über diesen können sich die Gerichte nicht hinwegsetzen. Denn für eine richterliche Rechtsfortbildung stellt der erkennbare Wille des Gesetzgebers eine Grenze auf[543].

Daß in Ausnahmefällen dennoch gehaftet wird, erklärt sich aus dem andererseits zu beachtenden Parteiwillen. Ihn kann eine Wertung des Gesetzgebers, wenn sie nicht ausdrücklich ein Verbotsgesetz (§ 134 BGB) statuiert, nicht begrenzen. Die Haftung nach § 323 HGB ist nur eine Mindesthaftung[544], bei der kein Grund besteht, eine Erweiterung durch ausdrückliche Parteiabrede abzulehnen. Die Zulassung einer von den Parteien gewünschten vertraglichen Haftung entspricht der Privatautonomie.

Das heißt also: § 323 HGB steht einer weitergehenden Haftung nicht entgegen, wenn tatsächlich ein entsprechender Parteiwille vorhanden ist. Tatsächlich vorhanden bedeutet, daß der Wille nicht nur auf Billigkeitserwägungen gestützt oder fingiert wird. Es muß tatsächlich ein auf Auskunftsvertrag gerichteter Rechtsbindungswille bejaht werden können oder Wirtschaftsprüfer und Mandant müssen übereinstimmend dem Vertrag Schutzwirkung für den Dritten beigemessen haben.

Dies ist nun der Punkt, in dem der neuen Rechtsprechung nicht mehr zu folgen ist. Sie sieht

---

539 *Otto/Mittag*, WM 1996, 325, 332.
540 BGH ZIP 1998, 826 ff.
541 Nicht abschließend ist er für die freiwillige Abschlußprüfung (BGH ZIP 1998, 826, 827).
542 Mit diesem im Gesetzgebungsverfahren zum KonTraG geäußerten Willen setzte sich der Bundesgerichtshof nicht auseinander. Scheinbar war ihm diese Äußerung zur Zeit der Entscheidung nicht bekannt. Aber auch die dem Bundesgerichtshof folgenden Oberlandesgerichte machen dazu keinen Ausführungen.
543 BVerfGE 59, 330, 334; 69, 315, 369; *Jarras/Pieroth*, Art. 20 GG Rn 28.
544 *Gottwald*, Haftung für Auskunft und Gutachten gegenüber Dritten: England, Deutschland, Schweiz, 1994, S. 34 f.; *Stahl*, Zur Dritthaftung von Rechtsanwälten, Steuerberatern, Wirtschaftsprüfern und öffentlich bestellten und vereidigten Sachverständigen, 1989, S. 199; MüKo/*Gottwald* (3. Auflage), § 328 BGB Rn 117.

einen solchen Willen schon dann gegeben, wenn die Vertragsparteien übereinstimmend davon ausgingen, die Prüfung solle auch im Interesse eines bestimmten Dritten erfolgen, dem das Ergebnis als Entscheidungsgrundlage diene[545]. Damit kann aber letztlich mit denselben, in Teil 1 dargestellten, objektiven Kriterien ein Parteiwille nur fingiert werden[546], wie es bisherige Übung der Rechtsprechung zum Auskunftsvertrag und zum Vertrag mit Schutzwirkung für Dritte ist. Zu fordern ist vielmehr eine ausdrückliche Vereinbarung der Parteien, der dieser Wille entnommen werden kann[547], z. B. eine Kontaktaufnahme des Abschlußprüfers mit dem Anleger und einer an ihn gerichteten Erklärung über oder in Bezug auf das Testat, um einen Auskunftsvertrag annehmen zu können, oder eine ausdrückliche Einbeziehungserklärung betreffend den Anleger. Andernfalls kann nicht einfach unterstellt werden, der Abschlußprüfer sei bereit, ein so weitgehendes Haftungsrisiko zu übernehmen.

Wenn das im Ergebnis oft die Verneinung einer Dritthaftung bedeutet, ist dies nicht unbillig, sondern entspricht dem eindeutigen Willen des Gesetzgebers.

Neben § 323 HGB tritt im Rahmen der Pflichtprüfung nur eine Haftung nach §§ 823 ff. BGB und den nicht nur fiktiven Auskunftsverträgen und Verträgen mit Schutzwirkung für Dritte. Damit sind die Bedenken ausgeräumt, die Vertrauenshaftung könnte zu einer uferlosen Haftung von Pflichtprüfern entgegen der gesetzlichen Konzeption führen[548].

2. Ausdehnung auf freiwillige Testate

Der Regelungsbereich des § 323 Abs. 1 Satz 3 HGB betrifft nach seiner systematischen Stellung im Gesetz eindeutig nur die Pflichtprüfung. Er hat somit haftungsausschließende Wirkung nur für die in diesem Zusammenhang ergangenen Testate. Deshalb mag man auf den ersten Blick geneigt sein, bei freiwilliger Testattätigkeit eine Haftung zu bejahen und die Ausschlußwirkung des § 323 HGB zu verneinen.

Fraglich ist deshalb, ob nicht in § 323 Abs. 1 Satz 3 HGB eine über den unmittelbaren Anwendungsbereich hinausgehende gesetzgeberische Entscheidung zu sehen ist.

a) Ausdehnung

Teilweise wird eine Sperrwirkung auch für freiwillige Prüfungen gefordert[549]. Begründet wird dies mit einem argumentum a fortiori: Wenn Wirtschaftsprüfer bei der gesetzlich vorgesehenen Prüfung schon nicht haften müßten, könne bei einer freiwilligen Prüfung von ih-

---

545 BGH ZIP 1998, 826, 827; ihm folgend OLG Düsseldorf NZG 1999, 901, 903, OLG Celle, WPK-Mitt. 2000, 258, 261.

546 *Honsell*, FS für Medicus, 1999, S. 211, 224.

547 *Baumbach/Hueck*, § 41 Rn 113; MüKo/*Ebke*, § 323 HGB Rn 113, 123; *Schüppen*, DB 1998, 1317, 1319; *Ebke*, JZ 1998, 991, 995; *ders.*, WPK-Mitt. 1997, 108, 109 Fn 1; *ders.*, WPK-Mitt. 1997, 196, 197 Fn 9; *ders.*, WPK-Mitt. 1998, 258, 262 ff.; *Siebert*, WPK-Mitt. 1996, 235, 236.

548 *Arnold*, DStR 2001, 488, 492.

549 LG Mönchengladbach NJW-RR 1991, 415, 416 f.; *Schmitz*, DB 1989, 1909, 1914; *Ebke/Scheel*, WM 1991, 389, 395; *Stahl*, Zur Dritthaftung von Rechtsanwälten, Steuerberatern, Wirtschaftsprüfern und öffentlich bestellten und vereidigten Sachverständigen, 1989, S. 199; *Grunewald*, ZGR 1999, 583, 596.

nen nicht erwartet werden, eine weitergehende Haftung einzugehen. Für eine solche schärfere Haftung fehle jeder sachliche Rechtfertigungsgrund, so daß Pflichtprüfung und freiwillige Tätigkeit gleich zu behandeln seien.

b) Keine Ausdehnung

Eine Sperrwirkung im Bereich freiwilliger Testattätigkeit ist jedoch nicht anzunehmen[550].

Der Gesetzgeber regelte in Kenntnis der unterschiedlichen Aufgaben eines Wirtschaftsprüfers nur den Bereich der Pflichtprüfungen und entschied sich dort für die Beschränkung der Dritthaftung auf verbundene Unternehmen, ohne dasselbe auch im Bereich freiwilliger Prüfung zu tun. Man kann deshalb nicht davon ausgehen, auch hier sei keine Dritthaftung gewollt. Eine Wertung des Gesetzgebers kann nur in dem Bereich gelten, den er selbst regelte, um ihm keinen Willen zu unterstellen, den er nie zu äußern gedachte. Freiwillige Prüfungen bewegen sich gerade außerhalb des gesetzlich geregelten Rahmens der Jahresabschlußprüfung. § 323 HGB kann somit nur einen Rückschluß auf die Haftung des Wirtschaftsprüfers in dieser Funktion zulassen. Eine gegenteilige Auffassung überzeugt noch weniger, wenn man bedenkt, daß die gesetzlich angeordnete Prüfung der §§ 316 ff. HGB zwingend durch einen Wirtschaftsprüfer erfolgen muß, so daß sich der Berufsstand dieser Verpflichtung nicht entziehen kann. Das gilt bei freiwilliger Prüfung nicht im selben Maße. Sie kann der Wirtschaftsprüfer ohne weiteres ablehnen, steht doch z. B. mit Steuerberatern eine andere Berufsgruppen zur Prüfung zur Verfügung. Dem zu Prüfenden droht somit keine Arbeitsverweigerung mit negativen Folgen, wie sie im Rahmen der Pflichtprüfung wegen der Nichtigkeit eines ungeprüften Jahresabschlusses (§ 256 Abs. 1 Nr. 2 AktG) drohte. Erlegt der Gesetzgeber dem Wirtschaftsprüfer aber keine verpflichtende, risikoträchtige Tätigkeit auf, ist er ihm gegenüber auch nicht verpflichtet, als Ausgleich für die Schaffung eines Haftungsrisikos eine auf gewisse Dritte beschränkte Haftung zu gewähren. Dazu kommt die Einzigartigkeit dieser Begrenzung für Wirtschaftsprüfer ohne Entsprechung bei anderen vermögenssorgenden Berufen, mit denen der Wirtschaftsprüfer im Rahmen der freiwilligen Tätigkeit konkurriert. Bestünde man nun auf einer begrenzten Haftung, wäre dies ein ungerechtfertigter Vorteil gegenüber anderen Professionen, der letztlich zu einer Wettbewerbsverzerrung führte.

III. Beschränkung durch den Verschuldensmaßstab

Der größte Teil haftungsauslösender Pflichtverletzungen beruht auf fahrlässigem Handeln; eine vorsätzliche Erstellung falscher Testate ist die Ausnahme. Auch im Bereich der Fahrlässigkeit ist grobes Verschulden nicht die Regel, vielmehr werden meist versehentlich, also leicht fahrlässig, die für die Testaterstellung wesentlichen Tatsachen übersehen und Berufspflichten nicht eingehalten. Ursachen dafür sind oft der große Zeitdruck bei der Testaterstellung wie auch die Arbeitsbelastung der Wirtschaftsprüfer, die neben die Unzulänglichkeit menschlichen Handelns treten. Wo Menschen arbeiten geschehen Fehler, auch wenn mit größter Umsicht ans Werk gegangen wird.

---

[550] Ebenso, aber ohne Begründung, sehen dies MüKo/*Gottwald*, § 328 Rn 166; *Poll*, WPK-Mitt. 2000, 142, 145; MüKo/*Ebke*, § 323 HGB Rn 113.

Wird also der Großteil der Haftungsfälle leicht fahrlässig verursacht, bewirkt eine Begrenzung des Einstehenmüssens des Wirtschaftsprüfers auf grobes Verschulden (Vorsatz und grobe Fahrlässigkeit), eine nicht zu vernachlässigende Haftungsbeschränkung.

1. Kein Ausschluß für Vorsatz

Eine Haftungsbegrenzung bei vorsätzlichem Handeln steht von Anfang an außer Diskussion. Wer sich außerhalb der Rechtsordnung stellt, darf sich nicht auf ihren Schutz berufen. Das entspricht der Wertung des Gesetzgebers, die z. B. in § 323 Abs. 2 HGB und § 276 Abs. 3 BGB zum Ausdruck kommt, die nur für fahrlässiges Handeln Beschränkungen und eine Beschränkbarkeit vorsehen, und ist letztlich auch nach Ansicht der Wirtschaftsprüferkammer sachgerecht und notwendig[551].

2. Ausschluß der Haftung für leichte Fahrlässigkeit

Bei leichter Fahrlässigkeit dagegen ist eine Ausnahme in Richtung Nichthaftung angebracht, weshalb zu fragen ist, ob nicht durch Gesetz oder aufgrund der Wertungen des Gesetzes eine Beschränkung der Haftung auf grobe Fahrlässigkeit oder Vorsatz möglich ist, so daß der Wirtschaftsprüfer für nur leicht fahrlässig fehlerhaft erstellte Testate nicht einzustehen hat.

Im Schrifttum wird diese Frage behandelt, wobei man das grundlegende Problem der Enthaftung erkennt: Wie soll sie de lege lata begründet werden[552]? Das Gesetz nämlich sieht für den Wirtschaftsprüferberuf keine speziellen Beschränkungen vor, so daß er eigentlich auch für einfache Fahrlässigkeit einzustehen hätte (§ 276 Abs. 1 Satz 1 BGB).

Im folgenden werden drei mögliche Begründungen untersucht: Eine Analogie zu den §§ 521, 599, 690 BGB, eine Analogie zu § 839 Abs. 2 BGB und eine Übertragung der Grundsätze des Bundesarbeitsgerichts zur sog. gefahrgeneigten Arbeit.

a) Analogie zu §§ 521, 599, 690 BGB

§§ 521, 599, 690 BGB regeln eine auf Vorsatz und grobe Fahrlässigkeit begrenzte Haftung des Schenkers, Verleihers und unentgeltlichen Verwahrers. Für Wirtschaftsprüfer können sie daher nicht unmittelbar geltendgemacht werden.

aa) Begründetheit der Analogie
Einige Autoren treten für eine analoge Anwendung ein[553]. Gemeinsam betonten sie die Unentgeltlichkeit als zentrales Moment dieser Beschränkung.

---

[551] *Quick*, BB 1992, 1675, 1684.
[552] *Lang*, WM 1988, 1001, 1007.
[553] *Brandner*, JZ 1985, 757, 761; Erman/*Ehmann* (9. Auflage), § 676 BGB Rn 5; *Esser/Schmidt/Köndgen*, Fälle und Lösungen nach höchstrichterlichen Entscheidungen, S. 11, 13; *Honsell*, JuS 1976, 621, 626; *ders.*, JZ 1985, 952, 954.

Der Anleger, der das Testat nicht selbst beim Wirtschaftsprüfer bestellt, sondern vom Anlagegeschäftspartner zur Verfügung gestellt bekommt, entrichtet dem Wirtschaftsprüfer dafür kein Honorar. Der Wirtschaftsprüfer wird deshalb tätig, ohne einen eigenen Vorteil aus dem Handeln zu erstreben oder zu erhalten. Diese Unentgeltlichkeit seines Handelns hat er mit einem Schenker, Verleiher und Verwahrer gemein, für die das Gesetz eine nur beschränkte Haftung vorsieht. Eine generelle Regelung des Sorgfaltsmaßstabs bei unentgeltlichem Tätigwerden fehle zwar im Gesetz, doch sei es allzu vorschnell, deshalb sofort auf die Grundsatznorm des § 276 Abs. 1 BGB mit einer umfassenden Haftung für jede Fahrlässigkeit zurückzugreifen[554], und davon ausgehen zu wollen, der Gesetzgeber habe anderen Fällen unentgeltlichen Handelns bewußt eine solche Regelung vorenthalten, womit eine planwidrige Regelungslücke als Analogievoraussetzung fehle. Gerade wegen der Unentgeltlichkeit ergibt sich eine mit dem Gefälligkeitsverhältnis vergleichbare Situation, gerade in der Unentgeltlichkeit des Handelns erweist sich ein Gefälligkeitsmoment[555]. Bei der Gefälligkeit aber wird eine auf Vorsatz und grobe Fahrlässigkeit begrenzte Haftung vertreten[556], was dann auch für die Dritthaftung des Wirtschaftsprüfers gelten muß.

Daneben wird vorgetragen, die Beschränkung sei nötig, um den übermäßigen Haftungsdruck vom Wirtschaftsprüfer zu nehmen, der sich aus einer Schadensersatzpflicht schon bei leichter Fahrlässigkeit ergebe[557]. Wer sich ohne Schutz einer vertraglichen Beziehung auf die Zuverlässigkeit eines Berufsausübenden verlasse, dem sei es zuzumuten, die Folgen eines einfach fahrlässigen Berufsversehens selbst zu tragen[558].

bb) Ablehnung der Analogie

Dieser Auffassung traten andere entgegen[559], nach denen eine Haftung für einfache Fahrlässigkeit notwendig aber auch ausreichend ist[560].

Gegen eine Beschränkung der Haftpflicht auf grobes Verschulden wird insbesondere schon die fehlende Unentgeltlichkeit der Testaterteilung eingewandt. Dazu sei auf die im Rahmen des § 675 Abs. 2 BGB gemachten Ausführungen verwiesen[561] und betont, daß die Unentgeltlichkeit auch deshalb fehlt, weil der Anleger über die mit dem Anlagegeschäft verbundenen Kosten an den Ausgaben für das Testat beteiligt wird. Fehlt aber die Unentgeltlichkeit der Testaterteilung, die in den zur Analogie herangezogenen Normen die Haftungsbeschränkung begründet, fehlt eine vergleichbare Interessenlage.

Aber selbst wenn man Unentgeltlichkeit annehmen sollte, kann immer noch das eingewandt werden, was die Rechtsprechung seit alters her gegen eine Haftungsbeschränkung bei Gefälligkeitsverhältnissen einwendet[562]: Im Gesetz fehlt ein allgemeiner Grundsatz, daß unentgeltlich oder uneigennützig Handelnde immer privilegiert haften müßten. Denn abgesehen vom

[554] *Esser/Schmidt/Köndgen*, Fälle und Lösungen nach höchstrichterlichen Entscheidungen, S. 11, 13.
[555] *Esser/Schmidt/Köndgen*, Fälle und Lösungen nach höchstrichterlichen Entscheidungen, S. 11, 13.
[556] *Hoffmann*, AcP 167 (1967), 394, 406; *Medicus*, Bürgerliches Recht Rn 369.
[557] *Brandner*, JZ 1985, 757, 761.
[558] *Brandner*, JZ 1985, 757, 761.
[559] *Hopt*, FS für Fischer, 1979, S. 237, 253 f.; *Philippsen*, Zur Dritthaftung des privat beauftragten Gutachters für fahrlässig verursachte Vermögensschäden, 1998, S. 171 f.; *Canaris*, FS für Schimansky, 1999, S. 43, 66.
[560] *Baumbach/Hopt*, § 347 HGB Rn 34.
[561] Vgl. oben Seite 92 f.
[562] RGZ 145, 390, 394; BGHZ 30, 40, 46; BGH VersR 1955, 309, 310; 1956, 388, 389; 1957, 299, 300; 1957, 718; 1957, 733, 734; 1958, 309; 1958, 377, 378; NJW 1992, 2474, 2475.

Sonderfall des § 680 BGB hat der ebenfalls stets unentgeltlich und uneigennützig tätige Auftragnehmer für jede Fahrlässigkeit einzustehen[563], was zumindest für eine selbständige, wirtschaftlich bedeutsame Tätigkeit, wie auch dem Testieren, als durchaus angemessen gilt[564]. Das Auftragsrecht zeigt also, daß mit Unentgeltlichkeit nicht immer eine begrenzte Haftung einher geht. Der Gesetzgeber entschied sich nur in den drei geregelten Fällen der Schenkung, Leihe und unentgeltlichen Verwahrung bewußt für eine begrenzte Haftung. Wegen des Schutzbedürfnisses des Anlegers, der sich einem sorgsamen Wirtschaftsprüfer anzuvertrauen glaubt, ist keinesfalls in allen Fällen einer gefälligkeitshalber vorgenommenen Tätigkeit eine nur begrenzte Einstandspflicht vertretbar[565]. Es fehlt auch die planwidrige Regelungslücke.

cc) Stellungnahme

Die letztgenannte Auffassung verdient den Vorzug, da ein Haftungsausschluß für einfache Fahrlässigkeit nicht begründbar ist, zumindest nicht mit Analogie zu den genannten Normen.

Beizupflichten ist schon der Argumentation gegen die planwidrige Regelungslücke, die das Auftragsrecht bestätigt. Aber auch die für eine vergleichbare Interessenlage nötige Unentgeltlichkeit wird zu Recht bemängelt. Dafür soll eine ergänzende Begründung gegeben werden. Zwar zahlt – wie festgestellt – der Dritte selbst nichts an den Wirtschaftsprüfer, so daß man aus dem rein formalen Blickwinkel des Anlegers tatsächlich Unentgeltlichkeit annehmen könnte. Doch kommt es bei der Ermittlung der Unentgeltlichkeit im Rahmen der beschränkten Haftung nicht auf die Person des Geschädigten, sondern vielmehr auf die des Schädigers an. Das zeigen die §§ 521, 599, 690 BGB, die den Schenker, Verleiher bzw. unentgeltlichen Verwahrer von Schadensersatzansprüchen in gewissen Grenzen freistellen und gerade nicht den anderen Vertragspartner oder Dritte. Dies geschieht, weil der Schenker usw. nichts bekommt, was sein Haftungsrisiko rechtfertigte und nicht, weil der Geschädigte nichts zahlen mußte. Man kann zudem nicht sagen, der Wirtschaftsprüfer habe aus Gefälligkeit und altruistisch motiviert gehandelt. Das wäre nur der Fall, wenn ihm kein eigenes Geschäftsinteresse nachgesagt werden könnte. Da gem. § 2 WPO das Testieren aber Hauptaufgabe der Berufsgruppe ist, ohne die Ein- und Fortkommen des Wirtschaftsprüfers nicht oder zumindest nur eingeschränkt möglich wären, kann man davon nur schwerlich ausgehen. Zudem sind die zur Analogie herangezogenen Normen Ausnahmen vom Grundsatz des § 276 Abs. 1 BGB, nicht analogiefähig.

Will man dagegen die begrenzte Haftung mit der Zumutbarkeit für den Anleger begründen, der bewußt auf einen Vertrag zum Wirtschaftsprüfer verzichtete, geht auch dies fehl. Zwar könnte der Anleger selbst mit dem Wirtschaftsprüfer einen Vertrag über die Testaterteilung schließen. Er hat dazu aber keinen Grund, da nahe liegt, daß derselbe Wirtschaftsprüfer, der vorher schon ein Testat erteilte, auch jetzt denselben Inhalt testieren wird. Ferner ist nicht einsichtig, weshalb bei Verzicht auf einen eigenen Vertrag die Haftung nur begrenzt sein sollte. Sie beruht gerade auf dem Vertrauen in die Richtigkeit des Testats. Dieses Vertrauen bliebe gänzlich außer Betracht und Testate verlören ihren Sinn. Welchen Sinn hätten sie noch, wenn sich niemand auf sie verlassen kann, ohne mit dem Wirtschaftsprüfer einen Beratungsvertrag abgeschlossen zu haben?

---

[563] *Larenz*, Schuldrecht AT Band 1, § 31 III, 508; *Canaris*, FS für Schimansky, 1999, S. 43, 66.

[564] *Medicus*, Bürgerliches Recht Rn 368; *Philippsen*, Zur Dritthaftung des privat beauftragten Gutachters für fahrlässig verursachte Vermögensschäden, 1998, S. 172.

[565] So *Larenz*, Schuldrecht AT Band 1, § 31 III, 508 für die Fälle der Gefälligkeitsfahrt.

b) Analogie zu § 839 Abs. 2 BGB

Eine weitere Möglichkeit der Begrenzung über den Verschuldensmaßstab wird mit der Analogie zum sog. (Spruch-)Richterprivileg des § 839 Abs. 2 BGB angeboten[566], dessen Anerkennung im Ergebnis eine Haftung nur für Vorsatz bedeutete.

aa) Begründetheit der Analogie
Begründet wird das Haftungsprivileg auch für Wirtschaftsprüfer mit der Vergleichbarkeit zu Richtern in Stellung und Tätigkeit. Die Testaterstellung sei zumindest in den Fällen der gesetzlich vorgeschriebenen Jahresabschlußprüfung mit der richterlichen Tätigkeit vergleichbar[567]. Auch der Wirtschaftsprüfer überprüft die Rechtsanwendung, nämlich der geprüften Gesellschaft[568], und auch er entscheidet. Er entscheidet durch Erteilung eines Bestätigungsvermerkes, ob sich der Jahresabschluß im Rahmen der Vorschriften des Gesetzes und des Gesellschaftsvertrags hält[569]. Die Vergleichbarkeit ergebe sich auch aus der Unparteilichkeit, die für Wirtschaftsprüfer aus §§ 323 Abs. 1 Satz 1 HGB, 43 Abs. 1 Satz 2 WPO, für Richter aus § 1 GVG folgt.

bb) Ablehnung der Analogie
Selbst wenn man die Vergleichbarkeit der Tätigkeiten bestätigen möchte, reicht dies für eine Analogie nicht aus. Es müßte auch der Zweck, den der Gesetzgeber mit der Einführung des Richterprivilegs verfolgte, auf Wirtschaftsprüfer übertragbar sein.

Zweck des § 839 Abs. 2 BGB ist die Sicherung der Rechtskraft richterlicher Urteile[570]. Nach deren Eintritt ist eine erneute Überprüfung des Streitgegenstandes ausgeschlossen. Es soll Rechtsfriede eintreten und auch ein Haftungsprozeß gegen den Richter nicht die Möglichkeit erneuter Beurteilung der rechtskräftig abgeschlossenen Sache geben, diesmal unter der veränderten Fragestellung, ob der Richter falsch entschieden und dadurch seine drittbezogene Amtspflicht zu rechtmäßigem Handeln verletzt hat.

Dies läßt sich auf Wirtschaftsprüfer nicht übertragen, da ihre Testate nicht in Rechtskraft erwachsen. Ihre Unrichtigkeit muß auch später festgestellt werden können. Einziger Grund für die Übertragung des Haftungsprivilegs auf den Berufsstand der Wirtschaftsprüfer ist deren Schutz vor Haftung. Das bezweckt § 839 Abs. 2 BGB für Richter gerade nicht, weil die richterliche Unabhängigkeit, die durch die Haftung gefährdet wäre, schlechthin und nicht nur bei spruchrichterlicher Tätigkeit zu schützen ist[571]. Wegen des unterschiedlichen Schutzzwecks kann keine Analogie angenommen werden.

Zudem wäre die Einführung eines Privilegs für Wirtschaftsprüfer rechtspolitisch problematisch. Bald werden anderere Professionen nach eben solcher Behandlung rufen[572].

---

566 *Honsell*, JuS 1976, 621, 626; *Nann*, Wirtschaftsprüferhaftung – Geltendes Recht und Reformüberlegungen, 1985, S. 64 ff.
567 *Nann*, Wirtschaftsprüferhaftung – Geltendes Recht und Reformüberlegungen, 1985, S. 65.
568 *Nann*, Wirtschaftsprüferhaftung – Geltendes Recht und Reformüberlegungen, 1985, S. 65.
569 *Nann*, Wirtschaftsprüferhaftung – Geltendes Recht und Reformüberlegungen, 1985, S. 65.
570 BGHZ 50, 14, 19 f.; 64, 347, 349; Erman/*Küchenhoff*, § 839 BGB Rn 84; MüKo/*Papier*, § 839 BGB Rn 319; Staudinger/*Schäfer*, § 839 BGB Rn 408.
571 MüKo/*Papier*, § 839 BGB Rn 318. Zum Zweck des Schutzes der Rechtskraft bereits oben.
572 *Nann*, Wirtschaftsprüferhaftung – Geltendes Recht und Reformüberlegungen, 1985, S. 68.

Ebenso ist die Konsequenz, die Freistellung des Wirtschaftsprüfers für auch grobe und gröbste Fahrlässigkeit nicht zu rechtfertigen. Dies wird immer wieder betont[573], wenn ein grob fahrlässiges Verhalten eines Abschlußprüfers als nicht entschuldbar angesehen wird, weil es mit seiner Vertrauensstellung nicht in Einklang zu bringen ist[574].

c) Ausschluß nach den Grundsätzen der gefahrgeneigten Arbeit

Schließlich könnte man die Risikobelastung des Wirtschaftsprüfers zum Ausgangspunkt einer Haftungsbeschränkung auf grobes Verschulden machen und ihm wegen der Gefahrneigung des Testierens Haftungsfreistellung für leichte Fahrlässigkeit gewähren.

aa) Anwendung der Grundsätze der gefahrgeneigten Arbeit
Aus diesem Grund werden gelegentlich Parallelen zur Rechtsprechung des Bundesarbeitsgerichts zur Arbeitnehmerhaftung nach den Grundsätzen der gefahrgeneigten Arbeit gezogen[575]. Denn von der Arbeit des Wirtschaftsprüfers als gefahrgeneigte Tätigkeit zu sprechen, liegt durchaus nahe, bedenkt man, daß schon aus leicht fahrlässig verursachten Fehlern unübersehbare Haftungsrisiken erwachsen können, die vor allem im Bereich der Dritthaftung wegen der Potenzierung durch die große Zahl der betroffenen Anleger ohne jedes Verhältnis zum erzielten Honorar stehen[576].

Nach diesen Grundsätzen ist der Arbeitnehmer von einer Schadensersatzpflicht gegenüber seinem Arbeitgeber befreit, wenn ihm lediglich leichte Fahrlässigkeit zur Last fällt. Bei Vorsatz dagegen trifft ihn stets eine volle, bei mittlerer Fahrlässigkeit stets und bei grober Fahrlässigkeit je nach Interessenabwägung nur eine quotale Einstandspflicht[577].

bb) Ablehnung der Übertragung
Diese Grundsätze sind auf die Wirtschaftsprüferhaftung nicht übertragbar. Verbindendes Element zwischen Wirtschaftsprüfer- und Arbeitnehmerhaftung ist ohne jede weitere Gemeinsamkeit allein die Gefahrneigung der Tätigkeit. Dies genügt jedoch für eine Parallele nicht, was umso deutlicher wird, wenn man sich die geänderte Entwicklung der Rechtsprechung zu diesem Problemkreis betrachtet. Mittlerweile werden diese Grundsätze der Gefahrtragungsverteilung nicht mehr nur bei schadensgeneigten Tätigkeiten angewandt, sondern generell auf jede betrieblich veranlaßte Tätigkeit des Arbeitnehmers ausgedehnt[578]. Es wird deshalb auch nicht mehr der Begriff der schadensgeneigten Arbeit verwandt, sondern von innerbetrieblichem Schadensausgleich gesprochen. Die Gefahrneigung ist nunmehr nur noch ein Umstand unter vielen im Rahmen der Gesamtabwägung der Schadensrisiken bei der Haftungsquotelung bei mittlerer und grober Fahrlässigkeit[579].

---

[573] *Deutsch*, VersR 1974, 301, 305, 307.
[574] *Nann*, Wirtschaftsprüferhaftung – Geltendes Recht und Reformüberlegungen, 1985, S. 67, 380.
[575] *Ostler*, NJW 1965, 2081, 2086 f. (für Rechtsanwälte); *Honsell*, Jus 1976, 621, 626; *ders.*, JZ 1985, 952, 953 (für Sachverständige); *Nann*, Wirtschaftsprüferhaftung – Geltendes Recht und Reformüberlegungen, 1985, S. 381 ff. (für den Jahresabschlußprüfer).
[576] *Honsell*, JZ 1985, 952, 953; *Nann*, Wirtschaftsprüferhaftung – Geltendes Recht und Reformüberlegungen, 1985, S. 381.
[577] Palandt/*Putzo*, § 611 BGB Rn 157; Erfurter Kommentar/*Preis*, § 611 Rn 1041. Bei dieser groben Darstellung muß es verbleiben, weitere Ausführungen sind im Rahmen dieser Arbeit nicht veranlaßt.
[578] BAG NJW 1993, 1732 ff.; NJW 1994, 856; NJW 1995, 210 ff.
[579] Vgl. dazu Palandt/*Putzo*, § 611 BGB Rn 157.

Letztlich bleiben heute als Zwecke dieser Rechtsprechung zum einen der Betriebsrisikogedanke, der dem Arbeitgeber die Risiken der Schädigung zuweist, um zu verhindern, daß er, der Dritte für sich arbeiten läßt, aus der Arbeitsteilung den Vorteil zieht, jeden Schaden ersetzt zu bekommen, den er bei eigener Arbeit selbst zu tragen hätte, und zum zweiten die Fürsorgepflicht des Arbeitgebers gegenüber seinen Arbeitnehmern, die sich einer Schädigung des Arbeitgebers nicht entziehen können.

Wollte man nunmehr, an die heutige Rechtsprechungslage angepaßt, die Parallele nicht mehr zur schadensgeneigten Arbeit ziehen, sondern zum innerbetrieblichen Schadensausgleich, müßten diese beiden Zwecke auch auf die Wirtschaftsprüferhaftung zutreffen. Dies ist jedoch ersichtlich nicht der Fall[580]. Der Wirtschaftsprüfer ist schon nicht im Rahmen eines abhängigen Beschäftigungsverhältnisses mit dem Mandanten oder gar dem Dritten tätig, sondern als Freiberufler selbständig und selbstbestimmt. Daß ein Selbständiger aber das mit seiner Tätigkeit verbundene Risiko selbst zu tragen hat, ist unumstritten[581]. Er kann sich durch Ablehnung des Prüfungsauftrages der Haftung entziehen. Auch die Annahme einer Fürsorgepflicht des Mandanten bzw. Dritten gegenüber dem Wirtschaftsprüfer wäre reine Fiktion.

Vereinzelt wird darauf hingewiesen[582], daß in Italien die Haftung des Wirtschaftsprüfers auf grobe Fahrlässigkeit beschränkt sei, wenn überdurchschnittlich komplexe Problematiken zu bewältigen sind, da dann eine Haftungsträchtigkeit und damit Schutzwürdigkeit naheliegt. Der Begriff „überdurchschnittlich komplex" ist aber nur schwer faßbar und allzu dehnbar, um damit klar abgrenzbare Fälle definieren zu können, in denen eine Haftungsbegrenzung in Betracht kommt. Wegen mangelnder Praktikabilität muß daher auch dieser Ansatz abgelehnt werden, bei dem zudem unklar ist, wie er dogmatisch anders als mit allgemeinen Billigkeitserwägungen begründet werden sollte. Die Billigkeit aus dem Bereich der Berufshaftung zu verbannen ist ein Ziel dieser Arbeit, nicht nur bei der Haftungsbegründung.

d) Ergebnis

Gesetzliche Vorschriften ergeben keine den Verschuldensmaßstab betreffende, Begrenzungen. Das bedeutet aber nicht, daß diese einfache Möglichkeit der Einengung gänzlich untauglich wäre. Ein durchaus erstrebenswerter Haftungsausschluß zumindest für leichte Fahrlässigkeit ist im Wege privatautonomer Gestaltung zu versuchen.

An diesem Punkt könnte man geneigt sein, den Vorwurf der Inkonsequenz zu erheben, da diese Arbeit einerseits das Deliktsrecht wegen dessen Enge als Anspruchsgrundlage ablehnt und den Vorteil der c.i.c. mit dem Einstehenmüssen auch für Fahrlässigkeit herausstellt, auf der anderen Seite aber versucht, die Haftung auf grobes Verschulden zu begrenzen und dadurch letztlich die Ergebnisse des Deliktsrechts erreicht.

Doch trifft diese Vorhaltung nicht zu. Das Deliktsrecht ist mit zu vielen Schwächen versehen, als daß man es zur alleinigen Anspruchsgrundlage machen könnte. Es bleibt als delikti-

---

[580] So auch zur alten Rechtslage der schadensgeneigten Arbeit: *Nann*, Wirtschaftsprüferhaftung – Geltendes Recht und Reformüberlegungen, 1985, S. 381 f.
[581] BGH NJW 1963, 1100, 1103; *Nann*, Wirtschaftsprüferhaftung – Geltendes Recht und Reformüberlegungen, 1985, S. 382.
[582] *Grunewald*, ZGR 1999, 583, 594.

scher Weg für den Ersatz primärer Vermögensschäden letztlich nur § 826 BGB, der aber Vorsatz erfordert und damit den gesamten Bereich fahrlässiger Pflichtverletzung sanktionslos läßt. Würde das Deliktsrecht nur die Haftung für leichte Fahrlässigkeit ausschließen, könnte man dieses Ergebnis billigen. Weil es jedoch auch grob fahrlässiges Fehlverhalten ausklammert, führt es zu einer ungerechtfertigten Bevorzugung der Wirtschaftsprüfer und einer unvertretbar großen Haftungslücke, die man nicht mit extensiver Auslegung des § 826 BGB schließen kann, indem eindeutig contra legem Vorsatz im Sinne grober Fahrlässigkeit interpretiert wird. Vor diesem Hintergrund kommt man nicht umhin, die Anspruchsgrundlagen außerhalb des Deliktsrechts zu suchen und die nötige Haftungsbegrenzung im Verschuldensbereich auf privatautonome Weise in den Verantwortungsbereich des Wirtschaftsprüfers zu verlagern.

IV. Summenmäßige Beschränkungen der Haftung

Grundsätzlich sieht das deutsche Recht bei der Verschuldenshaftung keine Höhenbegrenzung vor. Sie findet sich lediglich im Bereich der verschuldensunabhängigen Gefährdungshaftung[583], wo sie zum Ausgleich der im Vergleich zum Normalfall verschärften Haftung[584] dient, und sonst nur in gesetzlich vorgesehenen Fällen.

1. Pflichtprüfung

§ 323 Abs. 2 Satz 1 HGB begrenzt die Höhe der Haftung auf 2 Mio. DM[585] für eine Prüfung auch, wenn mehrere Personen an der Prüfung beteiligt waren, mehrere zum Ersatz verpflichtende Handlungen begangen (§ 323 Abs. 2 Satz 3) oder mehrere Unternehmen geschädigt wurden. Dies gilt jedoch nur bei fahrlässigem Handeln, allerdings ohne Rücksicht, ob andere Beteiligte vorsätzlich handelten (§ 323 Abs. 2 Satz 3 HGB)[586].

Da § 323 Abs. 2 HGB unmittelbar nur für die in § 323 Abs. 1 Satz 3 HGB genannten Anspruchsberechtigten, nicht aber für Kapitalanleger gilt, fragt sich, ob die Begrenzung im Rahmen der Pflichtprüfung auch für die zulässigen vertraglichen Anlegeransprüche geltend gemacht werden kann.

a) Ausdehnung auf Dritthaftung

aa) Analoge Anwendung des § 323 Abs. 2 HGB
Nachdem es Hopt schon früher anmahnte[587], bejahte der Bundesgerichtshof die bislang ungeklärte Frage[588] erstmals in der Entscheidung, in der er die Zulässigkeit einer vertraglichen

---

[583] Z. B. § 10 ProdHaftG; § 12 StVG; §§ 9, 10 HPflG; § 31 AtG; § 15 UmweltHG.
[584] Weitere Ausgleichsmechanismen sind Selbstbehalte, wie z. B. in § 11 ProdHaftG.
[585] Gem. Satz 2 erhöht sich dieser Betrag aus Gründen des Anlegerschutzes auf 8 Mio. DM, wenn eine Aktiengesellschaft geprüft wird, die Aktien mit amtlicher Notierung ausgegeben hat. Es erfolgte noch keine Umstellung auf Euro.
[586] Letztere haften selbst unbeschränkt (BeckBilKomm/*Budde/Hense*, § 323 HGB Rn 132).
[587] *Hopt*, FS für Pleyer, 1986, S. 341, 353; *ders.*, WPg 1986, 461, 463.

Dritthaftung neben § 323 Abs. 1 Satz 3 HGB bejahte[589]. Nach dem Hinweis auf die in § 323 HGB zum Ausdruck kommende gesetzgeberische Intention, das Haftungsrisiko des Abschlußprüfers angemessen zu begrenzen, auch im Rahmen der vertraglichen Dritthaftung des Abschlußprüfers[590], weist der Bundesgerichtshof das Oberlandesgericht darauf hin, die Haftungsbeschränkung des § 323 Abs. 2 HGB zu berücksichtigen[591]. Er begründet dies damit, daß § 323 Abs. 2 HGB als Spezialregelung auch den vertragsrechtlichen Bestimmungen des bürgerlichen Rechts vorgehe.

Die Literatur, die diese Auffassung weitgehend ohne eigene Begründung begrüßt und ihr folgt[592], sieht im Verweis auf die Berücksichtigung des § 323 Abs. 2 HGB den Hinweis auf eine analoge Anwendung der Norm[593].

bb) Ablehnende Ansicht

Ablehnend stehen dem Grunewald[594] und Ebke[595] gegenüber. Grunewald widersetzt sich der Ausdehnung auf Dritte, weil § 323 Abs. 2 HGB seinen Ursprung im Verhältnis des Wirtschaftsprüfers zum Mandanten habe und damit nicht ohne weiteres auf das Verhältnis des Wirtschaftsprüfers zum Anleger ausgedehnt werden könne. Andernfalls müßten vertragliche Absprachen über eine Haftungsmodifikation in diesem Verhältnis auch im Verhältnis zum Anleger wirken. Ebke dagegen weist auf die nur unzureichend hohe Haftungssumme hin, die nicht zur Befriedigung aller Geschädigten ausreicht.

b) Stellungnahme

Gleichwohl ist eine Analogie zu § 323 Abs. 2 HGB zu begrüßen. Die gegenteilige Ansicht überzeugt nicht. Der Schluß Grunewalds ist nicht zwingend und ihre Kritik deshalb nicht berechtigt. Sie mißachtet den generellen Unterschied zwischen gesetzlichen und auf vertraglicher Abrede beruhenden Beschränkungen. Erstere gelten wegen der gesetzlichen Anordnung grundsätzlich abstrakt-generell für eine unbestimmte Vielzahl von Fällen, während letztere wegen der Relativität des Schuldrechts auf eine inter-partes-Wirkung beschränkt sind. § 323 Abs. 2 HGB wirkt als gesetzliche Beschränkung gerade unabhängig vom Prüfungsvertrag, weshalb man seinen Ursprung nicht im Vertragsverhältnis des Wirtschaftsprüfers zum Mandanten suchen kann. Auch Ebkes Argument verfängt nicht, da es sich um ein ubiquitäres Argument handelt, das genauso gut gegen die Begrenzung des Anspruchs aus § 323 Abs. 1 HGB angeführt werden könnte. Auch dort können Schäden auftreten, die höher als die Deckungsgrenze sind, und dennoch wird die summenmäßige Haftungsbegrenzung nirgends kritisiert.

Doch nicht nur wegen nicht überzeugender Kritik und Spezialität des § 323 HGB ist eine

---

588 *Quick*, BB 1992, 1675, 1684.
589 BGH ZIP 1998, 826 ff.
590 BGH ZIP 1998, 826, 827.
591 BGH ZIP 1998, 826, 829.
592 *Baumbach/Hopt*, § 323 HGB Rn 9; *Canaris*, ZHR 163 (1999), 206, 234; *Sieger/Gätsch*, BB 1998, 1408, 1409; *Weber*, NZG 1999, 1, 7 f./12.
593 *Canaris*, ZHR 163 (1999), 206, 208.
594 *Grunewald*, NZG 1999, 583, 589.
595 MüKo/*Ebke*, § 323 HGB Rn 134.

Analogie zu befürworten. Seine Ausstrahlung auf die (zwar seltenen) Fälle der Dritthaftung im Bereich der Pflichtprüfung gebieten schon Sinn und Zweck[596]. Durch Abmilderung der Haftung auf einen vernünftigen Rahmen soll die Existenz des Abschlußprüfers gesichert und die Versicherbarkeit seiner Risiken erhalten werden[597]. Dieses Ziel kann man nur durch eine Freistellung von allen existenzbedrohenden Risiken im Zusammenhang mit einer gesetzlich vorgeschriebenen Pflichtprüfung erreichen. Denn mit ihr hängen nicht nur der gesetzliche Anspruch aus § 323 Abs. 1 Satz 3 HGB zusammen, sondern auch berechtigte Drittansprüche, die wegen der Vielzahl der potentiell betroffenen Dritten und der damit einhergehenden Multiplikation der Schadensersatzsummen in besonderem Maße geeignet sind, den Abschlußprüfer zu ruinieren.

Ferner kann man nicht erklären, weshalb Dritte wegen ihrer unbegrenzten Haftung besser gestellt sein sollten, als die nach § 323 Abs. 1 Satz 3 Aktivlegitimierten[598].

2. Freiwillige Testiertätigkeit

Bei der freiwilligen Testiertätigkeit fehlt eine dem § 323 Abs. 2 HGB entsprechende Regelung, so daß man über eine Analogie nachdenken kann. Aus der zitierten Entscheidung des Bundesgerichtshofs ist nichts zu folgern, da er nur zur Pflichtprüfung judizierte.

a) Analogie zu § 323 Abs. 2 HGB

Eine Haftungshöchstsumme von 2 Mio. DM oder einer entsprechenden Summe in Euro hätte den Vorteil einer relativ kalkulierbaren Haftung für fahrlässiges Fehlverhalten. Der Zweck des § 323 Abs. 2 HGB, die Sicherung der Existenz des Wirtschaftsprüfers und die Erhaltung der Versicherbarkeit[599], paßt auch hier und spricht für eine analoge Anwendung, ebenso wie der mangelnde Grund, wieso der Wirtschaftsprüfer bei freiwilliger Prüfung schärfer haften soll als im Bereich der Pflichtprüfung[600].

b) Differenzierende Betrachtung

Teilweise spricht sich die Literatur für eine differenzierende Beantwortung aus[601]. Eine Analogie komme wegen vergleichbarer Regelungsbereiche nur für solche freiwilligen Prüfungen in Betracht, die mit der gesetzlichen Jahresabschlußprüfung gem. §§ 316 ff. HGB vergleichbar sind. Für die sonstige freiwillige Tätigkeit der Wirtschaftsprüfer dagegen könne nicht ohne weiteres auf § 323 Abs. 2 HGB zurückgegriffen werden.

---

[596] Geht man von einem Anspruch aus einem Vertrag mit Schutzwirkung für Dritte aus, ergibt sich die Anwendung des § 323 Abs. 2 HGB auch auf den Drittanspruch schon aus § 334 BGB. Wenn dieser aber als abbedungen fingiert wird, bleibt auch hier nur der Weg über die Analogie zu § 323 Abs. 2 HGB.

[597] Baetge/*Fliess*, Rechnungslegung und Prüfung, 1994, S. 161, 173; *Nann*, Wirtschaftsprüferhaftung – geltendes Recht und Reformüberlegungen, 1985, S. 333; MüKo/*Ebke*, § 323 HGB Rn 132.

[598] *Sieger/Gätsch*, BB 1998, 1408, 1409.

[599] Vgl. oben Seite 108.

[600] LG Mönchengladbach NJW-RR 1991, 415, 416.

[601] *Schlechtriem*, BB 1984, 1177; *Brandner*, ZIP 1984, 1186, 1190.

c) Ablehnung der Analogie

Eine Analogie wird jedoch ohne Rücksicht auf die obige Differenzierung weitgehend generell und auch zu Recht abgelehnt[602].

Die Ablehnung der Analogie kann nicht mehr allein mit einer unangemessen niedrigen Haftungshöchstsumme[603] begründet werden, die dazu führt, der als verfehlt betrachteten Regelung keine Leitbildfunktion zuzubilligen und ihr damit die Analogiefähigkeit abzusprechen[604]. Heute ist aufgrund der Änderung durch das KonTraG die Grenze ausreichend und entspricht dem, was die Kritiker selbst als angemessenen forderten[605].

Eine analoge Anwendung der Haftungsobergrenze ist zudem von vornherein problematisch[606], weil der Gesetzgeber nur die Pflichtprüfung damit versah. Zwar ist die Teleologie des § 323 HGB auf den ersten Blick durchaus passend. Ein vernünftiger Sinn läßt sich ihr aber nur abgewinnen, wenn man sie als Privilegierung allein der Pflichtprüfung versteht[607]. Die Beschränkung findet ihren Grund in der verpflichtenden gesetzlichen Anordnung der Prüfung[608], weil die damit abgedeckten Risiken nicht nur Wirtschaftsprüfer, sondern auch andere freie Berufe einem existenzbedrohenden Haftungsrisiko aussetzten. Dennoch besteht eine Obergrenze allein für Pflichtprüfungen.

Eine Pflichtprüfung hat zwingend und pünktlich stattzufinden; sie hat auch zwingend durch Wirtschaftsprüfer stattzufinden, so daß sich ihr weder Wirtschaftsprüfer noch zu Prüfender entziehen können. Deshalb darf die rechtzeitige Auswahl und Verpflichtung eines Abschlußprüfers nicht durch dessen Weigerung aus Angst vor übermäßiger Haftung erschwert werden. Dieselbe Lage stellt sich bei freiwilligen Prüfungen nicht. Zu ihnen besteht kein Zwang, bei der Suche nach einem prüfbereiten Wirtschaftsprüfer steht der Mandant nicht unter demselben, auch zeitlichen, Druck, so daß ihm deshalb nicht quasi als Gegenleistung für die Erleichterung des Engagements eines Wirtschaftsprüfers eine nur begrenzte Haftung zugemutet werden kann. Er kann solange suchen, bis er einen Prüfer gefunden hat. Aber auch der Wirtschaftsprüfer vermag sich freiwilligen Prüfungen zu entziehen, weshalb der Gesetzgeber, der ihn nicht zum Tätigwerden verpflichtet, ihm gegenüber nicht dieselbe Fürsorgepflicht hat, die ihn zur Begrenzung der Haftung zwingt. Weder aus Sicht der Wirtschaftsprüfer, noch aus Sicht der zu Prüfenden ist also eine Übertragung geboten.

Und auch hier wieder kann das Wettbewerbsargument angeführt werden. Eine Analogie zu der für Wirtschaftsprüfer einzigartigen[609] Regelung führte zu einer wettbewerbsverzerrenden Besserstellung gegenüber Angehörigen anderer freier Berufe, die ebenfalls die Erstellung freiwilliger Testate zu ihren Aufgaben zählen.

---

[602] BeckBilKomm/*Budde/Hense*, § 323 HGB Rn 160, 165; *Baumbach/Hopt*, § 323 HGB Rn 6, 9; Baetge/*Fliess*, Rechnungslegung und Prüfung, 1994, S. 161, 168, 173; *Canaris*, ZHR 163 (1999), 206, 234; *Hopt*, WPg 1986, 461, 466; MüKo/*Ebke*, § 323 HGB Rn 14; *Streck*, Stbg 1991, 98, 100; *Quick*, BB 1992, 1675, 1678; *Weber*, NZG 1999, 1, 8; *Weiland*, DStR 1996, 717, 719.

[603] So noch für die 500.000 DM bei der Rechtslage vor dem KonTraG vom 27.4.1998, BGBl. I S. 786.

[604] *Streck*, Stbg 1991, 98, 100; *Quick*, BB 1992, 1675, 1678.

[605] *Poll*, DZWir 1995, 95, 100 Fn 56. Nur MüKo/*Ebke*, § 323 HGB Rn 134 kritisiert diese Höhe noch.

[606] *Hopt*, WPg 1986, 461, 466.

[607] *Canaris*, ZHR 163 (1999), 206, 234.

[608] *Brandner*, ZIP 1984, 1186, 1190.

[609] *Poll*, DZWir 1995, 95, 99.

Ferner regelt § 323 Abs. 2 HGB einen nicht auf die übrige Berufstätigkeit der Wirtschaftsprüfer ausdehnbaren Sonderfall[610]. Dogmatisch überzeugende Gründe für seine Erstreckung sind nicht ersichtlich. Allein eine an der Billigkeit orientierte Begründung aufgrund der wegen Fehlens des § 323 Abs. 2 HGB schärferen Haftung bei freiwilligen Prüfungen, die im Wege eines argumentum a fortiori den für die Pflichtprüfung geltenden § 323 Abs. 2 HGB anwendbar machen soll, kann dazu nicht ausreichen[611]. Der Gesetzgeber sah, daß neben Pflichtprüfungen noch andere Testiertätigkeiten dem Wirtschaftsprüferberuf immanent sind und traf dennoch keine Regelung. Es fehlt somit an einer mittels erst-recht-Schlusses zu schließenden Lücke.

3. Ergebnis

Somit besteht zwar im Bereich der Pflichtprüfung, sowohl bei Ansprüchen aus § 323 Abs. 1 Satz 3 HGB als auch bei Drittansprüchen, von Gesetzes wegen eine begrenzte Haftung durch § 323 Abs. 2 HGB (analog). Bei der freiwilligen Prüfung gilt dagegen eine summenmäßig unbegrenzte Haftung und es bleibt nur die Möglichkeit, die Begrenzung über privatautonome Regelungen zu erreichen. Aber auch bei Pflichtprüfungen ist zu fragen, ob dadurch nicht ein noch günstigeres Ergebnis für den Wirtschaftsprüfer erzielt werden kann. Dazu wird später noch genauer Stellung genommen[612].

V. Mitverschulden gem. § 254 Abs. 1 BGB

Eine Begrenzung der Haftung kann sich auch aus einem mitwirkenden Verschulden des Anlegers bei der Entstehung des Schadens ergeben (§ 254 Abs. 1 BGB).

Der Umfang der Ersatzpflicht mindert sich, je nach Grad des Mitverschuldens, unter Umständen bis auf Null. § 254 Abs. 1 BGB entläßt den Schädiger in dem Umfang aus der Haftung, in dem der Schaden billigerweise dem Verhalten des Geschädigten zuzurechnen ist (Verschulden gegen sich selbst). Denn wer trotz eigener Mitverantwortung an der Entstehung des Schadens vollen Ersatz begehrt, handelt treuwidrig und verstößt gegen das Verbot des venire contra factum proprium[613]. Der Einwand des Mitverschuldens ist dabei bei jedem Anspruch auf Schadensersatz beachtlich, unabhängig von der Art der Anspruchsbegründung, auch bei c.i.c., steht doch § 254 BGB im Allgemeinen Teil des Schuldrechts bei den vor die Klammer gezogenen Regelungen über den Schadensersatz.

Wird hier von einem Einwand gesprochen, soll nicht der Anschein entstehen, § 254 BGB sei eine nur auf Rüge im Prozeß beachtliche Einrede. Das Mitverschulden ist vielmehr eine vom Gericht von Amts wegen in jeder Lage des Verfahrens zu beachtende Einwendung[614].

---

[610] *Gräfe*/Lenzen/Schmeer Steuerberaterhaftung Rn 763; *Weber*, NZG 1999, 1, 8.
[611] *Weber*, NZG 1999, 1, 8.
[612] Vgl. unten Seite 161 ff.
[613] Deshalb wird § 254 BGB auch als Ausprägung des Grundsatzes von Treu und Glauben verstanden (Palandt/*Heinrichs*, § 254 BGB Rn 1).
[614] Palandt/*Heinrichs*, § 254 BGB Rn 82.

Es fragt sich nun, woraus Mitverschulden abzuleiten ist und ob ein diesbezüglicher Einwand überhaupt erfolgversprechend vom Wirtschaftsprüfer geltend gemacht werden kann. Dabei ist zu bedenken, daß nicht nur eigenes Fehlverhalten des Anlegers, sondern auch Mitverschulden eines anderen, das sich der Dritte zurechnen lassen muß, zur Anspruchskürzung führt[615].

1. Mitverschulden des Anlegers

Ein Mitverschulden des Anlegers könnte damit begründet werden, daß er sich ohne weiteres auf das Testat verließ, ohne dessen Aussagen selbst zu verifizieren.

a) Grundsätzlich ungekürzter Anspruch

Es besteht aber Einigkeit, daß grundsätzlich für Anleger keine Obliegenheit besteht, Angaben eines Wirtschaftsprüfers durch eigene Nachforschungen zu überprüfen[616]. Mit anderen Worten kann auf die Gewährung in Anspruch genommenen Vertrauens grundsätzlich nie ein Mitverschuldenseinwand gestützt werden.

Begründen läßt sich dies mit der Grundlage der Haftung, dem Vertrauen in die Tätigkeit des Wirtschaftsprüfers. Wollte man ein Mitverschulden allein wegen Vertrauens zulassen, wäre das dem Anleger gegenüber in Anspruch genommene Vertrauen zugleich Grund und Hinderungsgrund der Haftung[617], hieße das, das Vertrauen einerseits als Haftungsgrund anzuerkennen, es aber dem Geschädigten letztlich zum Nachteil gereichen zu lassen[618]. Ferner würde durch die Statuierung einer Nachforschungspflicht dem Anleger ganz und gar Unmögliches abverlangt. Der den Rat eines Fachmanns Suchende gibt dadurch gerade seine mangelnde eigene Beurteilungsfähigkeit der für die Vermögensdisposition wichtigen Grundlagen zu erkennen. Fehlt aber das nötige Fachwissen und forderte man dennoch eine Nachforschung, die zwingend eben dieses Wissen voraussetzte, erhält man ein eigenartiges Ergebnis: Man forderte vom Anleger Kenntnisse, die genauso gut, wohl sogar besser sind, als die des Wirtschaftsprüfers, der andernfalls schon selbst die Unrichtigkeit des Testats erkannt hätte[619]. Hat der Anleger aber selbst die nötige Sachkunde, wird ihm nach der hier vertretenen Ansicht der Schadensersatz schon wegen mangelnder Schutzwürdigkeit versagt[620].

---

[615] Der Bundesgerichtshof beschäftigt sich in zahlreichen Urteilen mit den Auswirkungen eines Drittverschuldens bei der Expertenhaftung (z.B. BGH NJW 1984, 355, 357; JZ 1998, 624, 626).
[616] BGH WM 1965, 287, 288; NJW 1982, 1095, 1096 f.; 1984, 355, 356 f.; *Adolff*, Die zivilrechtliche Verantwortlichkeit deutscher Anwälte bei der Abgabe von Third Party Legal Opinions, 1997, S. 187; *Coing*, WM 1980, 206, 210; *Hopt*, FS für Fischer, 1979, S. 237, 254; *Jost*, Vertragslose Auskunfts- und Beratungshaftung, 1991, S. 276; *Müssig*, NJW 1989, 1697, 1702; Palandt/*Sprau*, § 675 BGB Rn 35; *Stoll*, FS für Flume, Band I, 1978, S. 741, 758; *Strauch*, JuS 1992, 897, 902; *Wiegand*, Die „Sachwalterhaftung" als richterliche Rechtsfortbildung, 1991, S. 387.
[617] *Adolff*, Die zivilrechtliche Verantwortlichkeit deutscher Anwälte bei der Abgabe von Third Party Legal Opinions, 1997, S. 187.
[618] *Wiegand*, Die „Sachwalterhaftung" als richterliche Rechtsfortbildung, 1991, S. 387.
[619] Dies sehen auch *Jost*, Vertragslose Auskunfts- und Beratungshaftung, 1991, S. 277, und *Assmann*, NJW 1982, 1083, 1084.
[620] Vgl. oben Seite 79 f.

Daher kann die Tatsache, daß sich der Dritte auf die Richtigkeit des Testats verließ und eine eigene Verifizierung der Aussagen des Testats unterließ, nie Anknüpfungspunkt für den Vorwurf von Mitverschulden sein.

Dogmatische Grundlage dieser Ausnahme sind Treu und Glauben (§ 242 BGB), die die Berufung des Wirtschaftsprüfers auf § 254 Abs. 1 BGB ausschließen[621].

Allerdings bedarf es des Rückgriffs auf § 242 BGB nicht. Der Wirtschaftsprüfer veranlaßte den Anleger durch sein Testat und das damit verbundene Vertrauen, eigene Nachprüfungen zu unterlassen, da sich der Rechtsverkehr berechtigterweise auf das mit Brief und Siegel[622] erteilte Testat und seine Richtigkeit verlassen kann. Wenn der Anleger sich nun erwartungsgemäß auf die Aussagen im Testat verläßt, sich also so verhält, wie es der Mandant des Wirtschaftsprüfers durch Einschaltung dessen bezweckte, kann aus diesem Verhalten keine Verletzung der vom Anleger im eigenen Interesse zu beachtenden Sorgfalt begründet werden, verhält er sich doch ordnungsgemäß. Damit fehlt es bereits tatbestandlich am Mitverschulden und es muß nicht erst die Berufung auf bestehendes Mitverschulden durch § 242 BGB abgeschnitten werden.

b) Ausnahme

Sind im Einzelfall besondere Umstände gegeben, kann sich der Wirtschaftsprüfer wegen unterbliebener Nachforschung ausnahmsweise mit Erfolg auf § 254 Abs. 1 BGB berufen und den Anspruch entsprechend kürzen.

Dies ist der Fall, wenn sich dem Anleger Zweifel an der Richtigkeit des Testats geradezu aufdrängen mußten, also ein Mißtrauensgrund für ihn bestand[623].

Für die Annahme einer Nachforschungspflicht und damit Mitverschulden müssen über das Vertrauen auf das Testat hinausgehende Umstände vorliegen, die berechtigt nur angenommen werden dürfen, wenn sich vom Wissensstand des Anlegers aus Zweifel an der Gültigkeit des Testats aufdrängen. Die besonderen Umstände müssen ihm geradezu ins Auge fallen, müssen auch ihm als Laien (evtl. aus dem Testat[624]) erkennbar sein, um nicht die oben kritisierte Konsequenz zu erhalten, beim Anleger die Informationen vorauszusetzen, die es durch den Experten zu überprüfen gilt[625].

Beispiele sind: Der Anleger läßt Warnungen Dritter bezüglich des Geschäfts außer Acht[626]; er beachtet differenzierende Hinweise des Beraters im Testat nicht[627]; der Experte handelte

---

[621] BGHZ 70, 356, 365; BGH WM 1971, 74, 77; 1977, 334, 337; NJW 1982, 1095, 1096 f.; 1998, 320, 305; *Jost*, Vertragslose Auskunfts- und Beratungshaftung, 1991, S. 276; MüKo/*Emmerich*, Vor § 275 BGB Rn 184.
[622] *Müssig*, NJW 1989, 1697, 1702.
[623] BGH WM 1977, 334, 338; ZIP 1982, 169, 171 f.
[624] *Bydlinski*, EWiR 1998, 683, 684.
[625] *Assmann*, NJW 1982, 1083, 1084.
[626] BGH NJW 1979, 1595, 1596.
[627] BGH NJW 1982, 1095, 1096; *Strauch*, JuS 1992, 897, 902. *Jost*, Vertragslose Auskunfts- und Beratungshaftung, 1991, S. 276, weist darauf hin, daß es in diesen Fällen differenzierender Hinweise des Beraters schon am Tatbestand der Haftungsbegründung mangelt und damit auf ein Mitverschulden gar nicht mehr ankommt. Wo sollte hier auch der Pflichtenverstoß liegen?

erkennbar für die andere Seite und nimmt damit in erster Linie deren wirtschaftliche Interessen wahr[628]; die Autorität des Testierenden ist aufgrund der zu Tage tretenden Umstände oder durch Warnungen kompetenter Dritter erschüttert[629].

In diesen Fällen obliegt es dem Anleger, Zweifel und Unklarheiten zu beseitigen, wozu er sich beispielsweise des testierenden Wirtschaftsprüfers bedienen und bei ihm Rückfrage nehmen kann. Andernfalls läge blindes, nicht schützenswertes Vertrauen vor.

In diesen Fällen der Bösgläubigkeit des Anlegers an eine Analogie zu den §§ 122 Abs. 2 und 179 Abs. 3 BGB zu denken, um den Anspruch gänzlich auszuschließen, führte zu einem unsachgerechten Alles oder Nichts für den Geschädigten[630].

2. Zurechnung des Verschuldens Dritter an den Anleger

Nachdem sich der Wirtschaftsprüfer auf Mitverschulden des Anlegers nur in seltenen Ausnahmefällen berufen kann, fragt sich, ob dem Anleger nicht das Verschulden Dritter zugerechnet werden kann. Hierbei sind zwei Problemkreise zu erörtern: Welche anderen Personen kommen in Betracht und wie kann eine Zurechnung erfolgen?

a) Relevanter Personenkreis

Als mögliche Zurechnungssubjekte sind selbstverständlich nicht beliebige Dritte heranzuziehen, die in keiner Beziehung zum Anleger und dem die Haftung auslösenden Testat stehen. Deshalb kommen nur Personen aus dem Kreis der an der Dreiecksbeziehung um die Testaterstellung beteiligten in Betracht: Zum einen ist das der Wirtschaftsprüfer, der aber von vornherein ausscheidet, will er sich doch gegen den Anspruch des Anlegers wehren und löst sein Verschulden den Anspruch gegen ihn aus. Zweitens ist es der Anleger, dessen eigenes Mitverschulden eben behandelt wurde. Letztlich bleibt somit nur der Mandant. Dessen Verschulden dem Anleger entgegenzuhalten wäre durchaus gerechtfertigt, trifft er doch als dessen Geschäftspartner beim Anlagegeschäft nicht zufällig mit ihm zusammen.

Ein dem Anleger zurechenbares Verschulden des Mandanten wird vor allem relevant, wenn der Mandant dem Wirtschaftsprüfer gegenüber bewußt falsche, zur Unrichtigkeit des Testats führende Angaben macht. Da der Wirtschaftsprüfer dann wegen überwiegenden Mitverschuldens einem Anspruch des Mandanten nicht ausgesetzt wäre[631], könnte man daran denken, ihn auch vor einem Anspruch des Anlegers zu bewahren, indem man diesem das Mitverschulden des Mandanten zurechnet.

---

[628] BGH NJW 1982, 1095. Dies dürfte bei Wirtschaftsprüfern wegen ihrer Neutralitätspflicht selten sein.
[629] BGH NJW 1979, 1595, 1596; 1984, 921, 922.
[630] *Canaris*, FS für Schimansky, 1999, S. 34, 57; *ders.*, FS 50 Jahre Bundesgerichtshof, Band 1, 2000, S. 129, 175, 177. Ebenso, allerdings vor dem Hintergrund des § 138 BGB, auch BGHZ 99, 101, 108 f.
[631] Die streitige Frage, ob sich der Wirtschaftsprüfer in seiner Funktion als gesetzlicher Jahresabschlußprüfer überhaupt dem Mandanten gegenüber auf Mitverschulden berufen kann, wird hier nicht erörtert. In der Tendenz ist dies aber zu bejahen. Vgl. dazu *Müller*, FS für Forster, 1992, S. 451, 463 ff.; *Quick*, BB 1992, 1675, 1676.

b) Zurechnungsfragen

Dabei stellt sich das Problem, ob überhaupt und ggf. wie eine Zurechnung des Mandantenmitverschuldens geschehen soll.

aa) „Ob" der Zurechnung
Die Frage des „Ob" kommt auf, weil durch arglistiges Verhalten des Mandanten nicht nur dieser, sondern auch der Anleger getroffen würde, indem auch ihm der Anspruch gekürzt wird. Daß dies erwünscht ist, mag bezweifelt werden, zumal der Anleger keine Einblicke in das Verhalten des Mandanten hat und somit nicht beurteilen kann, ob er arglistig handelt. Doch kann diese Frage erst geklärt werden, wenn feststeht, daß eine Zurechnung überhaupt begründbar ist. Sollte dies nämlich schon nicht möglich sein, bräuchte der Anleger auch mit keiner Kürzung rechnen.

bb) Konstruktion der Zurechnung
Es muß damit beantwortet werden, wie eine Zurechnung des Verschuldens des Mandanten an den Anleger als dessen anspruchsminderndes Mitverschulden erfolgen kann.

(1) Bei einer Haftungsbegründung mit den Regeln des Vertrags mit Schutzwirkung für Dritte ist die Beachtung des Mandantenmitverschuldens regelmäßig unproblematisch. Bereits aus der Ableitung des Anspruchs aus dem Vertrag des Wirtschaftsprüfers mit seinem Mandanten ergibt sich, daß der Anleger aus dem fremden Vertrag keine stärkere Position herleiten kann als der eigentliche Vertragspartner. Das bedeutet also, daß der Wirtschaftsprüfer, der einem Anspruch seines Mandanten dessen Mitverschulden anspruchsmindernd oder -ausschließend entgegensetzen kann, dies analog § 334 BGB auch dem Anleger gegenüber kann[632].

(2) Bei Anwendung der c.i.c. dagegen, die dem Anleger einen originären Anspruch gegen den Wirtschaftsprüfer verleiht, bleibt nur § 254 Abs. 2 Satz 2 BGB als gesetzlich geregelter Fall des Einstehens für das Mitverschulden Dritter.

Unabhängig davon, ob es sich bei § 254 Abs. 2 Satz 2 BGB um eine Rechtsfolgen- oder Rechtsgrundverweisung auf § 278 BGB handelt[633], liegt die jedenfalls in beiden Fällen nötige Voraussetzung des § 278 BGB nicht vor: Der Mandant ist weder gesetzlicher Vertreter noch Erfüllungsgehilfe des Anlegers. Wegen seiner selbständigen Stellung gegenüber dem Anleger ist er auch nicht dessen Verrichtungsgehilfe, so daß auch der bei § 254 Abs. 2 Satz 2 BGB analog anwendbare § 831 BGB nicht einschlägig ist.

Bei c.i.c. kommt somit von vornherein keine Mitverschuldenszurechnung in Betracht.

cc) Erneut Frage des „Ob" der Zurechnung
Ist man nun bereit, Anlegeransprüche über die Regeln der c.i.c.-Dritthaftung zu begründen[634], stellen sich das Problem einer Mitverschuldenszurechnung und auch die Frage nach einer Korrektur der Zurechnung nicht.

---

[632] Vgl. oben Seite 31.
[633] Zum Streitstand vgl. *Larenz*, Schuldrecht AT I, § 31 I d, 499 ff.; MüKo/*Oetker*, § 254 BGB Rn 127 ff.; *Möllers*, VersR 1996, 153, 158.
[634] Allein daß bei c.i.c. keine Zurechnung des Mandantenmitverschuldens stattfindet, ist kein gewichtiger Nachteil gegenüber dem Vertrag mit Schutzwirkung für Dritte, da auch dort § 334 BGB konkludent abbedungen ist.

Weil bei der zwar abzulehnenden Haftungsbegründung über den Vertrag mit Schutzwirkung für Dritte dieses Problem relevant wird und weil man bei der c.i.c. anders herum fragen muß, ob es gerecht sei, den Wirtschaftsprüfer mit dem Risiko arglistigen Handelns des Mandanten zu belasten, soll dennoch kurz darauf eingegangen werden.

Fraglich ist somit, ob der Anleger oder der Wirtschaftsprüfer das Risiko eines arglistigen Mandanten trägt.

Letztlich muß dies von beiden derjenige sein, der dazu am ehesten in der Lage ist. Daß dieses Risiko dem Anleger billigerweise nicht zugemutet werden kann, wird überwiegend so gesehen und deshalb arbeiten Rechtsprechung und die zum Vertrag mit Schutzwirkung neigende Literatur auch damit, § 334 BGB als konkludent abbedungen anzusehen[635]. Der Anleger darf regelmäßig von einem redlichen Auftraggeber des Testats ausgehen, der nicht arglistig auf die Urteilsbildung des Sachverständigen einwirkt[636]. Es wäre also unbillig, den Anleger mit der Arglist des Mandanten zu belasten, was im Gegenschluß bedeutet, daß sie zu Lasten des Wirtschaftsprüfers gehen muß.

Diese zum Vertrag mit Schutzwirkung entwickelte Ansicht, ist zustimmungswürdig. Es ist gerechter, dieses Risiko den Wirtschaftsprüfer tragen zu lassen, der sich dagegen eher absichern kann, besser jedenfalls als der Anleger, dem die Sachkunde und die Einblicke in die Sphäre des Anlagemodellbetreibers und in die Tatsachen, die dem Testat zugrunde liegen, die ihn in die Lage versetzen, die Täuschung aufzudecken, fehlen. Dagegen hat der Wirtschaftsprüfer z. B. die Möglichkeit, Angaben des Mandanten auf ihre Richtigkeit hin zu überprüfen, und ist aufgrund seiner Sachkunde ohne Zweifel schwerer zu täuschen als der Anleger, der auf die Richtigkeit eines Testats sachkundiger Personen vertraut. Somit vertraut er letztlich auch darauf, daß alle Angaben vom Wirtschaftsprüfer selbst ermittelt oder nicht ohne Verifizierung übernommen wurden[637].

Zudem kann der Wirtschaftsprüfer selbst beeinflussen, nicht der Leidtragenden zu sein. Will er nämlich eine gänzliche Absicherung gegen dieses Risiko erhalten, muß er von der unten noch zu behandelnden Möglichkeit Gebrauch machen, die vom Mandanten stammenden, ungeprüft verwendeten Angaben im Testat als solche zu kennzeichnen[638]. Dann entsteht schon von vornherein kein Anspruch des Anlegers und er muß sich nicht erst über das Mitverschulden zu befreien versuchen.

Auf diese Weise geht die Arglist einzig zu Lasten des Mandanten, von dem sie ausgeht. Er kann wegen Fehlerhaftigkeit des Testats wegen der Sperrwirkung des § 254 Abs. 1 BGB keinen Schadensersatz verlangen, vielmehr kann der Wirtschaftsprüfer nach einer Inanspruchnahme durch den Anleger bei ihm Regreß nehmen.

---

[635] Vgl. oben Seite 31.
[636] BGH JZ 1998, 624, 626.
[637] Vgl. unten Seite 136 ff.
[638] Vgl. unten Seite 136 ff.

VI. Verjährung

Aus der Verjährung der Anlegeransprüche läßt sich eine Begrenzung der Wirtschaftsprüferhaftung in zeitlicher Hinsicht herleiten. Sie wird als zunehmend bedeutsam für ein zumutbares Haftungsrisikos gepriesen[639].

Die rechtshemmende Einrede[640] der Verjährung bewirkt, daß der Berechtigte ab einem bestimmten Zeitpunkt den Anspruch wegen des dauernden Leistungsverweigerungsrechts[641] des § 205 BGB[642] nicht mehr mit Erfolg geltend machen kann.

1. Freiwillige Testattätigkeit

Die Ansprüche des Anlegers gegen den Wirtschaftsprüfer aus c.i.c. verjähren mangels spezieller gesetzlicher Regelung in der Regelverjährungsfrist des § 195 BGB[643], die aufgrund Änderung im Rahmen der Schuldrechtsreform seit dem 1. Januar 2002 nicht mehr dreißig, sondern nur noch drei Jahre beträgt. Die Frist beginnt mit Entstehung des Anspruchs[644] und – nunmehr wie bei § 852 BGB, aber anders als § 198 BGB a.F. – Kenntnis bzw. Kennenmüssen der anspruchsbegründenden Umstände und des Schuldners (§ 199 Abs. 1 BGB) bzw. kenntnisunabhängig in zehn Jahren (§199 Abs. 2 BGB).

a) Entschärfung bisheriger Probleme

Durch die Neuregelung mit verkürzter Regelfrist entschärfte sich das frühere Problem der vielfach als unbillig lang und wenig sachgerecht empfundenen[645] Dreißig-Jahres-Frist. Wie im Rahmen der c.i.c. bereits verschiedentlich zugelassen[646], wurde auch für die Dritthaftung der Wirtschaftsprüfer wegen eines Berufsversehens entweder in Analogie zu § 852 BGB die Verjährungsfrist auf drei Jahre verkürzt [647] oder die für die Vertragshaftung des Wirtschaftsprüfers geltende Fünf-Jahres-Frist des § 51a Satz 1 WPO angewandt[648]. Beide Wege waren jedoch nicht unumstritten[649].

---

[639] *Hübner*, NJW 1989, 5, 10.

[640] Aus ihrer Rechtsnatur als Einrede ergibt sich jedoch eine gewisse Gefahr für den Wirtschaftsprüfer, da die Klage des Anlegers nur bei erfolgter Berufung auf Verjährung als unbegründet abgewiesen wird.

[641] Palandt/*Heinrichs*, § 222 BGB Rn 1. Die Verjährung führt aber nicht zum Erlöschen des Anspruches.

[642] § 222 Abs. 1 BGB a.F.

[643] *Baumbach/Hopt*, § 347 HGB Rn 39; MüKo/*Emmerich*, Vor § 275 BGB Rn 196; Palandt/*Heinrichs*, § 276 BGB Rn 99.

[644] Der Anspruch entsteht, wie auch unter Geltung des insoweit wortgleichen § 198 BGB a.F., wenn er klageweise geltend gemacht werden kann, bei Schadensersatzansprüchen also mit Entstehung des Schadens (BGHZ 73, 363, 365; BGH NJW 1986, 2567; Palandt/*Heinrichs*, § 198 BGB Rn 1, 9).

[645] *Peters*, VersR 1979, 103, 105; *Hopt*, AcP 183 (1983), 608, 711; *Adolff*, Die zivilrechtliche Verantwortlichkeit deutscher Anwälte bei der Abgabe von Third Party Legal Opinions, 1997, S. 188 f.; *Jost*, Vertragslose Auskunfts- und Beratungshaftung, 1991, S. 290; *Wiegand*, Die „Sachwalterhaftung“ als richterliche Rechtsfortbildung, 1991, S. 396.

[646] MüKo/*Emmerich*, Vor § 275 BGB Rn 196, 197 ff.

[647] *Peters*, VersR 1979, 103, 106 ff.; *Canaris*, FS für Larenz, 1983, S. 27, 108; *Hopt*, AcP 183 (1983), 608, 711; *Jost*, Vertragslose Auskunfts- und Beratungshaftung, 1991, S. 290 ff., 293.

[648] BGHZ 100, 132, 136; *Adolff*, Die zivilrechtliche Verantwortlichkeit deutscher Anwälte bei der Abgabe von Third Party Legal Opinions, 1997, S. 189; *Baumbach/Hopt*, § 347 HGB Rn 39; MüKo/*Emmerich*, Vor § 275

b) § 51a Satz 1 WPO analog?

Trotz Entschärfung dieses Problems, stellt sich in Konsequenz der nur unvollständigen Reform des Verjährungsrechts ein anderes. Entgegen der Anregung des Bundesrats, auch die Verjährungsvorschriften außerhalb des BGB zu harmonisieren[650], wollte die Bundesregierung eine Überarbeitung sondergesetzlicher Verjährungsvorschriften einem zweiten, auf die Neuordnung des BGB folgenden Schritt vorbehalten[651].

Wegen der Parallelität der sondergesetzlichen und allgemeinen Verjährungsnormen könnte man daran denken, die berufsrechtliche Verjährungsregel für Wirtschaftsprüfer aus § 51a Satz 1 WPO, die schon bisher analog angewandt wurde, weiter heranzuziehen, um damit, anders als bisher, nicht eine lange Frist zu verkürzen, sondern eine kurze zu verlängern. Als Problem stellt sich die Auflösung des Nebeneinander von § 195 BGB und der Regelung der WPO, die durch die Schuldrechtsreform unberührt blieb.

aa) Argumente für § 51a WPO

Für die Anwendung des § 51a Satz 1 WPO entgegen seines auf die Mandanten- und Vertragshaftung begrenzten Wortlauts auf Drittansprüche könnte sprechen, daß mit Anerkennung der c.i.c.-Dritthaftung von Wirtschaftsprüfern eine berufsspezifische Haftung geschaffen wurde, weshalb konsequenterweise auch eine Verjährungsregelung berufsspezifische Bezüge aufweisen sollte[652]. Sachgerecht ist durchaus, jede Berufsgruppe und die gegen sie gerichteten Ansprüche immer nur nach ihren berufsrechtlichen Verjährungsregelungen zu behandeln, egal auf welchem Rechtsgrund sie beruhen. Dem Berufsangehörigen sind diese Fristen bekannt, aber auch der Geschädigte kann sich danach richten, wird er als juristischer Laie die Differenzierung der Ansprüche nach Vertrag, Delikt, c.i.c. usw. und die damit einhergehende Verschiedenartigkeit der Verjährungsregelungen oft nicht nachvollziehen können. Die Anwendung des § 51a WPO führt im Ergebnis zu einer Vereinheitlichung bei berufsrechtlichen Ansprüchen gegen Wirtschaftsprüfer und hat als Sondernorm Vorrang vor dem allgemeinen § 195 BGB.

bb) Argumente gegen § 51a WPO

Wenn die beiden im Wortlaut des § 51a Satz 1 WPO angelegten Hürden durch Gleichstellung einer vertrauensrechtlichen Sonderbeziehung mit einem Vertragsverhältnis und der Dritt- mit der Mandantenhaftung früher mit dem Zweck der Norm, der Bewahrung der Berufsangehörigen vor einer wirtschaftlichen Bedrohung durch eine unangemessen lange Haftung für Berufsversehen, begründet werden konnte[653], gilt dies heute bei nur dreijähriger

---

BGB Rn 200; *Philippsen*, Zur Dritthaftung des privat beauftragten Gutachters für fahrlässig verursachte Vermögensschäden, 1998, S. 184.

[649] **Gegen § 852 BGB:** *Gottwald*, JuS 1982, 877, 884 f.; MüKo/*Stein*, § 852 BGB Rn 7; Erman/*Schiemann*, § 852 BGB Rn 7; Palandt/*Heinrichs*, § 195 BGB Rn 3, 10; Jauernig/*Vollkommer*, § 276 BGB Anm. VI 4. a. **Gegen § 51a WPO:** *Jost*, Vertragslose Auskunfts- und Beratungshaftung, 1991, S. 293; *Wiegand*, Die „Sachwalterhaftung" als richterliche Rechtsfortbildung, 1991, S. 395.

[650] Vgl. JuS 2001, Heft 12, S. XXXVIII.

[651] Vgl. JuS 2001, Heft 12, S. XXXVIII.

[652] Das betont unter Geltung des alten Rechts *Wiegand*, Die „Sachwalterhaftung" als richterliche Rechtsfortbildung, 1991, S. 395.

[653] So für den Bereich der Rechtsanwaltshaftung (§ 51b BRAO) ausdrücklich BGHZ 120, 157 ff. Ohne eine Begründung, aber wohl auch diesem Gedanken folgend, für § 51a WPO BGHZ 100, 132, 136. Es kann keine

Verjährungsfrist nicht mehr. Allein die oben angeführte Vereinheitlichung kann nicht als Ersatz eines adäquaten Regelungsbedürfnisses für die Analogie dienen.

cc) Stellungnahme

Bisher wurde nur der Frage nachgegangen, ob § 51a Satz 1 WPO auf Drittansprüche analog angewandt werden kann, und dies unter Geltung des neuen Rechts verneint. Diese Frage kann sich richtigerweise aber erst stellen, wenn eine weiter bestehende Berechtigung von Verjährungssonderregelungen außerhalb des BGB bejaht werden kann.

Ob berufsrechtliche Sonderregelungen überhaupt noch sachgerecht sind, kann nur aus deren Zweck geschlossen werden. Intention war bisher, durch Anwendung der im Vergleich zur alten dreißigjährigen Regelverjährung deutlich kürzeren Fristen eine Besserstellung der Berufsausübenden zu erreichen. Dies würde ins Gegenteil verkehrt, wenn sie bei Anwendung der Sondernormen jetzt nicht mehr deutlich kürzer, sondern zwei Jahre länger als die Regel mit einer Haftung zu rechnen hätten. Das könnte allenfalls durch eine gegenteilige Begründung der abweichenden Fristen gerechtfertigt werden, die nunmehr in einer Besserstellung der Mandanten und Dritten gegenüber Experten besteht. Die Verschärfung der Verjährung würde ein weiterer Baustein in der Schaffung eines Sonderprivatrechts für Fachleute. Dafür besteht jedoch kein Bedürfnis. Eine Drei-Jahres-Frist ist lange genug, vor allem, weil der Beginn der Verjährungsfrist zusätzlich von einem subjektiven Element abhängt (§ 199 Abs. 1 BGB). Hat der Geschädigte Kenntnis der anspruchsbegründenden Umstände, kann man von ihm verlangen, binnen dreier Jahre seine Ansprüche geltend zu machen. Wieso er dazu zwei Jahre länger Zeit haben sollte, nur weil sein Anspruchsgegner ein Berufsangehöriger ist, leuchtet nicht ein.

Desweiteren liefe die Beibehaltung sonderrechtlicher Verjährungsregelungen der mit der Neuordnung des Verjährungsrechts verfolgten Intention der Vereinheitlichung der als wenig durchdacht beklagten Verjährungsnormen[654] zuwider. Eine Vereinheitlichung erreicht man am besten dadurch, daß nicht nur die Sonderregelungen im BGB harmonisiert werden, sondern auch die sonderprivatrechtlichen. Zwar wurde auch die Analogie zu § 51a WPO mit einer Vereinheitlichung begründet. Sie besteht dort aber nur in dem Sinne, daß jeder, der – egal aus welchem Grund und egal ob Mandant oder Dritter – gegen einen Wirtschaftsprüfer Ansprüche geltend macht, immer gleich lang Zeit dazu hat. Diese Vereinheitlichung und eine noch weitergehende erreicht man aber auch, wenn man stets auf § 195 BGB abstellt, da dann die Frist nicht von Berufsgruppe zu Berufsgruppe unterschiedlich ist, sondern immer drei Jahre beträgt.

Im Ergebnis sind sondergesetzliche Verjährungsregelungen für Angehörige bestimmter Berufe nicht weiter nötig. Sie sollten im Rahmen einer zweiten Stufe der Harmonisierung des Verjährungsrechtes nicht nur an die dreijährige Frist des § 195 BGB angepaßt, sondern ganz gestrichen werden[655], da sie durch bloße Angleichung keinen eigenen Regelungsgehalt er-

---

Rolle spielen, ob die Bedrohung durch vertragliche oder vorvertragliche Ansprüche des Mandanten oder eines Dritten resultiert.

[654] *Peters/Zimmermann*, Gutachten und Vorschläge zur Überarbeitung des Schuldrechts, Band I, 77, 193 ff., 196 ff. Die Reform soll ein einfaches und angemessenes Verjährungssystem geschaffen werden, das die bisherigen Wertungswidersprüche beseitigt (BT-DR. 14/6040, S. 104 f.).

[655] § 51b BRAO und § 68 StBG sehen für Rechtsanwälte und Steuerberater ohnehin schon eine dreijährige Frist vor.

hielten, sondern rein deklaratorisch nur den Inhalt der ohnehin mangels Spezialgesetz geltenden allgemeinen Regelung des BGB wiederholten. Mit Streichung des § 51a WPO wird auch die nach der Neuregelung nicht mehr begründbare[656] Analogie dazu im Rahmen von Drittansprüchen hinfällig.

2. Pflichtprüfungen

§ 323 Abs. 5 HGB enthält im Rahmen seines Anwendungsbereiches eine fünfjährige Verjährung für die Ansprüche der geprüften Gesellschaft und der in § 323 Abs. 1 HGB genannten Dritten, die, da § 323 Abs. 5 HGB dazu schweigt, dem regelmäßigen Verjährungsbeginn entsprechend[657], mit Entstehung des Anspruchs[658] und Kenntnis bzw. Kennenmüssen[659] der anspruchsbegründenden Umstände und des Schuldners beginnt. Auch diese Sondernorm sollte nach obigen Erwägungen zu Gunsten der dreijährigen Regelfrist des § 195 BGB gestrichen werden.

Mögliche konkurrierende Ansprüche anderer als in § 323 HGB genannter Dritter, die nur im Falle eines Auskunftsvertrags bzw. richtig verstandener Annahme eines Vertrags mit Schutzwirkung bestehen, verjähren nach den Regeln des Vertragsrechts in drei Jahren (§ 195 BGB)[660]. Die frühere Ansicht, die § 323 Abs. 5 HGB zum Schutz des Wirtschaftsprüfers analog anwendete[661], ist durch die Schuldrechtsreform überholt. Insoweit gilt das zu § 51a WPO Gesagte.

VII. Haftungsbeschränkung aus dem Gesellschaftsrecht

Eine weitere Haftungsbeschränkung könnte das Gesellschaftsrecht bieten. Als Ausgangspunkt ist festzuhalten, daß der Wirtschaftsprüfer auch mit dem Privatvermögen haftet, weshalb naheliegt, bei dem Versuch, ihn vor der existenzbedrohenden Haftungslage zu bewahren, nach Möglichkeiten zu suchen, wenigstens das Privatvermögen zu schonen. Dabei bietet sich ein Blick auf das Gesellschaftsrecht an, ist doch nicht selten ein Grund für die Gründung einer Gesellschaft deren günstige Haftungslage.

Lösung verspricht dabei zweierlei: Neben die natürliche Person des Wirtschaftsprüfers, die in der Gesellschaft wirkt, tritt u. U. noch eine weitere Person und zwar nicht nur eine natürli-

---

[656] Vgl. oben Seite 117 ff.

[657] *Quick*, BB 1992, 1675, 1679; BeckBilKomm/*Budde/Hense*, § 323 HGB Rn 140; MüKo/*Ebke*, § 323 HGB Rn 69.

[658] Der Anspruch entsteht mit Ablieferung des Prüfungsberichts, da dieser bis dahin noch geändert werden kann und dem Geschädigten erst danach möglich ist, seine Schäden gerichtlich geltend zu machen (*Baumbach/Hopt*, § 323 HGB Rn 12; *Nann*, Wirtschaftsprüferhaftung – Geltendes Recht und Reformüberlegungen, 1985, S. 314; *Lüke*, EWiR 1993, 797, 798).

[659] Unter Geltung des § 198 BGB a.F. war eine Kenntnis des Geschädigten vom Schaden, dessen Höhe und Umfang unerheblich (*Baumbach/Hopt*, § 323 HGB Rn 12; *Quick*, BB 1992, 1675, 1679).

[660] Dies vertraten schon zum alten § 195 BGB mit seiner 30-jährigen Frist *Baumbach/Hopt*, § 323 HGB Rn 12. Wohl auch *Ebke*, Wirtschaftsprüfer und Dritthaftung, 1983, S. 69, der die übermäßige Länge der 30-jährigen Frist beklagt.

[661] BeckBilKomm/*Budde/Hense*, § 323 HGB Rn 154; MüKo/*Ebke*, § 323 HGB Rn 122.

che Person in der Gestalt eines Berufskollegen, sondern auch eine juristische, die Gesellschaft, woraus sich zumindest eine Schadensteilung ableiten läßt. Besser noch wäre, wenn allein die Gesellschaft haften müßte und der einzelne Wirtschaftsprüfer als Gesellschafter letztlich nur mit dem Gesellschaftsvermögen haftbar wäre. Nur die letzte Möglichkeit führte zu einer völligen Verschonung des Privatvermögens.

1. Personengesellschaften

a) Gesellschaft bürgerlichen Rechts

Bei der Untersuchung der Gesellschaft bürgerlichen Rechts (GbR/BGB-Gesellschaft)[662] als Grundform des gesellschaftsrechtlichen Zusammenschlusses mehrerer Personen, stellt sich deren haftungsrechtlich nur begrenzte Tauglichkeit heraus.

aa) Unbeschränkbare unbeschränkte Haftung
Nachteilig ist die unbeschränkte und auch unbeschränkbare persönliche Haftung der Gesellschafter. Während noch bis 1999 von der Zulässigkeit der Haftungsbeschränkung auf das Gesellschaftsvermögen im Rahmen einer sog. GbR mbH unter bestimmten Voraussetzungen an die Publizität der im Gesellschaftsvertrag erfolgten Beschränkung ausgegangen wurde[663], lehnt der Bundesgerichtshof dies mittlerweile zu Recht ab[664]. Die Begründung kann der nunmehr höchstrichterlich anerkannten analogen Anwendung des § 128 Satz 2 HGB[665] entnommen werden[666].

Eine Beschränkung der Haftung ist somit nur durch Individualvereinbarung mit dem jeweiligen Geschäftspartner der BGB-Gesellschaft zu erreichen. Eine auf vertraglicher Basis beruhende Haftungsbeschränkung ist im Bereich der Dritthaftung ohne vertraglichen Kontakt zwar möglich[667]. Wenn aber auch im gesellschaftsrechtlichen Bereich nur eine vertragliche Abrede Hilfe bringt, ist deren Vorteil nicht ersichtlich.

Das Haftungsrisiko wird noch dadurch verstärkt, daß sich der einzelne Wirtschaftsprüfer nicht durch Austritt aus der Sozietät der weiteren Haftung entziehen (§ 736 Abs. 2 BGB) und auch bei Neueintritt analog § 130 HGB für vorher begangene Pflichtverletzungen in Anspruch genommen werden kann[668].

bb) Haftung für Fehlverhalten der Sozien
Nachteilig ist weiter, daß in einer Sozietät alle Gesellschafter auch für das Fehlverhalten der

---

[662] Auch Wirtschaftsprüfer können sich in einer GbR zur gemeinsamen Berufsausübung in Sozietäten zusammenschließen (§ 44b WPO).
[663] BGH NJW 1985, 619; 1992, 3037 ff.; BB 1990, 1085 f.
[664] BGHZ 142, 315 ff.
[665] BGH NJW 2001, 1056 ff.
[666] Auf die GbR mbH, die Anerkennung der Teilrechtsfähigkeit und die analoge Anwendung des § 128 HGB näher einzugehen ist hier nicht der richtige Ort. Vgl. zur GbR mbH: *Blenske*, NJW 2000, 3170 ff.; *Henze*, BB 1999, 2260 ff. Zur Analogie zu § 128 HGB: *Schmidt*, NJW 2001, 993 ff.; *Dauner-Lieb*, DStR 2001, 356 ff.
[667] Vgl. unten Seite 145 ff.
[668] Darauf weist auch *von der Horst*, DStR 1995, 2027, 2028 hin.

übrigen Gesellschafter haften, egal ob sie an der Erteilung des Testats beteiligt waren, so daß nicht nur wegen eigener Pflichtwidrigkeit, für die ein freilich begrenztes Einstehenmüssen noch sachgerecht ist, sondern auch wegen der von Sozien ein erhebliches Haftungsrisiko droht[669]. Dieser Nachteil muß erst gem. § 54a Abs. 2 WPO auf vertraglichem Wege[670] ausgeschaltet werden, indem, auch mittels Allgemeiner Geschäftsbedingungen (AGB), die Haftung auf die namentlich bezeichneten Mitglieder der Sozietät beschränkt wird, die die vertragliche Leistung erbringen sollen[671].

cc) Keine Einpersonen-GbR

Weiterer Nachteil, der aus der Einstufung als Personengesellschaft folgt, ist das Erfordernis von mindestens zwei Gesellschaftern[672], so daß die GbR untauglich für all die Wirtschaftsprüfer ist, die – aus welchen Gründen auch immer – nicht in Kooperation mit Berufskollegen treten wollen oder können.

b) Kommanditgesellschaft

Die Kommanditgesellschaft (KG), als Personengesellschaft mit gem. §§ 171, 172 HGB beschränkter Haftung der Kommanditisten, ist von vornherein nicht behelflich. Als Gesellschaftszweck fordert sie den Betrieb eines Handelsgewerbes (§ 161 Abs. 1 HGB), was nach der Legaldefinition des § 1 Abs. 2 HGB einen Gewerbebetrieb voraussetzt. Gem. § 1 Abs. 2 Satz 2 WPO ist die Tätigkeit des Wirtschaftsprüfers kein Gewerbe.

c) Partnerschaftsgesellschaft (PartG)

Die als Personengesellschaft für Angehörige der freien Berufe geschaffene Partnerschaftsgesellschaft begegnet denselben Einwänden wie die GbR. Eine Einmann-Gründung und analog § 128 Satz 2 HGB[673] eine gesellschaftsvertraglich beschränkte Haftung sind unmöglich.

2. Kapitalgesellschaften

Die Gesellschaft mit beschränkter Haftung (GmbH) und die Aktiengesellschaft (AG) stehen auch dem Berufsstand der Wirtschaftsprüfer offen (§ 27 Abs. 1 WPO[674]), was für Angehörige freier Berufe durchaus nicht selbstverständlich ist[675].

---

669 *Henssler*, JZ 1994, 178, 186. Das folgt ohne weiteres aus Analogie zu § 128 HGB.

670 Zur Möglichkeit einer vertraglichen Vereinbarung mit dem Dritten vgl. unten Seite 150 ff.

671 Ein Formulierungsbeispiel findet sich bei *Gräfe*/Lenzen/Schmeer, Steuerberaterhaftung Rn 799.

672 Palandt/*Sprau*, § 705 BGB Rn 1. Andernfalls kann nicht von einer Gesellschaft die Rede sein.

673 MüKo/*Ulmer*, § 8 PartGG Rn 9. Die die Haftung in der OHG betreffende Norm ist analog anwendbar, da die PartG der OHG nachgebildet ist. Dies erscheint sachgerecht, weil nun im gesamten Recht der Personengesellschaften eine unbeschränkbare Haftung der persönlich haftenden Gesellschafter gilt.

674 Sowohl Wirtschaftsprüfer-GmbH als auch -AG müssen nach Maßgabe der §§ 28 ff. WPO anerkannt werden, was zum Schutz der Gläubiger unter anderem von der finanziellen Mindestausstattung der Gesellschaften abhängt (vgl. § 28 Abs. 6 WPO).

675 Dies zeigt die lange Zeit in der z. B. Rechtsanwälten trotz nachdrücklicher Forderungen der Literatur (*Henssler*, JZ 1992, 697 ff.; *ders.*, NJW 1993, 2137, 2140 ff.; *ders.*, JZ 1994, 178, 187) nicht erlaubt war, eine GmbH zu gründen und die Tatsache, daß auch heute noch die gesetzliche Anerkennung der Rechtsanwalts-AG

Beide[676] sind zuverlässige Haftungsbegrenzungen[677], weil nur die juristische Person mit ihrem Gesellschaftsvermögen haftet und der Gesellschafter grundsätzlich von persönlicher Haftung verschont bleibt (§ 13 Abs. 2 GmbHG; § 1 Abs. 1 Satz 2 AktG; Haftungstrennungsprinzip). Nur in Ausnahmefällen, wenn die Rechtsform mißbräuchlich verwendet wird oder eine Berufung auf das Haftungstrennungsprinzip gegen Treu und Glauben verstieße[678], kommt ein Durchgriff in Betracht.

Weiterer Vorteil ist eine mögliche Einmann-Gründung (§ 1 GmbHG; § 2 AktG).

3. Ergebnis

Die mit gesellschaftsrechtlichen Gestaltungen verbundenen Möglichkeiten der Haftungsbegrenzung dürfen nicht überschätzt werden[679]. Mit Wahl der GmbH bzw. AG kann zwar die Bedrohung der persönlichen Existenz des Wirtschaftsprüfers durch Ausschluß der Haftung mit dem Privatvermögen verhindert werden. Keine wirksame Maßnahme aber ist dies, um auch die wirtschaftliche oder berufliche Existenz des Wirtschaftsprüfers zu retten. Eine übermäßige Inanspruchnahme der Gesellschaft kann deren Aus bedeuten, womit der Wirtschaftsprüfer die Grundlage seines Erwerbs verliert. Ein in einer GmbH bzw. AG organisierter Wirtschaftsprüfer sollte bestrebt sein, seine und der Gesellschaft Haftung auf andere Weise gering zu halten.

VIII. Zusammenfassung

Die gesetzlichen Möglichkeiten der Beschränkung führen nur begrenzt zur Eingrenzung der Haftung. Es obliegt daher dem Wirtschaftsprüfer selbst, sich durch privatautonome Gestaltungen weiter zu enthaften. Das ist ein durchaus billiges Ergebnis, da es, außer in gewissen Grenzen bei der Pflichtprüfung, nicht Aufgabe des Gesetzgebers sein kann, jedem Wirtschaftsprüfer sein Risiko abzunehmen. Vielmehr muß nicht nur auf Seiten des Anlegers der Grundsatz der Selbstverantwortung gelten, auch Wirtschaftsprüfer haben ihr haftungsrechtliches Schicksal selbst in der Hand. Sind sie in eigenen Angelegenheiten nachlässig, trifft nur sie das Ergebnis. Sind sie umsichtig und vorausschauend, kommt ihnen dies zu Gute.

---

aussteht. Mittlerweile ist die GmbH in §§ 59c ff. BRAO als Rechtsform zugelassen und das BayObLG ZIP 2000, 835, 836 hat die Rechtsanwalts-AG anerkannt.

[676] Lediglich bei der Mindestkapitalisierung der AG ist ein höherer Aufwand von 50.000 Euro (§ 7 AktG) im Vergleich zu 25.000 Euro bei der GmbH (§ 5 Abs. 1 GmbHG) nötig.

[677] *von der Horst*, DStR 1995, 2027, 2030 für die GmbH.

[678] BGHZ 22, 226 ff.; Palandt/*Heinrichs*, Einf v § 21 BGB Rn 12; *Baumbach/Hueck*, § 13 GmbHG Rn 10 ff.

[679] Baetge/*Fliess*, Rechnungslegung und Prüfung, 1994, S. 161, 187.

C. Privatautonome Gestaltungsmöglichkeiten

Für die unverzichtbaren, im Verantwortungsbereich des Wirtschaftsprüfers liegenden privatautonomen Gestaltungen bieten sich zwei Möglichkeiten: Zum einen kann man auf einseitige, vertrauenslenkende Aussagen im Testat zurückgreifen, zum anderen besteht die Möglichkeit vertraglicher Vereinbarungen, die nach der Rechtsgeschäftslehre notwendig zweiseitig sind und damit eine Willensübereinstimmung von mindestens zwei Partnern erfordern.

Um beide Gruppen sachgerecht unter einen Oberbegriff zu subsumieren, wird von privatautonomen Vereinbarungen gesprochen, also solchen, die der einzelne im Rahmen seines Selbstbestimmungsrechts eigenverantwortlich gestalten kann. Die Privatautonomie berechtigt den einzelnen, Rechte und Pflichten zu begründen, zu ändern oder aufzuheben[680].

Bei beiden Arten stellen sich zwei wichtige Fragen: Erstens die Frage, wie privatautonome Gestaltungsmöglichkeiten auch gegenüber dem Anleger als Nichtvertragspartner des Wirtschaftsprüfers Wirkung entfalten können, und zweitens die Frage nach der Zulässigkeit dieser Gestaltungsmöglichkeiten, nach der Zulässigkeit auch ihrer Inhalte.

I. Einseitige, vertrauenslenkende Aussagen

1. Allgemeines

a) Naheliegen einer Vertrauenslenkung

Wie im ersten Teil aufgezeigt, ist Ansatzpunkt der Dritthaftung des Wirtschaftsprüfers das von ihm in Anspruch genommene Vertrauen. Deshalb liegt nahe, zur Haftungsbegrenzung daran anzuknüpfen und eine Begrenzung aus dem Vertrauen vorzunehmen.

Dabei bietet sich folgendes Vorgehen an: In einem ersten Schritt ist zunächst zu ermitteln, ob überhaupt Vertrauen in das Testat entstanden ist und wie weit das Vertrauen des Anlegers im einzelnen berechtigterweise gehen kann. Schon hieraus ergeben sich gewisse Grenzen, da nur ein Vertrauen enttäuscht werden kann, das auch tatsächlich besteht. Nur wenn Vertrauen geweckt und gewährt wurde, muß der Wirtschaftsprüfer bei dessen Enttäuschung haften. Und: Nur insoweit wie Vertrauen gewährt wurde, kann es auch mit einer Haftungsfolge enttäuscht werden. Aus dieser Ermittlung erhält man das objektive Vertrauen, wie es bezeichnet werden soll. Man könnte deshalb diesen Teil auch als „Grenzen aus dem Vertrauen" betiteln und einem gesonderten Prüfungspunkt vorbehalten. Davon wird jedoch wegen des engen Zusammenhangs mit der Beeinflussungsmöglichkeit des Vertrauens durch den Wirtschaftsprüfer abgesehen.

In einem zweiten Schritt ist zu fragen, ob, an den Aussagen des Testats ansetzend, eine weitere Begrenzung mittels Beeinflussung des Vertrauens erreichbar ist, um das für den betreffenden Fall entscheidende subjektive Vertrauen zu ermitteln.

---

[680] Palandt/*Heinrichs*, Überbl v § 104 BGB Rn 1.

Mögliche Konsequenz des zweiten Schritts ist, die Entstehung von aus dem Vertrauen fliessenden Pflichten des Experten gegenüber Dritten von vornherein zu verhindern[681] bzw. in eine bestimmte Richtung zu lenken. Denn ist kein Vertrauen gegeben bzw. kein Vertrauen in einer bestimmten Richtung anzuerkennen, muß auch eine Haftung ganz oder zumindest teilweise verneint werden. Vertrauen kann nur insoweit geschützt und dessen Verletzung nur insoweit mit Schadensersatzansprüchen bewährt sein, wie es tatsächlich geweckt wurde. Gelingt es, das Vertrauen auszuschließen, ist auch eine Haftung ausgeschlossen. Gelingt es, es zu kanalisieren, ist auch eine Haftung in entsprechende Bahnen gelenkt.

Im Ergebnis wird somit eine Haftungseindämmung bereits durch Vermeidung der Dritthaftungsbegründung[682] erreicht, womit die Haftungsbegrenzung präventiv in den Bereich der Haftungsbegründung verlagert wird. Wird das Entstehen eines Vertrauenstatbestandes durch lenkende Aussagen in gewissem Umfang verhindert, wird im selben Umfang eine Haftung verhindert. Die Prüfung des vom Anleger geltend gemachten Schadensersatzanspruches kann gleich schon auf der Ebene des Tatbestandes abgebrochen werden.

Die Vertrauensbeeinflussung hat damit zum Ziel, ein bereits entstandenes Vertrauen in das Testat zu zerstören bzw. ein noch nicht entstandenes an der Entstehung zu hindern. Wegen der Zwecke der Zerstörung bzw. Hinderung von Vertrauen, wird im weiteren von vertrauenshindernden bzw. -zerstörenden Möglichkeiten, als Oberbegriff von Lenkung des Vertrauens gesprochen. Egal ist, auf welchen der genannten Zeitpunkte man abstellt, ob ein Vertrauen schon entstanden ist, weil man auf ein nur generelles Vertrauen in Testate abstellt, bevor es durch den Wirtschaftsprüfer zerstört wird, oder ob das Vertrauen, das erst noch durch eine im Einzelfall erfolgende Gewährung entstehen muß, durch den Wirtschaftsprüfer bereits an dieser Entstehung gehindert wird.

Die Lenkung des Vertrauens könnte sowohl gänzlich als auch teilweise in eine bestimmte Richtung erfolgen. Mit ihr könnte man das Vertrauen und damit eine Haftung ganz ausschließen, es zumindest aber in die vom Wirtschaftsprüfer gewünschte Richtung lenken und damit die Haftung kanalisieren. Inwieweit die Lenkung wirksam ist, ob insbesondere ein kompletter Vertrauens- und damit Haftungsausschluß erreichbar ist, und welche Inhalte die Lenkung des Vertrauens haben kann, ist in diesem Abschnitt zu erforschen. Zuvor sind einige praktische Aspekte der Vertrauenslenkung zu klären.

b) Fragen der praktischen Handhabung

aa) Erreichen der Vertrauenslenkung

Insbesondere fragt sich, auf welche Weise man eine Vertrauenslenkung in der Praxis der Wirtschaftsprüfertätigkeit erreichen kann.

Sie erfolgt am besten durch einseitige Aussagen des Wirtschaftsprüfers, die er in Richtung auf den Vertrauenden, hier den Kapitalanleger trifft[683]. Durch ausdrückliche Aussagen kann

---

[681] *Schneider*, ZHR 163 (1999), 246, 268.

[682] *Weber*, NZG 1999, 1, 10.

[683] So schon *Gerhardt*, JZ 1970, 535, 537 ff.; *Stoll*, FS für Flume, Band I, 1978, S. 741, 769; *Canaris*, Bankvertragsrecht Rn 31und 84 f. für Bankauskunft; *ders.*, JZ 1995, 441, 446; *Emmerich*, Das Recht der Leistungsstörungen, 1978, 46; MüKo/*Emmerich*, Vor § 275 BGB Rn 201. So auch im Bereich der Prospekthaftung

er den Vertrauenstatbestand konkretisieren und in gewissem Umfang am Entstehen hindern. Er kann dem Anleger damit signalisieren, inwieweit das Testat taugliche Grundlage für ein Vertrauen ist und inwieweit ein schutzwürdiges Vertrauen daraus nicht abgeleitet werden kann. Dazu bedarf es keiner Mitwirkung des Anlegers. Der Wirtschaftsprüfer allein schafft durch sein berufliches Auftreten einseitig den haftungsbegründenden Vertrauenstatbestand, also muß er ihn auch einseitig lenken können.

Da er zum Anleger in den allermeisten Fällen gerade nicht in unmittelbarem Kontakt steht, ihm also nicht persönlich die Lenkung des Vertrauens verlautbaren kann, geschieht die Verlautbarung am besten durch die Aufnahme allgemeiner Aussagen vertrauenslenkender Art in das Testat selbst.

Diese könnten aber auch in einen gesonderten, dem Testat beigefügten Prüfbericht aufgenommen werden, um mit ihnen das Testat nicht zu überfrachten. Jedoch stellt sich dann das Problem, daß der Anleger den Bericht u. U. gar nicht vom Mandanten ausgehändigt und damit nicht zu Gesicht bekommt. Deshalb sollte im Fall der Aufnahme lenkender Aussagen nur in den Prüfbericht immer im Testat selbst auf den beigefügten Bericht hingewiesen werden, z. B. daß der Inhalt der vertrauenslenkenden Aussagen dem beigefügten Bericht entnommen werden kann[684]. Wegen der damit verbundenen Gefahren der fehlenden Verlautbarung der Vertrauenslenkung und damit ihrer Wirkungslosigkeit sollte von einer Aufnahme nur in den Prüfbericht abgesehen und besser der sicherere Weg der Aufnahme direkt ins Testat gewählt werden. Denn ganz ohne Hinweis im Testat kommt man auf keinen Fall aus.

Am geschicktesten erfolgt der ins Testat aufgenommene Hinweis am Anfang des Testats als Einleitung, dem Prüfungsvermerk vorangestellt. Der Anleger, der das Testat zur Hand nimmt und die einleitenden Bemerkungen mit den vertrauenslenkenden Beschränkungen las, kennt dann den Hintergrund, vor dem das Testat erteilt wurde und kennt damit dessen nur begrenzte Geltung, bevor er sich auf dessen Aussagen verläßt. Zudem wird der Beginn einer schriftlichen Äußerung immer gelesen, während man eher dazu neigt, in der Mitte nicht für wichtig gehaltenen Teile ungelesen zu lassen.

Auch möglich wären die Hinweise am Ende des Testats unmittelbar vor oder nach dem vom Wirtschaftsprüfer beigedrückten Siegel[685]. Dieses wird der Anleger beim Lesen des Testats jedenfalls aufsuchen und somit auch die vertrauenslenkenden Zusätze in dessen unmittelbarer räumlicher Nähe auffinden.

Köndgen, AG 1983, 120, 131; *Pleyer/Hegel*, ZIP 1985, 1370, 1376. Für die Expertenhaftung *Canaris*, ZHR 163 (1999), 206, 230; *Schneider*, ZHR 163 (1999), 246, 268 f.; *Bosch*, ZHR 163 (1999), 274, 284; Weber, NZG 1999, 1, 10 ff.

[684] Das Institut der Wirtschaftsprüfer in Deutschland e.V. schlägt in seinen IDW Prüfungsstandards 400 (IDW PS 400: „Grundsätze für die ordnungsmäßige Erteilung von Bestätigungsvermerken bei Abschlußprüfungen", abgedruckt in WPg 1999, 641 ff.), die 1998 das IDW-Fachgutachten FG 3/1988 (abgedruckt in WPg 1989, 27 ff.) abgelöst haben (MüKo/*Ebke*, § 323 HGB Rn 24 f.), für eine den Umfang betreffende Vertrauenslenkung folgende Formulierung vor: „Vorstehender Jahresabschluß wurde von mir auftragsgemäß nur in begrenztem Umfang geprüft. Über den Umfang und das Ergebnis dieser Prüfung unterrichtet mein schriftlicher Bericht vom ....". Diese Formulierung wird man ohne weiteres auf die Formulierung bei freiwilligen Tätigkeiten übertragen können.

[685] Gem. § 48 WPO ist der Wirtschaftsprüfer zur Siegelung verpflichtet bzw. berechtigt, wenn er in seiner Berufseigenschaft Erklärungen über Prüfergebnisse abgibt.

Sicherster Weg wird jedoch sein, die Aussagen an den Anfang des Testats zu setzen und zusätzlich am Ende einen Hinweis auf die einleitenden Bemerkungen anzubringen.

bb) Vertrauenslenkung als zulässiger Inhalt eines Testats

Vertrauenslenkende Aussagen können ohne weiteres in ein Testat aufgenommen werden. Es gibt keine gesetzlichen Regelungen, die ihnen entgegenstünden.

Der Inhalt eines Testats im Rahmen der Pflichtprüfung ist gesetzlich in § 322 HGB geregelt. Er verbietet jedoch nicht Ergänzungen im Testat durch die Vornahme von Zusätzen. Diese sind sogar erforderlich, wenn andernfalls ein falscher Eindruck über die Prüfung, ihre Inhalte und die Tragweite des Testats zu entstehen droht[686]. Solche Zusätze dienen der Steigerung der Aussagekraft des Testats.

Das gilt ebenso im Bereich der freiwilligen Tätigkeit, freilich ohne gesetzliche Vorgabe. Auch hier sind zur Vermeidung von Haftungsrisiken Einschränkungen im Testat zu verlautbaren, um keinen falschen Eindruck beim Adressaten des Testats hervorzurufen.

cc) Erforderlichkeit der Kenntnisnahme durch den Anleger

Es fragt sich weiter, ob die ins Testat aufgenommenen vertrauenslenkenden Aussagen vom Anleger tatsächlich zur Kenntnis genommen werden müssen, um ihre vertrauenslenkende Wirkung entfalten zu können. Evtl. könnte die bloße Erkennbarkeit und Deutlichkeit genügen, die sicherstellt, daß sie jederzeit von einem durchschnittlich aufmerksamen Anleger beim Lesen des Testats zur Kenntnis genommen werden.

Tatsächliche Kenntnisnahme könnte man verlangen, wenn man darauf abstellt, daß ein Vertrauen in den Berufsstand der Wirtschaftsprüfer zur Haftungsbegründung diene. Der Rechtsverkehr vertraue auf die Testate des Wirtschaftsprüfers und denke nicht daran, dieser könnte bei seiner Testaterteilung eine Begrenzung des Vertrauens herbeiführen, weshalb er auch nicht mit einer eingeschränkten Haftung rechnen müsse. Diese trete nur ein, wenn der Anleger positive Kenntnis von der begrenzenden Aussage habe.

Das Vertrauen als Ausgangspunkt dieser Argumentation ist durchaus richtig, doch zöge man daraus mit einem Erfordernis der positiven Kenntnis von der Vertrauenslenkung die falschen Schlüsse. Es muß die hinreichend deutliche Gestaltung und die jederzeitige Möglichkeit der Kenntnisnahme genügen, auf tatsächliche Kenntnisnahme durch den Dritten kann es nicht ankommen[687]. Wie auch die Entstehung des Schutzverhältnisses nicht tatsächliches, psychologisch subjektives Vertrauen des Anlegers voraussetzt, sondern einen objektivierten, typisierten Vertrauenstatbestand genügen läßt[688], gilt Entsprechendes für die Einschränkung des Vertrauens. Zudem wird auch für die Begründung der Haftung im Rahmen des Gewährens von Vertrauen nicht vorausgesetzt, daß der Geschädigte vom Inhalt des Testats tatsächlich Kenntnis erlangte[689].

---

686 *Weiland*, DStR 1996, 717, 720.

687 So auch *Gerhardt*, JZ 1970, 535, 538.

688 Vgl. dazu oben bei den Tatbestandsvoraussetzungen der c.i.c.-Haftung (Seite 40 ff.).

689 Vgl. oben Seite 74 f.

Eine andere Ansicht im Bereich der Vertrauenslenkung wäre auch nicht konstruierbar. Der Wirtschaftsprüfer müßte sonst den Anleger auf jede Einschränkung persönlich hinweisen, um dessen positive Kenntnis sicherzustellen. Dies gestaltet sich besonders schwierig, da er in den meisten Fällen keinen unmittelbaren Kontakt zum Anleger hat und die Herstellung eines solchen beinahe unmöglich ist. Auch die Einschaltung des Mandanten, der die Belehrungsaufgabe übernehmen und dies vom Anleger schriftlich bestätigen lassen könnte, vermag nicht Abhilfe in geeigneter Weise zu verschaffen. Der Mandant hat in der Regel kein Interesse an einer Begrenzung der Haftung des Wirtschaftsprüfers. Verweigert der Anleger als sein Kunde beim Anlagegeschäft die Kenntnisnahme, ist der Mandant der letzte, der dies mit, in letzter Konsequenz, Verweigerung des Anlagegeschäftes erzwingen wird.

Die andere Ansicht brächte den Wirtschaftsprüfer auch in erhebliche Beweisprobleme. Der Anleger wird im Prozeß eine tatsächliche Kenntnisnahme immer bestreiten und der Wirtschaftsprüfer kann sie nicht nachweisen. Ihn trifft dafür die Beweislast, da Zweifel und Unaufklärbarkeiten im Prozeß zu Lasten desjenigen gehen, der seine Haftung aus dem gesetzlichen Schuldverhältnis einschränken will[690], weil dies für ihn günstige Tatsachen eines Enthaftungstatbestandes, einer Einwendung gegen die Haftung sind.

Am sichersten wird die Einschränkung am Vertrauenstatbestand im Testat so offenkundig gemacht, daß der Hinweis gar nicht übersehen werden kann. Wer dann das Testat liest, liest auch die Einschränkungen und kann deshalb gar nicht erst auf das Entgegengesetzte vertrauen. Liest der Anleger das Testat dagegen nicht, soll er sich nicht darauf berufen können, daß ohne weiteres Erkennbares nicht gegen ihn gelten soll.

An die Deutlichkeit sollten auf Seiten des Wirtschaftsprüfers hohe Anforderungen gestellt werden. Jedenfalls wird er seiner diesbezüglichen Pflicht genügen, wenn er drucktechnisch deutlich gestaltete Hinweise ins Testat aufnimmt, die bei auch nur flüchtiger Betrachtung ein Übersehen durch den Anleger verhindern. Nicht genügen somit versteckte Hinweise oder der bloße Abdruck der Aussagen auf der Rückseite des Testats oder an anderer, nicht sofort erfaßbarer Stelle. Insoweit wird man dieselben Anforderungen stellen können und müssen, die die Rechtsprechung für den ausdrücklichen Hinweis im Sinne des § 305 Abs. 2 Nr. 1 BGB[691] verlangt, da auch hier, ähnlich § 305 Abs. 2 Nr. 2 BGB die zumutbare Möglichkeit der Kenntnisnahme genügt, um den Aussagen zur Geltung zu verhelfen, ohne daß es auf eine tatsächliche Kenntnis ankommt.

c) Kritik vertrauenslenkender Aussagen

Kritiker dieser Art der Haftungsbegrenzung könnten sich an der Einseitigkeit stören, die es dem Wirtschaftsprüfer erlaubt, nach eigenem Belieben einseitig die Haftung zu lenken. Er kann allein und ohne Mitwirkung des durch die Begrenzung hauptbetroffenen Anlegers die Grenzen der Ansprüche gegen sich festsetzen. Damit könnte der wirtschaftlich Stärkere mit Mitteln ausgestattet werden, um der von der Rechtsordnung geforderten Einstandspflicht auszuweichen[692].

---

[690] *Gerhardt*, JZ 1970, 535, 538.
[691] § 305 Abs. 2 BGB entspricht mit geringen Änderungen § 2 AGBG a.F.
[692] *Gerhardt*, JZ 1970, 535, 538.

Durchaus bekannt ist unserer Rechtsordnung, daß sich ein (potentiell) Haftender, wenn auch nur in gewissen Grenzen, freizeichnen kann, selbst wenn er der wirtschaftlich Stärkere ist. Hier kann aber schon fraglich sein, ob der Wirtschaftsprüfer tatsächlich stets der Stärkere ist. Der Anleger muß nicht immer ein unerfahrener Verbraucher sein, es kann sich um einen in Geldanlagen Erfahrenen handeln, der auch finanziell gut situiert ist. Doch auch abgesehen davon ist es bei einer Begrenzung der Haftung durch AGB gerade meist der wirtschaftlich Stärkere, der die AGB verwendet und dem anderen einseitig stellt. In diesem Bereich werden zwar weitgehend durch den Gesetzgeber und die Rechtsprechung in den Klauselverboten der §§ 305 ff. BGB[693] Machtmißbräuche zu verhindern versucht, doch ist dies eine hiervon zu trennende Frage und es verbleiben darüber hinaus auch weitere Freizeichnungsspielräume, die unsere Rechtsordnung hinzunehmen bereit ist[694].

Zudem kann es bei einer am Vertrauen orientierten Rechtsbeziehung nicht unzulässig sein, die Folgen gerade durch Lenkung des Vertrauens zu kanalisieren. Denn geht Vertrauen allein vom Wirtschaftsprüfer aus, muß er auch die Möglichkeit haben, es allein und ohne Mitwirkung anderer zu steuern. Er soll nicht weiter haften müssen, als er einen Vertrauenstatbestand gesetzt hat und setzen wollte. Die Grenzen des beabsichtigten Vertrauens muß er schon im eigenen haftungsrechtlichen Interesse selbst bestimmen und dem Anleger als potentiell Vertrauendem klar aufzeigen können.

Vertrauenslenkende Aussagen begegnen also generell keiner Kritik, sie sind vielmehr konsequente Folge einer auf Vertrauen gestützten Haftung. Dem Wirtschaftsprüfer, der Vertrauen für sich in Anspruch nimmt und dem es der Anleger gewährt, die Möglichkeit zu geben, die Grenzen des Vertrauens selbst zu bestimmen, ist in keiner Weise systemwidrig, sondern eher systemgerechte und systemimmanente Folge der Vertrauenshaftung.

d) Inhaltskontrolle vertrauenslenkender Aussagen

Eine andere, gerade angerissene Frage ist, wie weit die generell zulässigen Vertrauenslenkungen reichen können. Es muß deshalb vor dem Eingehen auf die einzelnen Inhalte geklärt werden, ob auch für diese Art der Beschränkung inhaltliche Grenzen bestehen oder ob ihre Ausgestaltung allein dem Belieben des Wirtschaftsprüfers untersteht.

Man könnte auch hier an eine Inhaltskontrolle nach den allgemeinen bürgerlich rechtlichen Regeln der §§ 134, 138, 242 und § 276 Abs. 3[695] BGB denken wie auch an eine Klauselkontrolle nach Maßgabe der §§ 305 ff. BGB[696], sind solche Aussagen des Wirtschaftsprüfers doch oft für eine Vielzahl von Testaten, wenn nicht gar für alle Testate vorformuliert.

aa) (Inhalts-)Kontrollfreiheit

Weitgehend wird vertreten, vertrauenslenkende Aussagen seien ohne jede Inhaltsschranke[697].

---

[693] §§ 305 ff. BGB inkorporieren die Vorschriften des früheren AGBG ins BGB.
[694] *Gerhardt*, JZ 1970, 535, 538.
[695] Entspricht § 276 *Abs. 2* BGB a.F.
[696] Darin sind mit gewissen Änderungen die Regelungen des AGBG a.F. ins BGB inkorporiert.
[697] *Stoll*, FS für Flume, Band I, 1978, S. 741, 769; *Adolff*, Die zivilrechtliche Verantwortlichkeit deutscher Anwälte bei der Abgabe von Third Party Legal Opinions, 1997, S. 176, 209; *Baumbach/Hopt*, § 347 HGB Rn 38a; *Canaris*, ZHR 163 (1999), 206, 232 ohne Begründung.

Es handelt sich bei ihnen nicht um Haftungsfreizeichnungen, sondern um Begrenzungen auf einer Stufe vorher, auf der Stufe des Tatbestands der Vertrauenshaftung. Sie bieten nach ihrer Konzeption die Möglichkeiten, bereits die Entstehung eines Vertrauenstatbestands zu verhindern und beseitigen damit den Haftungsgrund[698]. Tatbestandsmerkmale bzw. deren Konkretisierungen unterliegen aber keiner Inhaltskontrolle. Zudem enthalten diese Zusätze keinen rechtsgeschäftlichen Haftungsausschluß, weshalb es auch nicht darauf ankommen kann, ob sich der Inanspruchgenommene damit in zulässiger Weise von einer vertraglichen Haftung hätte freizeichnen können. Deshalb steht auch nicht im Raum, ob die Freizeichnung nach §§ 305 ff. BGB o.ä. gültig ist[699].

bb) Notwendigkeit der Inhaltskontrolle

Ein gänzlicher Verzicht auf jegliche Art der Inhaltskontrolle erscheint jedoch als zu weitgehend. Eine gewisse Inhaltskontrolle ist sehr wohl auch hier erforderlich.

Dies ergibt sich bereits aus der Konsequenz, die eine völlige Vertrauenslenkungsfreiheit mit sich brächte. Der Wirtschaftsprüfer könnte mit seiner Haftungsbefreiung ungehemmt und zu Lasten des Anlegers all zu weit gehen, ohne daß dies zu verhindern wäre. Eine solche einseitig den Anleger benachteiligende Begrenzung widerspricht aber dem Ziel dieser Arbeit, das auch allgemein zum Auffinden gerechter Ergebnisse verfolgt werden sollte: Dem Ausgleich der berechtigten Interessen beider Seiten der vertrauensrechtlichen Sonderbeziehung.

cc) Art und Weise der Inhaltskontrolle

Es fragt sich, auf welche Weise eine diese Belange berücksichtigende Inhaltskontrolle erreicht werden kann. Zuzugeben ist der gegenteiligen Ansicht, daß dies nicht mittels der Regelungen erfolgen kann, die die Inhaltskontrolle bei Rechtsgeschäften tragen, denn es handelt sich um einseitige Aussagen und gerade keine vertraglichen Enthaftungskonstruktionen. Damit kommen weder § 276 Abs. 3 BGB noch §§ 134, 138 oder 305 ff. BGB in Betracht. Die Inhaltskontrolle ist in die Dogmatik der Vertrauenshaftung und vertrauenslenkenden Aussagen einzubeziehen.

Dazu erfolgt am besten ein Rückgriff auf die zivilrechtliche Generalklausel des § 242 BGB. Dieser kann über ihren Wortlaut hinaus ein die ganze Rechtsordnung beherrschender Grundsatz entnommen werden, nach dem jeder bei Ausübung seiner Rechte und in Erfüllung seiner Pflichten nach Treu und Glauben zu handeln habe[700]. Diesem Grundsatz entsprechend, kann § 242 BGB auch eine inhaltskontrollierende Funktion entnommen werden. Diese Funktion erfüllt § 242 BGB vor allem bei AGB, die dem Bereich der gem. § 310 Abs. 2, 4 BGB[701] ausgenommenen Komplexe angehören. Dort hat die Rechtsprechung wegen eines Bedürfnisses nach Kontrolle auch außerhalb des AGBG a.F. im Wege der Rechtsfortbildung eine auf § 242 BGB gestützte richterliche Billigkeitskontrolle entwickelt[702], die auch nach den Änderungen der Schuldrechtsreform weitergelten wird. Man sollte also auch vertrauenslenkende Aussagen der Kontrolle anhand des § 242 BGB unterziehen.

---

[698] *Canaris*, Vertrauenshaftung, 1971, S. 498 ff.; *Adolff*, Die zivilrechtliche Verantwortlichkeit deutscher Anwälte bei der Abgabe von Third Party Legal Opinions, 1997, S. 176.

[699] *Stoll*, FS für Flume, Band I, 1978, S. 741, 769.

[700] BGHZ 85, 39, 48; Palandt/*Heinrichs*, § 242 BGB Rn 1.

[701] § 310 Abs. 2, 4 BGB entspricht dem früheren § 23 AGBG.

[702] Vgl. dazu Palandt/*Heinrichs*, § 23 AGBG Rn 1 ff.

Damit können bestimmte Aussagen von der Vertrauenslenkung ausgenommen werden, indem ihnen wegen Treuwidrigkeit die vertrauenslenkende Wirkung versagt wird. Es ist deshalb zu fragen, ob besondere Umstände die Vertrauenslenkung im vom Wirtschaftsprüfer gewählten Umfang als treuwidrig erscheinen lassen.

Treuwidrigkeit wird teilweise damit begründet, daß die vertrauenslenkenden Aussagen eine protestatio facto contraria darstellten[703], eine mit dem tatsächlichen Verhalten und dadurch verursachten Vertrauen unvereinbare Verwahrung. Nach dieser Regel ist ein ausdrücklich erklärter Vorbehalt ohne Wirkung, wenn er im Widerspruch zum Verhalten des Erklärenden steht[704].

Diese Rechtsfigur kann die Einschränkung aber nicht begründen. Die protestatio-Regel in ihrer bisherigen Anwendung ist allein auf Fälle eines Vertragsschlusses begrenzt, bei dem sich der Annehmende durch seine die Annahme des Angebots ablehnende Aussage in Widerspruch zu seinem Verhalten setzt, das nur als Annahme zu den üblichen Bedingungen gewertet werden kann. Hier jedoch handelt es sich um einseitige Aussagen und nicht um vertragliche Abreden, deren Unbeachtlichkeit anders zu begründen ist. Der protestatio-Grundsatz ist aber ohnehin nur eine spezielle Ausprägung des Verbots widersprüchlichen Verhaltens[705], so daß es seiner Anwendung nicht bedarf, weil man auch mit der übergeordneten Rechtsfigur eine Unbeachtlichkeit der Vertrauenslenkung mit § 242 BGB begründen kann. Inhaltlich bedeutet dies keinen Unterschied. Die Geltung vertrauenslenkender Aussagen scheidet jedenfalls aus, wenn der Testierende beim Adressat das Vertrauen erzeugte, er stehe für die Richtigkeit seiner Aussage uneingeschränkt, jedenfalls aber ungeachtet einer durch die Aussage erfolgten Beschränkung ein[706]. Eine dann dennoch erfolgende Einschränkung wäre widersprüchlich und damit treuwidrig.

Grenzen können die vertrauenslenkenden Aussagen somit im tatsächlichen Verhalten des Wirtschaftsprüfers, seinem Auftreten am Markt, seiner Werbung oder der Werbung seines Mandanten mit ihm[707], seinen Aussagen im Testat und den Verkehrserwartungen in den Wirtschaftsprüferberuf ergeben[708], aus denen die Adressaten des Testats berechtigte Erwartungen und berechtigtes Vertrauen bezüglich des Wirtschaftsprüfers ableiten können. Zu diesem hervorgerufenen Vertrauen darf er sich mit den vertrauenslenkenden Aussagen nicht in Widerspruch setzen. Andernfalls ist ihnen die Vertrauenslenkung zu versagen. Das bedeutet, daß die Aussagen im Testat nicht isoliert betrachtet werden dürfen[709], sondern immer im Kontext mit den oben genannten Umständen.

---

[703] *Stoll*, FS für Flume, Band I, 1978, S. 741, 769.

[704] BGH NJW 1965, 387, 388; BGHZ 95, 393 ff.; *Brox*, Schuldrecht AT Rn 50; Erman/*Hefermehl*, Vor § 145 BGB Rn 34; Palandt/*Heinrichs*, Einf v § 145 BGB Rn 27; RGRK/*Piper*, Vor § 145 BGB Rn 39; Soergel/*Lange/Hefermehl*, Vor § 145 BGB Rn 116 ff.; Soergel/*Hefermehl*, Vor § 116 BGB Rn 39.

[705] Palandt/*Heinrichs*, § 242 BGB Rn 57.

[706] *Stoll*, FS für Flume, Band I, 1978, S. 741, 769.

[707] In BGH NJW 2001, 360 ff. warb der Mandant für den Wirtschaftsprüfer erkennbar in einem Prospekt für sein Kapitalanlagemodell mit der halbjährlichen Prüfung bestimmter Umstände und Risikofaktoren durch einen Wirtschaftsprüfer. Auch *Ebke/Gehringer*, WPK-Mitt. 2001, 83, 85, und *Möllers*, JZ 2001, 909, 913, ziehen daraus eine nur begrenzte Wirkung einer Haftungseinschränkung, ohne dies näher zu begründen.

[708] *Weber*, NZG 1999, 1, 11.

[709] *Möllers*, JZ 2001, 909, 913.

Allerdings darf die Schwelle dafür nicht zu niedrig angesetzt werden, um nicht den Wirtschaftsprüfer seiner einzigen wirksamen Waffe gegen eine unbegrenzte Haftung zu berauben. Das heißt, daß bei dem im Rahmen des Verbots widersprüchlichen Verhaltens erfolgenden Vergleich der vertrauenslenkenden Aussage des Wirtschaftsprüfers mit dem Vertrauen, das der Rechtsverkehr dem Verhalten des Wirtschaftsprüfers entnehmen darf, mit gehöriger Strenge zu verfahren ist. Bekommt der Rechtsverkehr deutlich erkennbar gesagt, daß ein Vertrauen auf einen bestimmten Punkt des Testats nicht entstehen darf, muß die in dieser Aussage liegende Widersprüchlichkeit schon sehr schwerwiegend sein, um zu begründen, daß trotz Kenntnis bzw. Kenntnisnahmemöglichkeit durch den Anleger und damit einhergehender Begrenzung des Vertrauens dennoch eine vorbehaltlose Vertrauenshaftung angezeigt ist. Es können somit nur die grundlegendsten Anforderungen des Rechtsverkehrs an den Wirtschaftsprüfer und die von ihm erwartete berufskonforme Tätigkeit sein, die den für die Versagung der Vertrauenslenkung nötigen Widerspruch begründen. Das ist nur die Einhaltung der vom Wirtschaftsprüfer jedenfalls berechtigterweise zu erwartenden Verhaltensweisen, auf deren Einhaltung auch vertraut werden kann, wenn er ausdrücklich und erkennbar das Gegenteil erklärte, weil die Nichtbeachtung aufs gröbste berufswidrig wäre.

Die Ausführungen sind an dieser Stelle zugegebenermaßen sehr abstrakt. Eine Konkretisierung und Übertragung auf die Vertrauenslenkungen wird jedoch im Zusammenhang mit der Darstellung der vertrauenslenkenden Aussagen erfolgen, bei denen die Inhaltskontrolle relevant wird, vor allem bei der Frage nach einem völligen Ausschluß der Vertrauenshaftung[710] bzw. der Umfangsbeschränkung[711].

Zudem – das ist eigentlich keine Inhaltskontrolle – sind vertrauenslenkende Aussagen eindeutig zu formulieren. Der Anleger muß ohne weiteres den Sinngehalt der Aussagen erkennen können bzw. im Wege der Auslegung muß eine eindeutige Aussage ermittelbar sein. Nur wenn dem Anleger der Sinn der Aussage verständlich ist, ist die Lenkung seines Vertrauens in eine bestimmte Richtung möglich. Erschließt sich ihm dagegen der Sinn einer nur kryptisch formulierten Aussage nicht, kann keine Lenkung stattfinden. Daß vertrauenslenkende Aussagen der Auslegung zugänglich sind, ergibt sich bereits aus ihrer Natur als rechtlich relevante Erklärungen[712].

Sollten sich aus der Formulierung Unklarheiten ergeben, gehen diese zu Lasten des Wirtschaftsprüfers. Dies folgt aus der allgemein anerkannten Unklarheitsregel, die es dem Verwender einseitiger Aussagen aufgibt, sich klar und unmißverständlich auszudrücken[713]. Diese für die Verwendung einseitiger Klauseln in AGB entwickelte Regel nahm der Gesetzgeber erstmals mit Einführung des AGBG ins Gesetz auf[714]. Wie oben gesehen handelt es sich bei vertrauenslenkenden Aussagen zwar nicht um AGB, doch kann diese Regelung zumindest ihrem Sinngehalt nach angewendet werden. Auch vertrauenslenkende Aussagen werden einseitig durch den Wirtschaftsprüfer dem Anleger gestellt, der darauf keinen Einfluß nehmen kann, aber dennoch damit konfrontiert wird. Die Interessenlage ist insoweit vergleichbar. Letztlich ist die Anwendung der Unklarheitsregel nicht unbillig. Dem Wirtschaftsprüfer als Verwender ist möglich, eindeutige Aussagen zu treffen, die für verständige und redliche

---

[710] Vgl. unten Seite 132 f.
[711] Vgl. unten Seite 133 ff.
[712] *Canaris*, ZHR 163 (1999), 206, 232.
[713] RGZ 120, 18, 20; 145, 21, 26; BGHZ 5, 111, 115; 62, 83, 89; Palandt/*Heinrichs*, § 5 AGBG Rn 8.
[714] § 5 AGBG a. F. Jetzt § 305c Abs. 2 BGB.

Durchschnittsanleger verständlich sind. Der Anleger dagegen hat wegen der Einseitigkeit keinen Einfluß auf die Formulierung. Vorsorge zu treffen ist Gebot des Wirtschaftsprüfers, der aus den Aussagen auch die Vorteile einer nur begrenzten Haftung ziehen will.

Bei der folgenden Untersuchung der möglichen Vertrauenslenkungen wird immer zunächst gefragt, wie weit das Vertrauen objektiv reicht, bevor die Möglichkeit einer weiteren Lenkung des Vertrauens und damit das subjektiv vom Wirtschaftsprüfer zu beeinflussende Vertrauen untersucht wird.

2. Gänzlicher Haftungsausschluß

a) Inhalt der Vertrauenslenkung

Da die Haftung aus c.i.c. eine Vertrauenshaftung ist, könnte ein Zusatz im Testat, es sei ohne obligo oder ohne Gewähr erstellt, das für die Haftung konstitutive Vertrauen beseitigen[715]. Die Anzeige der Unverbindlichkeit ließe die Vertrauenswerbung und den Tatbestand der Haftungsbegründung entfallen und hätte den gänzlichen Ausschluß zum Inhalt.

b) Inhaltskontrolle

Bei einem kompletten Haftungsausschluß mittels vertrauenslenkender Aussage wird in ganz besonderem Maße die Frage nach einer Inhaltskontrolle relevant. Denn damit könnte sich der Wirtschaftsprüfer jeglicher Schadensersatzpflicht entziehen und Anleger völlig rechtlos stellen, was nicht ohne Einschränkung möglich sein darf.

Die Unzulässigkeit einer völligen Freizeichnung ergibt sich bereits aus der beruflichen Stellung des Wirtschaftsprüfers. Allein schon im Führen der Berufsbezeichnung, liegt eine gewisse Selbstdarstellung, die Erwartungen des Rechtsverkehrs vor allem an die berufsrollenspezifische Gewissenhaftigkeit und die Vertrauenswürdigkeit getroffener Aussagen hervorruft[716]. Dies belegt die Tatsache, daß die Vertrauenshaftung des Wirtschaftsprüfers ihre Berechtigung im beruflichen Auftreten und der beruflichen Stellung hat, mit der der Rechtsverkehr bestimmte Vertrauenserwartungen assoziiert[717]. Dazu setzt sich der Wirtschaftsprüfer, der jegliche Haftung für sein Testat ausschließt, in Widerspruch. Gerade wegen dieses Widerspruchs ist einer gänzlichen Freizeichnung die Anerkennung zu versagen. Mit seiner vertrauenslenkenden Aussage widerspricht der Wirtschaftsprüfer dem mit Erteilung des Testats hervorgerufenen beruflichen Vertrauen in die Richtigkeit von Wirtschaftsprüferhandeln. Bei aller Strenge, die an die Annahme einer Widersprüchlichkeit zu stellen ist, im Fall der kompletten Enthaftung mittels einseitiger Erklärung ist sie anzunehmen. Zum grundlegendsten Inhalt des Vertrauens des Rechtsverkehrs gehört das Einstehen für die Richtigkeit des Testates, wenn auch nur in begrenztem Umfang.

---

[715] *Stoll*, FS für Flume, Band I, 1978, S. 741, 769.
[716] *Philippsen*, Zur Dritthaftung des privat beauftragten Gutachters für fahrlässig verursachte Vermögensschäden, 1998, S. 173.
[717] Vgl. oben Seite 41 ff.

Dem völligen Haftungsausschluß ist die Wirksamkeit auch zu versagen, weil er die Effizienz des Anlegerschutzes gefährdet[718]. Anleger könnten den Wirtschaftsprüfer für keine seiner Nachlässigkeiten in Anspruch nehmen. Dieses Bewußtsein auf Seiten eines Schädigers hat gerade keine Steigerung der Gewissenhaftigkeit zur Konsequenz, sondern fördert eher einen saloppen Umgang mit Prüfungen, so daß sich die zum Schutz des Anlegers gedachte Testattätigkeit zu dessen Nachteil auswirken.

Eine gänzliche Freizeichnung, so wünschenswert sie für den Wirtschaftsprüfer wäre, ist in der Praxis zudem oft undurchsetzbar und wird schon deshalb kaum vorkommen. Der Mandant ist zur Erreichung eines Werbezwecks gegenüber Anlegern gerade an verbindlichen Testaten interessiert, weil ein Testat, das ohne jegliche Verbindlichkeit erstattet wird, für den Mandanten sinnlos ist[719], da kein Anleger die Aussage eines Fachmannes, der dafür keinerlei Haftung übernimmt, zur Grundlage einer Vermögensdisposition machen wird. Ferner wird darauf hingewiesen, daß noch keinem als Anlegergarant auftretenden Wirtschaftsprüfer in den Sinn gekommen sei, sein gesiegeltes Testat durch Freizeichnungsvermerke zur Makulatur zu machen[720]. Denn Testaten, die im selben Satz unbedingte Richtigkeit und Gewissenhaftigkeit garantieren und von einer Haftung gänzlich freistellen, „steht die Unsinnigkeit offen auf die Stirn geschrieben“[721]. Ist der Wirtschaftsprüfer im Einzelfall nicht bereit, für die Aussagen seines Testats einzustehen, muß er das Mandat ablehnen. Seine Pflicht zum gewissenhaften Testieren verbietet ihm, eine Haftung dafür auszuschließen[722].

Ein gänzlicher Haftungsausschluß ist somit nicht möglich und wäre – wollte man seine Zulässigkeit doch bejahen – darüberhinaus von wenig praktischer Relevanz.

Bloße Beschränkungen der Haftung, die sie nur in Teilaspekten ausschließen, sind dagegen möglich und sinnvoll. Gerade wegen der existenzbedrohenden Risiken kann verständlicherweise keine unbegrenzte Haftung erwartet werden. Der Wirtschaftsprüfer hat ein berechtigtes, vom Rechtsverkehr zu akzeptierendes Interesse an Modifikationen. Ein gerechtes Haftungssystem muß auf Ausgleich der Interessen sämtlicher Beteiligter bedacht sein. Die berechtigten Interessen des Anlegerschutzes und die besondere Stellung des Wirtschaftsprüfers, die oben zur Versagung des gänzlichen Ausschlusses führten, dienen hier als Grenze einer zulässigen Beschränkbarkeit und finden ihren Standort im Rahmen der Inhaltskontrolle.

3. Inhalt und Prüfungsumfang des Testats (Schutzbereich des Testats)

Es fragt sich, ob aus Inhalt und Umfang des Testats eine vertrauensrechtliche Begrenzung der Haftung entnommen werden kann.

---

718 *Köndgen*, AG 1983, 120, 130.

719 *Philippsen*, Zur Dritthaftung des privat beauftragten Gutachters für fahrlässig verursachte Vermögensschäden, 1998, S. 174.

720 *Köndgen*, AG 1983, 120, 130. Auch *Hopt*, WPg 1986, 498, 505 und FS für Pleyer, 1986, S. 341, 368, weist darauf hin, daß eine wirkliche Vertrauenswahrung durch einen Wirtschaftsprüfer bei einem Prüfbericht nicht angenommen werden kann.

721 *Köndgen*, AG 1983, 120, 132.

722 *Philippsen*, Zur Dritthaftung des privat beauftragten Gutachters für fahrlässig verursachte Vermögensschäden, 1998, S. 14.

Inhalt und Umfang sind tatsächlich zwei Kategorien, die nicht beide synonym füreinander verwendet werden können. Der Inhalt des Testats zeigt, was dessen Gegenstand ist, was der Wirtschaftsprüfer zu prüfen und dann zu testieren hatte. Der Umfang dagegen gibt an, wieviel dieses Inhalts vom Wirtschaftsprüfer geprüft und testiert wurde. Es handelt sich bei letzterem um eine Feinabstimmung des Inhalts.

a) Inhalt

aa) Inhaltsermittlung

Der Inhalt des Testats ergibt sich aus dem Prüfungsauftrag des Mandanten, der festlegt, welche Arten der Überprüfung vom Wirtschaftsprüfer verlangt werden. Er bestimmt, worüber er dem Anleger gegenüber Aussagen zu treffen hat. Der Inhalt kann z. B. die Sicherheit eines Anlagemodells betreffen, deren Risikobehaftetheit, die Ordnungsgemäßheit der Verwaltung der von Anlegern eingezahlten Anlagesummen oder der Mittelverwendung durch die Anlagemodellbetreiber, die Mittelzu- und -abflüsse oder die Gewinnauszahlungen und Beteiligungen im Rahmen eines Kapitalanlagemodells[723]. Damit sind nur beispielhaft einige Inhalte genannt, deren Anzahl so vielgestaltig ist wie die Prüfungsaufträge.

Bei der Ermittlung des Inhaltes werden sich auch nur selten Schwierigkeiten ergeben, da der Wirtschaftsprüfer seinem Testat immer den Inhalt der Begutachtung betreffende Aussagen voranstellt. Jedenfalls sollte er dies in der Regel tun, um keine Zweifel aufkommen zu lassen, was er tatsächlich testiert. Damit kann er das Vertrauen lenken.

bb) Grenze aus dem Inhalt

Aus dem Inhalt des Testats ergibt sich aber auch die Grenze des Vertrauens und damit die Grenze der Haftung[724]. Nur soweit der Inhalt des Testats reicht, kann der Wirtschaftsprüfer im Testat Aussagen getroffen und damit einen Vertrauenstatbestand gesetzt haben. Hatte er z. B. die Sicherheit eines Anlagemodells zu überprüfen, können nur diesbezügliche Aussagen vertrauensbildende Wirkung entfalten; hatte er nur die Mittelverwendung zu prüfen, dann auch nur diese.

b) Umfang

Wie schon erwähnt fragt sich weiter, in welchem Maße der Inhalt vom Wirtschaftsprüfer begutachtet und testiert wurde. Evtl. überprüfte er gar nicht alles, was mit dem Inhalt zusammenhängt, oder zog nicht alle relevanten Umstände dazu heran. Dann kann aber auch nicht der gesamte Inhalt verbindlich sein.

Hier soll anhand des oben genannten zweistufigen Vorgehens zunächst ermittelt werden, wie weit das Vertrauen des Anlegers in ein Testat eines Wirtschaftsprüfers objektiv berechtigterweise gehen kann, bevor zu fragen ist, ob man, am Umfang des Testats ansetzend, eine weitere Begrenzung mittels einer vertrauenslenkenden Aussage erreichen kann.

---

723 So z. B. in BGH NJW 2001, 360 ff.

724 *Gräfe*/Lenzen/Schmeer, Steuerberaterhaftung Rn 453 a.E.; Staudinger/*Kaduk*, § 334 BGB Rn 57; *Sass*, VersR 1988, 768 ff.

aa) Objektive Reichweite des Vertrauens
Auszugehen ist von der Feststellung, daß dem Anleger gegenüber keine Pflicht des Wirtschaftsprüfers zur Testaterstellung besteht. Diese Primärpflicht besteht nur im Verhältnis zum Mandanten[725]. Das Testat, das einem Anleger vorgelegt wird, hat Dritten gegenüber nur die Funktion einer Referenz für den Mandanten[726], mit deren Hilfe dessen Glaubwürdigkeit bei Aussagen über das empfohlene Anlagemodell bekräftigt werden sollen. Das Testat dient nur zur Werbung und Beurteilung des Kapitalanlagemodells, nicht aber auch dazu, die Gefahren der Anlageentscheidung zu erforschen, den Anleger davor zu warnen oder seine Interessenlage zu ermitteln. Zwar muß der Wirtschaftsprüfer gem. § 43 Abs. 1 Satz 2 WPO unparteiisches Verhalten an den Tag legen, doch geht dies nicht so weit, auch für den Anleger, der nicht sein Mandant ist, umfassend beratend und aufklärend tätig zu werden. Daraus kann man nur die Pflicht ableiten, bei Erstellung des Testats nicht einseitig die Belange des Mandanten zu verfolgen und die geltenden Berufsstandards nicht zu vernachlässigen.

Somit bestehen gegenüber dem Anleger nur Wahrheits- bzw. Richtigkeitspflichten[727]. Denn nach obigem kann der Anleger als Dritter nur die Richtigkeit der testierten Aussagen und die Einhaltung der Berufsstandards bei deren Ermittlung vom Wirtschaftsprüfer erwarten. Richtigkeit bedeutet dabei, daß die Erstellung des Testats nach den anerkannten Regeln der Wirtschaftsprüfertätigkeit erfolgte, daß er seine Berufspflichten eingehalten, insbesondere gewissenhaft und mit der nötigen Neutralität arbeitete (§ 43 Abs. 1 WPO). Das bedeutet, daß das Testat mit der von Wirtschaftsprüfern aufgrund ihrer Aus- und Fortbildung und damit einhergehenden Qualifikation erwarteten Sorgfalt erstellt, dabei alle nötigen Tatsachen ermittelt wurden, die es zu ermitteln gilt, und die Ermittlung mit der berufstypischen Methode der Sachverhaltsaufklärung[728] erfolgte, auch, daß nicht für die Testierung nötige Tatsachen, die dem Wirtschaftsprüfer dennoch bekannt geworden und auf den zu testierenden Inhalt von Einfluß sind, beachtet werden, daß die selbst erhobenen sowie vom Mandanten und anderen zur Verfügung gestellten Materialien auf ihre Übereinstimmung mit der Wirklichkeit überprüft wurden.

Der Beschränkung auf die im obigen Sinne von berufskonform zu verstehende Richtigkeit ist zuzustimmen. Das die Dritthaftung des Wirtschaftsprüfers begründende Vertrauen und dessen Berechtigung beruht ganz entscheidend auf der Ausbildung, Qualifikation und der deshalb erwarteten besonders sorgfältigen Arbeit[729], was nicht zuletzt die Einhaltung der Berufsstandards und die Erstellung nur richtiger Testate beinhaltet.

Auch die Rechtsprechung wird mit dem auf Richtigkeitspflichten begrenzten Umfang des Testats leben können. Der Bundesgerichtshof[730] selbst stellt in der Entscheidung, in der er erstmals eine Vertrauens-Dritthaftung eines Wirtschaftsprüfers in Betracht zog, aber offen ließ, auf die Richtigkeit der Angaben ab, für die der Experte einzustehen habe. Es sei zu er-

[725] Vgl. oben bei der Ablehnung der Annahme eines Auskunftsvertrags (Seite 20 ff.).
[726] *Adolff*, Die zivilrechtliche Verantwortlichkeit deutscher Anwälte bei der Abgabe von Third Party Legal Opinions, 1997, S. 159.
[727] *Adolff*, Die zivilrechtliche Verantwortlichkeit deutscher Anwälte bei der Abgabe von Third Party Legal Opinions, 1997, S. 158 ff.; *Schneider*, ZHR 163 (1999), 246, 262 f.
[728] *Adolff*, Die zivilrechtliche Verantwortlichkeit deutscher Anwälte bei der Abgabe von Third Party Legal Opinions, 1997, S. 165.
[729] Vgl. oben Seite 41 ff.
[730] BGH NJW 1973, 321 ff.

wägen, ob das Vertrauen des Anlegers eine Einstandspflicht wenigstens dafür bedingt, daß die Bescheinigung subjektiv zutreffend ist[731]. Ebenso schützt die Prospekthaftung ein Vertrauen in die Richtigkeit der Prospektangaben[732].

Als erster Befund ist damit festzuhalten, daß die Richtigkeit des Testats nur das umfassen kann, was tatsächlich Prüfungsinhalt war. Wahrheits- und Richtigkeitspflichten beschränken sich auf die vom Wirtschaftsprüfer tatsächlich getroffenen Aussagen[733]. Für Aussagen jenseits dieser Grenze treffen ihn weder Wahrheits- noch sonstige Pflichten.

Grenzen der Aussagen im Testat sind somit Grenzen des Vertrauenstatbestandes und damit auch Grenzen der Haftung[734]. Geht der Dritte darüber hinaus, handelt er auf eigene Gefahr. Da das Vertrauen durch den Prüfungsumfang des Testats begrenzt ist, hat der Wirtschaftsprüfer, der nur begrenzt prüfte, auch nur in diesem begrenzten Umfang zu haften. Er kann damit selbst bestimmen, für welche Aussagen er haften wird.

bb) Vertrauenslenkung

Von dieser Prämisse ausgehend, bietet sich in Bezug auf den Prüfungsumfang des Testats eine Vertrauenslenkung an, indem der Wirtchaftsprüfer den Inhalt des Testats und damit seine Aussage steuert.

(1) Notwendigkeit einer Vertrauenslenkung

Ein Problem stellt sich immer, wenn der Wirtschaftsprüfer zwar nur begrenzte Prüfungen durchführte, dies aber in seinem Testat nicht in den Prüfungsumfang beschreibenden Aussagen dokumentierte. Dann ist zu fragen, wie weit das Vertrauen des Anlegers in ein solches begrenztes, nach außen unbegrenzt erscheinendes Testat reicht. Gilt auch dann der Grundsatz, daß das Vertrauen durch den Umfang begrenzt ist?

Enthält das Testat keine Einschränkung, kann der Dritte davon ausgehen, alle Aussagen seien uneingeschränkt verbindlich, und alle dort verwendeten Materialien und zugrunde gelegten Tatsachen vom Wirtschaftsprüfer selbst überprüft und ermittelt. Das Vertrauen ist in solchen Fällen umfassend geschützt, auch wenn in Wahrheit eine nur begrenzte Prüfung stattfand.

Diese Ansicht teilt der Bundesgerichtshof. Er urteilte: „Fehlt eine solche (einschränkende) Angabe, entsteht beim Leser der Irrtum, der Sachverständige habe den Befund selbst erhoben (...) und daß er die Gewähr für den von ihm zugrunde gelegten (Inhalt) übernehme“[735]. Auch in anderen Urteilen[736], die sich zwar nicht unmittelbar mit Wirtschaftsprüfern befassen, aber mit Sachverständigen anderer Berufsgruppen, vertritt der Bundesgerichtshof diese Ansicht und judiziert immer wieder sinngemäß dasselbe: Werden ohne jeden Vorbehalt dem

---

[731] BGH NJW 1973, 321, 323.

[732] BGHZ 71, 284, 287; 72, 382, 385, 387; 74, 106, 109; 79, 337, 341; 83, 222, 227; 115, 213, 227; 123, 106, 109; *Coing*, WM 1980, 206, 209; *Köndgen*, AG 1983, 85, 96; MüKo/*Emmerich*, Vor § 275 BGB Rn 133; Palandt/*Heinrichs*, § 276 BGB Rn 23.

[733] *Schneider*, ZHR 163 (1999), 246, 263.

[734] In Anlehnung an *Adolff*, Die zivilrechtliche Verantwortlichkeit deutscher Anwälte bei der Abgabe von Third Party Legal Opinions, 1997, S. 190, und *Schneider*, ZHR 163 (1999), 240, 263.

[735] BGH JZ 1998, 624, 625, 626.

[736] BGH NJW 1992, 2080, 2083; 1995, 392, 393.

Gutachten bestimmte Tatsachen zugrunde gelegt, entsteht bei dem auf das Gutachten vertrauenden Dritten der Eindruck, es beruhe auf vom Sachverständigen umfassend und selbst geprüften Tatsachen und enthalte in keiner Hinsicht eine Einschränkung.

Die Richtigkeit dieser Ansicht ergibt sich schon aus dem oben festgestellten Umfang eines Testats. Der Rechtsverkehr kann grundsätzlich von der umfassenden Richtigkeit ausgehen, wenn darin nirgends eine Einschränkung getroffen wurde, da die Erteilung richtiger Testate eine Grundvoraussetzung berufskonformen Verhaltens ist. Richtig ist dabei im Sinne von objektiv, nicht nur subjektiv richtig zu verstehen. Objektiv richtig bedeutet, daß die durch den Wirtschaftsprüfer getroffene Aussage in vollem Umfang zutrifft. Bestätigt er z. B. die Ordnungsgemäßheit und Risikolosigkeit einer Kapitalanlage, muß diese Bestätigung zutreffen, unabhängig davon, ob sich die Unrichtigkeit aus Tatsachen inner- oder außerhalb des vertraglich mit dem Mandanten begrenzten Prüfungsumfangs ergibt. Subjektiv richtig ist das Testat dagegen schon, wenn es zwar objektiv unrichtig ist, er aber alle nach dem individuell vereinbarten Umfang erforderlichen Prüfungen durchführte und danach zu einem positiven Ergebnis kam. Hatte der Wirtschaftsprüfer z. B. nur den Mittelzufluß, die Mittelverwendung, die Gewinnauszahlungen und Beteiligungen im Rahmen eines Kapitalanlagemodells zu prüfen[737] und kam danach zu dem Ergebnis, diese seien ordungsgemäß, aber aus anderen Gründen ergebe sich die Unsicherheit des Anlagemodells, dann ist ein die Ordnungsmäßigkeit bestätigendes Testat zwar subjektiv richtig im Sinne des vereinbarten Prüfungsumfangs, aber objektiv unrichtig im Sinne der Erwartung des Rechtsverkehrs. Der Dritte kann – entsprechend der obigen Definition von Richtigkeit – auch davon ausgehen, die zugrunde gelegten Erhebungen seien sämtlich richtig und mit der für einen Wirtschaftsprüfer nötigen Sachkunde und Neutralität ermittelt und überprüft. Er muß sich nicht eine nur beschränkte Überprüfung entgegenhalten lassen, weil es die berufstypischen Verhaltensanforderungen erfordern, nur richtige Testate zu erteilen. Der Wirtschaftsprüfer aber, der auf eine Beschränkung der Prüfung nicht hinweist, erteilt ein unrichtiges Testat, weil eine als vollständig geprüft erscheinende Sachlage in Wahrheit nur in Teilbereichen von eigenen Prüfungshandlungen getragen ist. Er verletzt dadurch seine Wahrheits- und Richtigkeitspflicht und enttäuscht das Vertrauen des Anlegers.

Auch evtl. Umfangsbegrenzungen, die der Wirtschaftsprüfer mit seinem Mandanten im Prüfungsauftrag traf, die aber mangels Erkenntlichkeit im Testat dem Anleger verborgen blieben, vermögen an dieser Beurteilung nichts zu ändern. Sie tragen nichts zur Begrenzung des Vertrauens bei, da die berechtigten Erwartungen des Rechtsverkehrs, der mit dem Testat in Berührung kommt, entscheiden[738]. Im Verhältnis der am Prüfungsvertrag beteiligten Parteien kann nur deren Rechtsverhältnis geregelt werden. Die c.i.c.-Haftung ist wegen ihrer Eigenständigkeit davon losgelöst und orientiert sich daran, was der Wirtschaftsprüfer dem Vertrauenden gegenüber zum Ausdruck brachte.

Der Wirtschaftsprüfer haftet, wenn er die Einschränkung nicht deutlich macht, umfassend, obwohl er nur eingeschränkt prüfte. Entscheidend für den Umfang der Haftung ist der Vertrauenstatbestand, der nach außen beim Anleger geschaffen wurde. Ist er ein unbeschränkter, haftet er unbeschränkt; ist er ein beschränkter, haftet er beschränkt.

---

[737] So die Beschränkung in BGH NJW 2001, 360 ff.

[738] *Schneider*, ZHR 163 (1999), 246, 261 f.

Dies sollte Grund genug sein, mit deutlichen Hinweisen im Testat zu arbeiten, die klarstellen, daß das Testat bezüglich gewisser Inhalte nur ein coupiertes ist und sich auf den angegebenen Inhalt beschränkt. Der Wirtschaftsprüfer sollte diese einfache Möglichkeit der Begrenzung im eigenen Interesse nicht ungenutzt verschenken.

(2) Mögliche Inhalte einer Vertrauenslenkung bezüglich des Prüfungsumfangs

Inhalte den Prüfungsumfang des Testats betreffender vertrauenslenkender Aussagen ergeben sich aus den Einschränkungen, die das jeweilige Testat im Einzelfall im Vergleich zu einem „normalen", vollständigen Testat hat, bei dem der Wirtschaftsprüfer, der Erwartung des Anlegers gemäß, sämtliche zugrunde gelegte Tatsachen und Materialien selbst mit der dem Berufsstand gehörigen Gewissenhaftigkeit ermittelte. Vertrauenslenkende Aussagen haben den Zweck, mögliche, aus objektiver Sicht bestehende Unrichtigkeiten des Testats, die sich aus dessen Unvollständigkeit ergeben, zu vermeiden und ein uneingeschränktes Vertrauen des Anlegers zu verhindern, indem ihm gesagt wird, inwieweit er sich berechtigterweise auf Aussagen des Testats verlassen darf. Sie haben damit lückenfüllende Funktion.

Das Testat kann wegen einer nur begrenzten Prüfung objektiv unrichtig sein, wenn der Wirtschaftsprüfer nicht alle zugrunde liegenden und erforderlichen Angaben selbst ermittelte, sondern sie z. B. vom Mandanten oder aus öffentlichen Registern geliefert bekommt und ungeprüft übernimmt bzw. nur unterstellt[739]. Unrichtigkeit kann auch Folge einer nicht verlautbarten Ausnahme gewisser Umstände von der Prüfung sein. Sie kann sich aber auch daraus ergeben, daß der Wirtschaftsprüfer ein Ergebnis als unzweifelhaft oder risikolos hinstellt, obwohl er selbst Zweifel hegt oder Risiken vermutet[740].

Daraus ergeben sich die korrespondierenden vertrauenslenkenden Aussagen. Der Wirtschaftsprüfer muß ungeprüfte Angaben ausdrücklich als nur übernommene bzw. unterstellte kennzeichnen und deren Quellen angeben[741], wobei er ausdrücklich auf Lücken in den vom Mandanten vorgelegten Unterlagen hinweisen muß[742]. Er muß also z. B. vermerken, daß das Testat anhand der vom Auftraggeber übergebenen Endzahlen und erteilten Auskünfte erstellt wurde[743]. Er muß deutlich machen, welche Unterlagen er selbst einsah bzw. welche ihm nicht vorlagen[744]. Er muß auf Zweifel und Risiken hinweisen, die sich für ihn ergeben, und muß schließlich auch angeben, welche Sachverhalte er bei Testaterstellung gar nicht bzw. was genau er prüfte[745]. Auf darüber hinausgehendes kann dann kein Vertrauen entstehen.

---

[739] BGH WM 1965, 287 f.; 1969, 470 f.; 1975, 993; 1989, 375, 377.

[740] *Hopt*, FS für Pleyer, 1986, S. 341, 366; *ders.*, WPg 1986, 498, 504; *Schneider*, ZHR 163 (1999), 246, 272.

[741] BGH NJW 1984, 356; 1991, 32; WM 1989, 375, 377; JZ 1995, 306, 308; 1998, 624, 625; *Hopt*, FS für Pleyer, 1986, S. 741, 768; *ders.*, WPg 1986, 498, 505; *Stahl*, Zur Dritthaftung von Rechtsanwälten, Steuerberatern, Wirtschaftsprüfern und öffentlich bestellten und vereidigten Sachverständigen, 1989, S. 139; *Späth*, DStR 1996, 400, 402; *Bydlinski*, EWiR 1998, 683, 684; *Weber*, NZG 1999, 1, 12; Erman/*Westermann*, § 328 BGB Rn 20a; *Canaris*, ZHR 163 (1999), 206, 230; *Schneider*, ZHR 163 (1999), 246, 268.

[742] *Schindhelm/Grothe*, DStR 1989, 445, 450; *Späth*, DStR 1996, 400, 402.

[743] BGH WM 1989, 375, 376, 377 hatte sich mit der Aussage „Zusammengestellt anhand der vom Auftraggeber übergebenen Endzahlen und erteilten Auskünfte" zu befassen und bestätigte deren die Haftung ausschließende Wirkung. Daraus ergibt sich eindeutig, daß die Prüfung der Buchführung und der übergebenen Endzahlen nicht zum Wirtschaftsprüferauftrag gehörte.

[744] BGH VersR 1995, 225, 228; *Späth*, DStR 1996, 400, 402.

[745] Nach *Schindhelm/Grothe*, DStR 1989, 445, 450 kann der Wirtschaftsprüfer wie folgt formulieren: Wir weisen darauf hin, daß (...) die von uns auftragsgemäß vorgenommenen Überprüfungen bei den einzelnen Positionen beschrieben sind und darüber hinausgehende Prüfungen nicht stattgefunden haben.

Ein weiteres Beispiel[746] einer Vertrauenslenkung in einem Bilanztestat findet sich im Zusatz, der bestätigt, daß der Jahresabschluß aus den ordnungsgemäß geführten Büchern der Firma richtig entwickelt ist[747]. Sie stellt klar, daß nur die formale Richtigkeit der Buchführung des geprüften Betriebes und der daraus entwickelten Jahresabschlüsse geprüft und bestätigt wurde, also nur daß die Buchführung den handels- und steuerrechtlichen Formvorschriften entsprach, auf ihr jederzeit ein Jahresabschluß aufgebaut werden konnte und daß für jede darin verwendete Zahl ein einwandfreier Beleg vorhanden war. Nicht kann man einem solchen Testat eine auch materielle Prüfung des Unternehmens entnehmen, so daß Vertrauen auch nicht dahin gehen kann[748].

(3) Anerkennung in Rechtsprechung und Literatur

Die Möglichkeit einer Begrenzung der Haftung mittels den Prüfungsumfang beschreibender Aussagen ist, wie die Belege der vorhergehenden Fußnoten beweisen, in Rechtsprechung und Literatur anerkannt.

Bei der c.i.c. als auf Vertrauen gestützte Anspruchsgrundlage ist die Anerkennung der Vertrauenslenkung schon eine systemimmanente Selbstverständlichkeit[749], da, wie öfters betont, das Vertrauen seine Grenze im Umfang des Testats findet.

Die Begrenzungsmöglichkeit mittels Verlautbarung des Prüfungsumfanges reiht sich aber auch nahtlos in die außerhalb der c.i.c. anerkannte Rechtsprechung und Literatur ein, die Ansprüche aus Vertrag mit Schutzwirkung für Dritte oder Garantieerklärung auf eben dieselbe Weise durch den Umfang des Testats beschränken. Eine Garantieerklärung, die der Wirtschaftsprüfer durch das Testat abgibt, kann nicht weiter gehen als das Testat zum Ausdruck bringt und der Wirtschaftsprüfer Verantwortung für die Richtigkeit übernimmt[750]. Beim Vertrag mit Schutzwirkung für Dritte bestimmt der im Prüfungsvertrag festgelegte Prüfungsumfang die Reichweite des Drittschutzes, der nicht weiter reichen kann, als der Wirtschaftsprüfer nach dem Wortlaut des Testats die Verantwortung für die Richtigkeit übernimmt[751].

Viele Ergebnisse, die Rechtsprechung und Literatur in ihren Musterlösungen für Dritthaftungsfälle gefunden haben, sind zustimmungswürdig. Lediglich ihre Begründung mittels Rechtsgeschäfts ist nicht, zumindest aber mit fast unüberwindbaren Schwierigkeiten zu leisten und sollte der c.i.c. weichen. So ist auch die Begrenzung der Haftung durch den Inhalt des Testats ein solcher übertragbarer Ansatz. Deshalb ist auch kein Problem, daß die bisher als Beleg angeführte Rechtsprechung die Begrenzungsmöglichkeit nur im Rahmen des Vertrags mit Schutzwirkung für Dritte judizierte. Bei der c.i.c. kommt sie um eine Fortsetzung dieser Ansicht nicht umhin, da diese ganz besonders einer Vertrauenslenkung zugänglich ist, beruht sie doch ausschließlich auf Vertrauen, das zu lenken nur konsequente Folge ist. Tat-

[746] Weitere mögliche Vertrauenslenkungen mit Hilfe der Angaben zum Prüfungsumfang sind so vielgestaltig wie die vorgenommenen Prüfungen selbst. Beispiele finden sich z. B. bei *Gräfe*/Lenzen/Schmeer, Steuerberaterhaftung Rn 522.

[747] BGH NJW 1973, 321.

[748] BGH NW 1973, 321, 322.

[749] *Canaris*, ZHR 163 (1999), 206, 230.

[750] *Grunewald*, AcP 187 (1987), 285, 305 f.; *Philippsen*, Zur Dritthaftung des privat beauftragten Gutachters für fahrlässig verursachte Vermögensschäden, 1998, S. 62 f.

[751] Statt vieler nur BeckBilKomm/*Budde/Hense*, § 323 HGB Rn 200 mit Rechtsprechungsnachweisen; *Lang*, WM 1988, 1001, 1007.

sächlich bestätigte der Bundesgerichtshof in seiner die Wirtschaftsprüferdritthaftung betreffenden Entscheidung aus 2000[752] diese Ansicht. Er spricht darin ausdrücklich von einem Verweisen auf den beschränkten Prüfungsauftrag und von einem aufklärenden Hinweis, der in einer Bescheinigung nötig ist, wenn der Wirtschaftsprüfer weiß, daß es ungeprüfte und nicht überprüfbare Tatsachen gibt[753]. Diese Entscheidung ist Bestätigung bzw. Anerkennung der Existenz vertrauenslenkender Aussagen im Bereich der c.i.c.-Vertrauenshaftung.

cc) Grenzen der den Umfang betreffenden Vertrauenslenkung
Schließlich stellt sich die Frage nach den Grenzen dieser Art der Vertrauenslenkung. Es handelt sich dabei um das bereits allgemein angesprochene Problem der Inhaltskontrolle vertrauenslenkender Aussagen[754], die außerhalb der §§ 307 ff. BGB und anderer, für vertragliche Abreden geltender Schranken nur nach dem Verbot widersprüchlichen Verhaltens stattfindet (§ 242 BGB). Freilich ohne Bezugnahme auf diese Ausprägung des § 242 BGB, aber inhaltlich sehr nahekommend, fand auch in der Literatur und der Rechtsprechung des Bundesgerichtshofs die Begrenzung der Umfangsbeschränkung ihre Fürsprecher.

So wird einem Vermerk, die Begutachtung beruhe nur auf den dem Sachverständigen gelieferten und von ihm nicht geprüften Angaben, die Wirkung versagt, da der Rechtsverkehr nicht damit rechnen müsse, der Sachverständige übernehme fremde Angaben ohne eigene Prüfung[755]. Auch ohne Nennung des § 242 BGB bedeutet dies nichts anderes als dessen Grundgedanke besagt: Das von Wirtschaftsprüfern im Rechtsverkehr objektiv aufgrund der Berufsstellung in Anspruch genommene Vertrauen geht so weit, daß sie alle Angaben selbst prüfen. Dazu können sie sich mit vertrauenslenkenden Aussage nicht in Widerspruch setzen.

Jedoch ist dieser Ansatz angreifbar. Einer vertrauenslenkenden Aussage diesen Inhalts kann die Wirksamkeit nicht versagt werden. Es müssen, wie bei der allgemeinen Behandlung der Inhaltskontrolle gesagt, an die Annahme einer die Vertrauenslenkung ausschließenden Widersprüchlichkeit strenge Maßstäbe gesetzt werden. Die Überprüfung der vom Mandanten oder anderen erhaltenen, für das Testat ausschlaggebenden Tatsachen gehört nicht zu den grundlegendsten Anforderungen, die der Rechtsverkehr berechtigterweise vom Wirtschaftsprüfer erwarten kann, auch wenn er Gegenteiliges im Testat erklärt. Dem Wirtschaftsprüfer muß aus Gründen der Erleichterung der Erfüllung seiner Aufgaben, vor allem vor dem Hintergrund des oft großen zeitlichen Drucks beim Testieren, gestattet sein, im Normalfall auch ungeprüft Tatsachen zugrunde zu legen. Mehr als darauf hinzuweisen, daß er von eigenen Erhebungen absah, kann nicht erwartet werden[756]. Anderes gilt nur bei Kenntnis oder Erkennbarkeit der Unrichtigkeit.

Daran setzt die zweite Ablehnung vertrauenslenkender Zusätze in der Literatur an[757], die bei bekannter oder erkennbarer Unrichtigkeit die Kennzeichnung der übernommenen Tatsache als ungeprüft nicht zur Enthaftung ausreichen läßt. Auch der Bundesgerichtshof verfährt so,

---

[752] BGH NJW 2001, 360, 364.
[753] BGH NJW 2001, 360, 364.
[754] Vgl. oben Seite 128 ff.
[755] *Huber*, FS für von Caemmerer, S. 359, 362; *Stahl*, Zur Dritthaftung von Rechtsanwälten, Steuerberatern, Wirtschaftsprüfern und öffentlich bestellten und vereidigten Sachverständigen, 1989, S. 140.
[756] *Stahl*, Zur Dritthaftung von Rechtsanwälten, Steuerberatern, Wirtschaftsprüfern und öffentlich bestellten und vereidigten Sachverständigen, 1989, S. 140.
[757] *Weber*, NZG 1999, 1, 12.

wenn er einem Hinweis des Wirtschaftsprüfers auf den nur beschränkten Prüfungsumfang die Wirkung versagt, wenn dieser Unzulänglichkeiten des zu prüfenden Anlagemodells erkennt, die zwar außerhalb seines Prüfungsumfangs liegen[758], aber doch zur Unrichtigkeit des Testats führen. Zu Recht vertraut nämlich der Rechtsverkehr, daß ein Wirtschaftsprüfer positiv als unrichtig erkannte oder naheliegend zweifelhafte Tatsachen vor einer Verwendung für das Testat selbst verifiziert[759] bzw., im Fall des Bundesgerichtshofs, andere geeignete Maßnahmen ergreift[760]. Er kann nicht sehenden Auges ein fehlerhaftes Testat erstellen und hoffen, durch einen einschränkenden Zusatz von der Haftung verschont zu bleiben. Vielmehr kann man verlangen, daß er vom Mandanten die Erweiterung des Prüfungsumfangs erstrebt[761], um so auch die zur Unrichtigkeit führenden Unregelmäßigkeiten ins Testat aufnehmen zu können. Sollte dies vom Mandanten verweigert werden, muß ein ordentlicher Wirtschaftsprüfer den Prüfungsauftrag ablehnen[762] bzw. im Falle des schon geschlossenen Prüfungsvertrags kündigen[763], um dem Zwang zur Erstellung eines fehlerhaften Testats zu entgehen. Es stehen damit genügend geeignete Mittel zur Verfügung, auch bei begrenztem Prüfungsauftrag eine erkannte Unrichtigkeit zu verlautbaren oder einer irreführenden Testierung zu entgehen. Sich nur auf vertrauenslenkende Aussagen zurückzuziehen, ist treuwidrig.

Zusammenfassend gilt: Eine Inhaltskontrolle versagt der umfangbegrenzenden Vertrauenslenkung die Wirkung, wenn der Wirtschaftsprüfer die Unrichtigkeit kennt, sei es die Unrichtigkeit der als übernommen gekennzeichneten Tatsachen, sei es die Unrichtigkeit des Testats im ganzen, die sich aus Umständen außerhalb des Prüfungsumfangs ergibt. In diesen Fällen kann der Wirtschaftsprüfer seine Haftung nicht unter Berufung auf den begrenzten Prüfungsumfang verneinen. Eine die Haftung auslösende Enttäuschung des Vertrauens liegt im Hinwegsetzen über die objektive Unrichtigkeit des Testats, das nur unter Beachtung seines Prüfungsumfanges subjektiv richtig ist.

Man kann den Ausführungen des Bundesgerichtshofs aber keine gänzliche Absage an eine Vertrauenslenkung durch Begrenzung des Prüfungsumfangs entnehmen. Um dies annehmen zu können, sind die Aussagen des Bundesgerichtshofs viel zu speziell. Die Geltung wird nur in dem speziellen Fall versagt, daß der Wirtschaftsprüfer die Unzuträglichkeit in dem Geschäftsbetrieb und die Diskrepanz zwischen Auftragsinhalt und Anpreisung im Prospekt festgestellt hat[764]. Zudem gibt der Bundesgerichtshof am Ende dieses Abschnitts zur Vertrauenslenkung bzw. Eingrenzung der Haftung einen Verhaltensvorschlag an Wirtschaftsprüfer, indem er sie ausdrücklich auf die Notwendigkeit eines aufklärenden Hinweises verweist, falls sie nur beschränkt geprüft haben. Wie sollte dieser Hinweis, der sich ebenfalls auf den Prüfungsumfang bezieht, aber zu erklären sein, wenn dem Wirtschaftsprüfer generell die Möglichkeit der Haftungsbegrenzung genommen wurde? Deshalb und unter Anerkennung der Notwendigkeit der Vertrauenslenkung ist die Deutung der Urteilspassage im hier vorgenommenen Sinne einer Inhaltskontrolle und damit einhergehenden Versagung der Wirksamkeit nicht generell, sondern nur in bestimmten Fällen der richtigere.

---

[758] BGH NJW 2001, 360 (zweiter Leitsatz), 364.
[759] *Adolff*, Die zivilrechtliche Verantwortlichkeit deutscher Anwälte bei der Abgabe von Third Party Legal Opinions, 1997, S. 164; *Weber*, NZG 1999, 1, 12.
[760] BGH NJW 2001, 360, 364.
[761] *Weiland*, DStR 1996, 717, 722; *Gräfe*/Lenzen/Schmeer, Steuerberaterhaftung Rn 522.
[762] *Weiland*, DStR 1996, 717, 722.
[763] BGH NJW 2001, 360, 364.
[764] BGH NJW 2001, 360, 364.

4. Zweckbindung der Testatverwendung

Eine vertrauenslenkende Aussage im Testat kann ferner den Verwendungszweck betreffen, für den das Testat erstellt wurde[765]. Dies ist dann der Zweck, für den es einzig verwendet werden darf.

Die Zweckbeschränkung findet ihren Ursprung im Prüfungsvertrag mit dem Mandanten, da schon dort die Tätigkeit des Wirtschaftsprüfers festgelegt und damit zugleich bestimmt ist, für welchen Anlaß das Testat erstellt wird.

Da solche Abreden mit dem Mandanten aber im Drittverhältnis keine haftungsbegrenzende Wirkung entfalten[766], muß eine genaue Zweckbestimmung auch für den Dritten im Testat festgehalten werden. Dies gilt aber nicht nur zur Begründung der Drittwirkung, sondern auch, weil mangels ausdrücklicher oder anderweit eindeutig ersichtlicher Bezeichnung des Verwendungszwecks im Testat der Anleger bei einem einschränkungslos erteilten Testat auf dessen vollumfängliche Richtigkeit vertrauen kann. Das objektive, ungelenkte Vertrauen geht also auch darauf, daß das Testat gerade für des Anlegers Zweck erstellt wurde. Dies gilt nur nicht, wenn sich aus einer Erklärung des Wirtschaftsprüfers oder aus anderen Umständen das Gegenteil ergibt. Die Nachlässigkeit des Wirtschaftsprüfers geht damit zu seinen haftungsrechtlichen Lasten. Schon deshalb sollte er auf genaue Angaben zum Zweck im Testat bedacht sein.

Infolge der zweckbestimmenden Aussage kann das Vertrauen des Anlegers als Verwender des Testats nicht über diesen Zweck hinausgehend entstehen. Bei Unrichtigkeit des Testats kann damit auch nur das durch den Zweck gelenkte Vertrauen enttäuscht sein und zum Schadensersatz führen. Wird das Testat für andere Zwecke verwendet, was durch die Vertrauenslenkung nicht generell verboten wird, führt diese Verwendung bei Unrichtigkeit nicht zum Schadensersatz, da der Schaden außerhalb des Schutzbereichs des Testats liegt[767].

Diese haftungsbegrenzende Folge ist mehr als sachgerecht. Nur die mit dem Zweck der in Auftrag gegebenen und durchgeführten Prüfung zusammenhängenden rechtlichen und tatsächlichen Gegebenheiten konnte der Wirtschaftsprüfer bei Erstellung des Testats berücksichtigen und mit der seinem Berufsstand obliegenden Sachkunde beurteilen, da nur sie ihm bekannt waren und für weitergehende Aussagen und Ermittlungen kein Anlaß bestand. Nur deren Einhaltung und die Richtigkeit in Bezug auf sie konnte er im Testat bestätigen. Anleger können also nur auf ein Testat vertrauen, das zur Begutachtung des betreffenden Anlagemodells erstellt wurde, an dem sie sich beteiligten. Nicht jedoch können sie sich beispielsweise auf ein Testat verlassen, das der Mandant zur Vorlage bei einer Bank zur Erreichung eines Kredites[768] oder zur Erfüllung steuerlicher Pflichten oder für andere mandanteninterne Zwecke[769] erstellen ließ.

---

765 BGH NJW-RR 1989, 696 f.; WM 1991, 1629; JZ 1998, 624, 626; *Grunewald*, AcP 187 (1987), 285, 305; *Lang*, WPg 1989, 57, 63; *Stahl*, Zur Dritthaftung von Rechtsanwälten, Steuerberatern, Wirtschaftsprüfern und anderen öffentlich bestellten und vereidigten Sachverständigen, 1989, S. 140; *Gräfe*/Lenzen/Schmeer, Steuerberaterhaftung Rn 456; *Canaris*, ZHR 163 (1999), 206, 211, 230; *Weber*, NZG 1999, 1, 11.

766 Näher dazu unten Seite 173 ff.

767 BGH WM 1991, 1629; Palandt/*Sprau*, § 675 BGB Rn 35.

768 *Lang*, WPg 1989, 57, 63.

769 BGH JZ 1998, 624, 626; NJW 1987, 1758, 1759.

Verfehlt wäre es aber anzunehmen, der Dritte könne keine legitime Erwartung in die Wahrung auch seiner Interessen durch ein Testat haben, das der Mandant zur Werbung gegenüber Dritten für sich und seine Kapitalanlage erstellen ließ, da insoweit von einem Parteigutachten des als verlängerter Arm des Mandanten handelnden Wirtschaftsprüfers auszugehen sei[770]. Diese Argumentation kann schon vor dem Hintergrund des § 43 Abs. 1 Satz 2 WPO für Wirtschaftsprüfer keine Geltung haben, nach dem sie bei Erstellung ihrer Prüfberichte und Gutachten zur Unparteilichkeit verpflichtet sind. Sie haben nicht einseitig als Interessenvertreter aufzutreten, sondern auch schutzwürdige Belange Dritter zu berücksichtigen, worauf sich der Rechtsverkehr wegen der gesetzlichen Normierung der Neutralitätspflicht verlassen kann.

5. Personenkreis

Auch der anspruchsberechtigte Personenkreis ist der Lenkung durch einseitige Aussagen im Testat zugänglich. Vertrauen auf ein Testat ist nur dem erlaubt, dem es der Wirtschaftsprüfer gestattet, während der, den er davon ausschließt, nicht anspruchsberechtigt ist, selbst wenn er sich bei seiner Vermögensdisposition davon leiten läßt.

Bei dieser kurzen Aussage soll es, um die vertrauenslenkenden Inhalte vollständig aufzuzeigen, bewenden. Nähere Ausführungen zu diesem interessanten und für eine begrenzte Haftung wichtigen Punkt erfolgen erst im Zusammenhang mit den übrigen Problemen des geschützten Personenkreises[771].

6. Grenzen vertrauenslenkender Aussagen

Vertrauenslenkende Aussagen sind eine einfache Möglichkeit, auf einseitigem Wege zur Eingrenzung der Haftung zu gelangen. Es fragt sich deshalb, ob darüber weitere Haftungsbegrenzungen, namentlich eine Begrenzung der Haftung auf grobes Verschulden oder eine bestimmte Höchstsumme erreicht werden können. Vorteil neben der Einseitigkeit der Begrenzung wäre zudem das weitgehende Fehlen einer Inhaltskontrolle im Vergleich zu den Anforderungen der §§ 307 ff. BGB.

a) Umfassende Vertrauenslenkung

Vereinzelt wird eine Haftungsbegrenzung überhaupt, also auch bezüglich Verschuldensgrad und Haftungshöchstsumme, auf einseitigem Wege mittels Expertenaussage oder einer anderen geeigneten Maßnahme zur Herabsetzung des Vertrauens vertreten[772]. Begründet wird dies ebenso wie die anderen vertrauenslenkenden Aussagen: Haftungsgrund ist das Vertrauen des Anlegers, das durch eine Herabsetzung des Vertrauensschutzes einer Begrenzung zugeführt wird. Dem Partner einer auf Vertrauen gerichteten Sonderbeziehung ist es möglich, von vornherein darzutun, die Sonderbeziehung sei nur in einem Raum verdünnter Haftung

---

[770] So aber *Schindhelm/Grothe*, DStR 1985, 445, 448.
[771] Vgl. unten Seite 165 ff.
[772] *Gerhardt*, JZ 1970, 535, 537 ff.

aufgenommen worden[773], verdünnt in der Höhe und verdünnt im Grad des Verschuldens. Das Vertrauen des Partners auf uneingeschränkte Haftung wird dadurch auf ein der Aussage angepaßtes Maß herabgesetzt.

b) Begrenzte Vertrauenslenkungsmöglichkeit

Als Ausgangspunkt zu diesen Überlegungen ist folgendes festzuhalten: Eine vertrauenslenkende Aussage kann nur so weit gehen, wie das Vertrauen des Anlegers. Denn vertraut der Anleger nicht, ist auch eine Modifikation eines Vertrauenstatbestandes logisch nicht möglich. Positiv formuliert heißt das: Nur ein vorhandenes Vertrauen kann durch eine Aussage des den Vertrauenstatbestand setzenden Wirtschaftsprüfers in eine bestimmte, von ihm gewünschte Richtung gelenkt werden. Deshalb müßte das Vertrauen des Anlegers auch auf den Verschuldensgrad und eine Haftungshöchstgrenze bezogen sein, um es in diesen Bereichen lenken zu können.

Das Vertrauen des Anlegers ist nicht auch auf den Grad des Verschuldens und nicht auf eine bestimmte Haftungshöchstgrenze bezogen. Über Verschulden macht sich der Anleger in der Regel keine Gedanken. Wenn überhaupt, dann vertraut der Anleger, daß das Testat nicht durch einen verschuldeten Sorgfaltspflichtverstoß des Wirtschaftsprüfers unrichtig wird. Dabei spielt für ihn keine Rolle, welcher Art das Verschulden ist, ob grob oder einfach fahrlässig, ob vorsätzlich oder nicht. Für ihn ist nur wichtig, daß das Testat nicht unrichtig ist. Besteht aber keine Vorstellung über die Art des Verschuldens, ist auch nicht möglich, durch eine einseitige Aussage mit dem Inhalt, eine Haftung für z.B. grobe Fahrlässigkeit komme nicht in Betracht, eine Vertrauenslenkung zu begründen, daß bei grober Fahrlässigkeit keine Haftung möglich ist.

Auch auf eine Haftungshöchstsumme ist ein Vertrauen nicht gerichtet. Es besteht schon gar kein Vertrauen des Anlegers auf eine Haftung überhaupt. Diese stellt sich vielmehr als Konsequenz eines unrichtigen Testats ein. Dem Anleger ist es nur allzu klar, daß der, der durch sein Fehlverhalten einen anderen schädigt, den daraus entstehenden Schaden zu ersetzen hat. Vertrauen wird er darauf aber nicht.

Ein Vertrauen nur auf Richtigkeit des Testats bedeutet deshalb auch nur eine Lenkung der Vorstellungen über die Richtigkeit des Testats. Alle Fakten, die die Richtigkeitsvorstellung beeinflussen, sind lenkbar, nicht aber auch solche außerhalb davon.

Durch eine haftungsbegrenzende Aussage über den Verschuldensgrad oder die Höhe wird auch nicht der lenkbare Richtigkeitsanspruch des Testats relativiert, da der Wirtschaftsprüfer durch die Beschränkung gerade nur erklärt, daß er für etwaige Fehler lediglich unter bestimmten Voraussetzungen bzw. in gewissen Grenzen einzustehen bereit ist[774]. Derartige Haftungsbeschränkungen modifizieren nicht den Aussagegehalt des Testats, sondern nur die Rechtsfolgen bei dessen Fehlerhaftigkeit. Deshalb geht die gegenteilige Auffassung, so wünschenswert sie wäre, von einer falschen Prämisse aus.

---

[773] *Gerhardt*, JZ 1970, 535, 537.
[774] *Canaris*, ZHR 163 (1999), 206, 231.

II. Zweiseitige, vertragliche Abreden

1. Notwendigkeit

Die Notwendigkeit vertraglicher Abreden neben vertrauenslenkenden Aussagen ergibt sich aus deren nur begrenzter Regelungsmöglichkeit. Man kann insoweit von einer Lückenfüllungswirkung sprechen. Auch wenn Umfang und Inhalt des Testats, dessen Zweck und der Personenkreis eingegrenzt sind, kann dennoch bei den hiernach Anspruchsberechtigten ein hoher Schaden eintreten, den der Wirtschaftsprüfer verständlicherweise nicht in vollem Umfang tragen kann. Es bleibt dann im Bereich der nicht aus Vertrauen fließenden Begrenzungsansätze nur die Möglichkeit, dem Wirtschaftsprüfer den Schild einer vertraglichen Haftungsbeschränkung[775] an die Hand zu geben.

2. Wirkung gegen Dritte

Bei vertraglichen Abreden ergibt sich jedoch das Problem, daß im Fall der Dritthaftung Anleger und Wirtschaftsprüfer keinen unmittelbaren vertraglichen Kontakt pflegen, die Anspruchsgrundlage im außervertraglichen Bereich liegt und damit auch Haftungsbegrenzungsvereinbarungen auf den ersten Blick nicht möglich scheinen. Nachdem aber gleichwohl ein unabweisbares Bedürfnis nach Haftungsbeschränkung besteht[776], darf die schwierige dogmatische Begründung einer vertraglichen Beschränkung nicht Anlaß sein, einen Versuch in diese Richtung zu unterlassen. Es stellt sich also die Frage, wie eine vertragliche Verabredung Dritten gegenüber Wirkung entfaltet.

Zur Lösung bieten sich zwei Varianten: Erstens könnte man die Rechtsverhältnisse des in der Einleitung geschilderten Dreiecks der Dritthaftungskonstellationen betrachten, in denen, da ohnehin schon Vertragsverhältnisse zwischen den Beteiligten bestehen, eine vertragliche Vereinbarung ohne weiteres möglich ist. Dies sind die Verhältnisse des Mandanten zum Wirtschaftsprüfer, die durch den Prüfungsvertrag verbunden sind, und des Mandanten bzw. Anlagemodellbetreibers zum Anleger, die der Anlagevertrag verbindet. Eine Lösung ließe sich hierin finden, wenn die jeweils Beteiligten eine die Haftung begrenzende Vereinbarung treffen. So einfach und plausibel dies erscheint, so schwierig ist es bei der Umsetzung. Wegen der Relativität des Schuldrechts wirken vereinbarte Beschränkungen nur unmittelbar zwischen den sie Aushandelnden, also nur zwischen Mandant und Wirtschaftsprüfer einerseits bzw. zwischen Anleger und Anlagevertragspartner (Mandant) andererseits. Den Vereinbarungen müßte deshalb eine über die Relativität hinausreichende Wirkung beigelegt werden können.

Zweitens könnte man bei Versagen des ersten Versuchs im Verhältnis des Wirtschaftsprüfers zum Anleger eine Lösung suchen, die allerdings mit den skizzierten Konstruktionsproblemen belastet ist.

---

[775] *Ebke/Scheel*, WM 1991, 389, 395.
[776] Vgl. oben Seite 65 ff.

a) Drittwirkung vertraglicher Abreden zu Lasten des Anlegers

Zunächst seien die Rechtsverhältnisse betrachtet, aus denen sich vertragliche Vereinbarungen ergeben können, denen man in einem zweiten Schritt Drittwirkung beimessen könnte, sei es durch Auslegung der Abreden oder durch ausdrückliche Vereinbarung.

aa) Verhältnis des Mandanten/Anlagemodellbetreibers zum Anleger

Den Ausgangspunkt bildet das Anlagegeschäft, in dem letztlich der Schaden seinen Ursprung hat. Dieses Verhältnis kann aber nicht nutzbar gemacht werden. In ihm lassen sich schon oft keine haftungsmodifizierenden Äußerungen finden, die auf den Wirtschaftsprüfer erstreckt werden können. Allenfalls wird der Anlagemodellbetreiber daran interessiert sein, die Risiken, die sich für ihn aus dem Anlagegeschäft ergeben – das sind zudem oft ganz andere als den Wirtschaftsprüfer treffen –, für sich selbst auszuschließen. Welchen Anlaß sollte er auch haben, für den Wirtschaftsprüfer Beschränkungen auszuhandeln. Letztlich müßte er bei deren Undurchsetzbarkeit dem Anleger gegenüber gar gänzlich auf das Anlagegeschäft verzichten. Daß er aber den eigenen Profit dem haftungsrechtlichen Wohlergehen des Wirtschaftsprüfers unterzuordnen bereit ist, kann man nicht ernstlich annehmen. Schließlich honorierte er den Wirtschaftsprüfer für die Erstattung des Testats, das für ihn nur Mittel zum Zweck der Erreichung ertragreicher Anlagegeschäfte ist. Zudem hätte der Wirtschaftsprüfer bei dieser Konstruktion keinen Einfluß auf die Gestaltung der Haftungsbegrenzung.

bb) Verhältnis des Wirtschaftsprüfers zum Mandanten

In dem auf die Erstellung des Testats gerichteten Wirtschaftsprüfervertrag lassen sich dagegen häufig Abreden finden, mit denen der Wirtschaftsprüfer gegenüber dem Mandanten eine Haftungsbeschränkung versucht.

Frage ist in diesem Fall, ob die im Verhältnis der Parteien des Wirtschaftsprüfervertrags getroffenen Regelungen auch auf den daran unbeteiligten Anleger als Dritten ausgedehnt werden kann oder ob darin ein Vertrag zu Lasten Dritter liegt. Verträge zu Lasten Dritter sind unzulässig[777], was bereits aus der Privatautonomie folgt. Die rechtsgeschäftliche Gestaltungsmacht privatautonomer Parteien reicht nämlich nur so weit, wie sie sich selbst verpflichten oder über eigene Rechte disponieren. Die Privatautonomie schützt aber auch die Selbstbestimmung des Dritten vor Eingriffen in seine Rechtssphäre[778]. Unzulässig sind demnach nicht nur Vereinbarungen, die echte Rechtspflichten zu Lasten Dritter begründen, sondern auch solche, die Positionen Dritter verkürzen[779].

(1) Vertrag mit Schutzwirkung für Dritte

Bei der Begründung dieser Ausdehnung von Abreden auf den Anleger, scheint die Anspruchsbegründung mittels Vertrags mit Schutzwirkung für Dritter durch die Leichtigkeit, mit der sie dieses Ergebnis begründen kann, zu bestechen. Über eine analoge Anwendung des § 334 BGB können die Einwendungen des Wirtschaftsprüfers gegen seinen Vertrags-

---

[777] RGZ 111, 166, 178; BGHZ 54, 145, 147; 58, 216, 219; 61, 359, 361; 78, 369, 374; BGH NJW 1995, 3183, 3184; MüKo/*Gottwald*, § 328 BGB Rn 171; Palandt/*Heinrichs*, Einf v § 328 BGB Rn 10; *Martens*, AcP 177 (1977), 113, 139.

[778] *Räcke*, Haftung zugunsten und zu Lasten Dritter, 1995, S. 152.

[779] *Räcke*, Haftung zugunsten und zu Lasten Dritter, 1995, S. 152; *Schirmer*, FS für Reimer Schmidt, 1976, S. 821, 832.

partner auch dem Dritten entgegengehalten werden, ohne dem Vorwurf eines unzulässigen Vertrags zu Lasten Dritter ausgesetzt zu sein[780].

Ein solcher liegt nämlich nicht vor, wenn und soweit solche Rechtspositionen Dritter beeinträchtigt werden, die ihnen erst durch Vereinbarung der Parteien zuwachsen[781]. Dann wird lediglich die dem Dritten gewährte Begünstigung eingeschränkt. Dieses Ergebnis folgt auch schon aus der Konzeption des Vertrags mit Schutzwirkung für Dritte, aus der Ableitung des Schadensersatzanspruchs aus dem Hauptvertrag zwischen Wirtschaftsprüfer und Mandant. Da die vertraglichen Rechte des Anlegers ihre Rechtfertigung nur in der Vereinbarung der Hauptvertragsparteien finden, muß konsequenterweise für den Umfang seines Anspruches diese Vereinbarung maßgebend sein. Der dem Hauptvertrag entnommene Anspruch kann nicht weiter gehen, als der Hauptvertrag einen Anspruch zu tragen im Stande ist. Wurden Haftungsbegrenzungen in den Grundvertrag zwischen Wirtschaftsprüfer und Mandant einbezogen, kann der Wirtschaftsprüfer sich auch dem Dritten gegenüber darauf berufen.

In Teil 1 wurden jedoch schon ausführlich die Nachteile dieser Lösung dargestellt. Darauf sei hier noch einmal verwiesen. Zudem wird die vermeintliche Leichtigkeit des Ansatzes gerade in der Praxis wieder zerstört, indem § 334 BGB als konkludent abbedungen gilt, womit im Ergebnis die Einwendungen aus dem Verhältnis des Wirtschaftsprüfers zum Mandanten gegenüber dem Anleger abgeschnitten werden.

(2) c.i.c.-Vertrauenshaftung
Bei der hier vertretenen Haftungsbegründung über c.i.c. ist das Ergebnis dasselbe. Haftungsmodifikationen zwischen Wirtschaftsprüfer und Mandant können Anleger nicht ihrer Ansprüche berauben. Aufgrund der Relativität des Schuldrechts wirken vertragliche Abreden nur inter partes. Sollten die Parteien aber ausdrücklich oder konkludent die Abreden auch auf den Dritten bezogen haben und wollte man dies zulassen, hieße dies, einen unzulässigen Vertrag zu Lasten Dritter zu konstruieren. Denn der Anspruch aus c.i.c. ist ein originärer Anspruch des Anlegers, der ihm nicht aufgrund vertraglicher Vereinbarung der Hauptvertragsparteien zusteht, sondern kraft Gesetzes[782]. Damit ist die Begrenzung dieser Rechte keine zulässige Minderung einer Rechtsposition, die erst durch dieselbe Vereinbarung, die das Recht gewährt, wieder gemindert wird, sondern der Entzug eines originären Rechts[783]. Für den gesetzlichen Anspruch aus c.i.c. kann nichts anderes gelten, als für den deliktischen Anspruch eines am Hauptvertrag unbeteiligten Dritten, dessen Abdingung durch Freizeichnungsvereinbarungen der Parteien des Wirtschaftsprüfervertrags als unzulässiger Vertrag zu Lasten Dritter abgelehnt wird[784].

Anderes wäre nur anzunehmen, wenn der Anleger einer in diesem Verhältnis vereinbarten Haftungsbegrenzung ausdrücklich oder stillschweigend zugestimmt hätte, sei es im Voraus

---

[780] MüKo/*Gottwald*, § 328 BGB Rn 123; *Wiegand*, Die „Sachwalterhaftung" als richterliche Rechtsfortbildung, 1991, S. 392. Bedenken hat zu Unrecht auch *Weber*, NZG 1999, 1, 10.
[781] MüKo/*Gottwald*, § 328 BGB Rn 176; *Räcke*, Haftung zugunsten und zu Lasten Dritter, 1995, S. 152; *Schindhelm/Grothe*, DStR 1989, 445, 449.
[782] Vor Inkrafttreten der Schuldrechtsreform galt die Dritthaftung aus c.i.c. kraft Gewohnheitsrechts.
[783] *Räcke*, Haftungsbeschränkungen zugunsten und zu Lasten Dritter, 1995, S. 152.
[784] BGHZ 56, 269, 275; *Räcke*, Haftungsfreizeichnugen zugunsten und zu Lasten Dritter, 1995, S. 178; *Berg*, NJW 1978, 2018 f.; *Sonnenschein*, JA 1979, 225, 230; Soergel/*Hadding*, Anh. § 328 BGB Rn 22.

(§ 183 Satz 1 BGB) oder im Nachhinein (§ 184 Abs. 1 BGB). Dann läge eine erlaubte Vereinbarung zu Lasten des Dritten vor[785].

Eine Zustimmung zur zwischen den Vertragsparteien vereinbarten Haftungsbegrenzung gegenüber Dritten, mit denen eine dieser Parteien weitere Verträge abzuschließen beabsichtigt, sei – konkludent erklärt – dann anzunehmen, wenn der Dritte, der mit der Geltung einer solchen Begrenzungsvereinbarung rechnen mußte, trotzdem einen Vertrag mit dem durch die Freizeichnung Begünstigten abschließt. Das sei aus Treu und Glauben (§ 242 BGB) abzuleiten[786] und wird vor allem am Beispiel des Transportrechts und der Einschaltung von Subunternehmern diskutiert. Dort vereinbaren die Schuldner des Transport- bzw. Hauptvertrags mit den für sie tätigen Hilfspersonen Haftungsbeschränkungen, die auch gegenüber Gläubigern des Hauptvertragsschuldners gelten sollen. Weil der Gläubiger des Hauptvertrags mit solchen Vereinbarungen rechnet, stimme er deren Geltung auch für sich zu, da er keinen Vertrag gleich direkt mit dem am Hauptvertrag Beteiligten abschließen könnte, ohne dabei selbst denselben Haftungsbegrenzungen zustimmen zu müssen. Dies sei auf alle anderen Haftungsbegrenzungen in Fällen möglicher Drittberührung übertragbar.

Die Ableitung der Zustimmung daraus, daß der Dritte, würde er selbst einen Vertrag mit dem Wirtschaftsprüfer abschließen, immer auch eine solche Vereinbarung gegen sich gelten lassen müßte[787], überzeugt nicht. Die Tatsache, daß solche Beschränkungen üblicherweise bei derartigen Verträgen vereinbart werden, heißt nur, daß dies üblicherweise so ist, nicht aber in jedem Fall. Aus welchen Gründen auch immer kann der Wirtschaftsprüfer die begehrten Begrenzungen nicht durchsetzen können, sei es wegen geschickter Verhandlung des Anlegers, sei es wegen des Einflusses des Mandanten. Deshalb verbietet sich eine pauschale Bejahung einer Zustimmung. Damit gingen letztlich unlösbare Beweisprobleme einher, die den Wirtschaftsprüfer als Inanspruchgenommenen träfen, für den die Zustimmung und die Drittwirkung der Abrede eine günstige Tatsache ist. Schon wegen der Beweisschwierigkeiten ist dem Wirtschaftsprüfer nicht zu empfehlen, sich auf diese Art des Haftungsausschlusses zu verlassen.

Es findet sich aber auch keine andere Begründung für die Zustimmung. Man kann nicht annehmen, der Anleger stimme durch Abschluß des Anlagegeschäftes auch der Geltung einer zwischen Mandant und Wirtschaftsprüfer vereinbarten Begrenzung mit Wirkung für sich zu. Schwierigkeiten bereitet schon die Feststellung einer Zustimmungserklärung auf Seiten des Anlegers, wenn diese, wie regelmäßig, nicht ausdrücklich erteilt wird. Sie konkludent abzuleiten, ist ebenso unmöglich, weil sich der Anleger nicht seines eigenen Schutzes berauben möchte. Zudem hätte diese Lösung einen gewichtigen Nachteil: Man müßte akzeptieren, daß der Anleger seine Zustimmung zur Begrenzung verweigern und so uneingeschränkten Schutz erhalten könnte. Je nachdem wie gut er sich gegenüber dem Kapitalanlagemodellbetreiber durchsetzen kann, profitierte er letztlich von der Leistung des Wirtschaftsprüfers, ohne die bei einem eigenen Vertragsschluß unausweichlichen Haftungsnachteile akzeptieren zu müssen. Als Konsequenz stünde der Schutz des Wirtschaftsprüfers vor einer uneingeschränkten Haftung weithin im Belieben des Anlegers und seinen Verhandlungsgeschicken

[785] *Pack*, Haftungsausschlüsse und Haftungsbeschränkungen mit Wirkung für Dritte, 1995, S. 93, 173.
[786] *Pack*, Haftungsausschlüsse und Haftungsbeschränkungen mit Wirkung für Dritte, 1995, S. 93.
[787] Ähnliche Überlegungen stellt auch *Wiegand*, Die „Sachwalterhaftung“ als richterliche Rechtsfortbildung 1991, S. 390, an.

im Rahmen des Anlagegeschäfts. Da aber der Anlagemodellbetreiber kein Interesse hat, den Wirtschaftsprüfer vor uferloser Haftung zu schützen, ist er im Zweifel eher am Abschluß des profitablen Anlagegeschäftes interessiert als an der Durchsetzung der Freizeichnung.

Diese Art der Haftungsbeschränkungen ist deshalb im Ergebnis nicht geeignet, auch wegen der fehlenden Einflußmöglichkeit des zu schützenden Wirtschaftsprüfers.

(3) Ergebnis

Es ist festzuhalten: Parteiabreden zwischen Wirtschaftsprüfer und Mandant haben grundsätzlich keine die Haftung modifizierende bzw. ausschließende Wirkung gegenüber Anlegern, da sie unzulässige Vereinbarungen zu Lasten Dritter wären, die nicht durch Zustimmung des Anlegers beseitigt werden.

Letztlich würde die Ableitung der Begrenzung aus dem Vertrag des Wirtschaftsprüfers mit seinem Mandanten die Anspruchsgrundlage c.i.c. ihres entscheidenden Vorteils der Unabhängigkeit vom und Unabgeleitetheit aus dem Hauptvertrag berauben. Einschränkungen sollten daher nur dem Verhältnis des Wirtschaftsprüfers mit dem Anleger entnommen werden. Genau wie bei der Anspruchsbegründung ist dieses Verhältnis auch bei der Begrenzung richtiger Ansatzpunkt. Es werden letztlich in beiden Fällen nur Tatsachen und Vorgänge aus diesem Verhältnis relevant.

b) Freistellungsanspruch

Aus dem Verhältnis des Wirtschaftsprüfers zum Mandanten ließen sich für den Wirtschaftsprüfer günstige Gestaltungen nur im Wege von Freistellungsvereinbarungen erreichen. Diese sind als Ausfluß privatautonomer Gestaltungsfreiheit ohne weiteres zulässig. Sie beinhalten nur eine eigene Verpflichtung des Mandanten, also eine Belastung eines am Vertragsverhältnis Beteiligten ohne Beschneidung von Rechten Dritter. Ein Freistellungsanspruch betrifft nur das Innenverhältnis zwischen Wirtschaftsprüfer und Mandant und ändert nichts am Bestehen des Anlegeranspruchs. Er regelt, wer im Haftungsfall letztlich dem Dritten gegenüber zu zahlen hat.

Doch ist die Freistellungslösung nur begrenzt tauglich. Der Schutz des Wirtschaftsprüfers vor persönlicher Inanspruchnahme nur mit Hilfe eines Freistellungsanspruchs ist deutlich ungünstiger als eine Enthaftung mit Drittwirkung gegenüber dem Anleger.

Dieser Befund gilt, obwohl bei wirtschaftlicher Betrachtung die Ergebnisse dieselben sind, weil auch bei Freistellung letztlich der Wirtschaftsprüfer nicht selbst zahlen muß; belastet ist am Ende der Mandant, den die Zahlungsverpflichtung über den Freistellungsanspruch trifft. Dies trifft so nämlich nur vordergründig zu. Gleiche Ergebnisse erreicht man nur im Normalfall, wenn der Mandant über genügend finanzielle Mittel zur Freistellung verfügt. Sollte er dagegen als Freistellungsverpflichteter in Insolvenz fallen, ist eine Freistellung durch ihn zwar weiterhin durch Urteil erstreitbar, ein solches Erkenntnis ist jedoch praktisch wertlos. Der Mandant kann den Wirtschaftsprüfer wegen seines wirtschaftlichen Todes nicht mehr durch eigenes Einspringen vor persönlicher Inanspruchnahme retten. Oft ist aber gerade die Insolvenz des Mandanten der einzige, zumindest aber der tragende Grund, weshalb auf den

Wirtschaftsprüfer zugegriffen wird. Die mögliche Insolvenz des Mandaten ist ein Unsicherheitsfaktor, der diese Form der Begrenzungsabreden als deutlich ungünstiger erscheinen läßt. Zwar bedeutet sie für den Wirtschaftsprüfer im Zeitpunkt der Vereinbarung keine aktuell spürbare, jedoch eine latente Bedrohung, die mit all ihren negativen Folgen erst in der wirtschaftlichen Krise des Mandanten und im Haftungsfall akut wird.

3. Vereinbarungen zwischen Wirtschaftsprüfer und Anleger

Im folgenden soll nach einer Begrenzungsmöglichkeit im Verhältnis Wirtschaftsprüfer und geschädigter Anleger geforscht werden.

Damit ergibt sich die schon angesprochene Problematik, daß zwischen Wirtschaftsprüfer und Anleger keine vertraglichen Beziehungen bestehen. Oft besteht zwischen ihnen nicht einmal ein sonstiger Kontakt, weil das Testat durch den Mandanten weitergeleitet wird. Eine Lösung auch hier mittels einseitiger vertrauenslenkender Aussagen kann nicht erfolgen. Sie haben nur den oben dargestellten Anwendungsbereich.

Man muß also eine den Anforderungen der Rechtsgeschäftslehre entsprechende Gestaltung im Verhältnis Wirtschaftsprüfer und Anleger konstruieren. Denn der Rechtsnatur nach handelt es sich bei Haftungsbegrenzungen um Enthaftungsverträge, nach denen im Umfang der vereinbarten Freizeichnung ein Anspruch des Geschädigten von vornherein nicht zur Entstehung gelangt[788]. Ein Vertrag kann aber nur zweiseitig geschlossen werden.

a) Möglichkeit einer vertraglichen Vereinbarung

aa) Ablehnung einer vertraglichen Lösung
Teilweise wird eine vertraglich vereinbarte Haftungsbegrenzung im Bereich der Dritthaftung gänzlich abgelehnt.

Dagegen wird eingewandt[789], daß die Anspruchsbegründung ihre Wurzeln im außervertraglichen Bereich der c.i.c. habe, die gerade durch das Fehlen rechtsgeschäftlicher Beziehungen zwischen Schädiger und Geschädigtem geprägt sei. Bei einer nur vertragsähnlichen, nicht auf Willenserklärungen begründeten Haftung erschiene es gekünstelt, die Haftungsbegrenzung auf vertragliche Grundlage zu stellen[790], da die vertragliche Haftungsbegrenzung ebenso fiktiv sei wie die vertragliche Haftungsbegründung.

bb) Fehlende Berechtigung
Dem kann jedoch nicht gefolgt werden. Die Gegenansicht besagt zwar, daß eine Einbezie-

[788] BGHZ 12, 213, 215; *Gerhard*, JZ 1970, 535, 537; *Pack*, Haftungsausschlüsse und Haftungsbeschränkungen mit Wirkung für Dritte, 1995, S. 28. Die anderen Ansichten, die von einem pactum de non petendo, einem antizipierten Erlaß, einem Verpflichtungsausschluß oder einer Einwilligung ausgehen, können nicht überzeugen, da sie nicht dem Parteiwillen entsprechen.
[789] *Hopt*, WPg 1986, 498, 505; *ders.*, FS für Pleyer, 1986, S. 341, 367 f.; *Wiegand*, Die „Sachwalterhaftung" als richterliche Rechtsfortbildung, 1991, S. 389; *Ebke/Scheel*, WM 1991, 389, 394; *Henssler*, NJW 1993, 2137, 2143; *ders.*, JZ 1994, 178, 186; *Bosch*, ZHR 163 (1999), 274, 284.
[790] *Bosch*, ZHR 163 (1999), 274, 284.

hung eines Haftungsausschlusses in eine Sonderverbindungshaftung nur auf nichtvertraglicher Basis beruhen kann[791], bietet aber entweder keine[792], nur unbrauchbare[793] oder unzureichende[794] Alternativen an und führt damit in der Sache nicht weiter.

Es ist keinesfalls gekünstelt, auch im Drittverhältnis eine vertragliche Begrenzung vorzunehmen. Denn die Haftungsbegründung ist ganz deutlich von der Haftungsbegrenzung zu trennen. Sie ist ein zweiter, unabhängiger Teil neben ihr. Die Haftungsbegrenzung durch vertragliche Absprachen wird ebenfalls als Vertrag, als Enthaftungsvertrag, angesehen. Sie erfolgt zwar u. U. in derselben Urkunde, in der im Bereich vertraglicher Haftung der Primäranspruch begründet wird, ist aber doch eine selbständige Vereinbarung gegenüber dem Hauptvertrag. Wenn aber auch im Bereich eines vertraglichen Anspruchs zwei Verträge vorliegen, der anspruchsbegründende Haupt- und der Enthaftungsvertrag, müssen die beiden Verträge voneinander unabhängig sein, unabhängig im Sinne von selbständig in der Begründung, daß der eine ohne den anderen abschließbar ist, abhängig aber sehr wohl in dem Sinne, daß der eine den anderen modifiziert.

Dasselbe muß bei der außervertraglichen Haftungsbegründung gelten. Auch hier muß die nicht vertragliche Haftungsbegründung von einer vertraglichen Haftungsbegrenzung getrennt werden. Dabei kann das eine auf Vertrag beruhen, das andere nicht. Es handelt sich um zwei völlig unterschiedliche Teile: Die Haftungsbegründung und deren Modifizierung. Begrenzungsabreden sind nichts anderes als vertragliche Modifikationen eines gesetzlich begründeten Anspruchs[795].

Eine vertragliche Begrenzung außervertraglicher Haftung aus gesetzlichen Schuldverhältnissen ist durchaus nicht ungewöhnlich[796]. Auch das Deliktsrecht, unstreitig eine außervertragliche, gesetzliche Anspruchsgrundlage, steht zur vertraglichen Disposition[797]. So muß auch die ebenfalls außervertragliche c.i.c.-Haftung vertraglich modifizierbar sein[798]. Ebenso wie die Haftungsbegründung neben im Gesetz vorgesehenen Anspruchsgrundlagen vertraglich vereinbart werden kann, ist die Haftungsmodifizierung sowohl auf vertraglicher als auf gesetzlicher Grundlage möglich. Dabei kann das Gesetz durch den Vertrag modifiziert werden, genauso wie der Vertrag zwingende gesetzliche Vorgaben zu beachten hat.

---

791 *Wiegand*, Die „Sachwalterhaftung" als richterliche Rechtsfortbildung, 1991, S. 389.

792 *Ebke/Scheel*, WM 1991, 389 ff.; *Henssler*, NJW 1993, 2137, 2143; *ders.*, JZ 1994, 178, 186, der nur die Unzulänglichkeit des Gesellschaftsrechts beklagt.

793 *Wiegand*, Die „Sachwalterhaftung" als richterliche Rechtsfortbildung, 1991, S. 389 ff. Die Untauglichkeit des Anknüpfens an die Rechtsverhältnisse, in denen vertragliche Beziehungen bestehen, wurde bereits dargestellt.

794 *Hopt*, WPg 1986, 498, 505; *ders.*, FS für Pleyer, 1986, S. 341, 368 f. Die genannten Ansätze werden auch in dieser Arbeit vertreten. Doch genügen sie allein nicht, um dem Begrenzungsbedürfnis der Haftung des Wirtschaftsprüfers gerecht zu werden.

795 *Schneider*, ZHR 163 (1999), 246, 269.

796 *Larenz*, Schuldrecht AT I, § 31 III, S. 505 f.

797 RGZ 88, 433, 436; 117, 102, 104; BGHZ 9, 301, 306; 17, 214, 217; *Köndgen*, AG 1983, 120, 131; *Pack*, Haftungsausschlüsse und Haftungsbeschränkungen mit Wirkung für Dritte, 1995, S. 69; Palandt/*Thomas*, Einf v § 823 BGB Rn 8 ff.; *Staudinger*/Löwisch, § 276 BGB Rn 71; Staudinger/*Schäfer*, Vorbem zu §§ 823 ff. BGB Rn 60. Das folgt aus den Normen der §§ 49 LuftVG, 8a Abs. 2 StVG, 7 HaftPflG, 23 PersBefG, die Beschränkungen ausdrücklich für unzulässig erklären. Diese Ausnahmenormen zeigen, daß im übrigen Dispositivität besteht; andernfalls wären sie nicht nötig.

798 KG NJW 1981, 2822; MüKo/*Emmerich*, Vor § 275 BGB Rn 202; Palandt/*Heinrichs*, § 276 BGB Rn 70.

b) Konstruktionsmöglichkeiten

Die Vereinbarung muß den Regeln der Rechtsgeschäftslehre folgen, die für das Zustandekommen eines (Enthaftungs-)Vertrags zwei sich entsprechende Willenserklärungen fordert, Angebot und Annahme.

aa) Angebot

Der Wirtschaftsprüfer hat den Begrenzungswunsch im Testat mit hinreichender Bestimmtheit zum Ausdruck zu bringen, am besten durch Aufnahme einer entsprechenden Klausel ins Testat[799], daß z. B. nur bis zu einer bestimmten Höhe oder nur für grobes Verschulden gehaftet wird. In dieser einseitigen Verlautbarung liegt dann das, was auch bei Verträgen einseitig möglich ist, die auf Abschluß des Enthaftungsvertrags gerichtete Willenserklärung des Angebots (§ 145 BGB)[800]. Deren Zugang erfolgt durch Weitergabe des Testats an den Anleger, die auch durch den Mandanten geschehen kann, und durch Gelangen in den Machtbereich des Anlegers (§ 130 Abs. 1 BGB).

bb) Annahme

Problematischer als das insoweit eindeutige Angebot ist die dazu korrespondierende Annahme. Ausdrücklich wird sie nur in den seltensten Fällen dem Wirtschaftsprüfer gegenüber erklärt, so daß nur die Möglichkeit einer Ableitung aus dem Verhalten des Anlegers bleibt.

(1) Ausdrücklich

Um die Schwierigkeiten der Feststellung konkludenter Willenserklärungen zu vermeiden, wird zum Teil[801] eine ausdrückliche Erklärung des Anlegers gefordert. Da zu ihm keine unmittelbaren Kontakte bestehen, soll dies dadurch geschehen, daß die Weitergabe des Testats an Dritte nur mit Zustimmung des Wirtschaftsprüfers erfolgen dürfe, die davon abhängig gemacht wird, daß der Dritte sein Einverständnis mit der Beschränkung schriftlich auf einem beigefügten Revers bestätigt und dem Wirtschaftsprüfer zuleitet, während der mit der Begrenzung unzufriedene Anleger mit dem Wirtschaftsprüfer in nähere Verhandlungen treten kann.

Dieser Weg ist jedoch wenig handhabbar, da er von zu vielen Zwischenschritten abhängig ist und zu einer Verkomplizierung des Rechtsverkehrs mit Testaten führt, was weder im Interesse der Mandantschaft noch in dem des Rechtsverkehrs ist.

Problematisch sind zudem die Fälle, in denen der Anleger das Einverständnis verweigert oder der Mandant das Testat an den Dritten weitergibt, obwohl der Wirtschaftsprüfer nicht zustimmte. In solchen Fällen macht sich der Mandant dem Wirtschaftsprüfer gegenüber zwar schadensersatzpflichtig, doch verhindert dies keine Dritthaftung[802]: Der Mandant gab das Testat bereits weiter, der Anleger nahm Einsicht darin und konnte es ohne weiteres seiner Disposition zugrunde legen. Er gewährte sein Vertrauen und ist somit nach c.i.c.-Regeln anspruchsberechtigt.

---

[799] Die Klausel sollte in den einleitenden Bemerkungen zum Testat im Zusammenhang mit den an die Anleger gerichteten einseitigen Vertrauenslenkungen stehen (vgl. dazu oben Seite 124 ff.).

[800] So auch *Canaris*, ZHR 163 (1999), 206, 231; *Schneider*, ZHR 163 (1999), 246, 269.

[801] *Müller*, FS für Forster, 1992, S. 451, 468.

[802] Zu den Folgen der Nichtbeachtung der Zustimmung siehe genauer unten Seite 168 ff.

(2) Konkludent
Die Annahmeerklärung des Anlegers wird dagegen weitgehend im einwandslosen Zugrundelegen des Testats für die Vermögensdisposition gesehen[803]. Dabei ist der Zugang der Annahmeerklärung beim Wirtschaftsprüfer wegen dessen Verzichts gem. § 151 Satz 1 BGB entbehrlich. Es fragt sich aber, wie man die Annahmeerklärung, die trotz § 151 Satz 1 BGB weiterhin nötig ist, begründen kann.

Schneider[804] begründet sie mit § 242 BGB. Es wäre ein treuwidriges venire contra factum proprium, würde der Anleger ohne Einwände gegen den klar im Testat zum Ausdruck gebrachten Begrenzungswunsch des Wirtschaftsprüfers seine Vermögensdisposition treffen und später im Haftungsfall auf eine Unbegrenztheit der Haftung bestehen.

Canaris[805] begründet die Annahme anders: Er sieht in der Aufnahme des Begrenzungswunsches ins Testat zusätzlich zum Angebot die Statuierung einer Voraussetzung dafür, daß der Dritte seiner Entscheidung die Expertise überhaupt zugrunde legen darf. Er kombiniert das Angebot praktisch mit einer vertrauenslenkenden Aussage[806] in die Richtung, daß der Nichtzustimmende nicht zum geschützten Personenkreis gehört, also nicht vertrauen darf. Vor diesem Hintergrund habe der Anleger keine andere Wahl, als sich auf das Angebot einzulassen. Dann sei es auch nicht gekünstelt, ein konkludentes Einverständnis mit der Haftungsbegrenzung anzunehmen.

Somit kann dem Verhalten des Wirtschaftsprüfers nach dem für die Auslegung eines Verhaltens maßgeblichen objektiven Empfängerhorizont (§§ 133, 157 BGB) jedenfalls ein entsprechender Erklärungswert zugemessen werden, liegt in der Verwendung des Testats nicht nur ein Schweigen, das grundsätzlich keine Willenserklärung darstellt[807], sondern eine rechtlich erhebliche Erklärung. Der Anleger schweigt nicht nur, er tut ein Mehr, er erklärt sein Einverständnis mit der Begrenzung, indem er das Testat der Vermögensdisposition zugrunde legt. Dies erhärtet ein Vergleich mit der Rechtslage bei Zusendung unbestellter Waren. Auch dort ist die bloße schweigende Entgegennahme der Ware nicht als zum Vertragsschluß führende Annahmeerklärung anzusehen (§ 241a Abs. 1 BGB), sehr wohl aber das Mehr des Verfügens über die Ware[808].

c) Protest gegen beschränkenden Zusatz

Schwierig wird die Begründung der konkludenten Annahmeerklärung, wenn der Anleger gegen die Beschränkung interveniert, sei es gegenüber dem Wirtschaftsprüfer selbst, sei es gegenüber dem Mandanten oder sei es, daß er den Begrenzungszusatz aus der Expertise herausstreicht.

---

[803] *Adolff*, Die zivilrechtliche Verantwortlichkeit deutscher Rechtsanwälte bei der Abgabe von Third Party Legal Opinions, 1997, S. 202; *Canaris*, ZHR 163 (1999), 206, 231; *Schneider*, ZHR 163 (1999), 246, 269.
[804] *Schneider*, ZHR 163 (1999), 246, 269.
[805] *Canaris*, ZHR 163 (1999), 206, 231.
[806] Canaris selbst sagt dies so jedoch nicht ausdrücklich.
[807] Palandt/*Heinrichs*, Einf v § 116 BGB Rn 7.
[808] Nach der neuen Rechtslage wird man jedoch nur selten einen Annahmewillen bejahen können, wenn der Verbraucher die Ware wegen § 241a Abs. 1 BGB auch kostenlos behalten und für sich nutzen darf.

aa) Geheimer Vorbehalt
Erfolgt der Protest nur insgeheim, ist er schon gem. § 116 Satz 1 BGB unbeachtlich und der Enthaftungsvertrag zustande gekommen.

bb) Ausdrücklicher Protest
Bei einem ausdrücklichen Protest dagegen wird es diffiziler.

(1) Bisherige Ansätze
Canaris behandelt diesen Fall genau wie bei widerspruchsloser Hinnahme. Durch die Verknüpfung des Angebots mit einer vertrauenslenkenden Aussage hat ein Anleger, der sich auf das Testat verlassen will, keine andere Wahl als anzunehmen, da er bei etwaiger ausdrücklicher Ablehnung der Begrenzung ohne weiteres aus dem Schutzbereich der Vertrauenshaftung fällt.

Schneider beschränkt sich auf die einwandlose Testatverwendung.

(2) Eigener Ansatz
Zu lösen sind diese Fälle mit Hilfe der protestatio facto contraria[809].

Sie führt zur Unbeachtlichkeit eines ausdrücklich erklärten Vorbehalts. Es gilt die objektive Erklärungsbedeutung des Verhaltens – die auf jeden Fall vorausgesetzt ist[810] –, wenn der Vorbehalt im Widerspruch zum Verhalten des Erklärenden steht[811].

Das bedeutet hier, daß der Anleger die Verwahrung zwar erklärte, sie aber unbeachtlich ist, wenn er gleichwohl das Testat seiner Vermögensdisposition zugrunde legt. Dies hat nach oben Gesagtem den nötigen objektiven Erklärungsgehalt einer Annahme. Der Enthaftungsvertrag kommt mit dem vom Wirtschaftsprüfer angebotenen Inhalt zustande.

Die protestatio-Regel ist der Kritik einer beachtlichen Mindermeinung[812] ausgesetzt.

Die Privatautonomie in ihrer negativen Ausprägung des Freiseins von Kontrahierungszwängen und der Entscheidung, keine Verträge abschließen zu wollen, sei dadurch gefährdet. Außerdem biete das Schuldrecht im außervertraglichen Bereich in §§ 987 ff., §§ 812 ff. und §§ 823 ff. BGB genügend Schutz und führte zu befriedigenden Lösungen. Die protestatio-Regel sei deshalb nicht anzuerkennen. Außerdem könne man dem Verhalten des Protestierenden bei einer ausdrücklichen Verwahrung gegen den Vertrag schon nicht den Erklärungswert einer Annahme zuerkennen, so daß auch wegen dieser fehlenden Voraussetzung ihre

[809] § 150 Abs. 2 BGB hilft nicht. Zwar liegt in der Ablehnung durch den Anleger gem. § 150 Abs. 2 BGB eine Ablehnung des Angebots und ein neues Angebot auf Abschluß ohne Begrenzung. Doch fehlt dann ein Verhalten des Wirtschaftsprüfers, das als Annahme deutbar wäre. § 151 Satz 1 BGB ersetzt nur den Zugang der Annahme, nicht aber die Erklärung. Es käme somit kein Vertrag zustande, was eine unbegrenzte Haftung zur Folge hat und für den Wirtschaftsprüfer nicht erstrebenswert ist.

[810] BGH NJW 1991, 564; Palandt/*Heinrichs*, Einf v § 145 BGB Rn 27.

[811] BGH NJW 1965, 387, 388; BGHZ 95, 393, 399; *Brox*, Schuldrecht AT Rn 50; Erman/*Hefermehl*, Vor § 145 BGB Rn 34; Palandt/*Heinrichs*, Einf v § 145 BGB Rn 27; RGRK/*Piper*, Vor § 145 BGB Rn 39; Soergel/*Wolf*, Vor § 145 BGB Rn 116 ff.; Soergel/*Hefermehl*, Vor § 116 BGB Rn 39.

[812] Jauernig/*Jauernig*, Vor § 145 BGB Rn 20; *Köhler*, JZ 1981, 464 ff.; MüKo/*Kramer*, Einl. § 241 BGB Rn 65.

Anwendung scheitern müsse[813]. Die Verwendung des Testats kann nämlich zwar Indiz für einen anders nicht feststellbaren Willen des Anlegers sein, eines Indizes bedarf es aber bei ausdrücklich erklärtem Willen nicht.

Diese Kritik kann man allgemein, vor allem aber bei der Wirtschaftsprüferdritthaftung, nicht gelten lassen. Die genannten außervertraglichen Regeln bieten zwar Schutz, doch nur für den Leistungserbringer, wenn es um primäre Leistungspflichten geht, gegen die sich der Erklärende durch seinen Vorbehalt verwahren will. Allein diese Fälle wurden bisher mit der Figur der protestatio facto contraria gelöst. Nicht aber kann das Deliktsrecht, das Bereicherungsrecht oder das Recht des Eigentümer-Besitzer-Verhältnisses im Bereich des Enthaftungsvertrags helfen, bei dem nicht Leistungspflichten, sondern ein Nichteinstehenmüssen (Nichtleistungspflichten) durch Vertrag begründet wird[814]. Würde man der Mindermeinung hier folgen, ergäben sich für den Wirtschaftsprüfer unlösbare Probleme. Jeder Anleger könnte sich auf das Testat verlassen und ganz einfach einer begrenzten Haftung entgehen. Dem Widerspruch gegen den legitimen Wunsch nach kanalisierter Haftung wäre Tür und Tor geöffnet.

Auch der andere Einwand der Kritiker, nur sie verhülfen der Privatautonomie zum Zuge, überzeugt nicht. Nach der hier vertretenen Lösung hat der Anleger die Freiheit, den Enthaftungsvertrag abzuschließen und das Testat zu benutzen oder es bleiben zu lassen. Mehr als diese Entscheidungsalternativen erfordert die Vertragsfreiheit nicht, insbesondere muß der Anleger nicht die Möglichkeit bekommen, das Testat zu verwenden, ohne dem Enthaftungsvertrag zuzustimmen[815]. Letztlich wird die protestatio-Regel aber auch als Einschränkung der Privatautonomie verstanden, die das Recht nimmt, unter gewissen Umständen, einseitig die Folgen seines Handelns zu bestimmen[816].

Der weitere Einwand, der Protest hindere die Auslegung der Testatverwendung als Annahme und sei nur unbeachtliches Indiz dafür, überzeugt ebenfalls nicht[817]. Bei der Suche nach konkludenten Erklärungen sind Verhaltensweisen einer Partei nicht nur Indizien, sondern tatsächliche Erklärungen durch schlüssiges Verhalten, die gleichberechtigt neben ausdrücklichen Erklärungen abgegeben werden können[818]. Solche werden aber nicht durch anderweitige ausdrückliche Erklärungen bedeutungslos. Vielmehr liegt eine zwar einheitliche, aber in sich widersprüchliche Willenserklärung vor, die gleichzeitig Abschluß und Nichtabschluß des Enthaftungsvertrags zum Inhalt hat. Die Ermittlung des wahren Sinngehalts bei solcher Widersprüchlichkeit ist Sache der an Treu und Glauben orientierten und die Verkehrssitte beachtenden Auslegung[819]. Es wäre aber ein gegen Treu und Glauben verstoßendes, widersprüchliches Verhalten, würde der Anleger, entgegen dem klar im Testat zum Ausdruck gebrachten Begrenzungswunsch, auf das Testat vertrauend, seine Vermögensdisposition treffen und dennoch auf eine Unbegrenztheit der Haftung bestehen. Beachtet man dies bei der Aus-

---

[813] *Teichmann*, FS für Michaelis, 1970, S. 294 ff.; *Köhler*, JZ 1981, 464, 465; *Medicus*, Bürgerliches Recht Rn 191.

[814] Zur Unzulänglichkeit der allgemeinen Regeln auch im Bereich der Leistungspflichten vgl. *Weth*, JuS 1998, 795, 796.

[815] In Anlehnung an *Weth*, JuS 1998, 795, 796.

[816] *Medicus*, Bürgerliches Recht Rn 191.

[817] *Weth*, JuS 1998, 795, 796.

[818] Soergel/*Hefermehl*, Vor § 116 BGB Rn 31; *Weth*, JuS 1998, 795, 796.

[819] Auch widersprüchliche Erklärungen sind der Auslegung zugänglich: MüKo/*Mayer-Mali/Busche*, § 133 BGB Rn 45; Palandt/*Heinrichs*, § 133 BGB Rn 6.

legung, kann man nur zum Schluß kommen, die Verwendung des Testats sei eine Annahmeerklärung, auch wenn sie durch eine zusätzliche protestierende Aussage widersprüchlich erklärt wurde.

(3) Vorzüge der eigenen Lösung

Auch gegenüber der von Canaris vertretenen Lösung mit Kombination von Vertragsangebot und vertrauenslenkender Aussage, hat die hier gegebene Begründung Vorzüge.

Zwar ist der Weg von Canaris verlockend, kombiniert er doch beide Ansätze der privatautonomen Begrenzung und kommt ohne die umstrittene protestatio-Regel aus.

Doch wird damit genau das zugelassen, was oben als unzulässig herausgearbeitet wurde, ein gänzlicher Ausschluß des Vertrauens auf das Testat auf einseitige Weise. Der Anleger hat keine andere Wahl als zuzustimmen, andernfalls wäre er nicht nur teilweise (z. B. gegen leichte Fahrlässigkeit), sondern gänzlich gegen ein fehlerhaftes Testat ungeschützt. Wegen der fehlenden Wahl ist dieser Lösung die Schaffung eines unzulässigen Kontrahierungszwangs zum Vorwurf zu machen, der den hier vertretenen Ansatz nicht trifft. Faktisch will der Anleger nicht gänzlich auf seinen Schutz verzichten und wird deshalb der Begrenzung zustimmen müssen.

Zudem vertritt Canaris unter Vernachlässigung des Anlegerschutzes zu stark und allein die Interessen des Wirtschaftsprüfers. Im Falle eines Widerspruchs des Anlegers gegen vom Wirtschaftsprüfer verlautbarte Begrenzungswünsche ist der Anleger gemäß der mitenthaltenen vertrauenslenkenden Aussage vom Vertrauen aufs Testat ausgeschlossen und hat keinen Anspruch gegen den Wirtschaftsprüfer und zwar auch, wenn dem Wirtschaftsprüfer eindeutig eine Pflichtverletzung zur Last fällt und auch, wenn der Anleger eindeutig zum geschützten Adressatenkreis gehört. Resultat ist ein Alles-Oder-Nichts-Prinzip, das nicht nur hier als unbillig betrachtet wird[820].

Die hier vertretene Lösung ist von diesen Vorwürfen frei. Ihre Konsequenz im Falle einer Verwahrung des Anlegers ist die Unbeachtlichkeit des Protestes. Es kommt dennoch ein Enthaftungsvertrag zustande, wenn der Anleger das Testat verwendet, so daß ihm sein Anspruch aus c.i.c erhalten bleibt und nur im Sinne des Wirtschaftsprüfers begrenzt ist. Ohne Zweifel ist dieses Ergebnis anlegerfreundlicher, da der Anleger auch im Falle des Protests nie völlig rechtlos ist. Seine gegen die Begrenzung bestehenden Einwände kann er im Haftungsprozeß gegen den Wirtschaftsprüfer dem Gericht vortragen, damit es sie im Rahmen der Inhaltskontrolle der Begrenzungsabrede berücksichtigen kann. Der Anleger hat also stets einen Anspruch nur in begrenzter Höhe und die Freiheit, auf das Testat zu vertrauen und dabei die Einschränkung hinzunehmen. Er hat aber auch die Wahl, nicht auf das Testat zu vertrauen und ohne Anspruch zu sein. Ferner kann er versuchen, mit dem Wirtschaftsprüfer in Kontakt zu treten, um andere Begrenzungen auszuhandeln. Nie aber kommt er ohne seinen Willen in die Verlegenheit, gänzlich ohne, auch ohne gekürzten Schadensersatzanspruch zu sein.

Canaris widerspricht auch dem eigentlichen Willen des Wirtschaftsprüfers, der durch die Klausel im Testat eine Bereitschaft zur Haftung in begrenztem Umfang anzeigt. Der vertrau-

---

[820] Auch im Falle des beiderseitigen Motivirrtums führt die Anwendung des § 119 Abs. 2 BGB wegen § 142 Abs. 1 BGB zum Alles-oder-Nichts und wird deshalb abgelehnt (Palandt/*Heinrichs*, § 242 Rn 149).

enslenkende Zusatz sollte nach seinem Willen nur die Zustimmung des Anlegers zu den Begrenzungen sicherstellen, nicht aber eine Haftung komplett vermeiden. Würde er jeder Haftung entledigt, schützte man ihn stärker, als er selbst wollte.

Die hier vertretene Ansicht schützt also sowohl Anleger- als auch Wirtschaftsprüferinteressen je in dem Maße, in dem sie schutzwürdig sind und führt so zu einer gerechten Risikoverteilung.

Dem Wirtschaftsprüfer zu empfehlen, bis zur Klärung der Anerkennung der Vertragskonstruktion durch die Rechtsprechung das schriftliche Einverständnis des Anlegers zu erbitten[821], indem er, mangels unmittelbaren Kontakts zu den Anlegern, die Weitergabe an Dritte von seiner Zustimmung und diese vom Erhalt der Einverständniserklärung des Anlegers abhängig macht, ist bei Verstoß gegen seine beiden Vorbehalte eine umständliche und unbehelfliche Möglichkeit. Zudem verhindert es eine höchstrichterliche Klärung, wenn sich kein Wirtschaftsprüfer wagt, diese Konstruktion, die in ihrer dogmatischen Begründung überzeugend genug ist, zu vertreten.

d) Einhaltung der Anforderunges des § 305 Abs. 2 BGB

Da die Begrenzung nicht nur aufgrund individuell ausgehandelter Bedingungen, sondern viel häufiger, schon aus Gründen der Vereinfachung, in vorformulierten Klauseln geschieht, muß man die Anwendung der §§ 305 ff. BGB bedenken. Eine klauselartige Freizeichnung wird aber nicht nur wegen der Einfachheit gewählt, sondern auch weil die Testiertätigkeit des Wirtschaftsprüfers oft mit Drittwirkung verbunden ist und deshalb beinahe jedes Testat Begrenzungszusätze beigefügt bekommt. Da aber schon die drei- bis fünfmalige Verwendung[822] derselben Klausel bzw. die erstmalige, wenn weitere geplant sind[823], oder im Falle des § 310 Abs. 3 Nr. 2 BGB[824] auch ohne diese Einschränkung, ausreicht, um von allgemeinen, für eine Vielzahl von Fällen vorformulierten Bedingungen zu sprechen, muß der Wirtschaftsprüfer immer mit der Anwendung der §§ 305 ff. BGB rechnen.

aa) Anwendbarkeit der §§ 305 ff. BGB

Die Anwendbarkeit der §§ 305 ff. BGB ist nicht so eindeutig, wie bisher erachtet. Es wird im Rahmen der Inhaltskontrolle stets auf die Klauselverbote der §§ 307 ff. BGB verwiesen[825], ohne sich darüber auszulassen, ob die vorformulierten Angebote auf den Abschluß eines Enthaftungsvertrags überhaupt AGB im Sinne von § 305 Abs. 1 Satz 1 BGB[826] sind.

Nach dieser Legaldefinition sind AGB alle für eine Vielzahl von Verträgen vorformulierten Vertragsbedingungen, die eine Vertragspartei der anderen Vertragspartei bei Abschluß eines Vertrags stellt.

---

821 *Bosch*, ZHR 163 (1999), 274, 284, geht davon aus, daß ein Experte sich in aller Regel nicht auf diese These vom stillschweigenden Vertragsabschluß verlassen wird.
822 BGH NJW 1981, 2344; Palandt/*Heinrichs*, § 1 AGBG Rn 6.
823 *Ulmer/Brandner/Hensen*, § 1 AGBG Rn 24; Palandt/*Heinrichs*, § 1 AGBG Rn 6.
824 § 310 Abs. 3 Nr. 2 BGB entspricht dem früheren § 24a Nr. 2 AGBG.
825 *Canaris*, ZHR 163 (1999), 206, 232; *Baumbach/Hopt*, § 347 HGB Rn 38a noch zum alten AGBG.
826 § 305 Abs. 1 Satz 1 BGB entspricht dem früheren § 1 Abs. 1 Satz 1 AGBG.

Aus der dortigen mehrmaligen Erwähnung der Worte „Vertrag“ oder „Vertragspartei“ ergibt sich das Bedenken: Zwischen Wirtschaftsprüfer und Drittem besteht gerade keine vertragliche Beziehung[827].

Daraus sogleich die Unanwendbarkeit der §§ 305 ff. BGB schließen zu wollen, wäre voreilig. Deren klassischer Schutzzweck, zu verhindern, daß der Verwender allein die Vertragsgestaltungsfreiheit für sich in Anspruch nimmt und deshalb den anderen Teil unangemessen benachteiligt[828], gilt auch hier. Der Schutz des Schwächeren gebietet es, dem Anleger, der sich beim Vertrauen auf ein Testat vorformulierten Enthaftungsklauseln gegenüber sieht, schützend zur Seite zu stehen. Auch hier ist der Wirtschaftsprüfer durch einseitige Vorgabe der Enthaftungsklauseln in der stärkeren Position. Die Überlegenheit übt er zwar nicht im Rahmen eines Vertragsschlusses aus, aber im Rahmen einer auf Vertrauen begründeten Sonderbeziehung, auf die die c.i.c. aufbaut. Er will durch einseitig gestellte Klauseln zwar nicht den Inhalt eines Vertrags möglichst zu seinen Gunsten gestalten, aber den Inhalt einer außer- oder quasivertraglichen Sonderbeziehung, die der Grund ist, weshalb auch im vor- bzw. außervertraglichen Bereich eine gesetzliche Haftung Vertragsregeln folgt. Sie bildet den Gleichstellungsgrund mit dem Vertrag, der nur eine bestimmte Art einer Sonderbeziehung zwischen Parteien ist. Die vertrauensrechtliche Sonderbeziehung tritt an Stelle des Vertrags im Sinne des § 305 Abs. 1 Satz 1 BGB, so daß die Normen nur anders zu lesen sind. Man sollte aus Gründen des Schwächerenschutzes keinen Unterschied machen, ob die Sonderverbindung auf Vertrag oder besonderem Vertrauen beruht. Dies rechtfertigt eine Analogie.

Im weiteren wird aus Gründen der Einfachheit auf die Bezeichnung mit analog verzichtet. Auch wird weiterhin von AGB gesprochen, wenn klauselartig vorformulierte Begrenzungsangebote untersucht werden. Der Begriff AGB fordert, im Gegensatz zu Allgemeinen Auftragsbedingungen (AAB), vom Wortlaut her keinen Bezug zu einem Vertrag, sondern läßt eine Geschäftsbeziehung ausreichen, die ohne weiteres auch in der vertrauensbedingten Sonderbeziehung gesehen werden kann.

bb) Einbeziehungsvoraussetzungen des § 305 Abs. 2 BGB

Aus der Anwendbarkeit der §§ 305 ff. BGB ergeben sich Konsequenzen nicht nur bezüglich des zulässigen Inhalts der Vereinbarungen[829], sondern auch für die Frage der Einbeziehung. Diese hat im Verhältnis des Wirtschaftsprüfers zum Anleger zu erfolgen. Das bedeutet, daß die in Nr. 9 Abs. 2 Satz 1 2. Halbsatz der Allgemeinen Auftragsbedingungen der Wirtschaftsprüfer, die sie gegenüber ihren Mandanten verwenden, festgesetzte Klausel, die dortige Haftungsbeschränkung gelte auch für Dritte, trotz Verlautbarung keine Wirkung gegenüber dem Anleger hat[830].

§ 305 Abs. 2 BGB erfordert für die Einbeziehung ein Mehr im Vergleich zu §§ 145 ff. BGB. Letztere genügen dagegen, wenn der Anleger Unternehmer (§ 14 Abs. 1 BGB) ist, weil dann gem. § 310 Abs. 1 BGB[831] § 305 Abs. 2 BGB nicht gilt. Die Verabredung erfolgt in diesem

[827] Unproblematisch von der Anwendung der §§ 305 ff. BGB können nur die Autoren ausgehen, die eine Haftungsbegründung mittels Vertrags mit Schutzwirkung für Dritte oder Auskunftsvertrags versuchen.
[828] Palandt/*Heinrichs*, Einf v § 1 AGBG Rn 5.
[829] Dazu unten Seite 188 ff.
[830] Die weitere Existenz der Klausel liegt wohl nur darin begründet, daß bei Haftungsbegründung mittels Vertrags mit Schutzwirkung für Dritte eine entsprechende Klarstellung der Rechtslage erfolgen soll.
[831] § 310 Abs. 1 BGB entspricht dem früheren § 24 Satz 1 AGBG.

Fall nach dem oben[832] dargestellten Schema. Ist der Anleger dagegen kein Unternehmer[833], ist § 305 Abs. 2 BGB einzuhalten.

Im Falle der analogen Geltung dieser Norm ist erforderlich, daß der Wirtschaftsprüfer spätestens bei Entstehung der Sonderverbindung, den Anleger ausdrücklich[834] auf die Klauseln hinwies und er die Möglichkeit bekommt, in zumutbarer Weise von ihrem Inhalt Kenntnis zu nehmen und der Anleger weiterhin mit ihrer Geltung einverstanden ist. Bei Entstehung der Sonderverbindung bedeutet beim Treffen der Vermögensverfügung seitens des Anlegers unter Verwendung des Testats.

Das Einverständnis des Anlegers, das auch im Geltungsbereich der §§ 305 ff. BGB nicht ausdrücklich erklärt zu werden braucht, kann auf die oben beschriebene konkludente Art und Weise aus der Verwendung des Testats, das ein ausdrückliches Angebot des Wirtschaftsprüfers zur Einbeziehung enthält, geschlossen werden. Die alleinige Beifügung der AGB reicht dafür nicht aus, weder im Bereich der Haftung gegenüber dem Mandanten[835] noch im Bereich der Dritthaftung. Darin liegt nur eine einseitige Verwendung, aber keine zweiseitige Vereinbarung. Zumutbare Kenntnisnahmemöglichkeit erhält der Anleger durch Beifügung einer Ausfertigung der AGB zum Testat, wie dies auch bei Anbahnung des Wirtschaftsprüfervertrags mit dem Mandanten empfohlen wird[836]. Der Anleger kann so bei Verwendung des Testats das Angebot auf Einbeziehung und die Inhalte der Klauseln sofort erkennen.

4. Inhalte der Begrenzungsvereinbarungen

Begrenzungsvereinbarungen werden vor allem über den Verschuldensgrad getroffen, aber auch über eine Haftungshöchstsumme und eine Abkürzung der Verjährungsfrist. Möglich sind sie sowohl in Individualvereinbarungen als auch in AGB.

In diesem Abschnitt sollen vor allem die Grenzen einer zulässigen Vereinbarung aufgezeigt werden. Grenzen der Privatautonomie finden sich je nachdem, ob es sich um individuell getroffene Vereinbarungen oder AGB handelt, vor allem in §§ 134, 138, 242 und 276 Abs. 3 BGB für Individualvereinbarungen, und in §§ 307 ff. BGB für klausulierte Begrenzungen. Für Pflichtprüfungen ist § 323 Abs. 4 HGB zu beachten.

a) Begrenzung des Verschuldensmaßstabs

Daß die Begrenzung des Verschuldensmaßstabs auf Haftung nur für grobes Verschulden eine effektive Möglichkeit der Haftungsbegrenzung ist, wurde bereits erörtert[837].

[832] Vgl. oben Seite 152 ff.
[833] Sollte er Verbraucher (§ 13 BGB) sein, gilt es § 310 Abs. 3 BGB (= § 24a AGBG a.F.) zu beachten.
[834] Die zweite Alternative des § 305 Abs. 2 Nr. 1 BGB (deutlich sichtbarer Aushang) ist hier unbehelflich, da der Ort des Entstehens der Sonderverbindung nicht im Machtbereich des Wirtschaftsprüfers, der zum Anleger keinen unmittelbaren Kontakt hat, liegt. Deshalb kann der Wirtschaftsprüfer auch keinen Aushang an diesem Ort, der überall sein kann, wo sich potentielle Anleger bei der Anlageentscheidung aufhalten, anbringen.
[835] BGH WM 1983, 35, 41; *Gräfe*/Lenzen/Schmeer, Steuerberaterhaftung Rn 780.
[836] *Weber*, NZG 1999, 1, 9.
[837] Vgl. oben Seite 100.

aa) Ausschluß bei Vorsatz
Der Ausschluß für vorsätzlich begangene Fehler ist, egal ob individuell vereinbart oder mittels AGB, gem. § 276 Abs. 3 BGB unmöglich. Eine entsprechende Vereinbarung ist billigerweise nichtig[838].

bb) Ausschluß bei Fahrlässigkeit
Im Bereich fahrlässigen Handelns ist zwischen grober und leichter Fahrlässigkeit zu unterscheiden.

(1) Grobe Fahrläsigkeit
Bei grober Fahrlässigkeit sollen haftungsausschließende Individualvereinbarungen grundsätzlich keinen Bedenken begegnen[839].

Anders wird dies bei der Haftung sachverständiger Personen gesehen. Ein grob fahrlässiges Verhalten des Wirtschaftsprüfers sei grundsätzlich unentschuldbar, weil es für den Geschädigten eine unzumutbare, mit dem Vertrauensgedanken nicht vereinbare Benachteiligung darstelle, den Wirtschaftsprüfer auch dann freizustellen[840]. Nach dieser Argumentation wird der Ausschluß solcher Begrenzungen wohl aus § 242 BGB abgeleitet. Andere begründen ihn mit § 138 Abs. 1 BGB[841]. Sittenwidrig sind unter anderem eklatante Verstöße gegen das Berufsrecht[842], also auch die Pflicht zur gewissenhaften Berufsausübung (§ 43 Abs. 1 Satz 1 WPO). Damit steht es im Widerspruch, wenn der Wirtschaftsprüfer durch Freizeichnungsvereinbarungen seine Sorgfaltsstandards herabsetzen könnte und selbst dann haftungsfrei wäre, wenn er das außer Acht läßt, was jedem hätte einleuchten müssen.

Diese Differenzierung leuchtet ein. Anders als in § 323 Abs. 2 HGB und in § 54a WPO geht es hier nicht nur um eine noch zu behandelnde summenmäßige Beschränkung, bei der jede Fahrlässigkeit zur Begrenzung ermächtigt, sondern um den kompletten Ausschluß bei grober Fahrlässigkeit, was den Anleger allzu schutzlos stellte. Hinzu kommt, daß der Anleger oft keine andere Wahl hat, als sich auf die Begrenzungswünsche des Wirtschaftsprüfers einzulassen.

Ebenso scheidet die Begrenzung gem. § 309 Nr. 7 lit. b BGB[843] bei AGB-mäßiger Vereinbarung aus, was auch gilt, wenn der Anleger Unternehmer (§ 14 Abs. 1 BGB), also z. B. ein institutioneller Anleger, eine Bank o. ä. ist. Dann gilt das Klauselverbot zwar nicht unmittelbar (§ 310 Abs. 1 Satz 1 BGB), aber im Rahmen des § 307 BGB bei Auslegung des Begriffs der unangemessenen Benachteiligung (§ 310 Abs. 1 Satz 2 BGB).

(2) Leichte Fahrlässigkeit
Leichte Fahrlässigkeit steht einem individuellen Ausschluß nicht entgegen. Grundsätzlich gilt das auch für klauselartige Abbedingungen, die mangels konkreten Klauselverbots[844] von

---

838 Zur Billigkeit vgl. bei der gesetzlichen Begrenzung auf grobes Verschulden (Seite 100).
839 *Henssler*, JZ 1994, 178, 186; MüKo/*Grundmann*, § 276 BGB Rn 172 ff.
840 *Nann*, Wirtschaftsprüferhaftung – Geltendes Recht und Reformüberlegungen, 1985, S. 380.
841 *Philippsen*, Zur Dritthaftung des privat beauftragten Gutachters für fahrlässig verursachte Vermögensschäden, 1998, S. 176.
842 BGHZ 39, 142, 148.
843 § 309 Nr. 7 lit. b BGB entspricht dem früheren § 11 Nr. 7 AGBG.
844 Ein solches sieht § 309 Nr. 7 lit. a BGB für die Verletzung von Leben, Körper und Gesundheit vor.

Fall zu Fall nur an § 307 Abs. 2 Nr. 2 BGB zu messen sind[845]. Danach können sie z. B. bei Freizeichnung für besondere Berufspflichten (Kardinalpflichten) bei einem Vertrauensverhältnis unwirksam sein[846].

cc) Zusammenfassung
Eine entsprechende Klausel oder Individualabrede muß eindeutig klarstellen, daß der Ausschluß nur für leichte und nicht für grobe Fahrlässigkeit und Vorsatz gilt. Andernfalls könnte beim Anleger der Irrtum entstehen, die Begrenzung gehe weiter. Eine geltungserhaltende Reduktion der Klausel auf das gerade noch zulässige Maß ist nicht möglich[847]. Bei Verstoß gegen Klauselverbote ist die gesamte Klausel nichtig[848] und es gilt die kraft Gesetzes (§ 276 Abs. 1 Satz 1 BGB) bestehende unbeschränkte Haftung für Vorsatz und jede Art der Fahrlässigkeit (§ 306 Abs. 2 BGB)[849].

b) Vertragliche Begrenzung der Höhe

Eine höhenmäßige Begrenzung erfolgt durch Vereinbarung einer Höchstsumme, über die hinaus Schäden nicht ersetzt werden. Dabei sei darauf hingewiesen, daß auch im Fall einer fehlenden Vereinbarung die Haftung faktisch zumindest aus Sicht des Anspruchstellers schon begrenzt ist, da der Wirtschaftsprüfer nur mit dem vorhandenen Geschäfts- und Privatvermögen haftet und ihm mehr als dies im Regreßwege nicht genommen werden kann.

aa) Pflichtprüfungen
Bei der Pflichtprüfung ist die gesetzliche Summenbegrenzung des § 323 Abs. 2 HGB der vertraglichen Abrede nicht zugänglich. Das gilt gem. § 323 Abs. 4 HGB für Verringerungen der Haftungshöchstsumme unter die Mindestsumme. Daß dies auch für eine Haftungserweiterung gilt, ergibt sich aus der Gefahr von Wettbewerbsverzerrungen, die aus einer aus Anlegersicht verständlichen Bevorzugung wirtschaftlich stärkerer Wirtschaftsprüfer entsteht[850]. Wegen § 276 Abs. 3 BGB[851] kann eine Haftungssummenregelung nur im Bereich fahrlässiger Pflichtverletzungen getroffen werden.

bb) Freiwillige Testattätigkeit
Im Rahmen freiwilliger Prüfungen ist bei Einzelvereinbarungen wie bei AGB § 54a WPO zu beachten[852], der selbst den zulässigen Gestaltungsrahmen vorgibt und Verbotsgesetz im Sinne des § 134 BGB ist.

---

[845] BGHZ 89, 367; 93, 48; BGH NJW 1993, 335; *Köndgen*, AG 1983, 120, 131; *Lang*, WPg 1983, 57, 64; Palandt/*Heinrichs*, § 9 AGBG Rn 29; *Weber*, NZG 1999, 1, 10.
[846] *Baumbach/Hopt*, § 347 HGB Rn 38; *Lang*, WPg 1989, 57, 64.
[847] BGHZ 86, 284, 297; 114, 338, 342; 120, 108, 122; BGH NJW 1993, 1133, 1135; 1996, 1407, 1408; Palandt/*Heinrichs*, Vorbem v § 8 AGBG Rn 9.
[848] BGHZ 86, 284, 297; BGH NJW 1999, 1031 ff.; Palandt/*Heinrichs*, § 9 AGBG Rn 49.
[849] § 306 Abs. 2 BGB entspricht dem früheren § 6 AGBG.
[850] *Gräfe*/Lenzen/Schmeer, Steuerberaterhaftung Rn 763; *Poll*, DZWir 1995, 95, 100.
[851] § 276 Abs. 3 BGB gilt auch für eine summenmäßige Begrenzung der Haftung, nicht nur für den Ausschluß an sich (Palandt/*Heinrichs*, § 276 BGB Rn 57).
[852] § 54a WPO ersetzt auch die Inhaltskontrolle nach §§ 307 ff. BGB (Palandt/*Heinrichs*, § 9 AGBG Rn 148, § 8 AGBG Rn 8), da gem. § 307 Abs. 3 Satz 1 BGB (§ 8 AGBG a.F.) von der Inhaltskontrolle solche Klauseln ausgenommen sind, die lediglich Rechtsvorschriften ausfüllende, nicht diese ergänzende oder von ihnen abweichende Regelungen treffen.

Diese Norm, die dem Wortlaut nach nur im Verhältnis zum Mandanten gilt, ist analog[853] bei Vereinbarungen im Drittverhältnis zu beachten. Ihr Zweck, das Haftungsrisiko wegen der Komplexität der Tätigkeit und der Grenzen in der Versicherbarkeit gering zu halten, paßt auch, sogar erst recht, im Fall der Dritthaftung. Fände die Norm dort keine Anwendung, könnte eine vertragliche Auskunftshaftung begrenzt werden, nicht aber die gesetzliche Dritthaftung aus c.i.c., obwohl auch sie vertraglichen Regeln folgt. Der Zweck verlangt eine Anwendung auf jede Art von Sonderverbindung, sei sie durch Vertrag oder Vertrauen in eine berufliche Äußerung zustande gekommen[854].

Die Höhenbegrenzung auf eine § 323 Abs. 2 HGB entsprechende Summe[855] ist gem. § 54a Nr. 1 WPO nur durch schriftliche Einzelvereinbarung möglich. Es muß also sowohl das Begrenzungsangebot des Wirtschaftsprüfers als auch die Annahme des Anlegers schriftlich erfolgen, was im Bereich der Dritthaftung wegen fehlenden unmittelbaren Kontakts Probleme bereitet. Die gezeigte Möglichkeit vertraglicher Vereinbarung beruht im Regelfall nur auf konkludenten Willenserklärungen des Anlegers, so daß nur der oben beschriebene[856] umständliche Weg ausdrücklicher Vereinbarung bleibt. Will der Wirtschaftsprüfer dies nicht oder kann er ein Einverständnis nicht erreichen, bleibt die Haftung unbegrenzt bzw. eine Vereinbarung in AGB. Dieser einfachere, weil auch konkludent mögliche Weg über vorformulierte Klauseln führt aber nur zur Begrenzung auf den vierfachen Betrag der Mindesthöhe der Deckungssumme gem. § 54 Abs. 1 Satz 2 WPO i. V. m. § 323 Abs. 2 Satz 1 HGB (§ 54a Nr. 2 WPO). Zudem erfordert diese Begrenzung Versicherungsschutz in selber Höhe.

Probleme ergeben sich bei grober Fahrlässigkeit[857]. § 54a Nr. 2 WPO[858] nämlich läßt eine Begrenzung für jede Fahrlässigkeit zu, was § 309 Nr. 7 BGB widerspricht und von der ansonsten parallelen Regelung des § 51a Abs. 1 Nr. 2 BRAO abweicht. Deshalb betrachtet man die Norm teilweise als Redaktionsversehen[859]. Die Systematik des § 309 Nr. 7 BGB mit seinem Ausschluß bei grober Fahrlässigkeit sollte als Grundmodell aller Berufszweige gelten. Ein Grund, weshalb der Gesetzgeber dies bei Wirtschaftsprüfern umgehen wollte, sei nicht ersichtlich.

Allerdings finden sich auch Argumente für eine zulässige Regelung bei grober Fahrlässigkeit. So ist der Wortlaut des § 54a WPO, anders als bei § 309 Nr. 7 BGB und § 51a Abs. 1 Nr. 2 BRAO, nicht auf leichte Fahrlässigkeit festgelegt. Damit zeigte der Gesetzgeber eine bewußt erstrebte Besserstellung der Wirtschaftsprüfer, da die Norm das Gesetzgebungsverfahren unbeanstandet passierte, während im Rahmen des § 51a BRAO der Bundesrat mit Erfolg gegen eine Begrenzung bei grober Fahrlässigkeit opponierte[860]. Es besteht aber auch kein Bedürfnis, einer solchen Klausel die Wirksamkeit zu versagen. Wegen der zusätzlichen Voraussetzung, den Versicherungsschutz auf dem Niveau der Höchstgrenze zu halten, ist ein Anleger mit Wirtschaftsprüfer als Anspruchsgegner besser gestellt als bei anderen freien Be-

[853] *Adolff*, Die zivilrechtliche Verantwortlichkeit deutscher Anwälte bei der Abgabe von Third Party Legal Opinions, 1997, S. 184 bezüglich § 51a Abs. 1 BRAO.
[854] Vgl. oben bei der Anwendung der §§ 305 ff. BGB (Seite 158).
[855] Eine niedrigere Summe ist nicht vereinbar.
[856] Vgl. oben Seite 152 ff.
[857] Eine Begrenzung bei Vorsatz scheidet gem. § 276 Abs. 3 BGB auch hier generell aus.
[858] Dies gilt gleichermaßen in § 67a Abs. 1 Nr. 2 StBerG.
[859] *Gräfe*/Lenzen/Schmeer, Steuerberaterhaftung Rn 791; *Werber*, VersR 1996, 917, 921.
[860] *Busse*, DStR 1995, 660, 661; *von der Horst*, DStR 1995, 2027, 2030.

rufen, bei denen die Versicherung u. U. keine so hohe Deckung aufweist. Daraus folgt ein Vorteil des Anlegers gegenüber dem Geschäftspartner eines anderen AGB-Verwenders[861].

Wer insoweit das Restrisiko kompletter Unwirksamkeit der Klausel ausscheiden will, muß eine auch grobe Fahrlässigkeit begrenzende Vereinbarung auf individuellem Weg erstreben oder AGB ohne den Zusatz der groben Fahrlässigkeit verwenden.

c) Abkürzung der Verjährungsfrist

Ansprüche des Anlegers gegen Dritte verjähren gem. § 323 Abs. 5 HGB bei Pflichtprüfungen in fünf bzw. gem. § 195 BGB n.F. bei freiwilligen Prüfungen in drei Jahren[862]. Eine weitere Begrenzung in zeitlicher Hinsicht kann durch Abkürzung dieser Verjährungsfrist versucht werden, deren Zulässigkeit im folgenden untersucht wird.

aa) Abkürzung der § 323 Abs. 5 HGB-Frist
Die Abkürzung der Fünfjahresfrist des § 323 Abs. 5 HGB scheidet von vornherein aus. Dies folgt zwar nicht aus § 202 BGB, nach dessen Abs. 1 Erleichterungen der Verjährung, und damit auch Verkürzungen der Frist, zulässig sind, aber aus § 323 Abs. 4 HGB. Dieser läßt keine Beschränkungen der Ersatzpflicht zu, da § 323 HGB eine Mindestregelung enthält. Obwohl § 323 Abs. 4 HGB vor dem die Verjährung regelnden Abs. 5 steht, gilt er dennoch auch für diesen Absatz. Denn Abs. 4 bezieht sich auf die Geltendmachung der in den ersten drei Absätzen geregelten Ansprüche und die Verjährung regelt diese Geltendmachung[863].

bb) Abkürzung der § 195 BGB-Frist
Für den bei freiwilligen Prüfungen geltenden § 195 BGB ist eine individualvertragliche Verkürzung gem. § 202 Abs. 1 BGB zulässig[864]. Die Zulässigkeit gilt zwar im Grundsatz auch für eine durch AGB vorgenommene Verkürzung, ist aber wegen § 307 Abs. 2 BGB nicht unproblematisch[865]. Für Steuerberater und Rechtsanwälte mißbilligte der Bundesgerichtshof die Abkürzung durch AGB, da sie vom gesetzlichen Leitbild der jeweiligen Verjährungsvorschriften abweicht, durch die zeitliche Abkürzung der Geltendmachbarkeit des Anspruchs den Gläubiger einseitig benachteiligt, ebenso einseitig den Experten bevorzugt und damit unangemessen ist[866].

Eine Verlängerung der Verjährung in gewissen Grenzen ist zulässig (§ 202 Abs. 2 BGB) [867], wird aber vom Wirtschaftsprüfer, der ein Interesse an der Begrenzung der Haftung hat, nicht erwogen.

---

[861] *von der Horst*, DStR 1995,2027, 2030.
[862] Vgl. oben Seite 116 ff.
[863] *Nann*, Wirtschaftsprüferhaftung – Geltendes Recht und Reformüberlegungen, 1985, S. 314. Anders sieht dies MüKo/*Ebke*, § 323 HGB Rn 69.
[864] BGH BB 1974, 104; *Hübner*, NJW 1989, 5, 10; *Nann*, Wirtschaftsprüferhaftung – Geltendes Recht und Reformüberlegungen, 1985, S. 315.
[865] *Hübner*, NJW 1989, 5, 10.
[866] BGHZ 97, 21, 25; BGH NJW 1979, 1550, 1551 f.; 1982, 1285 ff., 1289 ff.; 1984, 1750, 1751; 1986, 315, 316; 1990, 2464, 2465; NJW-RR 1991, 599 ff.; *Gräfe*/Lenzen/Schmeer, Steuerberaterhaftung Rn 814; *Hübner*, NJW 1989, 5, 10 Fn 71; Palandt/*Heinrichs*, § 9 AGBG Rn 136.
[867] Gem. § 225 BGB a.F. war eine Verlängerung unzulässig, da die Verjährung nicht nur dem Schuldner, sondern auch dem Rechtsfrieden und damit der Öffentlichkeit dient (Palandt/*Heinrichs*, § 225 BGB Rn 1).

cc) Ausschlußfristen
Bei der Frage zeitlicher Begrenzung kann man neben der Verjährung die Einführung von Ausschlußfristen bedenken. Allerdings sind diese in AGB gem. § 307 Abs. 2 Nr. 2 BGB unwirksam, da durch die Einführung einer Ausschlußfrist der zeitliche Spielraum, den die Verjährungsregelungen für die Anspruchsstellung vorsehen, seine Bedeutung verliert und Rechte des Anspruchstellers vereitelt[868]. Eine zeitliche Beschränkung individualvertraglicher Art dürfte dagegen unbedenklich sein[869].

5. Abschließender Hinweis

Abschließend sei im Zusammenhang mit vertraglichen Begrenzungsmöglichkeiten darauf hingewiesen, daß der Wirtschaftsprüfer über die Begrenzung der Dritthaftung hinaus auch im Vertrag mit dem Mandanten eine möglichst weitgehende Begrenzung vereinbaren sollte. Andernfalls läuft er Gefahr, im Wege des Regresses, den der vom Dritten in Anspruch genommene Mandant bei ihm wegen Verletzung der Prüfpflichten des Wirtschaftsprüfervertrages nimmt, für den Schaden des Dritten einstehen zu müssen.

[868] BGHZ 97, 26; Palandt/*Heinrichs*, § 9 AGBG Rn 148. Bedenken angemeldet hatten schon *Brandner*, ZIP 1984, 1186, 1194, und *Hübner*, NJW 1989, 5, 10.
[869] BGH BB 1974, 104; *Hübner*, NJW 1989, 5, 10.

D. Begrenzung in personeller Hinsicht

Eine Eingrenzung der Haftung erreicht man auch durch Regelung des Personenkreises, durch Einengung des Kreises der potentiellen Anspruchsteller.

Eine tatbestandliche, in gewissem Sinne auch personelle, Begrenzung liegt bereits im Erfordernis der Schutzwürdigkeit, durch das nicht schutzwürdige Dritte, die dem Testat zwar auch Vertrauen schenken, aber bei dessen Enttäuschung leer ausgehen[870], von solchen geschieden wurden, die schutzwürdig und damit zur Schadensersatzklage berechtigt sind[871]. Dabei handelt es sich jedoch um einen Schritt, der gedanklich erst nach dem hier diskutierten gegangen werden kann. Hier wird geklärt, wer generell Adressat von Testaten ist, wer sich generell auf das in Streit stehende Testat verlassen darf. Erst nachdem dieser Kreis feststeht, ist weiter zu fragen, ob die Adressaten und ihr Vertrauen im Einzelfall schutzwürdig sind.

I. Notwendigkeit der Begrenzung

Die Begrenzung ist nötig, um zu verhindern, daß die Anspruchsgrundlage c.i.c. – dasselbe gilt für alle anderen Anspruchsbegründungen – alle zu Anspruchsinhabern macht, die im Vertrauen auf ein fehlerhaftes Testat einen Schaden erlitten. Andernfalls bekäme eine unbestimmte Vielzahl Dritter die Möglichkeit, Vorteile aus einer vertraglichen Regeln folgenden Anspruchsgrundlage zu ziehen, ohne selbst das Risiko eines Vertrags tragen und ohne dafür eine Gegenleistung erbringen zu müssen[872].

So wird der Bundesgerichtshof auch nimmer müde zu fordern, die zu schützende Personengruppe müsse überschaubar und objektiv abgrenzbar sein[873]. Er sagt jedoch nicht, auf welche Weise und nach welchen Kriterien die geforderte Begrenzung zu geschehen habe. Man mag zudem bezweifeln, ob die Eingrenzung des Personenkreises tatsächlich ernsthaftes Anliegen der Rechtsprechung ist. Durch die Aufgabe aller als Begrenzung der von ihr bisher favorisierten Lösung mittels Vertrags mit Schutzwirkung für Dritte fungierenden Voraussetzungen, dem Wohl-und-Wehe-Erfordernis wie der Gleichgerichtetheit der Interessen, wurde genau das Gegenteil erreicht, eine immer weitere Ausdehnung der Anspruchsberechtigten.

Die Literatur stimmt dem Begrenzungsverlangen der Rechtsprechung einmütig zu[874], stellt es ins Zentrum der Betrachtung[875] bzw. bezeichnet die Eingrenzung des Personenkreises als

---

[870] *Stahl*, Zur Dritthaftung von Rechtsanwälten, Steuerberatern, Wirtschaftsprüfern und anderen öffentlich bestellten und vereidigten Sachverständigen, 1989, S. 88.

[871] *Hopt*, FS für Fischer, 1979, S. 237, 252; *Nann*, Wirtschaftsprüferhaftung – Geltendes Recht und Reformüberlegungen, 1985, S. 262.

[872] *Littbarski*, NJW 1984, 1667, 1669.

[873] BGH NJW 1984, 355 ff. In ähnlicher Weise lehnt auch BGH NJW 1973, 321, 323 eine Haftung wegen einer möglicherweise unübersehbaren Menge von Anspruchstellern ab. BGH WM 1985, 450 ff. läßt einen Anspruch zu, sofern die zu schützende Personengruppe objektiv abgrenzbar ist. BGH VersR 1986, 35 verbietet eine Haftung bei Auskunft an einen nicht überschaubaren Kreis von Dritten. BGH JZ 1998, 624, 627 betont: das bedeutete allerdings nicht, daß der Kreis der (...) Personen uferlos ausgeweitet werden dürfte; es ist vielmehr erforderlich, daß die Schutzpflicht auf eine überschaubare, klar abgegrenzte Personengruppe beschränkt wird.

[874] *Brandner*, JZ 1985, 757, 761; *Hopt*, FS für Pleyer, 1986, S. 341, 358 f.; *ders.*, WPg 1986, 498, 500; *Nann*, Wirtschaftsprüferhaftung – Geltendes Recht und Reformüberlegungen, 1985, S. 262; *Quick*, DB 1992, 1675,

ein zentrales, ja derzeit wohl sogar das dringlichste Problem im Bereich der Dritthaftung[876], ohne jedoch zu übersehen, daß es sich dabei um eine schwierige Grenzziehung handelt, die immer noch einer befriedigenden Lösung harrt[877].

Aufgabe dieses Abschnitts ist deshalb der Versuch, geeignete Begrenzungen des Personenkreises zu erarbeiten, um den der Vertrauenshaftung gemachten Vorwurf zu entkräften, sie leiste keine Bestimmbarkeit der Anspruchsberechtigten und führe deshalb zu einer ausufernden Haftung[878].

II. Bestimmungsmöglichkeiten

Zunächst ist zu klären, ob der Wirtschaftsprüfer selbst die Möglichkeit der Bestimmung des Personenkreises hat und die personelle Reichweite der Haftung in seiner Disposition steht. Dazu gibt es grundsätzlich zwei Wege: Erstens kann der Wirtschaftsprüfer, um Ansprüche Dritter gänzlich auszuschalten, dem Mandanten gegenüber die Drittverwendung des Testats verbieten oder die Drittweitergabe zumindest von seiner Zustimmung oder ähnlichem abhängig machen. Zweitens kann er evtl. direkt gegenüber dem Anleger mittels einer vertrauenslenkenden Aussage eine Kanalisierung der Haftung erreichen.

1. Personelle Begrenzung durch Vereinbarung mit dem Mandanten

a) Zu den Inhalten

Will der Wirtschaftsprüfer eine Lenkung des Kreises der Dritten durch Absprachen mit seinem Mandanten versuchen, bieten sich ihm drei Möglichkeiten: Das gänzliche Verbot der Drittweitergabe[879], deren Abhängigmachung von der Zustimmung des Wirtschaftsprüfers[880] oder schließlich die Steuerung der Weitergabe durch den Mandanten nur an ganz bestimmte, vom Wirtschaftsprüfer festgelegte Dritte[881].

aa) Gänzliches Verbot
Ein gänzliches Verbot der Drittweitergabe ist nicht geeignet: Gibt der Mandant das Testat gerade zur Anlegerwerbung in Auftrag, wird sich dieses nicht durchsetzen lassen und ist

---

1683; *Ebke*, JZ 1998, 991, 993; *Picker*, FS für Medicus, 1999, S. 397, 442; *Gräfe*, EWiR 2001, 109, 110; *Möllers*, JZ 2001, 909, 913; MüKo/*Ebke*, § 323 HGB Rn 135.

[875] *Grunewald*, ZGR 1999, 583, 597.

[876] *Canaris*, ZHR 163 (1999), 206, 211.

[877] *Bydlinski*, EWiR 1998, 683, 684.

[878] *Herrman*, JZ 1983, 422, 425; *Nann*, Wirtschaftsprüferhaftung – Geltendes Recht und Reformüberlegungen, 1985, S. 159.

[879] Erman/*Westermann*, § 328 Rn 20a a.E.; *Hopt*, WPg 1986, 498, 505; *ders.*, FS für Pleyer, 341, 368; *Stahl*, Zur Dritthaftung von Rechtsanwälten, Steuerberatern, Wirtschaftsprüfern und anderen öffentlich bestellten und vereidigten Sachverständigen, 1989, S. 141 f.; *Weber*, NZG 1999, 1, 11.

[880] So geschehen in Nr. 7 der Allgemeinen Auftragsbedingungen für Wirtschaftsprüfer.

[881] *Hopt*, WPg 1986, 498, 505; *ders.*, FS für Pleyer, 341, 368.

praktisch auch noch nicht vorgekommen[882]. Es verbleibt für derartige Vereinbarungen damit nur ein ganz begrenzter Anwendungsbereich für Testate, bei denen der Mandant zwar keine Unterstützung von Anlegerentscheidungen bezweckt, seitens des Wirtschaftsprüfers aber gleichwohl mit einer Drittweitergabe bzw. damit zu rechnen ist, daß Dritte das Testat zur Grundlage von Entscheidungen machen können, wie z. B. bei testierten Jahresabschlüssen. Jene gibt der Mandant in Auftrag, um einer gesetzlichen oder gesellschaftsvertraglichen Pflicht zu genügen. Anleger können sie aber dennoch zur Grundlage ihrer Vermögensdisposition machen.

bb) Beschränkung der Weitergabe nur an ganz bestimmte Dritte
Die Beschränkung der Weitergabe durch den Mandanten nur an ganz bestimmte, vom Wirtschaftsprüfer benannte Dritte ist dagegen eine Möglichkeit, gegen die der Anlagemodellbetreiber keine Einwände haben dürfte, solange sich der Kreis der Dritten mit dem Kreis seiner potentiellen Kunden deckt. Darin implizit eingeschlossen ist das Verbot der Weitergabe an andere Dritte.

Insbesondere bietet sich diese Möglichkeit an, wenn die Adressaten des Testats genau bekannt oder zumindest nach objektiven Kriterien eingrenzbar sind. Eine namentliche Nennung ist nicht erforderlich und oftmals nicht möglich, weil der Wirtschaftsprüfer nicht jeden potentiellen Anleger im Voraus kennen kann. Eine komplette Anonymität der Testatverwender ist ebenfalls kaum denkbar, da der Mandant mit dem Testat bestimmte Zwecke verfolgt und damit die Personen mit einem möglichen Interesse am Testat absehbar sind. Auf sie kann die Weitergabeerlaubnis beschränkt werden.

Eine Begrenzung der Weitergabe bei Anlagemodellen kann z. B. sinnvollerweise auf die Weitergabe an die erfolgen, die sich am geprüften Anlagemodell beteiligen möchten. Damit sind andere Dritte, die ebenfalls ein Interesse am Testat haben könnten, ausgeschlossen. Insbesondere darf das Testat dann z. B. nicht an Banken oder andere zur Finanzierung der Kapitalanlage eingeschaltete Geldgeber vorgelegt werden.

cc) Abhängigmachung von Zustimmung
Die Abhängigmachung der Weitergabe des Testats an Dritte von der vorherigen Zustimmung des Wirtschaftsprüfers, erscheint am sinnvollsten und wird sich dem Mandanten gegenüber leichter durchsetzen lassen. Zur Verhinderung von Beweisschwierigkeiten sollte die Zustimmung im Voraus ausdrücklich und schriftlich erfolgen.

(1) Eine solche Vereinbarung enthält Nummer 7 der AAB der Wirtschaftsprüfer[883]. Nr. 7 AAB sieht jedoch in Absatz 1 im letzten Halbsatz eine bedeutsame Einschränkung vor: Danach bedarf es keiner Zustimmung, wenn sich bereits aus dem Auftragsinhalt die Einwilligung zur Weitergabe an bestimmte Dritte ergibt. Das ist z. B. der Fall, wenn der Wirtschafts-

---

[882] *Stahl*, Zur Dritthaftung von Rechtsanwälten, Steuerberatern, Wirtschaftsprüfern und anderen öffentlich bestellten und vereidigten Sachverständigen, 1989, S. 141.

[883] Zur Frage der Wirksamkeit dieser Klausel gem. § 9 AGBG (jetzt § 307 BGB) vgl. *Stahl*, Zur Dritthaftung von Rechtsanwälten, Steuerberatern, Wirtschaftsprüfern und anderen öffentlich bestellten und vereidigten Sachverständigen, 1989, S. 141 f., und *Weber*, NZG 1999, 1, 11, die diese verneinen. Jedoch wird diese Klausel durch die Binnenausnahme der Nr. 7 Absatz 1 Satz 1 AAB gerettet werden können, da sich darunter all die Fälle subsumieren lassen, die nach der anderen Ansicht die Gültigkeitszweifel begründen und den Ausschlag für die Unzulässigkeit geben sollen.

prüfer das Testat als Grundlage für ein Geschäft des Mandanten mit einem Dritten erteilte oder wenn der Mandant um die Erteilung eines Testats im Interesse eines Dritten bat, aber auch wenn sich dies nicht ausdrücklich aus dem Testierauftrag ergibt, das Testat aber ersichtlich keinem anderen Zweck dienen kann als der Verwendung zur Beeinflussung von Dritten. Mit einer Begutachtung der Sicherheit und Ordungsgemäßheit des eigenen Anlagemodells kann der Anlagemodellbetreiber in der Regel selbst nichts anderes anfangen, als es an potentielle Anleger weiterzugeben. Solche Testate sind typischerweise drittbezogen.

(2) Dasselbe gilt für eine individualvertragliche Regelung dieses Inhalts und zwar unabhängig davon, ob ein einschränkender Zusatz beigefügt ist, wie sich aus dem Sinn und Zweck der Ausnahmeregelung ergibt. Folgt die Einwilligung bereits aus dem Testat selbst, weiß der Wirtschaftsprüfer bereits um dessen Drittbestimmung. Ein Zustimmungsverlangen vor Weitergabe an Dritte wäre eine bloße, für den Mandanten unangemessene Förmelei, da sich ein für Dritte bestimmtes Testat nur auswirken kann, wenn es an Dritte weitergegeben werden darf. Nur wenn das Testat nicht erkennbar für Dritte bestellt und an einen Dritten adressiert ist, der Wirtschaftsprüfer aber mit einer möglichen Weitergabe rechnet, hat ein Zustimmungserfordernis Sinn. Es soll über die bestehende Vermutung hinaus Gewißheit verschaffen, ob tatsächlich eine Drittverwendung in Betracht kommt, um sie, falls unerwünscht, zu unterbinden oder um angemessen auf die dadurch gesteigerten Haftungsrisiken reagieren zu können. Die etwaige Aufnahme vertrauenslenkender Aussagen oder Angebote zum Abschluß von Enthaftungsverträgen, setzen Klarheit über die Drittverwendung voraus.

(3) Ein schriftliches Zustimmungsverlangen in AAB oder in Individualvereinbarungen wird auch nur selten Wirkung entfalten, da es häufig im Wege stillschweigender anderweitiger Vereinbarung im konkreten Fall abbedungen ist[884]. Eine gegenteilige Vereinbarung, die einzelvertraglich festgelegte Erfordernisse aufhebt, ist als Folge der Vertragsfreiheit möglich. Im Bereich der AAB folgt dies aus dem Vorrang der Individualabrede vor klauselmäßigen Bestimmungen (§ 305b BGB[885])[886]. Eine solche stillschweigende Abbedingung liegt z. B. vor, wenn der Mandant das Testat ohne Zustimmung an Dritte weiterleitet, der Wirtschaftsprüfer dies weiß und dagegen nicht einschreitet.

b) Drittwirkung

Grundproblem der mit dem Mandanten vereinbarten Personenkreissteuerung ist, wie bei allen vorher schon erörterten Vereinbarungen des Wirtschaftsprüfers mit dem Mandanten, die Frage nach der Drittwirkung. Abmachungen in diesem Verhältnis müssen nicht unbedingt zum Ausschluß auch der Ansprüche des Anlegers führen.

aa) Schadensersatzpflicht mit Freistellungsanspruch

Der Mandant verstößt bei abredewidrigem Verhalten jedenfalls gegen seine Pflicht aus dem Wirtschaftsprüfervertrag und macht sich dadurch dem Wirtschaftsprüfer schadensersatz-

---

[884] *Nann*, Wirtschaftsprüferhaftung – Geltendes Recht und Reformüberlegungen, 1985, S. 196 f.

[885] § 305 b BGB entspricht dem früheren § 4 AGBG.

[886] So können auch Änderungen, die der Schriftform bedürfen, ohne weiteres formlos abgeändert werden (Palandt/*Heinrichs*, § 125 BGB Rn 14).

pflichtig. Folge ist ein möglicher Regreß des Wirtschaftsprüfers gegen den Mandanten gem. § 249 Satz 1 BGB, der zu einem Freistellungsanspruch des Wirtschaftsprüfers von Anlegeransprüchen führt.

Der Schutz des Wirtschaftsprüfers vor persönlicher Inanspruchnahme nur mit Hilfe eines Freistellungsanspruchs ist wegen einer möglichen Insolvenz des freistellungspflichtigen Mandanten eine deutlich ungünstigere Deutung der Begrenzungsabrede als eine Enthaftung auch mit Drittwirkung gegenüber Anlegern. Die Nachteile einer Freistellung wurden in anderem Zusammenhang bereits ausführlich dargestellt[887]. Dem Wirtschaftsprüfer wäre damit nur geholfen, wenn die Bestimmung der betreffenden Dritten bzw. die Koppelung an eine vorherige Zustimmung die Dritthaftung berührte.

bb) Dritthaftungsausschluß

Ein Dritthaftungsausschluß solcher Abreden wird zu Recht überwiegend abgelehnt[888]. Dies folgt aus der Relativität des Schuldrechts, nach der Vereinbarungen nur zwischen den Beteiligten wirken, soll es sich nicht um unzulässige Verträge zu Lasten Dritter handeln. Zur weiteren Begründung sei auf die obigen Aussagen verwiesen[889], die auch außerhalb von Höhen- oder Verschuldensbegrenzungen gelten.

Bedeutung haben diese Vereinbarungen nur für Ansprüche gegen den Mandanten, nicht aber taugen sie zur Verhinderung der Dritthaftung. Der Wirtschaftsprüfer muß das Risiko einer vertragswidrigen Verwendung seines Testats gegenüber Anlegern tragen, da er durch weitergehende Maßnahmen, die noch dargestellt werden, Vorsorge treffen und das Risiko der abredewidrigen Verwendung beherrschen kann[890].

Nur vereinzelt wird vom Gegenteil einer dritthaftungsausschließenden Wirkung ausgegangen[891].

Nach obigem überzeugt dies jedoch nicht und es wird auch keine Begründung dafür geliefert. Bei der dazu ergangenen Entscheidung des Bundesgerichtshofs[892] handelt es sich wohl nur um eine mißverständliche Ausdrucksweise. Das Gericht stellt im betreffenden Absatz des Urteils[893] nicht allein auf die Vertragswidrigkeit der Testatverwendung ab, sondern bezog ihn vorwiegend auf die fehlende Kenntnis des Wirtschaftsprüfers von der Drittverwendung. Der Bundesgerichtshof hätte genauer zwischen vertragswidriger Verwendung und fehlender Kenntnis unterscheiden und beides gesondert auf eine haftungsausschließende Wirkung untersuchen müssen. Anzunehmen, er hätte mit der Verbindung von vertragswidriger Verwendung und fehlender Kenntnis kumulative Voraussetzungen für einen Haftungsausschluß aufstellen wollen[894], überzeugt nicht, da die fehlende Drittverwendungskenntnis

[887] Vgl. oben Seite 149 f.
[888] *Brandner*, ZIP 1984, 1186, 1193; Baetge/*Fliess*, Rechnungslegung und Prüfung, 1994, S., 161, 180; *Grunewald*, ZGR 1999, 583, 596 f; *Weber*, NZG 1999, 1, 11.
[889] Vgl. oben Seite 146.
[890] *Canaris*, ZHR 163 (1999), 206, 239.
[891] BGH NJW 2001, 360, 364; Erman/*Westermann*, § 328 BGB Rn 20a. Wohl auch *Arnold*, DStR 2001, 488, 493.
[892] BGH NJW 2001, 360 ff.
[893] BGH NJW 2001, 360, 364.
[894] So *Arnold*, DStR 2001, 488, 493.

schon allein und ohne weitere Untersagung die Haftung ausschließt[895]. Somit ist diese Urteilspassage nicht als Aussage zur Begrenzung des Personenkreises mittels eines Verbots der Drittverwendung anzusehen, sondern als Aussage zum Erfordernis der Drittverwendungskenntnis als zusätzliches subjektives Tatbestandsmerkmal.

Ein Ausschluß der Drittansprüche über eine Vereinbarung mit dem Mandanten wird teils für möglich erachtet, wenn dem Dritten diese Regelung bekannt gemacht ist[896].

Da diese Ansicht aber nur im Ergebnis zutrifft, die Wirkung gegenüber Dritten jedoch anders, nämlich mit einer vertrauenslenkenden Aussage zu begründen ist, wird dazu erst im folgenden Punkt Stellung genommen.

2. Personelle Begrenzung gegenüber dem Anleger

Nachdem Vereinbarungen mit Mandanten im Drittverhältnis versagen, sind die Möglichkeiten aus dem Verhältnis zwischen Wirtschaftsprüfer und Anleger selbst zu untersuchen. Wegen der dargestellten[897] Schwierigkeiten der Konstruktion einer direkten vertraglichen Vereinbarung zwischen Wirtschaftsprüfer und Drittem wäre eine Personenkreisbegrenzung mittels vertrauenslenkender Aussagen vorteilhaft.

a) Konstruktion

Der eben erwähnte Versuch, den Ausschluß der Ansprüche Dritter auf vertraglichem Weg der Vereinbarung von Wirtschaftsprüfer und Mandant durch Bekanntmachung der Regelung gegenüber dem Dritten zu erreichen, kann nur im haftungsausschließenden Ergebnis, nicht aber in seiner Begründung, geteilt werden. Es handelt sich dabei nicht mehr um eine Begrenzung mittels vertraglicher Abrede, sondern um eine Begrenzung mittels einseitiger vertrauenslenkender Aussage des Wirtschaftsprüfers. Die Vereinbarung bleibt eine vertragliche nur zwischen Mandant und Wirtschaftsprüfer, der wegen der Relativität der Schuldverhältnisse und der Unzulässigkeit von Verträgen zu Lasten Dritter keine begrenzende Wirkung zuzumessen ist. Daran ändert sich durch die bloße Verlautbarung gegenüber dem Dritten nichts. Es gibt keinen Grund, weshalb allein die Inkenntnissetzung des Dritten von einer Abrede dieser eine über die Parteien hinausgehende Drittwirkung geben sollte. Dies wäre allenfalls, wie an anderer Stelle behandelt[898], in den seltenen Fällen anzunehmen, in denen der Dritte mit der Geltung der Vereinbarung auch ihm gegenüber einverstanden war.

Dasselbe Ergebnis der Drittwirkung in Folge Verlautbarung ist mit einer vertrauenslenkenden Aussage begründbar, die der Wirtschaftsprüfer einseitig in Richtung Anleger abgab. Diese kann, wenn sie nicht explizit an den Dritten gerichtet ist, auch in der dem Dritten verlautbarten vertraglichen Abrede zwischen Wirtschaftsprüfer und Mandant gesehen werden. Denn auch dadurch wird dem Dritten klar, unter welchen Voraussetzungen der Wirtschafts-

---

[895] Vgl. oben Seite 83 ff.
[896] BeckBilKomm/*Budde/Hense*, § 323 HGB Rn 202; *Stahl*, Zur Dritthaftung von Rechtsanwälten, Steuerberatern, Wirtschaftsprüfern und anderen öffentlich bestellten und vereidigten Sachverständigen, 1989, S. 141 f.
[897] Vgl. oben Seite 152 ff.
[898] Vgl. oben Seite 147 ff.

prüfer eine Dritthaftung begründen wollte und welche Beschränkungen er der Entstehung des Vertrauenstatbestands auferlegte. Man darf dabei aber nicht übersehen, daß es sich trotz äußerer Form als vertragliche Abrede zwischen Wirtschaftsprüfervertragsparteien richtigerweise um eine vertrauenslenkende Aussage dem Anleger gegenüber und nicht um die Ausstattung einer vertraglichen Abrede mit Drittwirkung handelt. Der vertraglichen Abrede kommt damit Doppelfunktion zu.

Dennoch sollten vertrauenslenkenden Aussagen des Wirtschaftsprüfers am besten nicht alleine durch Verlautbarung der mit dem Mandanten getroffenen Vereinbarung erfolgen, sondern durch eine ausdrücklich an den Dritten adressierte Aussage, die bei den anderen Vertrauenslenkungen steht und möglichst getrennt sein sollte von an den Mandanten gerichteten Aussagen. Dies ist zwar nicht zwingend erforderlich, weil auch aus Abreden des Wirtschaftsprüfers mit dem Mandanten eine Vertrauenslenkung herausgelesen werden kann. Doch ist diese Konstruktion sicherlich angreifbar und eine klar an den Dritten gerichtete Aussage vermeidet Streitigkeiten. Der Anleger wird sich im Streitfall stets darauf berufen, ihm gegenüber könne die Begrenzung als Vertrag zu Lasten Dritter nicht gelten, so daß es davon abhängt, ob die Gerichte bereit sind, in vertraglichen Abreden der Wirtschaftsprüfervertragsparteien eine doppelte Funktion auch im Sinne einer Vertrauenslenkung zu sehen. Zur Vorsicht sollten dabei die engen, verbraucherfreundlichen Maßstäbe der Rechtsprechung bei der Auslegung haftungsbegrenzender Aussagen gegen die Verwender mahnen[899]. Sicherheit, daß die Vertrauenslenkung als solche anerkannt wird, bietet dem Wirtschaftsprüfer also nur die eindeutige Adressierung an den Dritten, die ihm ohne weiteren Aufwand möglich ist, da er nur die mit dem Mandanten vereinbarten Einschränkungen auch an den Dritten richten muß.

b) Kombination

Dennoch sollte auf mit dem Mandanten getroffene Abreden nicht gänzlich verzichtet werden. Durch eine Kombination beider Begrenzungsmöglichkeiten erhält der Wirtschaftsprüfer umfassenderen Schutz. Zum einen sichert ihn im Fall einer abredewidrigen Verwendung der Anspruch gegen den Mandanten, vorausgesetzt dieser ist solvent. Zum anderen ist er durch vertrauenslenkende Aussagen vor Dritthaftung geschützt. Zusätzlich bekommt er durch sein Zustimmungsverlangen gesicherte Kenntnis, wann das Testat tatsächlich an Dritte weitergegeben wird. Damit ist es ihm möglich, andere als vertrauenslenkende Beschränkungen gegen Anleger durchzusetzen.

3. Adressierung des Testats

a) Erforderlichkeit

Eine personelle Begrenzung der Dritthaftung ergibt sich aus der Adressierung[900] des Testats. Sie zeigt, an welchen Personenkreis der Wirtschaftsprüfer seine testierten Bekundungen

---

899 BGHZ 22, 90, 96; 40, 65, 69; 47, 312, 318; 54, 293, 305; Palandt/*Heinrichs*, § 276 BGB Rn 58.
900 *Picker*, FS für Medicus, 1999, S. 397, 443, 445; *Schneider*, ZHR 163 (1999), 246, 259, 260. *Bosch*, ZHR 163 (1999), 274, 282 f. zieht aus der Adressierung den Schluß auf den Abschluß eines Auskunftsvertrags zwi-

richtete. Deshalb kann man außer von Adressierung auch von Gerichtetheit[901]des Testats oder dessen Richtungsbedürftigkeit[902] sprechen, wobei der Unterschied lediglich in der Begrifflichkeit und nicht im Inhalt begründet liegt[903].

Das Erfordernis der Adressierung ist kein Novum der c.i.c.-Vertrauenshaftung. Sie findet sich ebenso bei den anderen Lösungsansätzen[904], bei denen sich der Kreis der Anspruchsteller nach der Gerichtetheit des Testats bestimmt, auch wenn der Begriff dort nicht immer verwendet wird. Vor allem bei den vertraglichen Ansätzen, Auskunftsvertrag und Garantie, wird die Abgabe einer im Testat enthaltenen Willenserklärung in Richtung auf einen Empfänger zur Haftungsbegründung herangezogen. Nur wem die abgegebene Willenserklärung zugeht, mit dem wurde ein Vertrag geschlossen und nur der kann bei Pflichtverletzungen sekundäre oder primäre Schadensersatzansprüche geltend machen. Beim Vertrag mit Schutzwirkung für Dritte gilt nämliches: Nur wen die Parteien in den Schutzbereich einbeziehen wollten, hat einen eigenen Anspruch aus fremdem Vertrag.

Die Gerichtetheit wurde in diesen Fällen jedoch durchweg nicht zu dem ihr eigentümlichen Zweck der Haftungsbegrenzung eingesetzt, sondern vielmehr zum Gegenteil. Auf verschiedenste Arten wird und wurde versucht, den Kreis der Anspruchsberechtigten gezielt immer weiter auszudehnen, indem letztlich stets ein Vertrag genau mit dem Geschädigten bzw. die Einbeziehung genau des Geschädigten in den Schutzbereich des Vertrags angenommen wird, um dessen Anspruch vor Gericht gestritten wurde.

Genau die gegenteilige Wirkung soll hier erzielt werden. Die Adressierung leistet eine wichtige Begrenzung der Haftung durch Begrenzung des Kreises der potentiellen Schadensersatzgläubiger auf Seiten der vielen mit dem Testat möglicherweise in Berührung gekommenen Dritten.

Die Beachtung der Adressierung bei der Frage, ob dem Anleger Schadensersatzansprüche zustehen, ist unabdingbar wichtig, da ein Testat für den Adressaten, an den es gerichtet ist, eine andere Botschaft in sich tragen kann als für Außenstehende, die es zwar ebenso, aber nach der Intention des Wirtschaftsprüfers nur zufällig zu Gesicht bekommen. Nur die für die Vermögensdisposition der Adressaten ausschlaggebenden Informationen hat der Wirtschaftsprüfer mit der seinem Berufsstand eigenen Sorgfalt und Sachkunde überprüft und im Testat zusammengefaßt. Deshalb kann von ihm im Falle verschuldeter Fehlleistung ein Ein-

---

schen dem adressierenden Wirtschaftsprüfer und dem Adressaten Anleger. Allerdings wird ein Wirtschaftsprüfer, der sein Testat an Dritte richtet, damit keinen Willen zur Haftung zum Ausdruck bringen. Die Haftung tritt bei der c.i.c.-Vertrauenshaftung ohne Rücksicht auf den Willen des Wirtschaftsprüfers ein, so daß die Annahme eines Vertragsschlusses abwegig ist.

[901] *Nann*, Wirtschaftsprüferhaftung – Geltendes Recht und Reformüberlegungen, 1985, S. 161; *Wiegand*, Die „Sachwalterhaftung" als richterliche Rechtsfortbildung, 1991, S. 255; *Jost*, Vertragslose Auskunfts- und Beratungshaftung, 1991, S. 258; *Adolff*, Die zivilrechtliche Verantwortlichkeit deutscher Anwälte bei der Abgabe von Third Party Legal Opinions, 1997, S. 125.

[902] *Lorenz*, FS für Larenz, 1973, S. 575, 619; *Stoll*, FS für Flume, Band I, 1978, S. 741, 768.

[903] *Canaris*, FS für Larenz, 1983, S. 27, 95, verwendet parallel die beiden Begriffe des Adressierens bzw. der Gerichtetheit. Auch sonst werden unter diesen Begriffen dieselben Inhalte diskutiert, freilich vor den unterschiedlichen Hintergründen der jeweils vertretenen Anspruchsgrundlagen.

[904] Aber auch im Rahmen der Prospekthaftung von Wirtschaftsprüfern spielt die Gerichtetheit die Rolle, die Drittbezogenheit des Prospektes und die Ausrichtung seiner Angaben auf die Anleger herzuleiten (*Canaris*, FS für Larenz, 1983, S. 27, 95).

stehenmüssen nur ihnen gegenüber verlangt werden, da er für die anderen nicht tätig wurde. Dem Wirtschaftsprüfer ist billigerweise nicht zuzumuten, das Risiko all derer zu tragen, die mit seinem Tätigwerden irgendwie in Berührung kommen. Die Gerichtetheit vermeidet, daß eine bloß zufällige Kenntnisnahme eines Testats zur Haftungsgefahr für den Wirtschaftsprüfer führt.

b) Adressierung als Vertrauenslenkung

Da die Richtung des Testats zur Disposition des Wirtschaftsprüfers steht, kann er selbst den Kreis der zu schützenden Dritten eingrenzen und der beklagten haftungsmultiplizierenden Streuwirkung[905] seiner Äußerung begegnen, indem er mit alle Zweifel behebender Deutlichkeit im Testat die Adressaten angibt.

aa) Inhalt der Vertrauenslenkung
Inhalt einer solchen vertrauenslenkenden Aussage ist die Bestimmung der Personen, denen gegenüber der Wirtschaftsprüfer Vertrauen in Anspruch nimmt und die es ihm gewähren dürfen.

Hier zeigt sich, daß Vertrauenslenkung im Bereich des Verwendungszwecks und des Personenkreises Hand in Hand geht: Die den Zweck Betreffende bestimmt, ob überhaupt eine Drittrichtung des Testats beabsichtigt oder es auf mandanteninterne Zwecke beschränkt ist. Die Lenkung des Personenkreises nimmt im dadurch vorgegebenen groben Rahmen die Feinabstimmung der genau erfaßten Dritten vor.

In diesem Zusammenhang kommt eine Lenkung in zweifacher Hinsicht in Betracht:
Zum einen darf grundsätzlich nur derjenige ein die Haftung auslösendes Vertrauen ins Testat fassen, dem der Wirtschaftsprüfer dies gestattet und den er mit dem Testat anspricht[906]. Zum anderen werden diejenigen explizit oder implizit – durch ausschließliche Benennung der Berechtigten – ausgeschlossenen Dritten nicht Schadensersatzgläubiger. Sie können aus dem Testat kein haftungsbegründendes Vertrauen ableiten, das sie dem Wirtschaftsprüfer gewähren können. Lenkbar sind also sowohl die, die vertrauen dürfen, als auch die, denen das verboten ist.

Für einen effektiven Schutz des Wirtschaftsprüfers ist eine Kombination der ge- und verbietenden Alternative am geeignetsten. Im Testat selbst sollte ausdrücklich festgestellt werden, wer sich verlassen darf, und ergänzend negativ, wer nicht. Wird nämlich ohne entsprechendes Verbot nur bestimmt, wer vertrauen darf, ergibt sich im Adressatenkeis eine Lücke. Nicht gesagt ist, ob auch weitere Dritte sich verlassen dürfen und gegebenenfalls welche weiteren Dritten dies sind[907]. Eine Lücke kann, ohne die Ausgeschlossenen zu bezeichnen, nur umgangen werden, wenn der Wirtschaftsprüfer ausdrücklich die Ausschließlichkeit des genannten Adressatenkreises klarstellt. Er kann beispielsweise einen konkreten Anleger als Adressaten bestimmen, wenn der Prüfungsauftrag ihm vom Mandanten nur gegenüber die-

[905] *Adolff*, Die zivilrechtliche Verantwortlichkeit deutscher Anwälte bei der Abgabe von Third Party Legal Opinions, 1997, S. 167.
[906] Zu den Grenzen dieser Aussage vgl. unten Seite 174 f.
[907] Zur dann entstehenden Problematik der Ermittlung der geschützten Dritten vgl. unten Seite 176 ff

sem erteilt wurde, und feststellen, daß andere Dritte nicht vom Testat begünstigt werden. Eine Gerichtetheit ist auch an eine mehr oder weniger bekannte bzw. ermittelbare und deshalb mehr oder weniger genau zu bezeichnende Personengruppe möglich, der der sich auf Vertrauen ins Testat Berufende angehören muß. Z. B. kann an alle Anleger adressiert werden, die sich am testierten Anlagemodell beteiligen wollen, so daß andere, insbesondere die Anlage finanzierende Bank o. ä. ausgeschlossen sind. Weitere Grenzen des noch immer sehr weiten Anlegerkreises sind der noch zu behandelnde zeitliche Aspekt[908] und die unten zu erörternde Frage der Erst- und Zweitanleger.

Obige Aufzählung erhebt keinen Anspruch auf Vollständigkeit, da die einzelnen Möglichkeiten genauso vielgestaltig sind, wie die der Erstellung des Testats zugrunde liegenden Aufträge. Der Wirtschaftsprüfer hat im Einzelfall, unter Absprachen mit seinem Mandanten, die jeweiligen Adressaten zu bestimmen und das Testat an sie zu richten. Wie auch bei der übrigen Vertrauenslenkung kann die Bestimmung des Empfängerkreises nicht deutlich genug sein. Das gilt für die in den Kreis potentieller Schadensersatzgläubiger Aufgenommenen wie für die Ausgeschlossen[909].

bb) Grenzen der Vertrauenslenkung

Hier gilt jedoch dieselbe Grenze der Beschränkbarkeit wie bei den Abreden des Wirtschaftsprüfers mit dem Mandanten: Ist das Testat nur an den Mandanten gerichtet, für den persönlich es keinen Zweck hat und der es nur zur Verwendung gegenüber Dritten bestellte, oder ist kein anderer Zweck denkbar, als den oder die ausgeschlossenen Dritten zu beeinflussen, führt die alleinige Gerichtetheit an den Mandanten nicht zum Ausschluß eines Vertrauens Dritter[910].

Begründen kann man dies mit § 242 BGB[911]. Der Wirtschaftsprüfer verhält sich durch eine solche Aussage widersprüchlich: Er richtet das Testat nur an den Mandanten, obwohl er weiß, daß der damit nichts anfangen kann. Zudem erstellt er damit ein vertragswidriges Testat, das der Mandant so nicht in Auftrag gab. Andere Einwände gegen die Zulässigkeit sind dagegen nicht begründet[912].

Teilweise wird die Wirkung der Vertrauenslenkung in personeller Hinsicht gänzlich bezweifelt[913]. Der Vertrauenstatbestand werde nicht zerstört, wenn die Anleger einem Wirtschaftsprüfertestat zu viel Vertrauen schenkten.

Diese generelle Kritik überzeugt nicht. Sind Anleger vom Adressatenkreis eines Testates erkennbar durch (ausdrückliche) Anordnung ausgeschlossen, können sie zwar für sich auf die Aussagen des Testats vertrauen, doch ist dieses Vertrauen nicht geeignet, bei Enttäuschung Schadensersatzansprüche zu begründen. Es geht bei der Lenkung des Adressatenkreises gerade darum, nicht schutzwürdige Dritte, die dem Testat zwar auch vertrauen, aber bei dessen

---

[908] Vgl. dazu gesondert Seite 188 ff.
[909] Vor allem letztere sollten am besten direkt angesprochen und ihnen direkt das Vertrauen verboten werden (*Adolff*, Die zivilrechtliche Verantwortlichkeit deutscher Anwälte bei der Abgabe von Third Party Legal Opinions, 1997, S. 168).
[910] Vgl. oben Seite 167 f.
[911] Es handelt sich dabei um die schon beschriebene Inhaltskontrolle einseitiger Vertrauenslenkungen.
[912] *Schneider*, ZHR 163 (1999), 246, 267.
[913] *Möllers*, JZ 2001, 909, 914.

Enttäuschung leer ausgehen müssen[914], von solchen zu scheiden, die schutzwürdig sind[915] und damit zum Schadensersatz berechtigt werden[916]. Daran kann Intensität und Heftigkeit des Vertrauens nichts ändern. Deshalb ist es richtiger, einer Vertauenslenkung die Wirkung nicht von vornherein zu versagen, sondern im Einzelfall nach § 242 BGB, wenn sie widersprüchlich ist.

Auch dem Einwand, es sei wenig überzeugend, daß der Wirtschaftsprüfer durch bloße Aussagen im Testat seine Haftung einschränken kann, selbst wenn er um mißbräuchliche Verwendung des Testats gegenüber Dritten weiß[917], ist nicht zuzustimmen, wenn er so zu verstehen ist, daß der Wirtschaftsprüfer ein Testat erstellte, dabei die Weitergabe an Dritte verbot, dies im Testat verlautbarte, und dennoch der Mandant das Testat mißbräuchlich verwendete. Denn gerade zur Verhinderung der Drittverwendung in diesen Fällen nahm der Wirtschaftsprüfer die Vertrauenslenkung auf. Ist die Kritik jedoch so zu verstehen, daß der Wirtschaftsprüfer von der Drittverwendung schon bei Erstellung des Testats Kenntnis hatte, ist sie nichts anderes als die Versagung einer mißbräuchlichen Wirkung wegen widersprüchlichen Verhaltens gem. § 242 BGB.

4. Zustimmungserfordernis

Eine vertrauenslenkende Aussage mit dem Inhalt, nur bei Zustimmung des Wirtschaftsprüfers dürfe das Testat gegenüber Dritten verwendet werden, zerstört bzw. hindert die Entstehung von Vertrauen, wenn der Nachweis der Zustimmung fehlt.

a) Andere Ausgangssituation

Diese Aussage unterscheidet sich von den bisher vorgestellten. Sie ist zwar auch an den Dritten gerichtet und sagt ihm auch, wann Vertrauen entstehen kann, unterscheidet sich aber dadurch, daß die Voraussetzungen des Vertrauens dem Dritten nicht ohne weiteres ersichtlich sind. Er muß zunächst nachforschen, ob der Wirtschaftsprüfer tatsächlich eine Zustimmung zur Drittverwendung erteilt hatte. Die Vertrauenslenkung erfordert also Eigeninitiative des Anlegers. Für die Nachforschung hält er am zweckdienlichsten beim Anlagemodellbetreiber, der ihm das Testat vorlegt, Rückfrage, da er den Wirtschaftsprüfer oft nicht persönlich kennt. Er kann sich die schriftliche Zustimmungserklärung des Wirtschaftsprüfers zeigen lassen, wenn sie nicht schon dem Testat beiliegt.

b) Unbedenklichkeit

Die vom Anleger geforderte Eigenleistung ist kein sachlich ungerechtfertigtes Hindernis, das einer solchen Aussage im Testat die vertrauenslenkende Wirkung nehmen könnte. Der Anleger hat grundsätzlich selbst für seine Sicherheit bei Anlagegeschäften zu sorgen. Durch den

[914] *Stahl*, Zur Dritthaftung von Rechtsanwälten, Steuerberatern, Wirtschaftsprüfern und anderen öffentlich bestellten und vereidigten Sachverständigen, 1989, S. 88.
[915] *Hopt*, FS für Fischer, 1979, S. 237, 252.
[916] *Nann*, Wirtschaftsprüferhaftung – Geltendes Recht und Reformüberlegungen, 1985, S. 262.
[917] *Koller*, WuB I G. 4.-1.01, 163, 164. Ihm folgend *Möllers*, JZ 2001, 909, 914.

Einsatz eines Wirtschaftsprüfers wird er zwar von seiner Selbstverantwortung befreit, was aber nicht vollumfänglich erfolgen muß. In gewissem Umfang kann trotz Einschaltung eines Experten ein gewisses Maß davon erhalten bleiben. Vom Anleger Erkundigungen über die vom Wirtschaftsprüfer statuierten Voraussetzungen seiner Einstandspflicht zu fordern, erhält nur einen Teil der Selbstverantwortung des Anlegers. Es belastet ihn nicht über Gebühr, Vorsorge in eigenen Angelegenheiten zu treffen. Verläßt sich der Anleger ohne Überprüfung auf das Testat, ist es nicht unbillig, ihm einen Anspruch zu versagen. Er handelt auf eigenes Risiko.

Wollte man die vertrauenslenkende Wirkung versagen, bliebe nur die Möglichkeit, dem Wirtschaftsprüfer über § 254 Abs. 1 BGB zu helfen und den Anspruch des Anlegers, der trotz nicht erteilter Zustimmung zur Drittweitergabe entstand, wegen Mitverschuldens zu kürzen. Der Anleger hätte aufgrund der Aussage im Testat das Vorliegen der Zustimmung erforschen müssen. Unterläßt er dies, liegt darin ein so schwerwiegender Verstoß gegen die im eigenen Interesse zu erwartende Sorgfalt, der eine gänzliche Versagung seines Anspruchs wegen weit überwiegenden Mitverschuldens rechtfertigt.

Obwohl sich die Begründungsansätze im Ergebnis gleichen, ist nur die Vertrauenslenkung mit ihrer Verhinderung schon des Haftungstatbestands richtige Lösung.

III. Objektive Beurteilung

Ohne eine die Gerichtetheit des Testats steuernde ausdrückliche Aussage ist die Bestimmung des geschützten Personenkreises schwieriger. Es muß auf anderem Wege ermittelt werden, an wen das Testat adressiert ist.

Dies wird nicht nur relevant, wenn überhaupt kein Adressat benannt ist, sondern auch, wenn das Testat zwar ausdrücklich den Adressaten nennt, aber gleichzeitig nicht anderen ein Vertrauen verbietet, so daß die Adressatenbestimmung ausschließlich wäre. Im letzteren Fall muß ermittelt werden, wer außer dem Benannten noch zu den zu Recht Vertrauenden gehört. Wie dies zu geschehen hat, wird unterschiedlich behandelt.

1. Mögliche Ansätze

a) Kriterium der „Anbahnung"

Canaris[918] bestimmt den geschützten Personenkreis an Hand des mit dem Testat unterstützten Geschäfts. Er geht dabei davon aus, daß die c.i.c.-Dritthaftung eine Haftung im Rahmen der Anbahnung von Geschäften zwischen dem Mandanten und dessen ins Auge gefaßten Kunden ist. Geschützt ist somit nur der mit dem angebahnten Geschäft in Zusammenhang stehende Dritte. Angebahntes Geschäft ist nicht das konkrete Anlagegeschäft mit dem Geschädigten, sondern weitergehend das gesamte wirtschaftliche Projekt, für das das Testat

---

[918] *Canaris*, JZ 1998, 603, 606, 607; *ders.*, ZHR 163 (1999), 206, 235 ff.

verwendet wird und das hinter dem Einzelgeschäft steht[919]. Im Fall der Kapitalanlage also das Anlagegeschäft an sich mit all den notwendigen und nicht notwendigen Folgegeschäften, die zu seiner Realisierung nötig werden.

Vom Personenkreis umfaßt sind jedenfalls die, für die das Testat gemacht ist[920], aber auch die mit dem wirtschaftlichen Projekt in Berührung Kommenden, für alle Geschäfte, die mit dem wirtschaftlichen Projekt zusammenhängen. Geschützt sind damit nicht nur Personen, die sich am Anlagegeschäft selbst beteiligen, sondern auch solche, die dem Anlagegeschäft dienende, es ergänzende Geschäfte zur Durchführung des Projektes[921] abschließen. Das sind z. B. Banken und Geldgeber, die sich bei der Finanzierung des Anlagegeschäfts auf das Testat verlassen, Bürgen für den Betrag der Anlage und an vergleichbaren Geschäften Beteiligte. Geschützt sind somit alle, die sich bei projektbezogenen Geschäften vom Testat leiten lassen[922], da auch diese Personen als Teile des Verbunds der Gesamttransaktion mit dem Wirtschaftsprüfer, der ebenfalls Teil dieses Verbunds ist, in Kontakt treten und im Rahmen des Gesamtkonzepts kooperieren, so daß auch ihnen das Testat bestimmungsgemäß zur Verfügung steht.

Diese abstrakt-generelle Adressatenermittlung erfolgt jedoch unter der Prämisse, daß das Haftungsrisiko des Wirtschaftsprüfers nicht erhöht wird, was bei den die Anlage finanzierenden Geschäften u. ä. gerade der Fall sei[923].

b) Auslegung der Erklärung des Wirtschaftsprüfers

Eine andere Ansicht[924] fragt zur Ermittlung des geschützten Personenkreises, wie die Erklärung, die der Wirtschaftsprüfer mit dem Testat abgibt, aus Sicht des Empfängers nach Treu und Glauben unter Berücksichtigung der Verkehrssitte zu verstehen sei.

Die Suche nach der Antwort, ob auch der den Anspruch stellende Dritte zum Adressatenkreis gehört, sei somit eine Frage der Auslegung der vom Wirtschaftsprüfer mit dem Testat abgegebenen Haftungs- bzw. Garantieerklärung, die ergeben müsse, daß er für die sorgfältige Erstellung des Testats einstehen wolle. Kein Problem stelle sich dabei, wenn das Testat speziell auf eine bestimmte Personengruppe zugeschnitten sei, zu der auch der Anspruchsteller gehört. Ist dagegen ein allgemeines Testat erteilt, könne der Dritte nicht ohne weiteres annehmen, der Wirtschaftsprüfer habe auch ihm gegenüber eine Garantie übernommen. Vielmehr sei eine Kontaktaufnahme zwischen Drittem und Wirtschaftsprüfer erforderlich[925].

---

919 *Picker*, FS für Medicus, 1999, S. 397, 444, folgt diesem Ansatz und stellt auf die Gesamttransaktion ab.
920 *Canaris*, ZHR 163 (1999), 206, 235.
921 *Canaris*, ZHR 163 (1999), 206, 236, nennt dies ein sog. ergänzendes Geschäft, das zur Durchführung des Projekts vorgenommen wird.
922 *Picker*, FS für Medicus, 1999, S. 397, 444.
923 *Canaris*, JZ 1998, 603, 606; *ders.*, ZHR 163 (1999), 206, 236 (mit Begründung); *Picker*, FS für Medicus, 1999, S. 397, 447.
924 *Stoll*, FS für Flume, Band I, 1978, S. 741, 768, 769; *Grunewald*, AcP 187 (1987), 285, 300; *dies.*, ZGR 1999, 583, 598 f.; *Philippsen*, Zur Dritthaftung des privat beauftragten Gutachters für fahrlässig verursachte Vermögensschäden, 1998, S. 153.
925 *Grunewald*, ZGR 1999, 583, 599.

c) Objektive Bestimmung der Richtung des Testats

Weiterhin wird vertreten[926], eine Expertise entfalte nur Drittwirkung, wenn sie an einen Dritten adressiert sei. Fehle es daran, sei bei Ermitteln der Drittrichtung größte Zurückhaltung geboten und die Bestimmung des geschützten Personenkreises müsse aus objektiver Sicht des Dritten, der das Testat verwendet, geschehen. Danach mußte der Eindruck entstehen, der Experte wolle die Entscheidung des Dritten in der Weise fördern, daß er ihn von seiner Obliegenheit zur Eigenverantwortlichkeit bei der Ermittlung seiner Entscheidungsgrundlagen befreit habe[927]. Dies sei nur gegeben, wenn die Expertise allein den Grund hatte, die Beweiskraft einer bestimmten Aussage gegenüber Dritten zu erhöhen[928]. Solche Dritte sind primäre Weitergabeempfänger, Personen, aus deren Sicht sich ihre Unterstützung als primärer Zweck der Expertise darstellt[929].

2. Stellungnahme

Im Grundsatz sollte man sich der zuletzt genannten Auffassung anschließen und den Adressatenkreis auf objektive Weise bestimmen, sie aber geringfügig abändern und mit der Ansicht von Canaris verbinden.

a) Kritik der Lösungsansätze

Die zweite, auf Auslegung der Willenserklärung des Wirtschaftsprüfers gerichtete Ansicht, geht von einem falschen Ansatzpunkt aus und ist damit abzulehnen. Sie nimmt an, der Wirtschaftsprüfer gebe mit der Erstellung des Testats eine Erklärung gegenüber dem Anleger ab, ihm gegenüber zur Haftung bereit zu sein. Daß diese Annahme jedoch auf einer Fiktion beruht, wurde im ersten Teil erörtert[930]. Mangels Erklärung des Wirtschaftsprüfers kann der Personenkreis auch nicht aus einer solchen abgeleitet werden. Zutreffender ist Canaris, der nicht auf eine mit dem Testat verbundene Haftungserklärung abstellt, sondern auf das Testat selbst und den Hintergrund seiner Erteilung.

b) Gerichtetheit des Testats

Zum Ausgangspunkt der Ermittlung des geschützten Personenkreises muß man, wie festgestellt, die Richtung des Testats machen. Die im Bereich der Vertrauenslenkung angegebene Literatur belegt eindeutig, daß die Adressierung notwendiges Tatbestandselement der Vertrauenshaftung ist, nicht nur, wenn sie ausdrücklich erfolgte, sondern auch, wenn dazu keine Angaben enthalten sind.

---

[926] *Adolff*, Die zivilrechtliche Verantwortlichkeit deutscher Anwälte bei der Abgabe von Third Party Legal Opinions, 1997, S. 126; *Schneider*, ZHR 163 (1999), 246, 259 ff.
[927] *Schneider*, ZHR 163 (1999), 246, 259.
[928] *Schneider*, ZHR 163 (1999), 246, 260.
[929] *Schneider*, ZHR 163 (1999), 246, 260.
[930] Vgl. oben Seiten 19 ff. und 25 ff.

aa) Ermittlung durch Auslegung
Läßt sich die Adressierung nicht aus einer ausdrücklichen Erklärung des Wirtschaftsprüfers im Testat ableiten, ist sie auf objektivem Weg zu ermitteln und dabei unter Beachtung des Begrenzungszwecks des Gerichtetheitserfordernisses mit möglichst großer Zurückhaltung zu agieren.

Bei der objektiven Ermittlung spricht die obige Ansicht zu Recht von einer Auslegung der Expertenäußerung[931], die aus Sicht des Dritten zu erfolgen habe. Klarzustellen ist aber, daß mit dieser Auslegung nicht eine Haftungserklärung gegenüber dem Anleger ermittelt wird, sondern – da die c.i.c eine willensunabhängige Anspruchsgrundlage ist – die Adressierungserklärung, die der Wirtschaftsprüfer abgegeben hätte, hätte er daran gedacht. Der Wirtschaftsprüfer kann durch eigene Erklärungen das die Haftung begründende Vertrauen lenken. Solche vertrauenslenkenden Aussagen sind als Willenserklärungen der, im Fall fehlender ausdrücklicher Erklärung, ergänzenden Auslegung zugänglich. Unter Beachtung von Treu und Glauben und der Verkehrssitte (§§ 133, 157, 242 BGB) fragt sich, ob der Anleger davon ausgehen durfte, er gehöre zu den Dritten, denen der Wirtschaftsprüfer die Verwendung des Testats erlaubte, um ihm Hilfestellung bei der Anlageentscheidung zu geben. Dabei kommt es nicht auf die subjektive Sicht gerade des den Schadensersatzanspruch verlangenden Anlegers an, sondern auf die objektive Betrachtung eines vernünftigen Durchschnittsanlegers in dieser Lage.

Wichtiges, wenn nicht sogar wichtigstes Indiz für die Adressierung ist, dem Ansatz von Canaris[932] folgend, das mit dem Testat unterstützte Geschäft von Mandant und Dritten, das Anlaß des Testats war.

Ein Abstellen allein auf das Anbahnungserfordernis, also eine allein objektive Bestimmung des Geschützten ohne auf die Sicht des Dritten zu achten[933], ist nicht der richtige Ansatz. Es muß, da die c.i.c.-Haftung eine Vertrauenshaftung ist, auch gefragt werden, ob der Vertrauen Gewährende davon ausging, es gewähren zu dürfen. Da aber auch das mit dem Testat unterstützte Geschäft nicht außer Acht bleiben darf, ist es als objektives Auslegungskriterium heranzuziehen. Gehört also das Geschäft des Anlegers zu denen, für die der Mandant das Testat in Auftrag gab, und war die Unterstützung dieses Geschäftes Zweck des Testats, kann der Anleger davon ausgehen, er gehöre zum Kreis der Geschützten. Ist das Gegenteil der Fall, ergibt die objektive Betrachtung den Ausschluß des Dritten.

bb) Einschränkungen
Allerdings sollten hier zwei Einschränkungen vorgenommen werden, die die anderen Ansichten nicht machen.
(1) Erstens ist der zu weitgehende Ausgangspunkt der Canarisschen Ansicht zu kritisieren, die nicht nur das konkrete Geschäft, sondern auch alle damit zusammenhängenden, ergänzenden Geschäfte erfassen will, um daraus die Richtung des Testats abzuleiten.

Dazu besteht kein Bedürfnis. Die Einbeziehung eines über das Anlagegeschäft hinausgehenden Geschäfts und der daran Beteiligten in den geschützten Personenkreis kann dem im Zu-

---

[931] *Schneider*, ZHR 163 (1999), 246, 259.
[932] *Canaris*, JZ 1998, 603, 606, 607; *ders.*, ZHR 163 (1999), 206, 235 ff.
[933] So macht dies aber Canaris.

sammenhang mit einem Anlagegeschäft erstellten Testat nicht mehr entnommen werden, da es nur zur Anbahnung eines Geschäfts des Mandanten mit dem Anleger erstellt wurde, nicht aber zur Anbahnung eines Geschäfts des Anlegers mit einem weiteren Dritten zur Unterstützung des Anlagegeschäfts. Begrenzt man den Personenkreis in dieser Weise, kann man auf das den Wirtschaftsprüfer schützende Korrektiv verzichten, daß ihm keine doppelte Inanspruchnahme durch die Einbeziehung weiterer Personen drohen darf. Zudem braucht man nicht mit großem Begründungsaufwand eine doppelte Inanspruchnahme verneinen[934]. Ein solches Vorgehen verkürzt auch nicht den Schutz der Betroffenen. Denn wollen andere als Anleger das Testat verwenden, müssen sie nur beim Wirtschaftsprüfer nachfragen, ob auch sie sich darauf verlassen dürfen. Es liegt mit einer solchen Konstruktion nicht im Risikobereich des Wirtschaftsprüfers, sondern des Dritten, ob er Ansprüche geltend machen kann, weil er mit einer Adressierung auch an sich vorgesorgt hat[935]. Sagen schon die Befürworter der Haftungsausdehnung, der Wirtschaftsprüfer könnte die weitergehende Verwendung des Testats über das Anlagegeschäft hinaus vorhersehen und billigen[936] und der Experte hätte auch für solche Personen kein anderes Testat erstellt[937], ist auch kein Grund ersichtlich, weshalb der Wirtschaftsprüfer die Verwendung durch andere verweigern sollte, wenn er darum gebeten wird. Vorteil dieser Ansicht im Vergleich zur automatischen Haftungsausdehnung ist jedenfalls, daß der Wirtschaftsprüfer auch diesen gegenüber Haftungsbegrenzungen durchsetzen oder im Einzelfall, wenn er mit der Weitergabe nicht einverstanden ist, die Adressierung verweigern kann.

(2) Zweitens muß die objektive Ermittlung nicht ergeben, die Unterstützung des Dritten bei seiner Entscheidungsfindung sei alleiniger, primärer Zweck des Testats. Es muß vielmehr genügen, wenn sich dieser Zweck gleichberechtigt oder untergeordnet neben weiteren Zwekken ergibt, um einen Dritten berechtigterweise davon ausgehen zu lassen, auch ihm sei ein Vertrauen auf das Testat erlaubt. Andernfalls entschieden immer nur die mit dem Testat verfolgten Hauptzwecke und daneben tretende blieben immer außer Betracht, obwohl auch sie von Mandant und Wirtschaftsprüfer angestrebt wurden.

Wollte man Gegenteiliges annehmen, könnten Testate im Rahmen der Prüfung von Jahresabschlüssen, die primär zur Erfüllung einer gesetzlichen oder gesellschaftsvertraglichen Mandantenpflicht, aber daneben auch zu Informationszwecken Dritter erstellt werden, nie eine Dritthaftung auslösen. Dritte wären immer ausgeschlossen, weil Hauptzweck nicht ihr Schutz ist und sie damit nach objektiver Sicht nie von einer Drittrichtung ausgehen könnten. Dies läßt den Schutz der Anleger, denen bei Anbahnung eines Anlagegeschäfts die testierte Bilanz eines Anlagebetriebs vorgelegt wird, völlig außer Acht. Der Wirtschaftsprüfer, der, um seine Haftung annehmen zu können, wissen oder zumindest damit rechnen muß, daß auch Dritten gegenüber eine Testatverwendung in Betracht kommt[938], ist in diesen Fällen nicht weiter schutzwürdig als bei ausschließlich zur Beurteilung von Anlagemodellen angefertigten Testaten.

---

[934] *Canaris*, ZHR 163 (1999), 206, 237 spricht selbst davon, daß es sich dabei um eine ziemlich komplexe Problematik handelt.

[935] So sieht dies auch *Schneider*, ZHR 163 (1999), 246, 260 für die von ihm sog. sekundären Weitergabeempfänger, die ersehen konnten, daß das Testat nicht auch für sie bestimmt war.

[936] *Canaris*, ZHR 163 (1999), 206, 236.

[937] *Stahl*, Zur Dritthaftung von Rechtsanwälten, Steuerberatern, Wirtschaftsprüfern und öffentlich bestellten und vereidigten Sachverständigen, 1989, S. 144.

[938] Vgl. oben Seite 83 ff.

An dieser Stelle sei, des Zusammenhangs wegen, auch der Ansicht eine Absage erteilt, die im Rahmen von gesetzlich oder gesellschaftsvertraglich vorgeschriebenen Jahresabschlüssen erstellten Testaten generell nur mandanteninterne Zwecke, die Erfüllung der Prüf- und Testierpflicht, zubilligt und sie als für die Dritthaftung taugliche Grundlage ablehnt[939], da Dritte nie davon ausgehen könnten, das Testat sei auch an sie gerichtet.

Dieser Begründungsansatz ist ebenso unrichtig und vermag genauso wenig wie der obige, nur auf den Hauptzweck abstellende, eine Ausnahme von der Dritthaftung bei Pflichttestaten zu begründen. Dabei wird übersehen, daß ein Testat eines Jahresabschlusses, wie oben dargelegt und auch hier gültig, auch (Informations-)Funktionen hat. Die Informationsfunktion des Jahresabschlußberichts trifft vor allem unternehmensexterne Adressaten[940], z. B. bereits beteiligte Aktionäre, potentielle Kapitalanleger, die sich an der Gesellschaft erst noch beteiligen wollen und, hier weniger interessierend, Kreditgeber und Gläubiger der Gesellschaft. Sie alle erfahren dadurch die für ihre Vermögensdisposition nötigen Daten[941]. Damit ist der Bestätigungsvermerk, was seine Informationsfunktion betrifft, in erster Linie drittgerichtet. Auch ist kein Grund ersichtlich, wieso zwischen Testaten bei verpflichtenden und freiwilligen Prüfungen unterschieden werden sollte, weshalb letztere immer Drittrichtung haben und nur ausnahmsweise nicht, bei verpflichtenden Prüfungen dagegen grundsätzlich keine Drittrichtung gegeben sei und nur im Ausnahmefall schon. Der Rechtsverkehr vertraut vorgeschriebenen Testaten genauso wie freiwilligen[942], da sein Vertrauen nicht mit der Aufgabe des Wirtschaftsprüfers zusammenhängt, in deren Rahmen er das Testat erstellt, sondern mit dessen Sachkunde und Neutralität, die er bei jeder seiner Tätigkeiten inne hat. Gerade aufgrund ihrer Neutralität erstatten Wirtschaftsprüfer, anders als mandanten- und interessengebundene Experten, im Zweifel verkehrsfähige, drittgerichtete Gutachten[943].

Eine begrenzte Haftung im Bereich der Pflichttestate wird aber über die Wertung des § 323 Abs. 1 Satz 3 HGB erreicht, wonach nur bei ermittelbarem Bindungs- und Einstandswillen eine vertragliche Haftung angenommen werden kann[944].

c) Ergebnis

Zusammengefaßt bedeutet dies: Der geschützte Personenkreis ist aus objektiver Sicht des Dritten zu bestimmen, der sich fragen muß, ob auch er zu denen gehört, denen die Verwendung des Testats gestatten ist. Dabei hat er das angebahnte Geschäft, zu dessen Unterstützung der Mandant den Wirtschaftsprüfer einschaltete und dessen Zweck die Testiertätigkeit war, als wichtiges Auslegungskriterium zu beachten.

---

[939] *Canaris*, FS für Larenz, 1983, S. 27, 94 f.; *ders.*, ZHR 163 (1999), 206, 238.
[940] *Weiland*, DStR 1996, 717, 721; *Nann*, Wirtschaftsprüferhaftung – geltendes Recht und Reformüberlegungen, 1985, S. 128.
[941] *Nann*, Wirtschaftsprüferhaftung – geltendes Recht und Reformüberlegungen, 1985, S. 128, 163.
[942] *Nann*, Wirtschaftsprüferhaftung – Geltendes Recht und Reformüberlegungen, 1985, S. 163 ff., 264; *Stahl*, Zur Dritthaftung von Rechtsanwälten, Steuerberatern, Wirtschaftsprüfern und öffentlich bestellten und vereidigten Sachverständigen, 1989, S. 60.
[943] *Philippsen*, Zur Dritthaftung des privat beauftragten Gutachters für fahrlässig verursachte Vermögensschäden, 1998, S. 153 f.
[944] Vgl. oben Seite 97 f.

Geschützt ist somit nur der mit dem konkret angebahnten Geschäft in Zusammenhang stehende Dritte, übertragen auf den Fall der Kapitalanlage der in das testierte Anlagemodell investierende Anleger. Geschützt dagegen ist nicht, wer ein das Anlagegeschäft unterstützendes Geschäft abgeschlossen hat, und dabei das Testat zu Grunde legte, da der Wirtschaftsprüfer nicht zur Anbahnung dieses Hilfsgeschäfts eingeschaltet wurde. Dieser kann jedoch für eine Adressierung auch an sich sorgen, indem er zum Wirtschaftsprüfer Kontakt aufnimmt. Weiter nicht geschützt ist ein Dritter, der zwar vom Anlagemodellbetreiber eine Kapitalanlage erwirbt, aber eine andere als die testierte. Zudem muß die Unterstützung des Dritten nicht Hauptzweck des Testats sein.

Aufgrund der Bestimmungsmöglichkeit durch den Wirtschaftsprüfer genauso wie der objektiven Bestimmbarkeit mit Hilfe der Gerichtetheit, kann die Vertrauenshaftung eine Eingrenzung des geschützten Personenkreises erreichen. Der Vorwurf der Uferlosigkeit der Haftung trifft eher die vertraglichen Haftungsansätze, die ihre angeblich zur Eingrenzung dienenden Merkmale immer weiter verwässerten und damit erst zur Ausuferung der Haftung beigetragen.

IV. Erst- und Zweitanleger

Eine weitere Frage des Personenkreises stellt sich, wenn geklärt ist, daß das Testat nur an Kapitalanleger gerichtet ist. Die Frage lautet, ob auch weitere Dritte geschützt sind, die auf den ersten Blick zwar zur geschützten Personengruppe Anleger zählen, die Anlage aber nicht vom Anlagemodellbetreiber selbst, sondern von einem erwerben, der sie zuerst vom Anlagemodellbetreiber erwarb und dann weiterveräußert. Dies betrifft nicht nur Fälle, in denen der Anleger nach gewisser Zeit, aus beliebigen Gründen, etwa aus Geldbedarf, die Anlage an einen Vierten weiterveräußert, sondern auch Fälle, in denen Zwischenhändler selbständig eine Anlage erwerben, um sie für eigene Rechnung zu vermarkten. Man kann dabei von Kettengeschäften sprechen[945].

Davon sind die Fälle zu unterscheiden, in denen nicht gleichartige Geschäfte hintereinander geschaltet werden, wie hier das erste und zweite Anlagegeschäft, sondern in denen es um das nämliche Anlagegeschäft des Erstanlegers geht, bei dem das Testat aber anderen Dritten als Anlegern, z. B. den finanzierenden Banken, vorgelegt wird. Dabei wird die hier aufgeworfene Frage nicht relevant, da die Bank nicht Zweitanleger, sondern ein anderer Dritter im Rahmen des ersten Anlagegeschäfts ist. Der Ausschluß solcher Drittpersonen wurde bereits oben geklärt[946]. Hier geht es nur um die Fälle der Koppelung mehrerer Anlagegeschäfte hintereinander, um Anlageketten.

1. Unproblematische Konstellation

Kein Unterschied zum obigen ergibt sich bei Anlageketten, wenn die Erstanleger, so sollen

[945] Angelehnt an *Stahl*, Zur Dritthaftung von Rechtsanwälten, Steuerberatern, Wirtschaftsprüfern und öffentlich bestellten und vereidigten Sachverständigen, 1989, S. 213, der von Veräußerungsketten spricht.
[946] Vgl. oben Seite 171 ff.

sie im folgenden bezeichnet werden, selbst einen Wirtschaftsprüfer mit Erstellung eines Testats beauftragten, das sie ihren Abnehmern vorlegen wollen. Dann liegt eine ganz normale Dritthaftungskonstellation vor. Dies wird jedoch selten der Fall sein. Viel eher werden die Erstanleger das ursprüngliche Testat einfach weiterverwenden.

Erstanleger ist somit, wer die Anlage direkt vom Anlagemodellbetreiber, dem Mandant des Wirtschaftsprüfers, erwirbt. Zweitanleger dagegen sind deren Kunden oder Abnehmer. Dabei ist der Kreis der Zweitanleger sehr weit. Insbesondere bei umlauffreudigen Kapitalanlagen, die ohne weiteres von einem an den anderen weiterveräußert werden können, werden daraus schnell Dritt-, Viert-, Fünft- und Folgeanleger. Dieser Personenkreis soll dennoch immer nur als Zweitanleger bezeichnet werden, ist doch die auftauchende Frage immer dieselbe: Zählen auch Zweitanleger zur Gruppe der durch das Testat geschützten Anleger?[947].

2. Bedeutung der Adressierung

Die Antwort auf diese Frage kann man wieder aus dem Merkmal der Adressierung entnehmen. Enthält das Testat keine positive bzw. negative Aussage über Einbeziehung bzw. Ausschluß der Zweitanleger, ist, weil eine Lücke bezüglich der Adressierung zu schließen ist, eine objektive Bestimmung mittels ergänzender Auslegung auf dem oben gezeigten Weg[948] vorzunehmen, dessen Tauglichkeit für sachgerechte Lösungen sich hier erweisen kann. Es fragt sich, ob unter Beachtung von Treu und Glauben und der Verkehrssitte der Zweitanleger davon ausgehen durfte, das Testat sei auch an ihn gerichtet, auch seine Anlageentscheidung sollte dadurch beeinflußt werden.

Ein Argument dagegen kann aus den Hauptindizien der Adressatenermittlung, dem angebahnten Geschäft und dem Zweck des Testats entnommen werden. Da die c.i.c.-Haftung eine im Rahmen der Anbahnung von Geschäften zwischen Mandant und dessen Kunden wurzelnde ist, kann sie nur solche Dritte schützen, die vom Mandanten bei Erteilung des Testatauftrags ins Auge gefaßt wurden, und dies nur, wenn Zweck des Testats die Unterstützung dieses Geschäfts war.

Beide Aspekte des Anbahnungsarguments kann man hier nicht annehmen. Der Mandant hat kein Interesse am Schutz auch der Anleger, die nicht von ihm erwerben, sondern von einem anderen. Wieso sollte er für sie die Kosten eines Testats mitübernehmen, die sie ihm im Rahmen des Anlagegeschäfts nicht erstatten. Aber auch der Wirtschaftsprüfer wollte durch das Testat das Zweitanlagegeschäft nicht unterstützen. Er testierte nicht, um die Glaubwürdigkeit anderer Anlageveräußerer als seines Mandanten zu verstärken. Die zweite oder weitere folgende Veräußerung der Anlage hat also mit dem angebahnten Anlagegeschäft nichts mehr zu tun[949]. Der Zweitanleger ist an der mit dem Testat unterstützten Anbahnung des ersten Geschäftes nicht mehr beteiligt.

---

[947] Diese Frage verdeutlicht besonders die gefährliche Streuwirkung von Testaten, die sich aus deren fehlendem Verbrauch trotz oftmaliger Verwendung ergibt (vgl. oben Seite 66).
[948] Vgl. oben Seite 176 ff.
[949] *Canaris*, ZHR 163 (1999), 206, 237.

Zudem steht der Zweck des Testats entgegen. Er hat sich bereits im ersten Anlagegeschäft erschöpft[950]. Eine Folge des angegebenen Verwendungszwecks liegt nämlich im Verbrauch des Testats mit Erreichung des angestrebten Zwecks. Verbrauch bedeutet, daß das Testat mit der Zweckerreichung in seinen Wirkungen erschöpft ist und kein Vertrauen mehr hervorrufen kann. Das heißt, daß ein für ein Anlagemodell erstelltes Testat, das dessen Risiken betrachtet, mit der Anlageentscheidung des als Adressat in Betracht kommenden Anlegers verbraucht ist. Wird dann vom Anleger die erworbene Kapitalanlage an Zweitanleger weiterveräußert und dabei das Testat weitergegeben, kann sich dieser darauf nicht mehr genauso verlassen wie der erste Anleger.

Dieses Ergebnis entspricht auch der Interessenlage. Der Wirtschaftsprüfer soll vor einer allzu weiten Ausuferung der Haftung, die mit dem fehlenden Verschleiß von im Testat enthaltenen Informationen verbunden ist, bewahrt werden. Die Informationen können veralten, nicht jedoch das Testat, das beliebig oft weiterverwendbar ist[951]. Anderes gilt nur, wenn der Wirtschaftsprüfer durch sein Testat auch den weiteren Umlauf der Anlage fördern wollte und dies zum Ausdruck brachte oder sonst objektiv erkennbar ist. Andernfalls müssen Zweitanleger, wie auch im Rahmen des Erstgeschäfts beteiligte weitere Dritte, eigenverantwortlich für eine Adressierung an sich sorgen[952].

Für die Richtigkeit dieses Ergebnisses spricht letztlich die in der Literatur verbreitete Ansicht, daß in den Fällen der Expertenhaftung, in denen es um Gutachten von Sachverständigen über den Wert einer zu verkaufenden Sache geht, die Haftung des Experten nur für den sog. ersten Dritten[953], nicht aber für den zweiten Dritten besteht[954].

3. Kritik

Jedoch erntet diese Ansicht in den Fällen der Veräußerungskette auch Kritik, die von ihren Vertretern auf Anlagegeschäfte übertragen werden dürfte. Sie geht davon aus, daß alle Anleger dem Testat Vertrauen entgegenbringen, weshalb eine allein auf Vertrauen bauende Haftungsbegründung keine geeigneten Kriterien fände, eine Erstreckung der Haftung auf den ersten, nicht aber auf den zweiten und weiteren Dritten zu begründen[955]. Eine solche Differen-

---

[950] *Philippsen*, Zur Dritthaftung des privat beauftragten Gutachters für fahrlässig verursachte Vermögensschäden, 1998, S. 162, mit anderem dogmatischen Ansatz der Garantieerklärung.

[951] Ein anderes, aus der Ewigkeit eines Testats folgendes Problem ist unten noch im Rahmen der zeitlichen Geltung zu besprechen (Vgl. Seite 188 ff.).

[952] *Schneider*, ZHR 163 (1999), 246, 260, 271.

[953] Der Begriff geht zurück auf *Hopt*, NJW 1987, 1745, 1746. Übernommen auch von *Schmitz*, DB 1989, 1909, 1913, und *Ebke/Scheel*, WM 1991, 389, 393. *Philippsen*, Zur Dritthaftung des privat beauftragten Gutachters für fahrlässig verursachte Vermögensschäden, 1998, S. 61, spricht von erstem und zweitem Glied in der Veräußerungskette.

[954] *Hopt*, NJW 1987, 1745, 1746; *Schmitz*, DB 1989, 1909, 1913; *Gottwald*, Haftung für Auskunft und Gutachten gegenüber Dritten: England, Deutschland, Schweiz, 1994, S. 31; *Philippsen*, Zur Dritthaftung des privat beauftragten Gutachters für fahrlässig verursachte Vermögensschäden, 1998, S. 61, 162; *Canaris*, ZHR 163 (1999), 206, 211, 237.

[955] *Hopt*, AcP 183 (1983), 608, 643; *Stahl*, Zur Dritthaftung von Rechtsanwälten, Steuerberatern, Wirtschaftsprüfern und anderen öffentlich bestellten und vereidigten Sachverständigen, 1989, S. 213 f.

zierung überzeuge nicht[956], da sie allein an Zufälligkeiten ausgerichtet sei, nicht an rechtsschutzwürdigen Belangen der Betroffenen[957].

Da neben dem Vertrauen für eine Haftung auch weitere Tatbestandselemente erforderlich sind[958], trifft der Vorwurf, eine auf Vertrauen gestützte Anspruchsgrundlage sei zu einer Unterscheidung nicht in der Lage, nicht zu. Daß eine Unterscheidung sehr wohl erreichbar ist, wurde in obiger Begründung bewiesen. Eine aus objektiver Anlegersicht erkennbare Richtung an sie fehlt. Zwar mag zutreffen, daß beide auf das Testat vertrauen, egal ob es ihnen berechtigt oder unberechtigt vorgelegt wurde, aber auch das hindert nicht daran, bestimmte Dritte aus dem Kreis der Anspruchsberechtigten auszusondern. Denn auch die oben als nicht schutzwürdig qualifizierten Dritten[959] bringen dem Testat Vertrauen entgegen, bekommen aber im Falle der Enttäuschung ihres Vertrauens dennoch keinen Schaden ersetzt.

V. Beweislastverteilung

Problematisch im Rahmen der Adressierung ist die gerechte Verteilung der Beweislast. An sich hätte der Anleger die Gerichtetheit als für ihn günstige, haftungsbegründende Tatsache zu beweisen und zur vollen Überzeugung des Gerichts darzulegen, daß das Testat für ihn und seine Anlageentscheidung bestimmt war.

Dies ist mit erheblichen Schwierigkeiten verbunden[960]. Denn fehlen die Richtung des Testats steuernde Aussagen des Wirtschaftsprüfers und ist die Adressierung objektiv anhand der Umstände zu ermitteln, ist dem Anleger der Beweis unmöglich. Er müßte nämlich mit den Beweggründen und den mit dem Testat verfolgten Zwecken des Wirtschaftsprüfers, innere Tatsachen beweisen, die zu beweisen schwierig bis unmöglich sind. Der Wirtschaftsprüfer hat es in der Hand, durch Bestreiten der Richtung an den Anleger, den Anspruch zu vereiteln. Er könnte sich im Streitfall mit Aussicht auf Erfolg mit der bloßen Behauptung begnügen, für Personen wie den Anleger sei das Testat nicht bestimmt.

1. Abhilfe durch Beweislastumkehr

Diese Einwände dürfen aber nicht dazu führen, das wertvolle Begrenzungspotential der Adressierung gänzlich aufzugeben. Ist einziger Kritikpunkt daran die prozessuale Beweisschwierigkeit, sollte eine Korrektur genau hier ansetzen. Gelingt es, die Beweislast zu Gunsten des Anlegers zu modifizieren, schafft dies bereits genügend Abhilfe.

Entlastung für einen mit bis zur Anspruchsvereitelung gehenden Beweisproblemen belasteten Kläger bietet die Annahme einer Beweislastumkehr durch Vermutungen für eine Tatsa-

[956] *Weber*, NZG 1999, 1, 11.
[957] *Ebke/Scheel*, WM 1991, 389, 393, die diese Kritik zwar beispielhaft mit dem Fall der hier nicht interessierenden, sondern oben schon behandelten Finanzierung belegt, doch ohne die hier erfolgte Differenzierung nach den Kettenfällen und anderen Drittvorlagefällen pauschal auch die Lösung der Kettengeschäfte kritisieren.
[958] Vgl. oben Seite 71 ff.
[959] Vgl. oben Seite 75 ff.
[960] Vgl. dazu *Wiegand*, Die „Sachwalterhaftung“ als richterliche Rechtsfortbildung, 1991, S. 257 ff.

che, die der andere Teil zu widerlegen hat (§ 292 ZPO). Dies bedeutet für die Adressierung, daß sie indiziert wird, wenn ein Testat in Umlauf und einem Anleger zu Gesicht kam, der sich in seiner Entscheidung davon leiten ließ. Dem Wirtschaftsprüfer obliegt dann, darzulegen und zu beweisen, er habe das betreffende Testat nicht für Personen wie diesen Anleger oder nicht für Entscheidungen wie diese bestimmt. Beweisprobleme gehen damit auf den Wirtschaftsprüfer über.

2. Begründung der Beweislastumkehr

Jedoch kann eine Beweislastumkehr im Fall der Wirtschaftsprüferhaftung nicht einfach statuiert werden. Dafür bedarf es einer tauglichen Begründung, da eine Umkehr zu Gunsten des Klägers zugleich eine Belastung des Beklagten und einen Eingriff in die überkommenen, im Grundsatz gerechten Regelungen der Beweislast bedeutet. Wer aber von der Regel abweichen möchte, trägt dafür eine besondere Begründungslast.

Letztlich kann man die Problematik der Beweislast darauf zurückführen, daß der Anleger Vorgänge in der Sphäre des Wirtschaftsprüfers zu beweisen hätte, wozu er nicht, der Wirtschaftsprüfer aber leicht, in der Lage ist. Zum Kriterium einer Beweislastverteilung und -verschiebung wird häufig gemacht, für welche Seite Aufklärung und Beweis schwerer zu erbringen sind[961]. Mit Hilfe der Annahme einer Beweislastumkehr wird dem in Bedrängnis Geratenen Hilfe geleistet. Im Ergebnis handelt es sich um eine Beweislast nach Risikosphären oder Gefahrbereichen[962], bei der jeder zu beweisen hat, was er aus seiner Einflußsphäre unschwer beweisen kann.

Bekannt ist dies aus anderen Fällen der Beweislastumkehr, z. B. der deliktischen Produzentenhaftung, bei der der unkundige Verbraucher nicht die im Organisationsbereich des Unternehmers liegenden Tatsachen zu beweisen hat[963], aber auch dem Arzthaftungsrecht, bei dem geschädigten Patienten die für die Beweisführung nötige medizinische Sachkunde fehlt[964].

Gerade die Arzthaftung kann besonders fruchtbar gemacht werden, da der Arzt, genau wie der Wirtschaftsprüfer, auf seinem Gebiet Experte ist. Deshalb soll auch der Experte Wirtschaftsprüfer die Beweislast für solche Tatsachen tragen, die dazu führten, daß der geschädigte Anleger allein aufgrund der Beweislast seines Anspruchs verlustig ginge. Aber auch die Produzentenhaftung scheint geeignet, wurde doch schon festgestellt, daß die Haftung für das gefährliche Gut Information mit der Produzentenhaftung vergleichbar ist[965]. Auch im Fall der Testathaftung kann der Wirtschaftsprüfer unschwer beweisen, an wen er es richtete, während dies dem Anleger bei fehlender Angabe im Testat unmöglich ist[966].

---

961 *Jost*, Vertragslose Auskunfts- und Beratungshaftung, 1991, S. 286, mit Hinweis auf BGH NJW 1988, 200, 203.
962 BGHZ 51, 91, 96 ff.; *Thomas/Putzo*, Vorbem § 284 ZPO Rn 25.
963 Ermann/*Schiemann*, § 823 BGB Rn 121, 122; MüKo/*Prütting*, § 286 ZPO Rn 120, 144; Palandt/*Thomas*, § 823 BGB Rn 219 f.; *Zöller*, Vor § 284 ZPO Rn 20.
964 Ermann/*Schiemann*, § 823 BGB Rn 141 ff.; MüKo/*Prütting*, § 286 ZPO Rn 119, 136; Palandt/*Thomas*, § 823 BGB Rn 169 ff.; *Thomas/Putzo*, Vor § 284 ZPO Rn 30 ff.; *Zöller*, Vor § 284 ZPO Rn 20a.
965 Vgl. oben Seite 85.
966 Diese Umkehr der Beweislast gilt nur im hier erörterten Bereich, nicht aber für alle anspruchsbegründenden Voraussetzungen. Die damit verbundenen Schwierigkeiten sind keine Besonderheiten der Wirtschaftsprüferhaf-

Zudem überzeugt diese Beweislastverteilung wertungsmäßig. Der Wirtschaftsprüfer kann sich vorbeugend die Beweisführung erleichtern, indem er eindeutige vertrauenslenkende Aussagen bezüglich der Richtung ins Testats aufnimmt. Er wird durch diese Regelung nicht über Gebühr belastet.

tung, sondern allgemein in der prozessualen Beweislastverteilung angelegt und treffen jeden Kläger gleichermaßen.

E. Zeitliche Grenze

Ein interessantes, bislang vernachlässigtes Problem ist die Frage nach einer zeitlichen Grenze des Einstehens des Wirtschaftsprüfers für ein Testat. Gemeint ist nicht die Verjährung, da nur Ansprüche (§ 194 Abs. 1 BGB), also bereits entstandene Schadensersatzverbindlichkeiten, verjähren können. Gemeint ist die vorgeschaltete Frage, wie lange auf ein Testat gestützte Schadensersatzverbindlichkeiten überhaupt entstehen. Evtl. haben Testate eine Halbwertzeit bzw. ein Verfallsdatum, nach dessen Ablauf sie kein Vertrauen und damit keinen Schadensersatz mehr begründen, weil die darin enthaltenen Inhalte überholt und verbraucht sind.

Virulent wird die zeitliche Begrenzung aufgrund der besonderen Eigenart von in Testaten oder auf andere Weise gegebenen Informationen, in der ihre besondere Gefährlichkeit begründet liegt: Informationen veralten im Laufe der Zeit und verlieren durch Überholung ihre Tauglichkeit und ihren Wert für den Anleger. Dennoch tritt mit dem Verstreichen von Zeit weder Verbrauch noch Abnutzung ein, wird nicht verhindert, daß sie weitergegeben und von Anlegern bei ihrer Entscheidung verwertet werden[967].

Nötig ist vor diesem Hintergrund ein zeitlicher Zusammenhang zwischen Veröffentlichung des Testats und Vornahme der das Vermögen betreffenden Verfügung.

I. Zeitlicher Zusammenhang

Der zeitliche Zusammenhang zwischen Testat und Vermögensdisposition des Anlegers hat zwei unterschiedliche Bedeutungen.

1. Zeitliches Nachfolgen

Klar ist die erste Bedeutung. Die Vermögensdisposition des Anlegers muß der Testaterstellung zeitlich nachfolgen. Das heißt, die Anlageinteressenten dürfen ihre vermögensschmälernde Verfügung grundsätzlich erst getroffen haben, nachdem ihnen das Testat vorlag[968]. Andernfalls liegt schon kein auf das Testat des Wirtschaftsprüfers gestütztes Vertrauen vor, da die Vermögensanlage nicht durch ein Testat und das Vertrauen darauf beeinflußt worden sein kann, wenn das Testat noch nicht einmal erstellt und an den Anleger weitergereicht war. Es fehlt in diesen Fällen die haftungsbegründende Kausalität von Testat und Anlageentscheidung, das Gewähren von Vertrauen[969]. Die Anlageentscheidung erfolgte zwangsläufig losgelöst vom und ohne Rücksicht auf das Testat.

---

[967] Vgl. oben Seite 66.
[968] BGH NJW 1982, 2827, 2828; 2001, 360, 363 (Der Bundesgerichtshof differenziert richtigerweise nach den zeitlichen Aspekten); *Ebke*, Wirtschaftsprüfer und Dritthaftung, 1983, S. 74; *ders./Gehringer*, WPK-Mitt. 2001, 83, 84; *Nann*, Wirtschaftsprüferhaftung – Geltendes Recht und Reformüberlegungen, 1985, S. 266.
[969] Zu diesem Erfordernis vgl. oben Seite 72 ff.

2. Zeitlicher Zwischenraum zwischen Testaterstellung und Vermögensdisposition

Schwieriger zu beurteilen ist die zweite zeitliche Komponente, wie groß der zeitliche Zwischenraum zwischen Testaterstellung und Vermögensdisposition des Anlegers sein darf. Hier handelt es sich um die eigentliche Frage des Verfallsdatums. Ein Testat ist nicht unbegrenzt als Entscheidungsgrundlage nutzbar, sondern muß vom Anleger zu einem Zeitpunkt zugrunde gelegt werden, zu dem der Wirtschaftsprüfer noch mit dessen Geltung zu rechnen hatte[970].

a) Zeitliche Grenzen in Rechtsprechung und Gesetz

Der Bundesgerichtshof verneinte einen solchen nicht zu fernliegenden Zeitpunkt bei einer zwei Jahre nach Erteilung eines Bilanztestats vorgenommenen Kreditentscheidung[971]. Dagegen ist bei einem Zeitablauf von lediglich vier Monaten zwischen Expertentätigkeit und darauf gestützter Vermögensdisposition der zeitliche Zusammenhang noch ausreichend[972]. In einer die börsenrechtliche Prospekthaftung einer emmisionsbegleitenden Bank betreffenden Entscheidung aus 1998 sah der Bundesgerichtshof einen zeitlichen Zusammenhang von Kaufentscheidung und Unternehmensbericht[973] von bis zu einem Jahr als ausreichend, von über 18 Monaten dagegen als zu lange an[974]. Das Gesetz bestimmt für einen Prospekthaftungsanspruch in § 45 Abs. 1 Satz 1 BörsenG eine zeitliche Grenze von sechs Monaten.

b) Einzelfallbetrachtung

Eine zeitliche Grenze kann nicht pauschal festgelegt werden, sondern ist vielmehr abhängig vom Einzelfall, mithin vom Inhalt des Testats, von der Anlageart und anderen Komponenten der Testaterstellung. Ist die Anlageart eine schnellebige, auf leicht veränderbaren Umständen aufgebaute, z. B. auf Aktien beruhende[975], tritt Überholung schneller ein, als bei einer ewig unveränderbaren Anlageart z. B. in Immobilien. Dasselbe gilt für den Prüfungsinhalt des Testats bei jeglicher Anlageart. Hatte der Wirtschaftsprüfer Tatsachen zu prüfen, die einem steten Wandel unterliegen, z. B. Mittelzu- und -abflüsse[976], ist seine Aussage naturgemäß kürzere Zeit zutreffend als bei unwandelbaren Tatsachen. Hatte der Wirtschaftsprüfer nur eine vergangenheitsbezogene Aussage im Testat getroffen, kann man daraus nicht nach längerer Zeit noch eine Aussage auch für die Zukunft ableiten. Eine Abhängigkeit besteht zudem von der Frequenz, wie oft ein neues Testat erstellt wird. In einem dem Bundesgerichtshof zur

---

970 Dieses Problem sieht auch *Wiegand*, Die „Sachwalterhaftung“ als richterliche Rechtsfortbildung, 1991, S. 258, ohne jedoch dafür eine Lösung anzubieten.

971 BGH DB 1966, 2020; *Gräfe*/Lenzen/Schmeer, Steuerberaterhaftung Rn 645; *Stahl*, Zur Dritthaftung von Rechtsanwälten, Steuerberatern, Wirtschaftsprüfern und öffentlich bestellten und vereidigten Sachverständigen, 1989, S. 129.

972 BGH WM 1958, 878 f.; *Gräfe*/Lenzen/Schmeer, Steuerberaterhaftung Rn 645. Für Ausreichen von vier Monaten im Bereich der Prospekthaftung OLG Frankfurt a.M. WM 1996, 1216, 1219.

973 Dem entspricht im Fall der Testathaftung von Wirtschaftsprüfern der Zusammenhang zwischen Testat und Anlageentscheidung.

974 BGH NJW 1998, 3345, 3347.

975 Die Einschätzung eines Wertpapiers hängt wesentlich z. B. vom Börsenindex, von Konjunktureinschätzungen oder Unternehmensdaten ab, die sich sämtlich von Tag zu Tag ändern können.

976 BGH NJW 2001, 360 ff.

Entscheidung vorgelegten Fall, hatte der Wirtschaftsprüfer z. B. halbjährlich eine Überprüfung durchzuführen und ein Testat zu erstellen[977]. In solchen Fällen wird mit dem neuen Testat und seinen Aussagen das Alte und dessen Inhalt hinfällig, so daß nur noch das Neue zur Grundlage von Vermögensdispositionen gemacht werden kann. Der Anleger muß die Überholung durch das neue Testat gegen sich gelten lassen, ist doch allgemein anerkannt, daß nur die neuesten Aussagen die Zutreffenden sein können. Wird die Anlageentscheidung somit zu einer Zeit getroffen, zu der bereits ein neues Testat erstellt war, kann der Anleger keine Schadensersatzansprüche mehr auf das erste Testat stützen. Er hätte seine Disposition noch in dem auf die erste Testierung folgenden Zeitraum treffen müssen, vor das nächste Testat als Ergebnis einer zweiten Prüfung erstellt wurde.

Dieser Befund bestätigt die Unmöglichkeit der Festlegung einer einheitlichen Frist, die nur im Einzelfall richtig bemessen werden kann. Dabei wird man aus den bereits judizierten Zeiträumen, von denen vier Monate jedenfalls ausreichend, zwei Jahre oder auch 18 Monate jedenfalls zu lang und ein Jahr gerade noch ausreichend sind, eine Regelfrist von einem halben Jahr bis zu einem Jahr als angemessen herausfiltern können. Im Einzelfall ist diese Regelfrist den Umständen entsprechend durch Verschiebung der Zeitspanne nach oben oder unten anzupassen. Der Ablauf eines Jahres aber ist jedenfalls äußerste Grenze. Bei Aktienanlagen sollte wegen ihrer Schnellebigkeit der Sechs-Monats-Zeitraum des § 45 BörsenG auch außerhalb dessen Anwendung finden.

Ist der Anleger im Zweifel – und solche sollte er nach Verstreichen einer gewissen, im obigen Halbjahres- bzw. Jahresrahmen liegenden Zeit haben –, kann man von ihm verlangen, bezüglich der zeitlichen Geltung und der sie berührenden Umstände Nachforschungen anzustellen, indem er beim Anlagemodellbetreiber oder, soweit möglich, beim Wirtschaftsprüfer Nachfrage hält. Letztlich sollte man diese in gewissem Maße bestehende Eigenverantwortlichkeit des Anlegers dadurch bewehren, daß man ihm im Zweifelsfall den Beweis dafür aufbürdet, der Wirtschaftsprüfer habe noch zu dieser späten Zeit mit der Geltung des Testats rechen müssen[978].

II. Wirkung der zeitlichen Grenze

Spricht man von einem Verfallsdatum von Testaten, fragt sich natürlich, wie diese, die Haftung ausschließende, Wirkung dogmatisch korrekt begründet werden, wie man die Halbwertzeit in juristische Begrifflichkeiten kleiden kann. Dazu werden zwei Möglichkeiten genannt[979]:

1. Kausalitätsproblem

Entweder läßt man die Kausalität der in der Vertrauensenttäuschung durch Erstellung eines

---

[977] BGH NJW 2001, 360 ff. Darin wird dieses zeitliche Problem jedoch nicht relevant.
[978] Dies ist ohnehin eine für den Anleger günstige, den Anspruch erhaltende Tatsache.
[979] *Stahl*, Zur Dritthaftung von Rechtsanwälten, Steuerberatern, Wirtschaftsprüfern und anderen öffentlich bestellten und vereidigten Sachverständigen, 1989, S. 129.

fehlerhaften Testats liegende Pflichtverletzung zum Schaden mangels Rechtswidrigkeitszusammenhangs entfallen[980], da eine Haftung nach so langer Zeit außerhalb des bei Testaterstellung Vorstellbaren liegt.

2. Mitverschuldenseinwand

Oder man verweigert einem auf ein altes Testat vertrauenden Anleger den Schadensersatz über § 254 Abs. 1 BGB wegen Mitverschuldens, da der ordentliche Rechtsverkehr gewöhnlich nur die jüngsten, zeitlich aktuellen Testate als verläßliche Entscheidungsgrundlage anerkennt, auch wenn er mehrere verschieden alte vorgelegt bekommt.

3. Stellungnahme

Keiner dieser Lösungsansätze ist jedoch widerspruchslos möglich.

a) Probleme der vertretenen Ansichten

Die Mitverschuldenslösung müßte dem Anleger einen Vorwurf machen können. Er hätte durch Verlassen auf das alte Testat gegen von ihm im eigenen Interesse zu erwartendes Verhalten verstoßen müssen. Dies könnte er jedoch nur, wenn er weiß oder zumindest damit rechnet, daß es mehrere verschieden alte Testate gibt bzw. das Testat infolge Zeitablaufs veraltet ist. In der Regel fehlt ihm eine solche Kenntnis, außer er erhält mehrere Testate vorgelegt. Dann wird er sich aber naturgemäß auf das Neueste verlassen. Die Problematik ist also bei unerkannter Veralterung angelegt.

Problem bei der Lösung mittels Kausalität ist, daß es wohl dem regelmäßigen Verlauf der Dinge entspricht und daher nicht von vornherein außerhalb aller Wahrscheinlichkeit liegt, daß ein unrichtiger Prüfbericht eines Wirtschaftsprüfers, auch wenn er längere Zeit zurückliegt, (einen Anleger) in seinen Entschlüssen beeinflußt[981], besonders wenn der Anleger keine Erkenntnismöglichkeit von der zeitlichen Überholung hat.

b) Vertrauensrechtlicher Ansatz

Es ist deshalb keinem dieser Wege zu folgen, sondern das Zeitproblem in das System der Vertrauenshaftung einzuordnen.

Fest steht, unabhängig vom Weg der Begründung, daß der Ablauf der Haltbarkeitsdauer einem Testat die Wirkungen nimmt. Nach Ablauf der Zeit kann sich der Rechtsverkehr nicht mehr auf die Richtigkeit des Testats verlassen. Das Testat ist nicht mehr Grundlage des haf-

---

[980] BGH NJW 1998, 3345, 3347. Auch *Ebke*, Wirtschaftsprüfer und Dritthaftung, 1983, S. 74, scheint dies so zu sehen, wenn er für den Fall, daß Prüfung und Bestätigung lange Zeit zurück liegen, an die Schadenszurechnung besonders strenge Anforderungen stellt. So auch *Neflin*, BB 1957, 496, 497.
[981] BGH BB 1956, 865, 866.

tungauslösenden Vertrauens, der Wirtschaftsprüfer nimmt mit der Erteilung kein Vertrauen mehr in Anspruch. Damit kann der Anleger ein solches auch nicht mehr gewähren, weder dem Wirtschaftsprüfer noch seinem Testat, da nur gewährt werden kann, was zuerst in Anspruch genommen wurde.

Damit ist vordergründig auch das Problem gelöst, daß der Anleger keine Kenntnis vom Zeitablauf hat. Unabhängig von einer Kenntnis kann er ein Vertrauen nicht gewähren, das ihm gegenüber nach verstrichener Wirkungsdauer des Testats nicht mehr in Anspruch genommen wird. Die Inanspruchnahme von Vertrauen ist, wie oben gezeigt[982], anders als das Gewähren, unabhängig vom Einzelfall generell zu beurteilen, ohne daß es auf eine tatsächlich erfolgte, bewußte Inanspruchnahme ankäme.

Jedoch ist zu überlegen, ob nicht aus Anlegerschutzgründen etwas anderes gelten muß, wenn die eingeschränkte zeitliche Geltung des Testats dem Anleger unbekannt ist. Ähnlich der nicht verlautbarten Umfangsbegrenzung[983] könnte bei nicht verlautbarter zeitlicher Begrenzung das Testat als vollkommen vertrauensfähig gelten.

Doch ist dies nicht vergleichbar. Mit einem in der Prüfungsdichte eingeschränkten Testat, das nicht vollumfänglich das Anlagemodell untersucht, braucht der Anleger tatsächlich nicht zu rechnen, da die Richtigkeit eine Grundvoraussetzung berufskonformen Verhaltens des Wirtschaftsprüfers ist, zu dessen Berufspflichten es gehört, nur objektiv richtige Testate zu erteilen, unabhängig vom mit dem Mandanten vereinbarten Prüfungsumfang[984]. Dagegen gehört die zeitlich unbegrenzte Geltung nicht zu den unbedingt erwarteten Eigenschaften eines Testats, da dem Rechtsverkehr ein Verbrauch von Informationen nicht unbekannt ist.

Dem Wirtschaftsprüfer ist dennoch zu empfehlen, auch im Bereich der zeitlichen Geltung vertrauenslenkende Aussagen zu verwenden. Ist die Wirkungsdauer von vornherein absehbar[985], steht nichts entgegen, dies im Testat zu verlautbaren. Jedenfalls sollte ein Testat immer wenigstens ein Datum erhalten, damit jeder Verwender sein Alter ersehen kann. Liegt die Erstellung dann lange Zeit zurück, offenbart sich schon daraus die nur noch begrenzte Tauglichkeit, vor allem wenn schnellebige Materien zu begutachten waren. Mit dem Datum erhalten aber auch gegenwartsbezogene Aussagen[986] im Testat einen zeitlichen Bezugspunkt, der ihnen ihre Richtigkeit auch bei Veränderungen der Sachlage erhält. Aber auch zukunftsbezogene Inhalte[987] zeigen, zu welchem Zeitpunkt der Wirtschaftsprüfer die Prognose aus einer ex ante Sicht wagte. Überholungen der Prognosen durch nachträgliche, vorher nicht absehbare Entwicklungen können dann nicht gegen ihn gewandt werden. Dem Wirtschaftsprüfer ist wohl auch zu empfehlen, auf das Datum gesondert hinzuweisen, z. B. durch Hinweis im einleitenden Text, daß Prüfungsergebnisse die Lage im Zeitpunkt der Begutachtung des Anlagemodells wiedergeben.

---

[982] Vgl. oben Seite 41 ff.
[983] Vgl. oben Seite 136 ff.
[984] Vgl. oben Seite 137 ff.
[985] Z. B. in den Fällen, in denen regelmäßig Beurteilungen durch Wirtschaftsprüfer stattfinden und er schon den Auftrag für eine erneute Prüfung hat.
[986] *Adolff*, Die zivilrechtliche Verantwortlichkeit deutscher Anwälte bei der Abgabe von Third Party Legal Opinions, 1997, S. 177.
[987] *Adolff*, Die zivilrechtliche Verantwortlichkeit deutscher Anwälte bei der Abgabe von Third Party Legal Opinions, 1997, S. 177.

F. Subsidiarität der Dritthaftung

Ein gegen den Wirtschaftsprüfer gerichteter Schadensersatzanspruch könnte entfallen, wenn und weil der Anleger eigene Schadensersatzansprüche gegen den Anlagemodellbetreiber hat.

I. Ansprüche gegen den Anlagevertragspartner

Dies wird aber nur relevant, wenn tatsächlich Ansprüche bestehen. Solche folgen aus pVV des Anlagevertrags, wenn der Anlagemodellbetreiber eine gegenüber dem Anleger obliegende Haupt- oder Nebenpflicht verletzt, etwa die Pflicht, ihn nicht durch Veranlassung fehlerhafter Testate durch Täuschung gegenüber dem Wirtschaftsprüfer zu schädigen. Abgesehen von diesen Fällen des veranlaßt fehlerhaften Testats, wenn der Fehler allein beim Wirtschaftsprüfer zu suchen ist, hat der Anlagemodellbetreiber für das fehlerhafte Testat nicht einzustehen. Im Grundsatz besteht damit kein Anspruch.

Ausnahmsweise könnte dem Mandant gem. § 278 BGB ein Fehlverhalten des Wirtschaftsprüfers als Erfüllungsgehilfe zuzurechnen sein. Erfüllungsgehilfeneigenschaft des Wirtschaftsprüfers ist anzunehmen, wenn sich der Anlagevertragspartner gegenüber dem Anleger verpflichtete, das Anlagemodell von einem Wirtschaftsprüfer auf Risiken überprüfen zu lassen, da der Wirtschaftsprüfer dann mit Wissen und Willen des Anlagemodellbetreibers bei der Erfüllung einer diesem gegenüber dem Anleger obliegenden Verbindlichkeit als Hilfsperson tätig wird[988]. Ist dies indes nicht der Fall, ist die Erfüllungsgehilfeneigenschaft des Wirtschaftsprüfers schwieriger zu begründen. Dies kann jedoch dahinstehen, wenn ohnehin Ansprüche gegen beide ohne Subsidiarität bestehen.

II. Die Subsidiaritätsfrage

1. Subsidiarität

Teilweise wird eine Subsidiarität der Eigenhaftung eines Dritten aus c.i.c. zur Haftung des Geschäftsherrn, hier des Anlagemodellbetreibers, vertreten[989].

Dies ergebe sich aus dem Auftreten des Dritten, das dem Auftreten eines Bürgen ähnele, da auch der Dritte wie der Bürge Gewährsmann seines Geschäftsherrn sei[990], weil er zur Unterstützung des Geschäftsherrn dessen Geschäftspartnern gegenüber seine Vertrauensfähigkeit geltend mache. Ein Bürge aber haftet gem. § 771 BGB grundsätzlich[991] nur subsidiär (Einrede der Vorausklage). Zudem sei die Dritthaftung mit der Haftung beim Kreditauftrag vergleichbar, bei dem der Auftraggeber gem. §§ 778, 771 BGB ebenfalls nur subsidiär haftet.

[988] So die gängige Erfüllungsgehilfendefinition (Palandt/*Heinrichs*, § 278 BGB Rn 7).
[989] *Ballerstedt*, AcP 151 (1950/1951), 501, 523 f.
[990] *Ballerstedt*, AcP 151 (1950/1951), 501, 523.
[991] Die Einrede der Vorausklage ist in den Fällen des § 773 BGB ausgeschlossen.

Auch bei der Dritthaftung wird ein fremdes Geschäft durch persönlichen Einsatz gefördert und eine Vertrauensbeziehung zwischen den übrigen Beteiligten verstärkt[992].

2. Eigenständigkeit des Anspruchs

Der Anspruch gegen den Wirtschaftsprüfer ist jedoch im Verhältnis zum Anlagemodellbetreiber völlig eigenständig.

a) Begründung

Dies ergibt sich zum einen aus der Gesamtschuldnerschaft des Wirtschaftsprüfers und seines Mandanten im Verhältnis zum Anleger[993].

Wie als Voraussetzung der Gesamtschuld nötig, sind die Verpflichtungen des Wirtschaftsprüfers und des Anlagemodellbetreibers dem Anleger gegenüber inhaltsgleich[994], da beide für durch eine fehlgeschlagene Anlageentscheidung eingetretene Schäden aufzukommen haben[995]. Zudem kann der Anleger den Schaden insgesamt nur einmal ersetzt verlangen (§ 421 Satz 1 BGB)[996], bevor er in seinem Interesse befriedigt ist. Ferner haften Wirtschaftsprüfer und Anlagemodellbetreiber gleichstufig[997]; keiner von ihnen ist näher dran, den Schaden zu tragen. Die Dritthaftung aus c.i.c. ist keine Ausfallhaftung, die nur greift, wenn der Anleger keinen Anspruch gegen den Hauptvertragspartner hat. Damit ist sie nicht vom Nichtbestehen anderer vertraglicher Ansprüche abhängig[998]. Es besteht vielmehr zwischen den Ansprüchen gegen den Anlagegeschäftspartner und den Wirtschaftsprüfer das Verhältnis der Anspruchskonkurrenz: Sie bestehen nebeneinander. Der Wirtschaftsprüfer ist in den Fällen seiner Dritthaftung eben nicht nur Gewährsmann für den Mandanten bei dessen Geschäft mit dem Anleger, sondern eigenständiger Garant für das Testat und die darin getroffenen anlagewichtigen Aussagen, andernfalls nimmt er kein persönliches Vertrauen für sich in Anspruch, sondern nur ein Vertrauen für seinen Mandanten. Er ist zwar nicht eigenständiger Vertragspartner des Anlegers, aber sehr wohl eigenständiger Adressat der im Vertrauen auf das Testat verankerten Anlegererwartungen[999].

Zum anderen folgt die Eigenständigkeit der Ansprüche aus der Zweifelhaftigkeit des Vergleichs der Dritthaftung mit der Haftung beim Kreditauftrag[1000]. Letzterer dient in erster Li-

---

992 *Ballerstedt*, AcP 151 (1950/1951), 501, 523 f.

993 MüKo/*Emmerich*, Vor § 275 BGB Rn 176, 188; Soergel/*Wiedemann*, Vor § 275 BGB Rn 235 f.; *Grote*, Die Eigenhaftung Dritter als Anwendungsfall der culpa in contrahendo, 1984, S. 191.

994 Erman/*Westermann*, § 421 BGB Rn 4; MüKo/*Bydlinski*, § 421 BGB Rn 5; Palandt/*Heinrichs*, § 421 BGB Rn 5.

995 *Müller*, NJW 1969, 2169, 2172; *Grote*, Die Eigenhaftung Dritter als Anwendungsfall der culpa in contrahendo, 1984, S. 191.

996 *Grote*, Die Eigenhaftung Dritter als Anwendungsfall der culpa in contrahendo, 1984, S. 191.

997 MüKo/*Bydlinski*, § 421 BGB Rn 12 ff.; Palandt/*Heinrichs*, § 421 BGB Rn 6.

998 *Gottwald*, JuS 1982, 877, 883; *Wiegand*, Die „Sachwalterhaftung“ als richterliche Rechtsfortbildung, 1991, S. 376.

999 *Grote*, Die Eigenhaftung Dritter als Anwendungsfall der culpa in contrahendo, 1984, S. 192.

1000 *Grote*, Die Eigenhaftung Dritter als Anwendungsfall der culpa in contrahendo, 1984, S. 189.

nie der Befriedigung eigener Interessen des Auftraggebers an der Kreditgewährung[1001], nur in zweiter Linie fördert er fremde Geschäfte. Gerade deren Förderung durch den Dritten aber ist bei Dritthaftungskonstellationen notwendige Voraussetzung.

b) Interessengerechtigkeit

Eine eigenständige Haftung des Wirtschaftsprüfers neben dem Anlagemodellbetreiber überzeugt, da sie die Interessen aller an der Haftung beteiligter Kreise beachtet[1002].

Der Wirtschaftsprüfer tritt neben den Mandanten und erbringt eine eigenständige Leistung, die mit derselben vertrauenserweckenden Wirkung gerade nur er erbringen kann, weil nur der Wirtschaftsprüfer die nötige Neutralität besitzt, um gegenüber Anlegern vertrauensbildend tätig zu werden. Erfüllt er aber eine eigenständige Funktion, soll diese im Fall einer Fehlleistung mit eigenständiger Haftung sanktioniert sein.

Die Subsidiarität birgt vor allem ungerechte Ergebnisse, wenn zwar Ansprüche gegen den Anlagemodellbetreiber bestehen, diese aber wegen dessen Insolvenz wirtschaftlich wertlos sind. Man könnte dann zwar sagen, durch die Insolvenz sei nur der wirtschaftliche Wert des Anspruchs berührt, dies ändere jedoch nichts an dessen Existenz[1003]. Doch ließe eine solche Betrachtung den Anlegerschutz zu sehr außer Acht. Drittschutz ist nämlich auch geboten, wenn es nicht nur an rechtlichem, sondern auch an wirtschaftlichem Schutz für den Anleger mangelt[1004]. Es steht ihm nur ein praktisch nutzloser Anspruch zur Verfügung[1005], der nicht zu seiner Privilegierung führt, die zu vermeiden Sinn der Subsidiarität ist.

3. Konsequenzen

Das hier gefundene Ergebnis wird auch nicht vor dem Hintergrund des Vertrags mit Schutzwirkung für Dritte fraglich.

Dort scheidet zwar grundsätzlich der aus dem fremden Vertrag abgeleitete Anspruch mangels Schutzbedürftigkeit des Dritten aus, wenn er bereits einen inhaltsgleichen vertraglichen Anspruch gegen seinen Vertragspartner hat[1006]. Insofern kann von einer Subsidiarität gesprochen werden, die zu einer Besserstellung des Wirtschaftsprüfers führt und evtl. doch für den Vorzug des Vertrags mit Schutzwirkung sprechen könnte.

Doch abgesehen von der bereits geschilderten dogmatischen Überlegenheit der c.i.c.-Haftung trifft die Annahme der Subsidiarität beim Vertrag mit Schutzwirkung für Dritte auf die

[1001] BGH DB 1956, 890; OLG Frankfurt, NJW 1967, 2360/2361; Palandt/*Sprau*, § 778 BGB Rn 1.
[1002] Wiederholt wurde das Streben nach interessengerechten Ergebnissen als Ziel dieser Arbeit betont.
[1003] LG Mönchengladbach NJW-RR 1991, 415, 417.
[1004] *Stahl*, Zur Dritthaftung von Rechtsanwälten, Steuerberatern, Wirtschaftsprüfern und öffentlich bestellten und vereidigten Sachverständigen, 1989, S. 77.
[1005] *Feddersen*, WM 1999, 105, 110.
[1006] BGHZ 70, 327, 329 f.; 129, 136, 169; NJW 1996, 2927, 2929; Erman/*Westermann*, § 328 BGB Rn 15a; MüKo/*Gottwald*, § 328 BGB Rn 118; Palandt/*Heinrichs*, § 328 BGB Rn 18.

hier interessierenden Fälle der Wirtschaftsprüferhaftung nicht zu[1007]. Die Subsidiarität greift nicht, wenn der Schaden allein dem Verhältnis des Hauptvertragspartners (Wirtschaftsprüfer) zum Dritten zuzuordnen ist, ohne daß eine zusätzliche Gefährdung des Dritten durch den Hauptvertrag anzunehmen wäre. In diesen Fällen muß es dem Dritten ohne Einschränkung durch die Subsidiarität möglich sein, einen inhaltsgleichen Schaden auch gegen den Wirtschaftsprüfer geltend zu machen[1008], da hier der Wirtschaftsprüfer gegenüber dem Dritten eine eigenständige, vom Hauptvertrag losgelöste Aktivität entfaltet, die eine Verweisung auf Ansprüche gegen den Vertragspartner nicht begründen kann.

[1007] Generell dieses Erfordernis als verfehlt ablehnend *Neuner*, JZ 1999, 126, 129.
[1008] OLG Stuttgart WPK-Mitt. 1995, 222; *Martiny*, JZ 1996, 19, 25; *Ebke*, JZ 1998, 991, 993.

3. Kapitel: Zusammenfassung

Neben tatbestandlichen Einschränkungen, die eine erste Stufe einer auf ein erträgliches Maß beschränkten Haftung ermöglichen, treten die gesetzlich vorgesehenen Beschränkungsansätze, die jedoch – abgesehen von der Verjährung – nur im Bereich der Pflichtprüfung ein ausgeprägtes Maß erreichen. Wichtig sind deshalb privatautonome Begrenzungsmöglichkeiten. Man kann insofern von einem Risikovorsorgeprogramm[1009] sprechen, das der Wirtschaftsprüfer in eigener Verantwortung zu erreichen suchen muß.

Sinnvoll sind dabei insbesondere einseitige vertrauenslenkende Aussagen mit Angabe von Prüfungsinhalt und -umfang, Verwendungszweck und Personenkreis, an den das Testat gerichtet ist, aber auch vertragliche Vereinbarungen mit dem Anleger, vor allem über den Verschuldensmaßstab. Im Zusammenspiel miteinander, aber auch schon jede für sich, bieten diese Möglichkeiten ein beträchtliches Begrenzungspotential.

Letztlich sollte jeder Wirtschaftsprüfer versuchen, durch optimale Aus- und Weiterbildung, durch sorgsame Erfüllung seiner Berufspflichten und gute Organisation des Prüfungs- und Testiergeschehens, die beste Qualität seiner fachlichen Arbeit zu gewährleisten, um Versehen bei der Testaterstellung und andere Fehlerquellen, die zur Haftungsfalle werden, zu vermeiden. Die fachliche Qualitätskontrolle sollte erste und wichtigste Möglichkeit einer begrenzten Haftung bereits auf der vorhergehenden Ebene der Schadensprävention sein[1010]. Werden nämlich Testate von gut ausgebildeten und sorgfältig arbeitenden Wirtschaftsprüfern erstellt, die alle Erfordernisse einer ordentlichen Prüfung einhalten und, auch wenn sie im Auftrag eines Mandanten arbeiten, ihre neutrale Stellung nie vergessen, werden haftungsauslösende Pflichtverletzungen eher die Ausnahme, denn die Regel, bilden.

Betrachtet man diese Haftungsbegrenzungsmöglichkeiten, insbesondere die privatautonomen, ist die Haftung ein großes Stück von der viel beklagten Existenzbedrohung entfernt. Ein Ruf nach einer gänzlichen Versagung der Dritthaftung bzw. Versuche, deren Berechtigung zu bezweifeln, werden dadurch weniger verständlich. Besser beraten ist eine Rechtsordnung, eine Haftung zwar unter bestimmten, wenn auch engen Voraussetzungen zuzulassen und dem Wirtschaftsprüfer eine Begrenzung in eigener Verantwortung zu überlassen. Die Privatautonomie ist hohes Gut des bürgerlichen Rechts, nicht nur im Bereich der Haftungsbegründung.

[1009] *Henssler*, JZ 1994, 178, 188.

[1010] Diesen Aspekt betont vor allem *Ebke*, Wirtschaftsprüfer und Dritthaftung, 1983, S. 297 ff. (Verbesserung der Rahmenbedingungen).

3. Teil: Gesamtergebnis

Nachdem die wesentlichen Anspruchsgrundlagen dargestellt, die maßgebliche herausgearbeitet und die Fragen der Begrenzbarkeit der Haftung geklärt wurden, können abschließend die Ergebnisse der vorliegenden Arbeit zusammengefaßt werden.

Die Anspruchsbegründung erfolgt am besten mittels c.i.c., die ohne Fiktionen und Systembrüche auskommt und mittlerweile ihre gesetzliche Verankerung im BGB fand.

Wurde auch darauf verzichtet, die Dritthaftung von Experten ausdrücklich als Fall des neuen § 311 Abs. 3 BGB zu regeln, dient sie dennoch als dritte Fallgruppe neben der Prospekt- und der Sachwalter- bzw. Vertretereigenhaftung zur Ausfüllung des allgemein gehaltenen Wortlauts der neuen Norm. Sie vereinigt Elemente beider bisher anerkannter Dritthaftungskonstellationen und kann somit die im Vergleich zu den bisher diskutierten Fällen der Expertenhaftung bestehenden Besonderheiten der Testathaftung meistern, die in einer Haftung für eine unbestimmte Vielzahl von Geschäften gegenüber einer unbestimmten Vielzahl potentiell Geschädigter besteht.

Die Anerkennung der Dritthaftung von Wirtschaftsprüfern für fehlerhafte Testate und generell der Dritthaftung von Experten nach c.i.c.-Grundsätzen zeichnet sich mittlerweile in der Rechtsprechung ab.

Entgegen dem geäußerten Vorwurf, eine Expertenhaftung wäre keiner befriedigenden Begrenzung zugänglich und kulminiere deshalb zwangsläufig in einer Existenzbedrohung des Inanspruchgenommenen, wurde versucht, das Gegenteil zu beweisen. Eine Vielzahl von Begrenzungsansätzen bietet in Kombination miteinander, aber auch jede für sich, ein geeignetes Medium zur Haftungseindämmung.

Mittels am Tatbestand der Haftungsnorm ansetzender Restriktionen wird eine erste Eingrenzung erreicht. Herauszuheben ist das Erfordernis der Schutzwürdigkeit, die nur bei einem Wissensvorsprung des Wirtschaftsprüfers gegenüber dem Anleger bzw. umgekehrt einem Informationsdefizit des Anlegers gegenüber dem Wirtschaftsprüfer besteht und bei deren Fehlen eine Haftung ausscheidet. Daneben ist als eigeständige subjektive Haftungsvoraussetzung eine Drittverwendungskenntnis bzw. die Erkennbarkeit der Drittverwendung für den Experten zu fordern.

Das Gesetz bietet im Bereich der freiwilligen Prüfung, anders als für die Pflichtprüfung[1011], nur vereinzelte Ansätze einer Begrenzung.

Die Wertung des § 675 Abs. 2 BGB führt nicht zum gänzlichen Ausschluß der Dritthaftung für in Testaten enthaltene Informationen, sondern begrenzt die Haftung auf entgeltlich und/ oder beruflich erteilte Testate, was bei der Haftung von Wirtschaftsprüfern gegenüber Kapi-

[1011] Die stärkere gesetzliche Begrenzung der Haftung des Wirtschaftsprüfers als gesetzlicher Jahresabschlußprüfer liegt in der zwingenden Notwendigkeit der Prüfung, der sich weder Wirtschaftsprüfer noch Geprüfter entziehen können. Sie ist gleichsam Ausgleich durch den Gesetzgeber für die Schaffung einer Haftungs- und Risikoquelle.

talanlegern gegeben ist, auch wenn das Entgelt nicht direkt vom Anleger an den Experten ausgereicht wird.

Den §§ 823 ff. BGB ist keine Wertung zu entnehmen, nach der eine vertragliche oder vertragsähnliche Haftung für primäre Vermögensschäden ausgeschlossen wäre. Es handelt sich beim Nebeneinander der Anspruchsgrundlagen vielmehr um eine Frage der Anspruchskonkurrenz.

§ 323 Abs. 1 Satz 3 HGB verbietet nach nunmehr gefestigter Rechtsprechung im Bereich der Pflichtprüfung eine Dritthaftung, wenn nicht ausdrücklich anderes vereinbart oder ein tatsächlicher, nicht nur fiktiver Haftungswille erkennbar ist. Im Bereich freiwilligen Prüfens und Testierens gilt diese Wertung aufgrund der Unterschiede zwischen verpflichtender und freiwilliger Prüfung nicht.

Ebenso wenig ist dem Gesetz eine auf grobes Verschulden begrenzte Haftung zu entnehmen. Sie folgt weder aus Gesamtanalogie zu §§ 521, 599, 690 BGB noch aus einer analogen Anwendung des § 839 Abs. 2 BGB noch aus der Anwendung der arbeitsrechtlichen Grundsätze des innerbetrieblichen Schadensausgleichs.

Eine summenmäßige Beschränkung ergibt sich, wieder nur für Pflichtprüfungen, aus § 323 Abs. 2 HGB, gilt aber auch für die nur begrenzt zulässige Dritthaftung nach vertraglichen Regeln.

Ein Mitverschulden des Anlegers ist grundsätzlich unbeachtlich, wenn es nur darin besteht, daß er sich auf die Aussagen des Wirtschaftsprüfers verließ, ist ausnahmsweise jedoch beachtlich, wenn besondere Umstände eigene Nachforschungen trotz des Expertenhandelns erforderlich machten. Eine Zurechnung von Dritt-, insbesondere Mandantenverschulden, an den Wirtschaftsprüfer erfolgt nicht.

Die zeitliche Grenze, die die Verjährung bietet, beträgt nach reformiertem § 195 BGB drei Jahre und zwar für die Dritthaftung sowohl bei der freiwilligen wie bei der verpflichtenden Testattätigkeit. Eine Analogie zu § 51a WPO bzw. § 323 Abs. 5 HGB ist nach der Neuregelung nicht mehr begründet. De lege ferenda ist für eine Abschaffung der außerhalb des BGB bestehenden Verjährungsregelungen im Sinne der Vereinheitlichung des Verjährungsrechts zu plädieren.

Das Gesellschaftsrecht stellt nur im Bereich der Körperschaften mit der Wirtschaftsprüfer-GmbH und -AG geeignete Rechtsformen zur Verfügung, deren Wert aber nicht überschätzt werden darf.

Nachdem das Gesetz nur rudimentäre Begrenzungsansätze zur Verfügung stellt, kommt den privatautonomen Möglichkeiten, die im eigenen Verantwortungsbereich des Wirtschaftsprüfers liegen, große Bedeutung zu.

Eine erste privatautonome Gestaltung ergibt sich aus dem Charakter der c.i.c. als Vertrauenshaftung. Grundlage der Haftung ist vom Wirtschaftsprüfer in Anspruch genommenes und ihm vom Anleger gewährtes Vertrauen. Gelingt es ihm, das Vertrauen zu reglementieren, ist auch die Haftung nur begrenzt. Man erreicht eine Haftungsbegrenzung somit durch Verhinderung von Dritthaftungsbegründung, wodurch die Begrenzung präventiv in den Bereich der Haftungsbegründung verlagert ist.

Die Vertrauenslenkung erfolgt durch Aufnahme einseitiger vertrauenslenkender Aussagen ins Testat, die vom Anleger nicht positiv zur Kenntnis genommen werden, sondern nur in einer solchen Deutlichkeit im Testat vorhanden sein müssen, daß sie jederzeit für einen durchschnittlich aufmerksamen Anleger erkennbar sind.

Ein genereller Vertrauens- und Haftungsausschluß ist nicht möglich, sehr wohl aber können Aussagen über Inhalt, Prüfungsumfang und Zweck des Testats den Haftungstatbestand lenken, der ohne eine entsprechende Aussage umfassend ist. Der Anleger kann bei einschränkungslos erteilten Testaten auf deren vollumfängliche Richtigkeit vertrauen. Fehlen z. B. Aussagen zum Zweck des Testats, kann der Anleger davon ausgehen, das Testat sei gerade zur Erreichung seiner Zwecke erstellt.

Grenzen der Vertrauenslenkung folgen nicht aus den für Verträge geltenden §§ 134, 138, 276 Abs. 3, 307 ff. BGB, sondern nur aus dem Verbot widersprüchlichen Verhaltens (§ 242 BGB). Unbeachtlich ist eine vertrauenslenkende Aussage danach, wenn sich der Wirtschaftsprüfer durch sein tatsächliches Verhalten, sein Auftreten am Markt, seine Werbung oder die Werbung des Mandanten mit ihm in Widerspruch zum Inhalt der Vertrauenslenkung setzt.

Zweite Möglichkeit privatautonomer Gestaltung ist die vertragliche Vereinbarung, allerdings nicht zwischen Wirtschaftsprüfer und Mandanten, da sie als Vertrag zu Lasten des Anlegers als Dritten unzulässig wäre, sondern zwischen Wirtschaftsprüfer und Anleger. Inhalt dieser Vereinbarung sind die der einseitigen Vertrauenslenkung nicht zugänglichen Haftungshöhen- und Verschuldensbegrenzungen. Konstruktive Schwierigkeiten wegen eines fehlenden direkten Kontakts zwischen Wirtschaftsprüfer und Anleger lassen sich dadurch lösen, daß der Wirtschaftsprüfer dem Mandanten gegenüber durch Aufnahme entsprechender Klauseln ins Testat Enthaftungsvertragsangebote abgibt, die durch den Anleger mit der Verwendung des Testats im Zugrundelegen für die Vermögensdisposition unter Verzicht auf den Zugang der Annahmeerklärung Seitens des Wirtschaftsprüfers (§ 151 BGB) angenommen werden. Über einen evtl. ausdrücklichen[1012] Protest des Anlegers gegen diese Angebote kommt man durch Anwendung der Regel über die protestatio facto contraria hinweg.

Eine am Personenkreis der Anspruchsberechtigten ansetzende Begrenzung steht zunächst zur Disposition des Wirtschaftsprüfers. Durch Vereinbarungen mit seinem Mandanten kann er sie nicht sinnvoll erreichen. Ein gänzliches Verbot der Weitergabe des Testats durch den Mandanten an Dritte läßt sich nicht durchsetzen, wenn es dem Mandanten auf eine Verwendung gegenüber Dritten ankommt. Die Begrenzung der Weitergabe auf vom Wirtschaftsprüfer bestimmte Dritte bzw. das Abhängigmachen der Drittverwendung von der Zustimmung des Wirtschaftsprüfers ist ebenfalls wenig geeignet. Ein direkter Dritthaftungsausschluß bei abredewidriger oder zustimmungsloser Verwendung ist als unzulässiger Vertrag zu Lasten Dritter unmöglich, ein Schadensersatzanspruch gegen den Mandanten mit Freistellungsanspruch vor Inanspruchnahme durch den Anleger ist in der Insolvenz des Mandanten, die regelmäßig das haftungsauslösende Moment ist, sinnlos.

[1012] Ein insgeheimer Vorbehalt gegen Begrenzungsangebote ist gem. § 116 BGB unbeachtlich.

Möglich ist eine Begrenzung dem Anleger gegenüber mittels Vertrauenslenkung. Indem der Wirtschaftsprüfer das Testat ausdrücklich an bestimmte Dritte adressiert und andere explizit ausnimmt, ge- und verbietet er Vertrauen und damit den Haftungstatbestand. Grenze der Vertrauenslenkung ist auch hier § 242 BGB.

Fehlt eine ausdrückliche Adressierung, ist durch (ergänzende) Auslegung eine hypothetische Adressierungserklärung des Wirtschaftsprüfers zu ermitteln, die er getroffen hätte, hätte er daran gedacht. Dabei kommt es auf die objektive Sicht eines Durchschnittsanlegers an. Wichtigstes Indiz ist das vom Wirtschaftsprüfer mit dem Testat unterstützte Anlagegeschäft zwischen Mandant und Anleger, nicht auch damit zusammenhängende ergänzende Geschäfte. Gehört das Geschäft des Anlegers zu den Geschäften, für die der Mandant das Testat in Auftrag gab, und war die Unterstützung dieses Geschäfts (nicht notwendig alleiniger) Zweck des Testats, kann der Anleger davon ausgehen, er gehöre zum Kreis der geschützten und damit anspruchsberechtigten Dritten.

Ausgeschlossen ist eine Haftung gegenüber sog. Zweit- und Folgeanlegern, die eine Anlage nicht direkt vom Anlagemodellbetreiber, sondern von einem Zwischenhändler oder dem Erstanleger erwerben und dabei das Testat vorgelegt bekommen, das für die Erstanlage erstellt wurde. Denn dieses Testat ist nicht an sie adressiert, da sein Zweck die Unterstützung des ersten Geschäfts war, womit es sich verbrauchte.

Die Beweislast bezüglich der Adressierung trägt der Wirtschaftsprüfer. Die Umkehr der Beweislast rechtfertigt der Gedanke der Beweislastverteilung nach Risiko- und Gefahrbereichen, wonach jeder das zu beweisen hat, was er unschwer beweisen kann, um Aufklärungs- und Beweisschwierigkeiten vom eigentlich Beweisbelasteten zu nehmen.

Eine feste zeitliche Grenze, nach deren Ablauf Vertrauen auf das Testat und seine Aussagen nicht mehr entstehen kann, ist nicht geregelt. Vielmehr ist im Einzelfall nach Inhalt des Testats und Art der testierten Anlage die Halbwertzeit bzw. das Verfallsdatum zu ermitteln, wobei vereinzelten Gerichtsentscheidungen und § 45 Abs. 1 Satz 1 BörsenG ein Spielraum von einem bis zu einem halben Jahr zu entnehmen ist, der aufgrund besonderer Umstände im konkreten Fall nach oben oder unten abweichen kann.

Steffen Rapp

Freiberufliche Tätigkeit von Rechtsanwälten, Wirtschaftsprüfern und Steuerberatern sowie Freiberufler-Personengesellschaften im internationalen Steuerrecht

Frankfurt/M., Berlin, Bern, Bruxelles, New York, Oxford, Wien, 2002.
XLVII, 309 S.
Europäische Hochschulschriften: Reihe 5, Volks- und Betriebswirtschaft.
Bd. 2907
ISBN 3-631-39643-0 · br. € 50.10*

Ziel der Arbeit ist es, die Besteuerung der Einkünfte aus der grenzüberschreitenden Tätigkeit von Freiberuflern anhand der Berufsgruppe der Rechtsanwälte, Wirtschaftsprüfer und Steuerberater systematisch darzustellen. Dabei wird zunächst auf selbständig tätige Berufsangehörige eingegangen und daran anschließend insbesondere auf die Ergebnisermittlung zwischen „Stammhaus" und fester Einrichtung sowie auf die Beteiligung als Gesellschafter einer international tätigen Freiberufler-Personengesellschaft. Wesentlicher Teil der Untersuchung ist die dogmatische Auseinandersetzung mit dem nationalen Steuerrecht und dem Recht der Doppelbesteuerungsabkommen der Bundesrepublik Deutschland. Letzteres wird künftig, trotz dessen Änderung durch das OECD-MA 2000, durch das OECD-Musterabkommen aus dem Jahre 1977 geprägt. Da die Anpassungen der Abkommen der Bundesrepublik an das OECD-MA 2000 einen beträchtlichen Zeitraum in Anspruch nehmen werden, sind beide Fassungen des OECD-MA parallel zu beachten.

FSC
www.fsc.org
MIX
Papier | Fördert gute Waldnutzung
FSC® C083411

Kolibri 360 GmbH
Ferdinand-Jühlke-Straße 7
99095 Erfurt, Deutschland
produktsicherheit@kolibri360.de

Druck:
CPI Druckdienstleistungen GmbH
im Auftrag der
Kolibri 360 GmbH
Ferdinand-Jühlke-Str. 7
99095 Erfurt